"大学堂" 开放给所有向往知识、崇尚科学，对宇宙和人生有所追问的人。

"大学堂" 中展开一本本书，阐明各种传统和新兴的学科，导向真理和智慧。既有接引之台阶，又具深化之门径。无论何时，无论何地，请你把它翻开……

后浪出版公司

大学堂 001-04

（精要插图第11版）
社会学与生活
Sociology Matters

（美）理查德·谢弗（Richard T. Schaefer）著

赵旭东 等译

世界图书出版公司

北京·广州·上海·西安

献 辞

献给我的学生,每一个学期都有他们的贡献。

目 录

代译序　社会学之门 …………… 001
前　言 ……………………………… 009

第一章　社会学的观点 ………… 001

1.1　什么是社会学? ……………… 003
　　社会学的想象力　003
　　社会学与社会科学　004
　　社会学与常识　005

1.2　什么是社会学理论? ………… 006

1.3　社会学的发展 ………………… 008
　　早期思想家：
　　　孔德、马蒂诺与斯宾塞　008
　　爱弥尔·涂尔干　009
　　马克斯·韦伯　009
　　卡尔·马克思　010

　　当代发展　011
　　　查尔斯·霍顿·库利　011
　　　简·亚当斯　011
　　　罗伯特·默顿　012
　　　皮埃尔·布迪厄　012

1.4　主要的理论视角 ……………… 013
　　功能论　013
　　　反功能　013
　　　显性功能与隐性功能　013
　　冲突论　014
　　　马克思的观点　014
　　　一种不同声音：杜波依斯　014
　　　女性主义视角　015
　　互动论　016
　　社会学方法　017

1.5　何谓科学方法? ……………… 017
　　定义问题　018
　　文献回顾　019
　　建立假设　019
　　搜集与分析数据　020
　　　选择样本　020
　　　确保效度与信度　021
　　得出结论　021
　　　支持假设　021

1

控制其他因素 022
　　　摘要：科学方法 012
　1.6　主要的研究设计 …………… 022
　　　调查 022
　　　观察 023
　　　实验 024
　　　使用现存资料 026
　1.7　研究伦理 …………………… 026
　1.8　应用与临床社会学 ………… 027

第二章　文化与社会化 ………… 031

　2.1　文化与社会 ………………… 033
　2.2　文化在世界的发展 ………… 034
　　　文化的普遍性 034
　　　创新 034
　　　全球化、传播与科技 035
　2.3　文化的要素 ………………… 036
　　　语言 036
　　　规范 038
　　　　规范的类型 038
　　　　规范的接受 039
　　　奖惩 040
　　　价值观 041
　2.4　全球文化战争 ……………… 042

　2.5　文化与支配意识形态 ……… 042
　2.6　文化差异 …………………… 043
　　　亚文化 043
　　　反文化 044
　　　文化震撼 045
　　　族群中心主义 046
　　　文化相对主义 046
　2.7　社会化的角色 ……………… 047
　　　环境：隔离的影响 048
　　　遗传：生物学的影响 050
　2.8　自我与社会化 ……………… 050
　　　库利：镜中自我 051
　　　米德：自我的阶段 051
　　　　预备阶段 051
　　　　戏剧阶段 052
　　　　游戏阶段 052
　　　戈夫曼：自我的呈现 053
　　　对自我的心理学研究 054
　2.9　整个生命历程的社会化 …… 055
　　　生命历程 055
　　　预先社会化与再社会化 056
　2.10　社会化的机构 ……………… 057
　　　家庭 057
　　　学校 058
　　　同辈团体 058
　　　大众传媒与技术 059
　　　职场 060
　　　宗教与国家 060

第三章　社会互动、
　　　　团体与社会结构 ………… 063

　3.1　界定与重构现实 …………… 065

- 3.2 社会结构的要素 065
  - 身份 066
    - 先赋地位与自致地位 066
    - 主要身份 067
  - 社会角色 067
    - 什么是社会角色？067
    - 角色冲突 068
    - 角色紧张 068
  - 团体 069
    - 初级团体与次级团体 069
    - 内群体与外群体 070
    - 参照团体 070
  - 社会网络 070
  - 虚拟世界 071
  - 社会制度 073
- 3.3 全球视野下的社会结构 074
  - 涂尔干的机械团结与有机团结 074
  - 腾尼斯的礼俗社群与法理社会 074
  - 伦斯基的社会文化演进观点 076
    - 前工业化社会 076
    - 工业化社会 077
    - 后工业化与后现代化社会 077
- 3.4 理解组织 079
  - 正式组织与官僚制 079
  - 官僚制的特征 079
  - 官僚制与组织文化 082

第四章　越轨行为与社会控制 085

- 4.1 社会控制 087
  - 从众与服从 088
  - 非正式与正式社会控制 090
  - 法律与社会 091
- 4.2 什么是越轨行为？091
- 4.3 关于越轨行为的社会学视角 093
  - 功能论者的观点 093
    - 涂尔干的遗产 093
    - 默顿的越轨行为理论 094
  - 互动论视角 095
    - 文化传递 096
    - 社会解体理论 097
  - 标签理论 097
    - 标签与社会控制机构 098
    - 标签与越轨性行为 099
  - 冲突理论 100
  - 女性主义视角 101
- 4.4 犯罪 102
  - 犯罪类型 102
    - 无受害者犯罪 102
    - 专业型犯罪 103
    - 组织型犯罪 103
    - 白领与以技术为基础的犯罪 103
    - 跨国犯罪 105
  - 犯罪统计 105
    - 理解犯罪统计 106
    - 国际犯罪率 107

第五章 美国的分层与全球性不平等 …………… 111

5.1 了解分层 ………………… 113
分层体系 113
  奴隶制度 113
  种姓制度 113
  庄园制度 114
  社会阶级 114
分层的观点 115
  卡尔·马克思的阶级差异观点 116
  马克斯·韦伯的分层观 117
  互动论的分层观 117
分层是普遍的吗？ 118
  功能论者的观点 118
  冲突观 119
  伦斯基的观点 120

5.2 社会阶级造成的分层 ………… 121
测量社会阶级 121
  客观方法 121
  多元测量 121
收入与财富 123
贫穷 125
  研究贫穷 125
  谁是贫民？ 126
  解释贫穷 128
生活际遇 128

5.3 社会流动 ………………… 129
开放与封闭式分层体系 129
社会流动的种类 130
美国的社会流动 130
  职业流动 130
  教育的影响 131
  种族的影响 131
  性别的影响 131

5.4 全球分化 ………………… 132
殖民主义的遗产 133
全球化 134
跨国企业 135
  功能论视角 136
  冲突论视角 136
现代化 137

第六章 种族与民族的不平等 …… 141

6.1 支配的特权 ………………… 143

6.2 种族与民族的社会建构 …… 144
种族 145
民族 147

6.3 移民与新族群 ……………… 147
移民史 148
移民的功能 149
移民的冲突论研究 149

6.4 种族与民族的社会学视角 …… 150
功能论者的观点 150
冲突论的回应 151
互动论者的看法 152

6.5 偏见与歧视的模式 ………… 153
偏见 153
无种族歧视的种族主义 154

　　　　　歧视行为　155
　　　　　制度性歧视　156
　　　　　测量歧视　157

第七章　**性别不平等** ………… 161
　　7.1　**性别的社会建构** ………… 163
　　　　　性别角色的社会化　164
　　　　　女性与男性的性别角色　164
　　　　　一种跨文化的视角　166
　　7.2　**性别的社会学视角** ………… 167
　　　　　功能论者的观点　167
　　　　　冲突论的回应　167
　　　　　女性主义视角　168
　　　　　互动论观点　170
　　7.3　**女性：受压迫的大多数** …… 171
　　　　　性别主义与性歧视　171
　　　　　性骚扰　172
　　　　　全世界妇女的地位　172
　　7.4　**美国的职业女性** ………… 173
　　　　　劳动力参与　173
　　　　　女性就业的社会后果　175

第八章　**社会制度：家庭与宗教** … 179
　　8.1　**有关社会制度的**
　　　　　社会学观点 ………… 181
　　　　　功能论者的观点　181
　　　　　冲突论观点　182
　　　　　互动论观点　183
　　8.2　**家庭：一种全球观** ………… 184
　　　　　家庭构成：什么是家庭？　184
　　　　　亲属形态：
　　　　　　我们和谁有亲属关系？　186
　　　　　权威形态：谁当家？　187
　　8.3　**有关家庭的社会学观点** …… 188
　　　　　功能论者的观点　188
　　　　　冲突论观点　189
　　　　　互动论观点　189
　　　　　女性主义观点　190
　　8.4　**作为一项社会制度的宗教** … 191
　　　　　宗教的整合功能　192
　　　　　宗教与社会支持　192
　　　　　宗教与社会变迁　193
　　　　　宗教与社会控制：
　　　　　　一种冲突观　193
　　　　　关于宗教的女性主义视角　194
　　8.5　**宗教的构成** ………… 195
　　　　　信仰　195
　　　　　仪式　196
　　　　　体验　197

第九章　**社会制度：**
　　　　　教育、政府与经济 ……… 201
　　9.1　**有关教育的社会学观点** …… 203
　　　　　功能论观点　203
　　　　　　传播文化　203
　　　　　　促进社会与政治的融合　203

维持社会控制 204
作为社会变迁的媒介 204
冲突论观点 204
潜藏课程 205
文凭主义 205
地位的授予 206
女性主义观点 206
互动论观点 207

9.2 教育:学校作为
正式组织 …………… 208
学校的官僚化 208
教师:员工与指导者 210
学生的亚文化 211

9.3 政府:权威与权力 ………… 213
权威的类型 213
传统型权威 214
法理型权威 214
卡里斯玛型权威 214
谁统治美国? 215
权力精英模式 215
米尔斯的模式 215
多姆霍夫模式 217
多元论者模式 217

9.4 经济系统 ……………… 218
资本主义 219
社会主义 220

9.5 变化中的经济 ………… 221
小额信贷 222
劳动力面貌的转变 222
去工业化 223

**第十章 人口、社区、健康
与环境** ……………… 227

10.1 人口学:人口的研究 ……… 229

马尔萨斯的论题与
马克思的回应 229
研究当今的人口 230
人口学的要素 231

10.2 社区是如何起源的? ……… 232
早期社区 232
前工业化城市 233
工业化与后工业化城市 234

10.3 城市化及其后果 ………… 235
功能论者的观点:
城市生态学 236
冲突论观点:
新城市社会学 238

10.4 健康和疾病:社会学观点 … 240
功能论者的研究 240
冲突论者的研究 241
社会医疗化 241
医疗保障中的不平等 242
互动论者的研究 242
标签理论的研究 243

10.5 社会流行病学 …………… 244
社会阶级 245
种族与族群 246
性别 247

老年　248
10.6　环境：世界环境与
　　　我们的居所 …………… 249
　　环境问题概观　249
　　　　空气污染　250
　　　　水污染　250
　　　　全球变暖　251
　　　　全球化的影响　252
　　人文生态学　253
　　环境议题的冲突论观点　254
　　环境正义　255

第十一章　社会运动、社会变迁与科技 …………… 259

　　11.1　社会运动 …………… 261

　　　　相对剥夺　261
　　　　资源动员的研究　262
　　　　性别与社会运动　263
　　　　新社会运动　264
　　11.2　社会变迁的理论 ………… 265
　　　　进化论　265
　　　　功能论者的理论　267
　　　　冲突理论　267
　　　　全球社会变迁　268
　　11.3　抵制社会变迁 …………… 269
　　　　经济与文化因素　270
　　　　抵制科技　271
　　11.4　科技与未来 ……………… 272
　　　　计算机技术　273
　　　　　全球的境外生产　273
　　　　　地球村中的隐私权和
　　　　　审查制度　274
　　　　生物科技与基因工程 …… 275

附录　社会学职业 ……………… 279
重要词汇 ………………………… 285
译后记 …………………………… 298
出版后记 ………………………… 299

图目录

图 1-1　科学方法　18

图 1-2　大学教育对收入的影响　21

图 2-1　永恒的改变　38

图 2-2　怪物的素描　49

图 2-3　年轻人使用媒体的情况　60

图 3-1　社会身份　66

图 3-2　社会结构概观　73

图 4-1　1976 年以来美国执行死刑的情况　88

图 4-2　受害率，1973—2006 年　107

图 5-1　美国的家庭收入一，2007 年　114

图 5-2　美国的家庭收入二，2007 年　124

图 5-3　美国的财富分配，2001 年　125

图 5-4　21 世纪初世界体系分析　134

图 6-1　美国种族与族群，1900-2050（预计）年　147

图 6-2　美国的合法移民，1820—2010 年　149

图 6-3　憎恶犯罪的分类，2006 年　154

图 6-4　美国种族、族群、性别的中位收入差异　158

图 7-1　支配的范型　169

图 7-2　美国女性参与有偿劳动比例的趋势，1890—2006 年　173

图 7-3　为什么辞职？　176

图 8-1　美国家庭的家庭模式，1940—2010 年　185

图 8-2　一些特定国家的宗教仪式参与情况的变化，1981—2001 年　197

图 9-1　教师的平均工资　210

图 9-2　权力精英模型　216

图 9-3　美国（生于国外）处于工作年龄人口的分布区域　223

图 10-1　特定国家的婴儿死亡率　232

图 10-2　城市发展的生态理论　237

图 10-3　没有健康保险的人口百分比，2007 年　246

表目录

表1-1 主要理论观点的比较 17
表1-2 社会学研究中所采用的现存资源 25
表1-3 主要研究设计 25
表2-1 规范与奖惩 40
表2-2 文化方面的主要理论视角 47
表2-3 米德的自我的阶段 52
表2-4 社会学与心理学的自我发展理论 55
表3-1 初级团体和次级团体的对比 69
表3-2 礼俗社群与法理社会的比较 75
表3-3 社会文化演进的阶段 78
表3-4 官僚制的特征 81
表4-1 默顿的个人适应模式 94
表4-2 对越轨行为的研究 101
表4-3 跨国犯罪的类型 105
表4-4 国际犯罪率及百分比的变化 106
表5-1 社会分层的三种主要观点 120
表5-2 职业声望排行 122
表5-3 谁是美国的贫民？ 127
表5-4 跨国公司与国家的对比 136
表5-5 有关全球不平等的社会学观点 138
表6-1 美国的种族与族群，2006年 146
表6-2 关于种族的社会学视角 153
表6-3 种族、性别、教育情况上的中位收入的差异 159
表7-1 关于性别的社会学视角 171
表7-2 关于妇女的职业选择，2006年：妇女在所有工作者中的比例（%） 174
表8-1 制度的五个主要功能 182
表8-2 关于家庭的社会学视角 190

表 8-3　世界的主要宗教　191

表 8-4　宗教的社会学视角　195

表 8-5　宗教行为的基本要素　198

表 9-1　关于教育的社会学观点　208

表 9-2　三种主要经济系统的特征　221

表 10-1　城市类型的比较　235

表 10-2　关于城市化的社会学视角　239

表 10-3　有关健康与疾病的社会学视角　244

表 10-4　世界人口每增长十亿大概所需时间　252

表 11-1　社会运动理论的贡献　265

表 11-2　美国:一个变化的国家　266

表 11-3　关于社会变迁的社会学视角　268

表 11-4　沟通概况　271

代译序

社会学之门

社会学不是一门用来炫耀自我的学问,它更多的是一种观察社会的视角,并出这种视角而对自我的思考与行为形成一种独特的理解。离开了这一点,社会学就不再是社会学本身,而成为了其他的学科。我们现在的学科都喜欢用"学"字来冠名,比如哲学、文学、数学、物理学,以及社会学,等等,这样分门别类的称谓肯定不是一开始就有的,而是在西方现代社会以来的学术传统逐步传入中国才开始有的,并且随着汉语社会学知识的积累而逐渐兴盛起来。以前在西方,也就是差不多在启蒙运动之前的西方,哲学就是全部学问的总称,所有各种细化的学问,最后都要归总于哲学的名下;甚至现在,有些大学还在延续着这样的传统,不管你读什么专业,最高的学位都被称为"哲学博士"。现在可能有些细分,比如有理学博士、文学博士、法学博士、工学博士、农学博士等,但这样的称谓都只是非常晚近才出现的,是从哲学博士的意味中分化出来的,追根溯源,实际都是同一个称谓。

所以,古希腊的哲学家亚里士多德可以一边写伦理学的著作,一边评论诗歌和戏剧,甚至还有精力去研究动物的分类和物理学,并且成为今天这些学问的老祖宗。这样博学的人,在今天恐怕已经不大可能有了。由于各门学科知识的不断积累,一个人终其一生能够把一门细小的学问弄明白,成为这方面的专家,已经是很了不起的事情了。因为修成这样的正果,最起码也需要一个人十几年的读书功夫,同时还要加上后来独立的钻研,如果要再兼顾其他的学问,又谈何容易呢?所以,现在的博士肯定就不是通才了,而是专才,他们对于某门学科的一点点东西知道得都很精细,但是若跨出这门学科,知道的也就少了许多,即便是以前很熟悉的专门学科,如果很久不去接触这门学科新发展出来的知识,他们也就不再是某方面的专家了,即被新知识的发展所淘汰了。比如让一位在大学选修过天体物理学方面的遗传学家谈谈天体运行方面的新近研究成果,那就变得极为困难了,而在现代知识和学科发展之前,很多学者都是百科全书式的人物,不仅知道一门学科的知识,而且还知道很多门学科的知识。比如,法国17世纪著名哲学家笛卡尔就不仅是一位睿智的哲学家,而且还是现代解析几何的创始人。在今天,这样的可能性变得越来越小了。每个学科都在走专门化的道路。

作为一门学科,社会学也逐渐有这样的一种发展趋势。从最初的哲学分支出来之后,社会学成为了一种社会哲学,早期的几位学者,比如卢梭、霍布斯、孟德斯鸠、梅因、孔德、斯宾塞、马克思等,都是兼具哲学家和社会学家身份的人物,可以统称为社会哲学家。中国的一些早期思想家,像龚自珍、康有为、梁启超、严复、章太炎、梁漱溟等,也都属于这类社会哲学家,他们有很多时间是致力于思考中国的社会问题及解决之道,他们所触及的学科也比较广泛,甚至可以旁征博引地借用各个学科的最新研究成果来说明大家共同感兴趣的一个社会问题。

社会学在中国

　　社会学这门学科传入中国不过是一百年的历史,在其传入的一开始,有一段时间社会学被中国学者称为"群学",这一称谓据说是为中国的启蒙思想家严复所厘定,他在介绍英国的社会哲学家斯宾塞的社会学思想时曾经写过一篇"原强"的文章,其中把斯宾塞使用的 Sociology 一词翻译成了"群学"。

　　如果将严复在天津《直报》上发表"原强"的时间 1895 年 3 月 4 日—9 日定为社会学的开始,那么今天算来,中国从西方传入的社会学真的也不过 114 年。而如果再以章太炎从日语翻译过来的岸本能武太的《社会学》出版的时间 1902 年 8 月为准,那么真正以社会学命名并一直沿用至今的这门学科的历史又被缩短了 8 年,成了 107 年。① 对于西方社会学最早的"群学"两个字的汉语翻译,在一篇大约 1894 年就被翻译出来,但当时并没有正式出版的译稿《国计学甲部》中,严复是这样把西方社会学的概念,特别是孔德(严复译为"恭德")的社会学的概念引入到汉语语境中来的:

> 　　群学西曰梭休洛支。其称始于法哲学家恭德。彼谓凡学之言人论者,虽时主偏端,然无可分之理,宜取一切,统于名词,谓曰群学。既如计学,亦恭德所指为不能独立成专科者也。②

　　1897 年,严复翻译出版了斯宾塞在 1873 年出版的《社会学研究》(*The Study of Sociology*)一书,当时沿用其对社会学概念的汉语翻译,定名为《群学肄言》。尽管这个时候严复已经知道日本有人将"society"这个词翻译成日文中的"社会",但是他借用荀子所说过的"人之所以异于禽兽者,以其能群也"的典故,而不肯接受日本人带有社会结构色彩的翻译,而是发挥了荀子富国强民的思想,用"群"来翻译 society。③

　　作为远古时代的哲学家荀子,其思想也许更符合那个时期中国社会知识分子寻求富国强兵之道的理想,使分散的民众聚集起来成为"群",便可以达成一种治理上的强盛和国家的富强。在这一点上,荀子的思想与严复等早期洋务派的思想是不谋而合的。他们从荀

---

① 关于社会学传入中国的历史可以参见姚纯安:《社会学在中国近代的进程》,29~55 页,北京:生活·读书·新知三联书店,2006。
② 转引自姚纯安:《社会学在中国近代的进程》,38~39 页。
③ 李培林:"中国社会学的产生",见李培林、李强、马戎主编:《社会学与中国社会》,29~30 页,北京:社会科学文献出版社,2008。

子下面的言论中找到了中国社会学概念的对应主题：

> 水火有气而无生，草木有生而无知，禽兽有知而无义，人有气、有生、有知，亦且有义，故最为天下贵也。力不若牛，走不若马，而牛马为用，何也？曰：人能群，彼不能群也。人何以能群？曰：分。分何以能行？曰：义。故义以分则和，和则一，一则多力，多力则强，强则胜物，故宫室可得而居也。故序四时，裁万物，兼利天下，无它故焉，得之分义也。故人生不能无群，群而无分则争，争则乱，乱则离，离则弱，弱则不能胜物；故宫室不可得而居也，不可少顷舍礼义之谓也。能以事亲谓之孝，能以事兄谓之弟，能以事上谓之顺，能以使下谓之君。君者，善群也。群道当则万物皆得其宜，六畜皆得其长，群生皆得其命。故养长时则六畜育，杀生时则草木殖，政令时则百姓一，贤良服。（《荀子·王制》）

群学也好，社会学也好，都不过是一种翻译，都是英文 sociology 这个词的汉语翻译。在西方世界中，据说这个词是法国一位叫孔德的社会哲学家所创，他在 1830—1842 出版的多卷本《实证哲学教程》(1939)一书中创造了"社会学"这个概念，其中就谈到社会的静态方面，比如秩序、组织与和谐等，即孔德所谓的社会静力学；另外，还谈到社会的动态方面，如社会的进步与发展，即所谓社会动力学。[①] 这两者，即使是今天，也是主流社会学所关注的问题。

抛砖引玉的教科书

如果这样算起来，西方的社会学发展也不过一百五十多年的历史。在这一个半世纪多的探索和研究中，社会学本身的知识在不断地积累，社会学家们的认识也在不断地加深，其分支的门类也在扩大，这从我们下面所要讲述的各讲内容便可以看得很清楚。正如社会本身是多方面的一样，我们研究的主题也是多方面的，没有一个社会学家能够面面俱到地把所有社会学的研究成果都写到一本书里去，唯一能够做到的就是将一些引导社会主流发展的研究和贡献总结下来，成为供大家未来继续新的探索和发现的敲门砖。

中国人很自谦，在论及一门学问时并不喜欢称自己为某某专家，而是说自己只是"抛砖引玉"，即所谓抛出去砖头，换回来的是玉石，以此来说明由普通东西的诱导而激发出来的人的智识思想上最可珍贵的东西。因此，所有社会学的教科书都只能够担当随处可见的砖头的作用，甚至也不过是一柄拐杖的作用，一旦学生学会自己分析社会问题了，这些教科书也就可以弃之不用了。所以你会注意到，每到四年级本科生快毕业的时候，各大学都会有跳蚤市场出现，国外是这样，中国当然也不例外，买的时候是很贵的教科书，到

---

① 姚纯安：《社会学在中国近代的进程》，29~55 页。

了毕业的时候可能很便宜地就会卖出去，一般人都不大觉得有什么可惜，因为学过了，知道，也就算是掌握了，同时也就自认为是超越了这些教科书的说法，开始去探索新的思考了，当然也不排除有些人就此转入他行，不再学习社会学了，所以才把书卖掉。如果是到了这一步，这些旧的砖头或者拐杖也就真的没有什么用了。

学问就是这样，总是需要有新鲜的东西被生产出来，总是重复旧的东西就变成了教条，没有人愿意去阅读。所以教科书总是要求不断地翻新，一版再一版的修订，不断地把新的知识点吸纳进来。我们这里选择的《社会学与生活》精要插图第11版这本概要性的教科书就是作者依据其《社会学与生活》这本教科书压缩出来的一个简写本，这个简写本的溢出就在于它可以使我们的入门者快速地了解这门学科核心的知识体系及其确切的含义。

当然，对于教科书的作用，每一位学者的看法也都会不一样；但总的来说，它是用来引导学生入门的，所以本科生要读教科书，研究生就未必了。很多时候，指导研究生的老师都会鼓励研究生多去读经典的著作而不是教科书；但这是要有一定基本的社会学学习基础的，否则便不会产生什么实际效果。

另外，尽管像有些同学所说的那样，社会学是研究社会的，社会是真实可见的，所以社会学是最接近现实的，但是社会学绝对不是不需要读书钻研的，有的时候恰恰相反，社会学学多了，读书反而更加急迫。因为，只有清楚地了解以前的社会学所做的各类研究，我们自己才能够学会探索新的领域和问题的方法，逐渐培养一种社会学的眼光。这样才能够把握学习社会学的精髓，否则大家只能是传声筒，把自己从课堂上学来的知识、书本上摘抄下来的学问再原封不动地复制一遍，这样做显然不是学习的最终目的，最终的目的还是需要大家能够通过听讲和阅读形成自己独立的思考，否则学习就失去了意义。

社会学之门

中国人喜欢用"门"来比喻学问养成的界限。一般而言，入门者便是有了一定学养的人，没有入门者就会被讥讽为"门外汉"，意思也就是这个人对于某一门学问的核心要旨一无所知。从门外汉到门内汉，这是一个必须经由学习的过程，并且很多是在老师指导下的研习过程，老师的作用就是让学生尽快地迈过社会学的门槛，进入社会学的殿堂。

因此，我现在讲授的这门课程应该是一个最大的门，听课的人也会很多，是社会学的第一道门，只有进了这道门，了解了社会学究竟是什么，它的一些基本的概念，以及基本的思维方式，你才可以转到其他的门去。在那些门中，我们还开设有更专门的《社会学理论》、《社会学方法》、《经济社会学》、《农村社会学》、《政治社会学》、《城市社会学》、《教育社会学》等专门课程，那都是大门里的小门，每个门都走了一遍之后，你才可能对于社会学是什么有一个比较全面的了解。再换一个更加形象的说法就是，这些不同的门，其内容又都像是荤素搭配的菜谱，要想营养健康，每道菜都需要吃到，否则就会使人营养不良，单向度发展了。

许多人在预先思虑中都急于想问"社会学究竟是什么？"这样宏大的问题,并且也希望授课老师能够尽快给他一个答案,他也好心知肚明。但是,在刚刚学习社会学就问这样的问题是情有可原的,因为不知道嘛,总要问一个为什么,这是求学的基本态度,康德开启的启蒙思想就是强调敢于去求知,初生牛犊不怕虎,什么都问,有答案的便算是知道了,没有答案的就需要再去找答案。

社会学有许多的问题实际上并没有现成的答案,很多都是试探性的,尝试着给出答案,在现实中如果经不起检验就废掉了,再重新找答案。所以如果现在问社会学是什么这样的问题也许还为时尚早,基本的态度是心存疑问而已。许多问题,只有自己学会找到答案,那才是真正的答案,否则都只能算是一种人云亦云的说法而已。

原则上说,社会学的门谁都可以进来,当然也就谁都可以出去。许多人也都是进了大门以后就不再进里面的小门了,转一圈看个热闹也就溜走了。换言之,知道一些社会学的概念和研究方法就离开了,因为他们没有必要知道这些小门里面更为细节的社会学知识。但是,以社会学为志业的学生应该就不一样了,他们进了大门还要进去小门,当然经过四年的学习,有些人还有机会进入到小门的内院,登堂入室,在专门老师指导下进行专门的社会学知识的学习和研究,那就是到了研究生阶段了,现在都还属于打基础的阶段。

总之,现在大家已经是一只脚迈进社会学的门槛了。下面就是在授课老师的引导下去了解这社会学的大门里面究竟有哪些分门别类的小门以及为什么会设立这些小门了。

过度学习与认知加工

在入社会学之门之前,学习方法的问题,我想大家都会同意这样的看法,那就是好的方法可以使你事半功倍,反之则可能学了很长时间的社会学,你都不知道社会学究竟是什么,也不知道如何应用,更不能够形成自己有关社会分析的视角,也就是我们常说的学了半天还没有入门。

那么,究竟该如何学习社会学呢？其实这根本是一个学习心理学的问题。总结一些学习心理学的原则,结合社会学的知识特点,我认为,至少有两项学习心理学的原则极为重要,一条原则是所谓要过度学习。我想这一点大家都应该容易理解,高中学习靠的也许就是这种方法,大学也同样离不开这种方法,上课记了笔记,下课还要有补充阅读,做些补充的笔记。另外,还可以在已经学到的知识点上再增加一些深入的思考,看换一个方式来理解行不行,这就是比较的学习。比如我们在谈到资本主义在西方的兴起时,有许多的原因可以寻觅,最重要的也有几种说法,如韦伯基于新教伦理的理论,马克思基于剩余价值的理论,也有涂尔干基于社会分工论的认识,这些都需要你去查阅课本以外的辅助读物去理解。有许多二手的介绍性读物,也有第一手的原著可以去阅读,这些都可以增加你对这些理论的理解。所以学生的笔记本应该有三栏,中间一栏是课堂笔记,两边的两栏可以分配为课后阅读笔记和问题思考笔记。这样日积月累,你的学问就会大增,理解社会的能力也就会大大增强。

学习心理学的第二条原则是你要学会处理信息,也就是要有合理的认知加工的能力。学习知识,死记硬背是一种办法,这叫做无意义学习,这也是必要的,记住一些电话号码就是靠这个办法。但是,学习社会学则不能够完全依靠这种方法,社会学的学习所强调的是要积极主动地去寻找意义,以此来把你所接收到的外来信息转化成为你大脑中有意义的知识结构的一部分,而且由于知识结构线索清晰,在你想要提取的时候就能够方便地提取。由于一门学科的发展,它的各种知识之间是有相互联系的,不是老师简单地灌输这些联系,而是你要主动地去建构这种联系。主动建构出来的知识之间的联系肯定比死记硬背的知识记忆得牢固,也便于你未来的提取和回忆。

另外,我们作为独立的个体还有监控自己知识掌握程度的所谓元认知的能力,元认知也就是指对于认知的认知,是控制我们的认知的自我技能和方法。一般来说,小孩子在这方面的能力较差一些,所以没有什么自我的监控,你问幼儿园的小孩子一个问题,他可能并不知道答案就开始举手,对他而言,举手的积极参与是最重要的,这样可以引起老师的注意力,至于答案有无对他而言似乎并不重要。小孩子大约没有什么"我不知道"一说,不懂就随便瞎编,这是很常见的儿童心理学原则。但是随着个体的年龄增长,害羞之心便逐渐增强,责任心也随之增强,不敢随便说话了,知道自己知道了才说,知道自己不知道就不说了,这是心理学家所谓"知道感"(FOK,feeling-of-knowing)和"不知道感"(FOnK,feeling-of-not-knowing)之间的分别,两者甚至是在大脑的不同区域进行加工的,有着不同的脑机制。[①]心理学家说得很复杂,但是道理却很简单,也就是你掌握的东西越多,你读到的东西越多,你的认知结构就越丰富,你的知道感就越强烈,反之,就只能是留下很多的不知道感了。根本的是要在自己不知道的地方多下一些功夫。

社会学的方便之门

学习心理学的研究也许可以提供给我们如何学习的方法,但是看社会学这一大门里的世界也是有其独特的方法的。这方法说起来也很简单,因为,尽管有许多方法,但最核心的就是要借助一些社会学的概念理解现实社会,这些概念就是所谓的社会学的概念,是用来分析社会现象的分析概念。比如有的社会学家总结中国现在的社会核心的特征是断裂[②],那么这"断裂"就是一个分析概念,是一个日常概念转化成了社会学的分析概念,用以概括今天中国社会所出现的一系列看似不和谐的以及无法理解的社会现象,比如大

[①] 罗劲:"知道感与不知道感:一个关于元记忆判断的双过程假设",载《心理学报》,38(1):145-156,2006。
[②] 孙立平:《断裂——20世纪90年代以来的中国社会》,北京:社会科学文献出版社,2003。

量的农民工涌向了城市、许多国有企业职工下岗成为待业人员甚至成为低保的对象,还有人们相互的信任基础丧失等,这些似乎都可以用"断裂"这个词汇加以概括。

而这样一种情况又跟中国社会学家费孝通先生早年所描述的中国乡土社会中的熟人社会判若两界。在这种熟人社会中,大家都没有什么猜忌可言,彼此都很信任,是一个小的社区中的一员,相互之间依靠一种"差序格局"而联系在一起,也就是相互关系是以个人为中心逐渐扩展开去,就像石头落到平静湖面上荡起的一圈一圈的水波纹,越靠近水波纹中心的波纹就越有力量,越远离中心的,力量也就越弱小了。① 这些当然是一种比喻的说法,用以比喻我们社会中的关系跟我们所能看见的水波纹一样,是一层一层地蔓延出去的,这样便可以用我们熟悉的水波纹的形态表达我们社会中各种各样的人际关系的形态。

所以,社会学根本上是要学会用概念来思考,这些概念就构成了社会学的基本要素。但是我们要清楚地知道,这些概念都不是凭空产生的,也不是一个人一拍脑袋就能够凭空想出来的,而是从对社会的亲身观察中抽离出来的。社会的现象是多种多样的,我们只有学会了把这些现象归纳综合后得出一个可以统领这些现象的概念,我们对于社会的认识才能够逐步得到加深,所以学会社会观察成为社会学学习的第一步。我们学了社会学之后,对于社会中日常发生的现象就要多从社会学的视角来理解和分析,而不再是跟普通人一样只能有一种常识性的认识。在此意义上,观察也许是社会学学习的第一步,在此基础上对这些观察进行分类、比较和综合,最后得出对于某个社会基本特征的基本认识,形成自己对于社会学概念的理解,这也许就是社会学学习所要求的了。

另外,还要清楚地意识到,社会学终究是一门西来的学问,很多理论和概念都是西方人最先使用,经过翻译而成为中国社会学的核心概念。比如家庭、社会、运动、结构、功能、革命等,这些概念是否能够应用到中国,即便可以应用,随着时空的转变,这些概念在解释上的有效性和可信度都要打上一个大大的问号。但是,这里也要避免一种倾向,也就是人们经常说的民粹主义的倾向,认为什么都是自己的东西好,西方传来的东西没有一样能够应用到中国,这样的态度走到极端就是所谓的民族主义,民族主义曾经使我们闭关锁国,使我们的社会发展停滞,所以并非最好的选择;当然,我们也要反对另外一种倾向,那就是西方中心主义的看法,认为既然社会学是西传的学问,那干脆就唯西方马首是瞻,一切都接受,不切实际地应用一些隔靴搔痒、不着边际的社会学概念,这更是不可取的。正确的做法就是我们要时时小心自己在应用西方概念之前问一下这个概念产生的西方背景是什么,千万不可盲目地在西方以外的社会中加以应用。

另外,在学习社会学之前还需要一些说明,那就是我们关照的社会核心是由人所构成的,离开了人以及人的生产活动,社会也就不存在了。所以,我们需要从人的角度来思考

---

① 费孝通:《乡土中国》,北京:生活·读书·新知三联书店,1985。

人的活动，而不是从其他方面来思考。作为人，他是有情感和思维的，是在人与人的互动过程中逐渐形成的各种社会关系。与此同时，我们研究社会以及社会中的人，需要考虑到我们自己作为研究者也是社会中的一员，跟研究对象一直处在互动中，在做社会调查的时候，我们不仅是在调查别人，与此同时，别人也会对我们感到好奇，并用他们自己的方法来调查我们、理解我们，我们成为了被调查的对象，我们的思维也会受到这些情况的影响，行为由此也会发生一些改变。所以在分析社会中，我们首先要学会理解他人，同时也要学会理解自己，特别是自己如何受到他人影响的这一方面。当然还有一些更为专门的方法，需要在各个专门的章节中进行学习。

最后，就像社会需要交流一样，学习社会学也要有相互之间的交流。我们在这里把大家分成小组，并反对具有相似背景的组成一个小组，而是强调小组成员之间的差异，因为只有差异才有交流，并且这种因差异而起的交流才能够带来相互的收益和提高。所以大家分了组，就要有真正的小组活动，这种活动的核心就是就某一个社会学的论题进行讨论，在讨论的基础之上形成共识，然后将这种共识与其他的小组交流，再形成更高层次上的共识，最后形成全部参加选课的同学们的共识，使大家从不知到知道甚至熟悉。

总的来说，社会学的门槛并不是很高，有谁不是生活在社会之中呢？又有谁没有一点社会的观察呢？但是进入社会学之门后，它的路径却很漫长，很难说有一个终点，就像社会没有一个终点一样，社会学的观察和认识也就没有一个终点。

总之，还是要再一次重复那句老话：师父领进门，修行在个人。

赵旭东
2010年11月10日于农大

前　言

　　我从事社会学工作已经几十年了。不管在教室还是在我的教科书中,我都试着通过向同学们展示社会学的现实含义来激发他们对这一学科的兴趣。我的目标是让同学们信服,社会学不仅仅是一种学术追求,为了学问而做的学问训练。社会学解释了我们周围的世界——我们的家庭、学校、邻里,还有一些类似的组织。它将我们的文化和社会化放进一个更大的视角——所谓社会化,指的就是我们成为我们自己的方式。社会学让我们更深层次地思考我们之间的不同以及种族、阶级、族群之间的划分。它促使我们认识到权力、科技进步、电子传媒,以及日益加快的社会变迁进程对我们生活的影响。社会学对你、对我、对社会中每一个人都很重要。

　　此书是简易版本,旨在在有限的篇幅内,通过较少的分析和学习援助,强调同一个主题。《社会学与生活》(Sociology Matters)精要插图第11版是针对那些渴望一本特别简短、相对便宜的教科书的讲师们而准备的。这本书涵盖了《社会学与生活》(Sociology: A Brief Introduction)第8版（与之相对的为《社会学与生活》完整版第11版[Sociology, 11e]）的基本内容,与其有类似的深度。全书共分11章,讲师们还可以附加些材料,花四分之一到一个学期的时间把它学完。

重　点

　　与《社会学与生活》一样,这一版包括主要的理论视角,较为全面且有综合性。第1章介绍、定义,并且比较了功能主义、冲突论和互动论观点,以及越来越重要的女性主义研究方法。之后的章节运用这些独特的视角来探索一些话题如"越轨行为"（第4章）、"社会分层"（第5章）、"种族与族群"（第6章）、"性别"（第7章）、"社会组织"（第8、9章）、"人口、社区、健康与环境"（第10章）,以及"社会运动、社会变迁与科技"（第11章）。

　　这一版同样包括性别、种族、族群和社会阶级等内容。有三个完整的章节针对如下话题：第5章,关于美国的分层与全球不平等;第6章,关于种族与族群;第7章,关于性别,相关讨论贯穿整本书。譬如,第3章审视了作为先赋地位的种族和性别;第4章分析了种族定性和白领犯罪的严重性;第10章分析了一个人的健康和他的社会阶级、种族、族群与性别之间的联系;第11章则讨论了社会运动中性别的角色。

最后，本书包括了相当数量的跨文化的例子。第 2 章涵盖了世界各地的文化发展；第 4 章，国际犯罪率；第 5 章，从全球性的视角审视社会分层，包括了世界体系分析、依附理论、现代性理论、跨国公司的发展和全球经济等内容；第 7 章，性别角色的跨文化差异；第 8 章，以全球性观点观察家庭；第 10 章，以全球人口增长图为开篇，讨论了全球环境问题；第 11 章则是关于全球社会变迁的。

特　点

本书提供了多种旨在帮助同学们理解和回顾基本概念的学习援助，包括：

- 章节概述
- 每章开头的插图及章节综述
- "使用你的社会学的想象力"部分，激发学生将他们的社会学知识应用到周围的世界
- 表格和图形，其中一些配有插图说明和思考性问题
- 照片和漫画
- 粗体的重要词汇
- 每章末尾的"社会学要义"部分，指出了本章内容和同学们生活的相关性
- 十点章节摘要
- 书末附录："社会学职业"
- 书末重要词汇

第 4 版的新颖之处

这一版中最重要的变化包括以下几个方面。

内　容

- 增加了 13 个新的重要词汇，内容覆盖面也有所扩展：反功能（dysfunction，第 1 章）；文化产业与文化战争（culture industry and culture war，第 2 章）；抽象符号（avatar，第 3 章）；社会瓦解理论（social disorganization theory，第 4 章）；社会经济地位（SES）（socioeconomic status，第 5 章）；无种族歧视的种族主义和种族构成（color-blind racism and racial formation，第 6 章）；支配模型与多重男子气质（matrix of domination and multiple masculinities，第 7 章）；社会组织（social institution，第 8 章）；小额信贷（microfinancing，第 9 章）；以及全球变暖（global warming，第 10 章）。

- 涵盖大量的增扩议题,包括:皮埃尔·布迪厄的贡献(第1章);阿多诺全球文化产业的概念(第2章);非言语交流中的文化差异(第2章);人际交流中的性别差异(第3章);虚拟世界如 Facebook 和 Second life(第3章);社会瓦解理论(第4章);标签理论与越轨行为(第4章);美国世界中贫富家庭之间越来越大的收入差距(第5章);全球不平等(第5章);白人特权(第6章);美国劳动力中的女性(第7章);宗教中的女性主义视角(第8章);女权主义的教育观(第9章);环境问题及其对人们健康的影响(第10章);以及对科技的抵抗(第11章)。
- 附录"社会学职业"已经增加在书末。

教 学

- 28个"使用你的社会学的想象力"挑战同学们将他们已经学到的知识应用到自己的生活经历中去。
- 8个新的图表阐明重要的社会趋势和发展。
- 7个新的"想一想"。
- 5个新的激发学生兴趣的章节开篇短文。
- 4个新的表格帮助学生在时间和空间上做更大的比较。
- 4幅新的漫画强调社会问题。
- 3个新的总结表格将主要的理论视角涵盖在一起。
- 1张新的地图显示各州教师们的平均薪水。

补充材料和网络资源

使用《社会学与生活》精要插图第11版的学生和教师可以享受本书配套的丰富教学资源。学生将在自主学习的帮助中获益,并且可以在麦格劳-希尔公司网站(www.mhhe.com/schaefersm4e)上参与议题讨论活动。它有如下特点:

- 学生自我测试
- 网络交流
- 学习目标
- 闪存卡

教师还可以通过联系麦格劳-希尔公司(McGraw-Hill)的销售代表为学生拿到社会缩影(Reel Society)的CD盘。想要学习更多,请访问社会缩影网页,网址 http://mhhe.com/reelsociety。

教师同样有一个符合他们需求的网上学习中心。他们可以从以下资源中选择：

- 教师手册
- 电子测试库
- 教学幻灯片

本书各章亮点

第1章　社会学视角

- 章节开篇的短文：社会学家眼中的华盛顿广场地球日
- 提供被社会学研究证明是错误的"常识"的新例子，包括女人爱讲闲话和对战争时期部署的军队婚姻有负担的固有观念。
- 对皮埃尔·布迪厄的细分
- 讨论功能论视角对监狱群体的出现的看法
- 关于有效性的扩展讨论，并附有例子
- 4个"使用你的社会学的想象力"

第2章　文化与社会化

- 开篇的文章是关于纽约芒特弗农警察部门在办案过程中为清除语言障碍所作的努力。
- 对阿多诺全球文化产业概念的讨论
- 有关纳瓦霍人所说的关于癌症的话对病人康复态度的影响的讨论
- 有关非语言交流中文化差异的讨论
- 有关被普遍理解的面部表情的讨论，并附有图表
- 关于全球文化战争的部分
- 2个关于亚文化的例子：(a)玩极限运动跑酷的运动员和(b)印度国际呼叫中心的工作人员
- 扩展了表格"文化中的社会学视角"，将女性主义视角纳入其中
- 总结性表格，"米德的自我发展阶段"
- 对伊拉克青年由于越来越多的恐怖主义和犯罪而和同辈们隔离的讨论
- 关于在发展中国家使用手机的社会影响的讨论

第3章 社会互动、团体与社会结构

- 角色冲突的例子：一名流水线工作人员晋升到管理者等级
- 角色紧张的例子：实施调停（一种可供替代的正义形式）纳瓦霍国家警官
- 有关人际交往中性别差异的讨论
- 细分虚拟世界如 Facebook 和 Second life，包括对抽象符号的解释和关于大学生及在中东的美国部队使用虚拟网络的讨论
- 总结表格，"礼俗社群与法理社会的比较"
- 关于研究正式组织的新途径的讨论

第4章 越轨行为与社会控制

- 有关自我伤害的开篇短文
- 有关米尔格拉姆服从实验的后续讨论，在这个实验中，学习者会由于她（他）的种族而受到区别对待
- 讨论了科技作为社会控制的一种形式，人们却日益依赖它，以对弗吉尼亚理工学院射击事件的行政回答为例说明
- 有关社会失序理论的部分
- 标签理论和越轨行为的多部分讨论
- 有关犯罪统计数值的扩展部分，并附有新表格，"国家犯罪率及百分比的变化"

第5章 美国的分层与全球不平等

- 开篇关于世界上最富有的和最贫穷的人之间收入差距的讨论
- 图"美国家庭收入，2006年"
- 关于社会经济地位（SES）的讨论
- 对美国贫富家庭收入差距的扩大化讨论，以一张新的金字塔图表为例说明，并附有插图强调说明分配的前0.5%的夸张高度
- 讨论相对于男性而言，女性上下代之间的收入变化
- 对全球不平等的扩大化描述
- 图"21世纪初期世界体系分析"
- 表"跨国公司与国家的对比"
- 总结表格，"有关全球不平等的社会学视角"
- 2个"使用你的社会学的想象力"

第 6 章　种族与族群不平等

- 有关白人特权的扩大化讨论
- 有关种族形成进程的讨论
- 有关无种族歧视的种族主义的分段
- 2 个"使用你的社会学的想象力"

第 7 章　性别不平等

- 开篇有关男性与女性工资差距的扩大化讨论
- 有关在孩子们的书中对男性和女性的描绘的更新讨论
- 对多重男子气质概念的讨论
- 对苏门答腊岛西部和印度尼西亚性别的社会结构的讨论
- 有关支配的范型的女性主义概念的讨论,附有图表
- 有关性别的互动论方法的更新部分,包括"性别构造"的新例子和对跨性别交谈的新研究
- 美国女性劳动力扩大覆盖面,包括(a)国际比较和(b)有关男性和女性由于家庭原因而休假的百分比讨论,并附有图表
- 3 个"使用你的社会学的想象力"

第 8 章　社会制度：家庭与宗教

- 对"社会制度"一词的重点理解
- 有关最近离婚率下降的更新讨论
- 分段部分,"宗教的女性主义视角"
- 总结表格中的女性主义视角结论,"宗教的社会学视角"
- 4 个"使用你的社会学的想象力"练习题

第 9 章　社会制度：教育、政府与经济

- 有关在美国公共学校中种族隔离的讨论
- 有关低收入家庭学生和他们的跳级考试成绩的最新追踪研究的讨论
- 有关教育中的女性主义视角的小节,包括(a)在美国,学术成就中所谓的性别差距和(b)在发展中国家,教育中的性别不平等
- 总结表格中的女性主义视角结论,"关于教育的社会学视角"
- 以地图展示各州教师的平均薪水

- 讨论作为武力使用的一个表现,政府审查机构对网络内容的审查
- 讨论作为多元主义的一个例子,因特网上的政治演说
- 有关小额信贷的小节
- 5个"使用你的社会学的想象力"

第10章 人口、社区、健康与环境

- 图表,"特定国家的婴儿死亡率"
- 讨论在没有健康保险的人群中增加的死亡率
- 讨论健康和经济变动性之间的关联
- 有关环境问题的最新介绍,并强调了全球变暖和美国公共民意调查
- 讨论在水资源方面的政治和军队冲突
- 有关全球变暖的小节,并附有漫画
- 表"世界人口每增长10亿大概所需时间"
- 有关全球化的环境影响的小节,包括环境难民的产生
- 有关人与人互联性的例子,他们的健康和环境
- 讨论土著居民要求的作为保护雨林的补偿
- 讨论在北卡罗莱纳州沃伦县(1982)开始的环境正义运动
- 4个"使用你的社会学的想象力"

第11章 社会运动、社会变迁与科技

- 开篇有关新科技及它们带来的社会变迁的短文
- 讨论牛津大学对在激进的极端分子中的相对剥夺的研究
- 增加有关抵制科技的内容,包括对美国居民信息和交流科技的多样化使用的讨论,并附有表格
- 讨论个人信息的刑事滥用
- 4个"使用你的社会学的想象力"

致 谢

首先要感谢伊丽莎白·摩根(Elizabeth Morgan),她和我合作完成此书的第1版,我们也在其他为大学生编订的入门教科书中有过合作,她将她的经验和知识运用在《社会学与生活》精要插图第11版中。

我深深地感谢我的编辑们为本书所作的贡献。凯特·沙恩曼(Kate Scheinman)使大学生们有了新的学习社会学的途径。这一版同样得益于托姆·福尔摩斯(Thom Holmes)过去

的著作,他是麦格劳-希尔的高级策划编辑;还有罗纳·鲁宾(Rhona Robbin),他是策划和宣传部的一位主管,他们都将专门技术和经验运用到本书中。我从出版者弗兰克·莫蒂默(Frank Mortimer)、执行编辑吉娜·波迪克(Gina Boedeker)、市场销售经理莱斯利·奥博赫波(Leslie Oberhuber)和媒拓经理罗恩·内尔姆斯(Ron Nelms)那里得到了强有力的支持和鼓励。同时,还从项目经理布雷特·库克(Brett Coker)、设计师玛格丽特·雷诺兹(Margarite Reynolds)、研究协调者诺拉·阿巴亚尼(Nora Agbayani)、制作监督人兰迪·赫斯特(Randy Hurst)、版权编辑朱迪·布洛迪(Judy Brody)以及莱塞沃茨那里得到了编写本书的指导和支持。

我将特别感谢玛莎·沃伯顿(Martha Warburton)在教师手册上所做的工作;乔纳森·布林格(Jonathan Bullinger)在测试库上所做的工作;林恩·纽哈特(Lynn Newhart)为网上学习中心所补充的材料;以及格里·威廉姆斯(Gerry Williams)为本书的幻灯片所做的工作。苏珊娜·哈蒙德(Suzanne Hammond),德保罗大学的一位学生,协助我完成了手稿的准备工作。

从致谢中可以看到,准备一本教科书确实需要一个团队的努力。在这些努力中最有价值的一员仍旧是我的妻子桑迪,为我创作性的学术活动提供了必不可少的支持。

这么多年来,我有幸可以向学生们介绍社会学。那些学生在激发我的社会学的想象力上帮助很大。尽管在某些程度上不完全承认,我非常欣赏他们在课堂上和课余提出的问题,这说明他们已经找到了进入本书的途径。

理查德·谢弗(Richard T. Schaefer)
www.schaefersociology.net
schaeferrt@aol.com

网络资源

作为一个提供高品质教育产品的全方位服务出版商,麦格劳-希尔做的不仅仅是向学生们出售教科书。我们创作和出版一系列广泛的补充教材以支持大学教育。新旧教科书的订单使我们有能力进行补充教材的进一步拓展,这是很重要的。请咨询当地麦格劳-希尔代理者以获得《社会学与生活》(精要插图第11版)的补充教材。如果你不确定代理者是谁,可以通过www.mhhe.com网站获得有关信息。

在线学习中心

访问《社会学与生活》(精要插图第11版)在线学习中心www.mhhe.com/schaefersm4e,

获取测试题、进行复习和其他学习工具。

学术审阅人

很多社会学者都对此书进行了审阅并提出了全面而具有建设性的评价。我想感谢以下学者,他们给我的初稿和特写提供了很多有用的注解。(下略)

The Sociological View
社会学的观点

1.1 什么是社会学?
1.2 什么是社会学理论?
1.3 社会学的发展
1.4 主要的理论视角
1.5 何谓科学方法?
1.6 主要的研究设计
1.7 研究伦理
1.8 应用与临床社会学

灾难发生会产生混乱,或是产生有组织结构的回应?常识也许会告诉我们是前者,但事实却证明,当灾难发生后,社会组织会自动地形成以回应灾难而衍生的问题。2001年9月11日的恐怖攻击发生时,纽约市紧急救援指挥中心同时遭到摧毁,但官员们却快速地成立了一个临时指挥中心以调度救灾工作。

2008年4月一个下雨的星期天,数千人站在变得越来越泥泞的华盛顿草地广场上。在他们面前,装有巨大显示屏的舞台上站着美国偶像(American Idol)得主约尔丁·斯帕克斯(Jordin Sparks),还有演员埃德·诺顿(Ed Norton)、塞维·蔡斯(Chevy Chase)和埃德·贝格利(Ed Begley)。尽管这件事发生在这个国家的首都,但它并不是一场政治运动或者群众的抗议集会。实际上,这是人们再次聚集起来庆祝地球日,并加倍努力以改善地球环境。类似的地球日仪式在世界各地都曾举行。

一位被指派去写一篇关于此事的特别报道的记者,也许会关注组织者打算如何处理全球的环境问题。但是,如果是一个参与其中的社会学家呢?他会采取完全不同的视角,询问这一人群中有关团体及其成员间关系的问题。例如,一个社会学家也许会问,人们是否有朋友或同事随行。社会学家对于人们如何根据相似的背景或特征,如年龄、性别、社会阶级、种族或族群等而聚集在一起特别感兴趣。这些社会动力——在美国的住房模式中尤其明显——同样也体现在像华盛顿草地广场这样的公共场所,即其中会有专门团体倾向于占据一些专门领域。在观察这样大规模的集会时,社会学家还会关注青少年、男同性恋者、老人或有孩子的年轻家庭。

社会学家还会问,社会模式是怎样从一代向另一代转变的。人群中的孩子们,甚至连他们的父母,都不会对1970年的地球日有直接的印象。那么他们怎么会转向拥护环保主义观点呢?他们又如何把这些观点输送给下一代呢?同样重要的是,为什么其他人不拥护同样的价值观呢?

最后,社会学家研究创立像"地球日"这样特殊事件的组织。这些事件并不是自发形成的,而是经过周密计划,并花费了大量金钱。许多森林保护或野生动物保护组织,同一些企业巨头,如国际商业机器公司(IBM)、联邦快递(FedEx)、西夫韦餐饮(Safeway Foods)、大通银行(Chase)及百利大酒店(Bally's Fitness Center)等,提供信息表和数据。社会学家可能会问,这些大公司(其中一些是全球性的)是如何对消费模式做出贡献的,他们是否明智地使用自然资源。

所有这些问题都会经过一个路过华盛顿著名地标的社会学家的脑子。无论是什么问题,社会学家都会研究许多人所分享的社会模式。这种更关注团体而非个体的研究是社会学的重要特点。正如社会学家赖特·米尔斯(C. Wright Mills)半个世纪前所说的:如果一个人失业,他的困境是个人问题;但如果有几千人失业,他们的困境就成了一个社会问题。社会学家就是要寻找这种社会模式阻碍组织和治理社会的根本原因。(Mills [1959] 2000a)

作为一个研究领域,社会学关注的范围相当广泛。通过这本书,你将看到社会学家调查广大范围的话题——从纹身到电视节目,从周边团体到世界经济模式,从同侪压力到阶级意识。社会学家关注别人如何影响你的行为,政府、宗教、经济又是如何影响你的,而你自己又是如何影响他人的。这些不仅仅是学术问题。社会学之所以重要是因为它解释你的生活和你的世界,无论你是上学,或是为领取薪水而工作,还是供养一个家庭。

第1章介绍了社会学作为一门社会科学,一门以社会学的想象力这种特殊技能为特征的科学。我们将会看到三位先驱思想家——爱弥尔·涂尔干(Émile Durkheim)、马克斯·韦伯(Max Weber)和卡尔·马克思(Karl Marx)——并探讨从他们的作品中发展出来的理论观点。我们也会看到社会学家是如何利用科学方法对他们提出的问题进行调查研究的。他们在研究过程中,会使用调查、观察、实验和现存资料这几种方法来获取资料;社会学家还会经常与研究中产生的伦理道德问题作斗争。在本章的末尾我们会检验他们研究的一些实际用途。

1.1 什么是社会学?

社会学(sociology)是一项对社会行为与人类群体的科学研究。它主要关注社会关系对人们态度和行为的影响,以及社会是怎样建构和变迁的。这本书涉及丰富多彩的话题如家庭、工作场所、街头帮派、商业公司、政治党派、基因工程、学校、宗教和工会组织。它关注爱、贫穷、符合、歧视、疾病、技术与社区。

社会学的想象力

为了解社会行为,社会学家依赖一种独特的创造性思考方式。赖特·米尔斯把这样的思考方式描述为**社会学的想象力**(sociological imagination)——一种不论是现在还是过去,对个人与社会之间所存在关系的灵敏观察能力。这种灵敏的观察能力让我们(不仅是社会学家)能够理解周围的、个人的社会经验,与围绕并影响着我们的那个遥远而冰冷的世界的关联。(Mills[1959]2000a)

构成社会学的想象力的关键因素在于,能以局外人的角度来观察自己的社会,而不是只用个人的经验与文化的褊狭观念来看待。一个简单的例子是边走路边吃东西这个习惯。在美国,人们认为在街上一边走路一边喝咖啡或吃巧克力不足为奇。社会学家把这些现象看做可接受的行为模式,因为这是被大众所认可的。然而,社会学家需要把这些常规观点合理地放到另一种文化之上。这种"正常"的行为在世界上其他地方却是难以被接受的。例如,在日本,人们走路时不会吃东西。尽管街道旁边的商贩和自动售货机到处都是,但是日本人会停下来吃完他们所买的食品,然后再继续行走。在他们眼里,吃东西时还做着别的事情是对准备食物的人的不尊敬,即使食物是从自动售货机里出来的。

社会学的想象力使我们能超越个人经验与观察,进一步了解更宽广的公众议题。比如离婚,毫无疑问,这是属于离婚夫妇之间的困境。但是赖特·米尔斯指出,我们应该用社会学的想象力了解它,因为离婚不仅是个人问题,同时也是社会问题。采用这样的观点,我们可以将离婚率的增加,视为对家庭这个重要社会机制的重新定义。今天的家庭成员,常常包括继父母、同父异母或同母异父的兄弟姐妹。因为混合家庭的错综复杂性,这种个人的忧虑已经变成影响学校、政府机构、商业和宗教制度的公众议题。

社会学的想象力是一个能赋权予个人的工具,让我们可以超越对人类行为的有限认识,通过一个全新的方式来看待这个世界及人类。社会学的想象力可以用来协助我们了解一些日常生活的琐事,比如,为何室友喜欢乡村音乐而非嘻哈音乐,也可以用来启发我们理解地球上人类行为的不同面向。以后者而言,比如,2001年9月11日的恐怖袭击之后,许多美国人非常想了解全世界的伊斯兰教徒如何看待美国这个国家及为什么这么看待。在本教科书的编排中,我们会提及许多情景,让读者能够练习发挥社会学的想象力。以下我们就从身边的一个小例子谈起。

社会学与社会科学

社会学是不是一门科学?**科学**(science)这个术语指的是,利用有系统的观察方法而获知的知识本体。如同其他科学学科,社会学也是利用有组织且系统的方式来研究现象,以增进人们对它的了解;这里,社会学研究的就是人类行为。不论是研究蘑菇还是杀人犯,所有的科学家都想尽可能地运用客观的研究方法获取确切信息。他们所依赖的是仔细记录所观察到的现象,并累积资料。

当然,社会学和物理学,或是心理学和天文学之间,存在极大的差异。因此,科学一般分为自然科学与社会科学。**自然科学**(natural science)研究的是自然界的物理特征和这些特征之间的互动及其变化。天文学、生物学、化学、地质学,以及物理学等,都属于自然科学。**社会科学**(social science)研究的是人类社会的许多不同面向,包括社会学、人类学、经济学、历史、心理学、政治科学,等等。

社会科学各学科的共通点在于它们都研究人类的社会行为，但是每个学科都有其特殊的取向。通常，人类学家研究的是过去的文化、至今犹存的前工业化社会、人类的起源；人类学的知识是用来检验当代社会的，甚至包括工业化社会。经济学家探讨的是人们生产及交换物品、服务、金钱和其他资源的方式。历史学家关心的则是过去的人们、事件及它们对现今的影响。政治学家研究国际关系、政府运作及权力与权威的行使。心理学家则探讨人格与个人行为。然而，社会学的焦点是什么呢？社会学关注的是社会对个人态度与行为的影响，以及人们如何塑造社会。人类是社会的动物，因此，社会学家是在科学化地检视人与社会的关系。

让我们看一看不同的社会科学是如何研究2005年给美国墨西哥湾带来巨大影响的卡特里娜飓风的。历史学家会将20世纪的自然灾害造成的破坏与卡特里娜飓风相比。经济学家调查研究的不仅是这场灾难对美国东南部经济的影响，而且是对国家甚至世界经济的影响。心理学家会通过研究个体评估这一灾难性事件给人们带来的情感压力。而政治学家则研究不同政府官员的态度，以及他们对政府如何应对这场灾难的暗示。

对于这一事件，社会学家会采用什么视角？他们可能会把目光放在卡特里娜飓风对不同社群、不同社会阶级的影响上。一些社会学家已经开始从事邻居和社区的研究，以确定在重建阶段如何维持受飓风打击的地区完整性。社会学家还特别关注卡特里娜飓风对边缘群体所带来的影响，包括从新奥尔良贫穷的市中心到美国乡村印第安人保留地的居民。社会学家并不会对飓风带来的毁灭性社会影响感到惊讶，因为受灾地区是美国最贫穷的地区。就家庭收入而言，例如，新奥尔良在美国70个大型城市中排名第63（倒数第7）。当飓风使成千上万的墨西哥湾家庭无家可归和失业的时候，绝大多数人并没有可利用的积蓄——没钱住宾馆或是可让他们度过直到下一次发工资前的这段困难时期。（Laska 2005）

社会学家将社会学的想象力应用在许多领域，包括性别、家庭、人文生态，以及宗教。在本书中，你将会看到社会学家如何构建理论及通过研究更深入地了解社会。同时，它也会鼓励你运用自己的社会学的想象力，以一种质疑但又不带个人偏见的局外人观点，检验美国及其他社会。

社会学与常识

社会学将焦点置于研究人类行为，我们或多或少都有一些人类行为的经验或知识。举例来说，我们可能有自己的一套理论，解释为什么有些人会买彩票，为什么有人会成为无业游民。我们的理论或看法往往来自"常识"（common sense）——换句话说，来自我们的经验、我们和他人的交谈、书本和电视，等等。

使用你的社会学的想象力
当你走在城市或家乡的街上时，环顾四周，你会发现，有一半甚至更多的人是超重的。你如何解释你观察到的现象呢？如果你是米尔斯，你觉得你会怎么解释？

日常生活中，我们依赖常识面对许多从未遭遇过的情形。然而，常识有时候虽然是正确的，但往往并不可靠，因为它所凭依的是一般信念，而非由系统的事实分析。依据"常识"，地球曾经被认为是平的——虽然毕达哥拉斯与亚里士多德曾质疑这个论调。错误的常识概念不仅存在于古代，即使到了现代也随处可见。

与俗语"爱钱是万恶之源"不同，社会学家发现，事实上，富裕带来的不仅仅是更好的汽车和更长的假期，还有良好的健康状况及接触各种污染的可能性大大减少。另一个常识的理念是，"爱是没有理由的。"但这不能支持社会学家对求爱与婚姻关系的研究。终身伴侣的选择一般被限制在社会期望及由年龄、金钱、学历、种族、宗教，甚至体重等定义的界限中。丘比特爱神的箭只会射在确定的区域中。（Ruane & Cerulo 2004）

不同于女人比男人更健谈这种常规的观点，研究者发现两性在是否健谈方面几乎没有差异。他们把不起眼的窃听器放在美国和墨西哥大学校园内不同专业的396个大学生身上超过5年，结果发现男性和女性每天大约都说16,000个字。（Mehl et al. 2007）

类似地，"常识"告诉我们当前美国军人的婚姻比以前更容易破裂或离婚，这是因为伊拉克和阿富汗长期的战争紧张状态。但2007年研究显示，美国军人的离婚率在过去10年中并没有明显增加。实际上，有军事人员的家庭离婚率与没有军事成员的家庭是相当的。有趣的是，这已不是第一次推翻广泛持有的军事服役使婚姻关系紧张这一观念。对于两代以前的越南战争时期，研究者已经得出了同样的结论。（Call & Teachman 1991；Karnery & Crown 2007）

如同其他社会科学家一样，社会学家并不接受"人云亦云"就是事实；相反地，每一份资料都必须经过记录、检验，并分析它和其他资料之间的关系。为了描述与了解社会环境，社会学家所仰赖的是科学的研究。有时候，社会学家的发现也许看起来很像常识，那是因为他们处理的是我们日常生活中各个层面的现象；但差异就在于，社会学家的发现都经过了检验。现在，常识告诉我们，地球是圆的，但这个概念是在毕达哥拉斯与亚里士多德提出之后，经过好几个世纪的科学研究才获得证实的。

1.2 什么是社会学理论?

人为什么会自杀?传统常识告诉我们，自杀的人先天就有自杀的倾向；还有种说法是，太阳黑子会驱使人们自杀。这些讲法对今天的研究人员来说，并不完全具有说服力，但却是1900年时人们普遍的信仰。

社会学家并不特别对某一个人的自杀原因感兴趣；相反，他们比较关心的是什么样的社会力量会有系统地迫使某些人结束他们自己的生命。为了研究这个主题，社会学家发展出一套解释自杀行为的一般理论。

我们可以把理论视为有系统地对某件事情、权力运作、题材、观念，以及行为的解释。在社会学里，**理论**（theory）指的是试图解释问题、行动与行为时所做的一套叙述。一个有效的理论必须有很强的解释能力与预测能力。也就是说，它必须能从看似独立的现象中找到很强的关联性，并且了解某一因素的改变会对其他变量带来什么影响。

据世界卫生组织（World Health Organization, 2006）估计，地球每年约有90万例自杀。一百多年前，社会学家就尝试用科学的方法检视自杀的资料。涂尔干（Durkheim 1951 [1897]）深入研究自杀的资料，并发展出一套解释自杀与社会因素相关联的理论。他所关心的不是自杀受害人的人格特质，而是不同国家自杀率的差异。所以，他计算法国、英国与丹麦在1869年的自杀人数，并按照人口比例算出各国的自杀率。他发现，英国每100万人中有67起自杀，法国有135起，而丹麦竟高达277起。于是，他提出："为什么丹麦有相对较高的自杀率？"

涂尔干对自杀率做了深入的研究，他的研究成果《自杀论》（*Suicide*）于1897年出版，并且成为他的代表作。涂尔干拒绝接受那些未经证实的说法，包括相信宇宙力量或是一个人的天生性格导致了自杀；相反，他认为，这个问题起因于缺乏宗教、社会或职业团体的凝聚力。

涂尔干指出，虽然自杀是一种个人行为，但是，它和群体生活却息息相关。新教徒比天主教徒的自杀率高，未婚人士比已婚人士的自杀率高，而士兵比平民的自杀率高。他还发现，和平时期的自杀率要比战乱或革命时期高，而经济不稳定与萧条时的自杀率又高于繁荣时期。涂尔干总结说，一个社会的自杀率可以反映该社会人民融入社会生活的程度。

与许多其他社会科学家一样，涂尔干发展出一套理论来解释，如何在社会的范畴中了解个人的行为所产生的影响。很明显，涂尔干针对自杀的原因，提出了一套比太阳黑子或天生倾向更科学的解释。他的理论深具说明力，因为他提出当遇到社会或经济变迁时，自杀率也会随着变动。

当然，一个理论——即使是最好的理论——不会是人类行为的最终定论。涂尔干的自杀理论也不例外。社会学家依旧继续检验造成全球及某一特定社会自杀率不同的因素。举例来说，虽然新西兰的自杀率只比美国略高一些，但是，该国的年轻人自杀率却比美国高出41%。新西兰的社会学家和心理学家指出，该国人们的居住地相隔遥远且人口稀少，造成对男性的男子气概要求过高，这使许多年轻男性适应不良。对于有男同性恋倾向的青少年，假如他们无法适应同辈对男性气概表现的要求，通常很容易倾向自杀。（Shenon 1995）

使用你的社会学的想象力

如果你是涂尔干自杀研究的后继者，你会如何调查原因，以解释当今美国社会年轻人自杀率上升的现象呢？

1.3 社会学的发展

人们总是对社会学相关的事物感到好奇——比如，我们如何与他人相处，我们要做什么，以及我们要选谁担任领导人，等等。远古与中古社会中的哲学家与宗教权威，对于人类行为曾做过许多观察。他们对于这些观察并没有进行科学的检验与证实，但是，这些观察往往成为道德规约的基础。早期有许多社会哲学家曾经预测，总有一天，人们会用系统的方法研究人类的行为。19世纪，欧洲的理论家开始对人类行为的科学研究贡献力量。

早期思想家：孔德、马蒂诺与斯宾塞

在法国，19世纪是个动荡不安的时代。1789年革命的早期，法国皇室被推翻，接着，拿破仑统一欧洲的企图也被粉碎。如此混乱之际，哲学家开始思考要如何改进社会。奥古斯特·孔德（Auguste Comte，1798—1857），作为19世纪初最著名且最具影响力的哲学家，他相信，要改善社会就必须发展社会的理论科学，同时对人类行为进行有系统的研究。他发明了"社会学"这个术语，代表研究人类行为的科学。

从孔德19世纪的作品中，我们可以发现，他害怕法国大革命的思潮会危害法国的稳定；同时他也希望有系统的社会行为研究最终能促成人类更理性的互动。因此，在孔德的科学阶级中，社会学的位置最高。他将社会学称做"女皇"，而称社会学的信徒为"科学传教士"。这位法国理论家不只是为"社会学"命名，并且为这个新兴的学科设定了远大的目标。

晚近的学者多半是通过社会学家哈丽雅特·马蒂诺（Harriet Martineau，1802—1876）的翻译，才得以一窥孔德大著之堂奥。但是，马蒂诺不仅是个翻译家，她本人对社会学领域也贡献颇多。她深入观察她的祖国英国和美国的风俗与社会习惯。马蒂诺的著作《美国社会》（*Society in American*，1962［1837］）检验了北美新大陆的宗教、政治、儿童养育和移民等议题，以及性别与种族等因素。同时，马蒂诺（Martineau 1989［1838］）写了第一本关于社会学方法的著作。

马蒂诺的著作强调经济、法律、贸易及人口对于当代社会问题的影响。她强调女权，主张消灭奴隶制度，并且主张宗教包容。在以后的生活中，耳聋没有阻止她成为行动主义者。在马蒂诺（Martineau 1962［1837］）的观念中，知识分子与学者不应只是提供对于社会环境的研究成果，他们还必须依据他们的信念行动，追求生活更大的福祉。正因如此，马蒂诺研究女性就业的本质，她指出，这是一个必须深入讨论的议题。（Deegan 2003；Hill & Hoecher-Drysdale 2001）

另一位对社会学这门学科有重大贡献的人就是赫伯特·斯宾塞（Herbert Spencer，1820—1903）。身为一个较富裕的维多利亚时代的英国人，斯宾塞（不像马蒂诺）并没有感觉到纠正社会或改善社会的迫切性，他只是希望能够更多地了解这个社会。他利用查尔斯·达尔文（Charles Darwin）《物种起源》(*On the Origin of Species*)一书中"物种进化"的概念，解释社会是如何变迁和进化的。他还采用达尔文进化论中"适者生存"的概念，说明社会上有贫有富是"自然"的现象。

斯宾塞的社会变迁理论在他生前即获得极大的反响。与孔德的想法不同，斯宾塞认为，社会变迁乃是自然发生的事；因此，他认为，人们对于现有的社会框架不需太具批判性，也无需积极改变社会。在英国和美国，有许多颇具影响力的既得利益者和反对社会变迁的人，都非常欢迎斯宾塞的主张。

爱弥尔·涂尔干

包括先前提及的自杀行为理论，爱弥尔·涂尔干（Émile Durkheim，1858—1917）对社会学做出了非常卓越的贡献。作为一个犹太人社会宗教领袖之子，涂尔干分别在法国与德国受过教育。他在学术领域中声誉卓著，并在法国获聘为最早期的社会学教授。但是他真正为后世所歌颂的，是他坚持认为人类行为不能只以个体的方式存在，而必须要把行为放到社会的范畴中加以了解。

举一个涂尔干的研究为例（Durkheim 2001［1912］），他借由深度探讨澳洲的阿狼塔（Arunta）部落，发展出一套有助于了解社会形态的基本论题。他注意到宗教在阿狼塔部落中所起到的功能，强调部落生活在阿狼塔部落宗教形成中的主要作用。涂尔干认为，与其他形式的群体行为一样，宗教强化了群体的机械团结。

就像许多其他社会学家一样，涂尔干不只对特定的社会行为感兴趣，在本书的其他章节中，我们将会探讨他在罪犯与刑法、宗教、职场等议题上的观点。事实上，很少有社会学家能像涂尔干一样，在社会学的众多领域中具有如此大的影响。

马克斯·韦伯

另一位主要的理论家是马克斯·韦伯（Max Weber，Weber 发音为 VAY-ber，1864—1920），1864 年生于德国。他早期接受法学和经济史的训练，后来渐渐发展出对社会学的兴趣。他曾担任德国多所大学的教授，他教导学生应该在他们的学术著作中应用**理解**（verstehen，发音为 Fair-SHTAY-en，这个德国字的意思是"了解"或"洞察"）。他主张，我们不能使用客观标准的方式分析研究社会行为，因为这和量体重或测气温截然不同；为了完全了解举止行为，我们必须了解人类行为的主观意图——了解当事人是如何看待与说明他们自己的行为的。

我们还必须感谢韦伯所提出的一个重要观念工具：理想型。**理想型**(ideal type)指的是一个概念，或一种虚构的模型，用来作为评估真实个案的标杆。在他的著作中，韦伯将许多官僚制度的特征认定为理想型（第3章中将有详细讨论）。韦伯并没有描述任何特殊的组织，或是在一定程度上用"理想的"这个术语表示一种积极的评估；他的目的只是要提供一个有用的标准，来测量实际的官僚制度与组织的情况。(Gerth & Mills 1958)在本书接下来的章节中，我们会用理想型这一概念研读家庭、宗教、权威、经济制度，以及官僚体制。

卡尔·马克思

和涂尔干、韦伯一样，卡尔·马克思(Karl Marx, 1818—1883)对于抽象的哲学议题和实际的日常生活也很感兴趣；不同的是，马克思对现存社会机制极具批判性，因此，传统的学术生涯对他来说是不可能的。尽管生在德国，但他一生中多数时间流亡海外。

马克思的一生可说是处在痛苦的挣扎中。当他所出版的报纸被禁之后，他离开德国逃亡到法国。在巴黎，他认识了弗里德里希·恩格斯(Friedrich Engels, 1820—1895)，并且和他成为终身朋友。在他们所处的时代，欧洲和北美的经济形态已经逐渐由农业经济转型为工业经济。

1847年，马克思和恩格斯在伦敦参加了一个由非法工会组织——共产主义联盟(Communist League)所举办的秘密会议。之后，他们一直都在草拟《共产党宣言》的大纲。他们认为，广大人民群众（他们称之为无产阶级）除了劳动力之外，没有任何资源，所以必须团结起来，反抗并推翻资本主义社会。

在马克思的分析中，社会根本上分化为利害互相冲突的阶级。当他检验当时的工业化社会，比如德国、英国及美国，他发现工业俨然成为剥削者（生产手段的拥有者）与被剥削者（劳动力）冲突的中心。马克思利用有系统的方法观察这一关系，他相信，整个经济、社会与政治关系的制度，是为了保障资本家对工人的绝对支配。因此，马克思和恩格斯主张，工人阶级必须推翻现存的阶级制度。马克思对当代思潮有极大的影响力，他的著作鼓舞了后来在俄罗斯、中国、古巴及越南发动共产革命的领袖们。

即使不谈被他的著作所激励而产生的政治革命，马克思对当代思潮的影响力也是极为惊人的。马克思所强调的可以影响一个人社会位置的群体认同与结合，正是当代社会学中最重要的主题。所以本书中，我们所讨论的，正是作为某一特定群体的一员如何被他的社会位置影响，比如，以性别、年龄、种族或社会阶级来划分，这些类别如何影响一个人的态度和行为。现在我们用来了解社会的方法，有很多都是从马克思的著作而来的。

当代发展

当代社会学建立在爱弥尔·涂尔干、马克斯·韦伯和卡尔·马克思等人所发展的坚实基础之上。然而，在过去一个世纪中，这个学科也不是一成不变的。不仅欧洲人继续为这个学科贡献力量，世界上其他地方，尤其是美国，也促进了社会学理论与研究的发展。他们所提出的新观点可以帮助我们更真实地了解社会的运作。

查尔斯·霍顿·库利 查尔斯·霍顿·库利（Charles Horton Cooley，1864—1929）是20世纪初期著名的社会学家。库利出生于密歇根州的安阿伯（Ann Arbor），他在研究所主修经济学，但是后来成为密歇根大学的社会学教授。和其他早期社会学家一样，他也是在读社会科学相关学科时，才培养出对这个"新"学科的兴趣。

库利和涂尔干、韦伯及马克思都想更深入地了解社会，但为了有效地了解社会，库利偏好使用社会学观点来看待较小的社会单元——亲密的、面对面的团体，比如，家庭、帮派、朋友圈，因为这些团体能够影响个人的理念、信仰、价值观及社会性质。库利的研究强化了我们对相对较小团体的了解。

简·亚当斯 20世纪初期，美国有许多杰出的科学家，他们视自己为社会改革者，专注于有系统的研究，借以改变腐败的社会。他们真诚地关心美国不断扩大的城市中一些移民的生活，这些移民有些来自欧洲，有些则来自美国南部的乡下。特别是早期女性社会学家，她们通常会在贫穷的都市地区积极地参与服务，担任社区中心（当时称做街坊会馆）负责人的职务。举例来说，当时在美国社会学学会（American Sociological Society）很活跃的成员简·亚当斯（Jane Addams，1860—1935），就与别人在芝加哥创立了著名的赫尔会馆（Hull House）。

亚当斯和一些早期女性社会学家，同心协力在学术工作上努力，并且参与社会服务工作与政治运动——她们的所作所为都是为了帮助弱势群体，并且希望达到让世界更公平的目标。举例来说，亚当斯和黑人作家兼教育家艾达·韦尔斯-巴尼特（Ida Wells-Barnett）合作，成功阻止了芝加哥公立学校中种族隔离政策的实施。亚当斯较关注实务面，这从她努力促成青少年法庭制度及女性工会的建立上，可以充分反映出来。（Addams 1910, 1930; Deegan 1991; Lengermann & Niebrugge-Brantley 1998）

然而，到了20世纪中期，社会学所关注的焦点有所转变。大多数社会学家的工作仅限于创造理论与搜集资料，而改变社会的目标就交给了社会工作人员和其他人。社会学渐渐从社会改革的宗旨，转变为应用科学的研究方法及对资料客观的分析。然而，并非所有社会学家都赞同这样的定位。一个叫做"社会问题研究学会"（Society for the Study of Social Problems）的组织，1950年成立时的宗旨，就是要直接处理社会不平等和其他社会问题。

罗伯特·默顿 社会学家罗伯特·默顿（Robert Merton，1910—2003）成功地结合了理论与研究，对社会学的发展作出了很重要的贡献。默顿出生于费城一个斯拉夫移民家庭，曾获得天普大学的奖学金，并在哈佛大学深造；在哈佛时，社会学成为他毕生的兴趣。默顿大多数的时间都在哥伦比亚大学教书。

默顿发展出一套关于越轨行为的理论，经常为各界所引用。他注意到人们有许多种追求成功人生的方式。他认为，有许多人并不赞同把不断追求物质享受当做人生的目标，也可能并不欣赏世俗追求财富的种种手段。比如，在默顿的分类系统中，"创新者"指的是那些以物质财富作为目标，但是却采用非法手段，包括抢劫、盗窃及勒索来取得财富的人。默顿用个人行为来解释犯罪——个人行为受到社会所认同的目标与手段的影响，但是，这个理论的应用可以更为广泛。这个理论也有助于解释穷人为什么有较高犯罪率的问题，他们可能因为看不到人生道路上的希望才铤而走险。第4章将会对默顿的理论作更详尽的介绍。

皮埃尔·布迪厄 越来越多的美国学者已经开始着眼于其他国家的社会学家的观点。前不久，法国社会学家皮埃尔·布迪厄（Pierre Bourdieu，1930—2002）的想法已经在北美洲和其他地方赢得了广泛的支持者。作为年轻人，布迪厄在阿尔及利亚（曾沦为法国殖民地）独立战争期间，在那里做田野工作。今天，学者们开始学习布迪厄的研究技巧及其得出的结论。

布迪厄关注资本如何支撑从一代到另一代的个体和家庭。对于布迪厄来说，资本不仅包括物质资源，还包括知识的积累、声望、文化和正式的学校教育。资本在本质上也可以是社会的，从朋友关系网这样的社会关系到家庭和亲属的维持。从这方面讲，布迪厄的作品代表了一种像马克思和韦伯这样的早期思想家观点的延续。（Bourdieu & Passerson 1990；Sallaz & Zavisca 2007）

今天的社会学反映了早期理论家的诸多贡献。当社会学家着手处理离婚、吸毒和宗教迷信这样的话题时，他们便能借鉴这门学科先驱者们的理论见解。细心的读者通过现行研究著作会发现孔德、涂尔干、韦伯、马克思、库利、亚当斯和许多其他理论家的观点。社会学已经广泛超越由北美和欧洲学者界定的范围。现在，世界其他地方社会学家关于人类行为的学习和研究也对这门学科做出了贡献。介绍现代社会学家的研究，有助于我们查验许多影响较大的理论方法（也被称做理论观点）。

主要的理论视角

社会学家用不同的视角来看待这个社会。有些人认为,这个世界基本上是稳定且进行中的一个实体,他们赞扬家庭、有组织的宗教,以及其他社会机制的作用。有些社会学家则认为,社会是由许多竞争稀有资源的互相冲突的团体所组成的。然而,对另外一些社会学家来说,社会最精彩的一面,是被我们视为理所当然的、人与人之间日常的互动关系。这三种视角最常为社会学家所引用,它们分别是功能论、冲突论和互动论。通过这些观点,我们可以更容易地了解这个学科。

功能论

假想社会是一个有生命的有机体,而这个有机体的每个部门,都是为了维护这个有机体的生存而存在。这就是所谓的**功能论视角**(functionalist perspective,也被称为结构功能论方法),它强调社会每个部门都是为了保持社会稳定而构建起来的。

在功能理论的发展上,哈佛大学社会学家塔尔科特·帕森斯(Talcott Parsons,1902—1979)是关键人物。帕森斯受到欧洲社会学家涂尔干和韦伯等人的极大影响。帕森斯所提倡的功能论,主导美国社会学的发展约40年。它将社会看做一个由各个部门相互联结而形成的巨大网络,而每个部门都参与协助并维持整个体系的工作。功能论认为,假如社会生活的某一个面向对于社会的稳定与存在并没有贡献——假如它没有特别的功能,或无法促进社会价值观的共识,这个社会面向很快就会被淘汰。

反功能 功能论者认识到,社会中并不是每个部分都是随时为了维护社会的稳定而存在的。**反功能**(dysfunction)指的是一种社会元素或过程,实际上它可以使社会体系崩溃或降低社会稳定性。

我们会认为,许多反功能的行为模式是不适当的,例如杀人。但是,我们不应该不假思索地认为反功能都是不好的。评价反功能的行为,往往因个人的价值观或个人的"立场"而异。比如,在美国,一般人认为,监狱中的帮派应该被铲除,因为他们对监狱的管理有负面影响。但是,有些监狱警卫却认为,这些监狱中的成群结党反而保障了他们的工作,因为监狱中的帮派会"对安全造成危害",所以需要加强监管,并增派警卫。(G. Scott 2001)

显性功能与隐性功能 大学学校的简介,往往会陈述学校的许多功能。比如,它可能会说这个学校能够"提供每位学生在古典与当代思潮、人文、科学及艺术各领域的广博的学习机会"。但是,我们不太可能在学校简介里看到如下信息,"这所学校自1895年建校以来,就帮助人们寻找婚姻伴侣。"没有大学简介会把这个当做该大学的办学宗旨。然而,社会上的机制有许多功能,而有些功能是很微妙的。事实上,大学确实有助于人们寻找对象。

罗伯特·默顿(Robert Merton 1968)对显性功能与隐性功能作了重要区分。一个机制的**显性功能**(manifest functions)指的是这个机制公开陈述且刻意显现的功能。它包含社会某一面向刻意显现且承认的社会意义,就像大学是为了保证学术追求与优异而设。相反地,**隐形功能**(latent functions)指的是不自觉且非刻意显现的功能,它代表一个机制的隐藏目的。比如,大学的隐性功能是为人们提供一个认识未来伴侣的场所。

冲突论

相对于功能论者强调稳定与共识的思考方式,主张冲突论的社会学则将世界看做持续不断的斗争。**冲突论视角**(conflict perspective)认为,社会行为必须从竞争团体间冲突与紧张的角度来分析。冲突不一定指暴力,还可以通过劳资协商、政党政治、宗教团体间吸收信众的竞争、联邦预算争议等形式展现出来。

20世纪初开始,功能论在美国社会学界渐渐占有优势;但是在20世纪60年代末期后,冲突论愈来愈具有说服力。当时,导致社会不安定的事件,如争取公民权运动、是否参加越战的争论、女性主义与同性恋解放运动、水门事件、都市暴动,以及堕胎争论等,提供了极佳的冲突论素材——认为社会的特征就是竞争团体间永无休止的争斗。如今,社会学界已接受冲突论是研究社会的一种重要途径。

马克思的观点 如先前所述,马克思认为,在资本主义剥削劳工的前提下,阶级斗争是不可避免的趋势。以马克思的理论为基础,社会学家和社会科学家认为,斗争不只是阶级现象,它在我们日常生活中更是天天上演。因此,当社会学家研究某个文化、组织或社会团体的时候,他们会想要了解谁是获利者、谁是受害者,以及谁剥夺别人的利益来掌握支配权。他们关心不同群体间的冲突,包括女性与男性、父母与儿女、城市与乡村、白人与黑人。冲突理论家乐于研究社会中的机制,包括家庭、政府、宗教、教育及媒体等,如何介入以维护特定群体的特权,并将其他群体置于被支配的位置。他们对社会变迁与资源重组的强调,使冲突理论家比功能理论家更"极端"也更"激进"。(Dahrendorf 1959)

一种不同声音:杜波依斯 冲突论的重要贡献之一是鼓励社会学家站在那些对公共决策没什么影响力的群体的角度来看待社会。早期的黑人社会学家,如杜波依斯(W. E. B. Du Bois, 1868—1963),希望通过研究促成一个种族平等的社会。杜波依斯认为,知识是战胜偏见并赢得宽容与公平对待的重要工具。他主张,社会学必须使用科学的方法来研究社会问题,比如黑人在美国所遭遇的情况。除此之外,杜波依斯在社会学上的另一个重要贡献是,对都市生活做深入研究——包括黑人与白人。

杜波依斯无法容忍斯宾塞的理论,因为他认为这种理论太过于安于现状。他认为,赋予美国黑人政治权利,对于提升他们的社会与经济地位是至关重要的。他的多数观点都是挑战现状的,所以不太能被当时政府或学术圈的人所接受。因此,杜波依斯开始投入那些质疑现存社会秩序的组织,并且协助成立全国有色民族促进协会(Nation for the Advancement of Colored,简称 NAACP)。(Wortham 2005)

在加入这些多元的观点之后,近年来社会学产生了一些尤其对非裔美国人有帮助的研究。以前,非裔美国人对参与医学研究一直保持审慎的态度,因为这类研究曾经被用做将奴隶制度合理化的目的或被用做检测不可治愈型梅毒的影响。然而,如今的非裔美国社会学家与社会科学家都积极地鼓励黑人同胞参与有益的族群医学研究,尤其是关于黑人特别容易罹患的糖尿病与细胞贫血症的研究。(Alford A. Young & Deskins 2001)

女性主义视角 尽管女性主义视角在许多其他学科已有很长的历史,但社会学家在 20 世纪 70 年代才开始采用这一观点。**女性主义视角**(feminist view)认为,性别不平等是所有行为和组织的中心议题。由于这一视角仅关注不平等的一个方面,所以人们通常把它与冲突论联系在一起。但与冲突论不同的是,女性主义视角倾向于关注日常生活的关系,就像互动论者所关注的。源于马克思和恩格斯的理论,当代女性主义理论家通常认为,女性被支配的地位根植于资本主义社会。然而,有一些更为激进的女性主义理论家则认为,不论是在资本主义、社会主义还是共产主义,只要该社会是由男性主导的,女性就无可避免地要受到压迫。

艾达·韦尔斯-巴尼特(Ida Wells-Barnett,1862—1931)的一生及其创作,呈现出早期女性主义视角(早于标签理论的出现)的样貌。19 世纪 90 年代,她出版了一部石破天惊的大作——关于美国社会上普遍存在的对黑人处以私刑的陋习,之后,她便成为女权运动的倡导者,尤其主张女性的选择权。如同在她之后的女性主义理论家,韦尔斯-巴尼特将她对社会的分析作为反抗压迫的手段。她在研究中,分别探讨作为一个非裔美国人、女性的美国人及黑人女性的美国人,各是什么样的状况。(Wells-Barnett 1970)

女性主义社会学者开阔了我们了解社会行为的视野,使我们能够超越白人男性的观点。过去,关于暴力行为的研究通常不包括家庭暴力,然而女性恰是其主要的受害者。不仅这种研究是空白的;在实际中,法律实施机构中也缺乏处理这种暴力的

使用你的社会学的想象力

你是一个持冲突论观点的社会学家,你觉得你会如何解释卖淫现象呢?把这个观点和功能论的观点对比。如果用女权主义的观点看,你的评论会不同吗,具体有什么不同?

机制。相似地,女性主义学者还抱怨关于"早孕"的研究几乎全部聚焦在未婚妈妈的行为和品格上,却忽视了未婚爸爸的角色。她们呼吁应更多监察男孩及他们的行为,以及他们父母的角色榜样。总的来说,女性主义学者倾向于将女性的地位从科学调查的边缘移到中心。(Ferree 2005;Jessica Fields 2005;hooks 1994)

互动论

劳工在工作场合的互动、一般人在公共场所(如公交车站或公园)中的面对面接触及小团体中的行为等,这些微观社会学范畴引起了互动论者的兴趣。功能论者与冲突理论家分析的是大规模的社会行为模式,然而,**互动论视角**(interactionist perspective)是要将日常生活中的社会互动概念化,以获得对社会整体的了解。举例来说,20世纪90年代,陪审团的运作成为社会大众关注的焦点。一些引人注目的案件,最后的审判结果竟然令社会大众难以接受。要知道陪审团为什么做出某一个决定,就必须了解他们在陪审团讨论室中小团体的决策行为模式。

功能论与冲突论起源于欧洲,而互动论则肇始于美国。乔治·赫伯特·米德(George Herbert Mead, 1863—1931)被公认为互动论的创建者。米德从1893年起便在芝加哥大学教书,一直到他过世。他与库利的研究相似,通常米德关注的是人类一对一或者小团体的互动情境。米德对一些极细微的沟通形式——如微笑、皱眉或点头及团体或社会如何影响个人感受,都颇有兴趣。虽然他的观点很具启发性,可是米德很少写文章,而且从来没有写过书。然而,他是一位极受欢迎的教师,我们所知道的他的大多数观点,都是在他过世后,由他的学生出版的教学大纲而来的。

互动论是一种社会学的框架,认为人类是处于由许多有意义的实体组成的世界之中,这些"实体"可能包括有形物质、行动、其他人、与人的关系,甚至只是符号,等等。互动论有时也被指称为象征互动论视角(symbolic interactionist perspective),因为互动论者认为,象征是人类沟通时最重要的手段。象征所代表的社会意义通常是被一个社会的所有成员共享的。然而,有些象征对于不同团体的人却代表着不同的含义。比如,对于一些美国人来说,南部联邦旗象征着人们对于他们丰富文化遗产的尊重,然而对于另外一些人,它却代表了对他们公民权利的抑制。

> **使用你的社会学的想象力**
> 你所在的大学或学院里,有什么代号对学生来说具有特殊的意义?

不同的文化可能会用不同的象征来表达相同的意思。例如,考虑一下不同社会用不同的肢体语言描述自杀行为。美国人用一根手指顶住脑袋(射杀);城市里的日本人用一个拳头顶住自己的胃(刺杀);新几内亚巴布亚岛南端的人们,用手紧紧抓住自己的喉咙(绞死)。这些不同的象征互动形态被称为**非语言沟通**(nonverbal communication)。非语言沟通包含许多其他的手势、面部表情及姿势等。(Masuda et al. 2008)

表 1-1　主要理论观点的比较

	功能论	冲突论	互动论	女性主义视角
对社会的看法	稳定的、完整的	各群体间的紧张与斗争	影响日常生活的社会互动	具有性别不平等特征，不平等的起因和解决方案各异
对个人的看法	个人通过社会化过程后展现某些社会功能	个人是被权力、强制以及权威所支配	个人可以在互动的过程中操纵象征创造属于自己的世界	人与人通过他们的社会阶级、种族、种族地位、年龄、性别取向和身体能力产生区别
对社会秩序的看法	通过合作和共识来维持	通过强制与胁迫来维持	通过对日常生活行为所共享的认知来维持	通过排除女性来维持
对社会变迁的看法	变迁是可以预测的，有正面助益	变迁一直在发生，可能具有正面价值	借由个人的社会地位和与他人的沟通反映出来	对于产生不平等是必不可少的
例子	刑罚强化社会秩序	法律强化了既得利益者的地位	个人依照过去的经验决定是否遵守法律	家庭暴力、约会强奸和经济上的不平等必须被消除

社会学方法

社会学家应该用哪种视角来研究人类的行为？功能论？冲突论？还是互动论？这三种视角在社会学界中都被广泛的使用（见表 1-1），因为即使是针对同一议题，这三种视角也都各有所长。借由参考这些视角，我们可以对社会有更完整的认识，并且了解这些理论有哪些重叠和分歧的地方。

即使这三种视角没有一个是先验正确的，而且，有些社会学家会同时引用这些视角，但大多数社会学家只会采用其中某一种视角。一个社会学家的理论取向，会影响他研究社会问题的途径，包括选择研究什么主题、如何研究及研究命题的提出（或不提出）。本章接下来的部分，我们将看到社会学家如何将科学的方法应用在调查、情景观察和实验中。但请注意，不论社会学家的研究目的为何，他们的研究都将受到他们的研究视角的限制。如同理论一样，研究的结果就像舞台上的探照灯，虽然能够照亮舞台的一角，但舞台的其他部分却仍旧维持在相对黑暗的情境之下。

1.4　何谓科学方法？

如同每个人一样，社会学家对当代的重要议题感兴趣。家庭是不是正在解体？

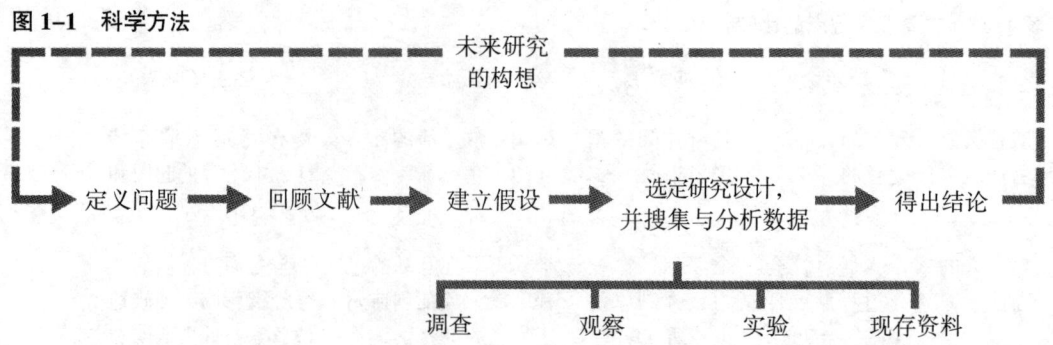

图 1-1 科学方法

美国的犯罪问题为什么那么严重?我们是不是无法让世界上所有人获得温饱?不论是否受过学术训练,大多数人都很关心这些议题。然而,在看待这些议题上,社会学家与一般人的不同之处在于,社会学家必须使用科学方法研究社会。**科学方法**(scientific method)指有系统、有组织的研究步骤,目的是要尽可能确保研究的客观性与一致性。

我们之中有许多人未来可能没有机会进行实质的科学研究,但是,为什么了解科学研究方法对我们这么重要呢?因为它在我们社会的运作中,扮演了很重要的角色。美国居民常常会遭到"事实"或"数据"的轰炸。比如,一则电视新闻报道告诉我们:"每两段婚姻就有一段以离婚收场。"一则广告引用科学研究来证明其产品的优越性。这类声称可能是精确的或夸大的。假如我们更熟悉科学研究的标准,就能对这些信息做更好的评估,也就不容易上当受骗了。这些科学标准相当严格,所有的科学研究都必须尽可能遵守这些标准。

在开始一项研究之前,科学方法对准备工作的要求很严格,否则,搜集来的资料可能会没有用处。社会学家与其他研究学者所遵循的科学方法,主要有以下五个步骤:(1)定义问题;(2)回顾文献;(3)建立假设;(4)选定研究设计,并搜集与分析数据;(5)得出结论。(见图1-1)我们将会使用一个实例来说明科学方法的程序。

定义问题

读大学值不值得?有些人必须牺牲很多,并且工作很努力,才能读到大学。比如,父母必须借钱给子女交学费;有些学生必须打工甚至必须全职工作,来读夜间或周末的进修课程。但是值得吗?获得大学文凭会有金钱上的回报吗?

任何研究计划的第一步,便是清楚地陈述你所要研究的主题。换句话说,便是定义问题。在这个个案中,我们想要知道读书和收入之间的关系。我们想要知道的是,受不同程度正式教育的人,他们的收入有多少。在研究的初期阶段,研究人员必须针对每个研究概念发展出一套操作定义。**操作定义**(operational definition)指的是针对抽象概念所做的解释,而这个解释必须足够详细,以便能让研究人员来衡量该概念。举例来说,对社会地位有兴趣的社会学家,可能会将高级俱乐部的会员资格作为社会地位的操作定义;研究偏见的学者,可能会将不愿聘请或不愿与少数族群共事的行为当做偏见的操作定义。在我们这个例子中,我们必须发展出两套操作定义——教育与收入,这样我们才能研究高等教育的学位是否"值得"。

研究之初,我们会先采取功能论者的观点(虽然我们最后可能会整合其他观点)。我们主张,赚钱的能力与受正式教育的程度是相关的,也就是说,受教育是为就业做准备的。

文献回顾

借由回顾文献(回顾相关的学术研究与资料),研究人员得以改良自己的研究子题、厘清搜集资料可行的技术、消除或减少可以避免的错误。在这个例子中,我们想要检视不同职业的薪资。我们想要了解需要较高学历的工作,它所给的薪资是否也较高。回顾其他关于教育与薪资之间关系的研究,就变得非常必要了。

在做完文献回顾之后,我们很快就会发现,除了就学年数之外,还有许多因素会影响收入水平。比如,我们可能会发现,父母比较富有的小孩,比那些来自中下阶层的小孩,上大学的比例要高;于是我们会认为,这些富有的父母将来也比较容易帮他们的小孩找到较高薪资的工作。

建立假设

在回顾先前研究并采用某些社会学理论观点后,接下来,研究人员要做的就是建立假设。**假设**(hypothesis)指的是针对两个或两个以上的变量之间存在的关系所做的推断性论述。收入、宗教、职业、性别等,都可以作为研究中的变量。我们可以将**变量**(variable)定义为在某些条件下会改变、并且可以衡量的特点或特征。

建立假设的研究人员必须提出,人类行为的某个面向是如何影响其他面向的。一个变量被假设为会对其他变量造成影响的,称为**自变量**(independent variable);另一个变量则称为**因变量**(dependent variable),因为它会对自变量的影响有所"反应"。

我们在这里的假设是,一个受过较高教育的人会赚比较多的钱。要测量的自变量是教育水准,要测量的因变量是对它有所"反映"的收入。

确认自变量与因变量,是厘清社会因果关系很重要的步骤。**因果逻辑**(causal logic)的含义是一个条件或变量与其结果之间所存在的关系;而且,这个关系一边是因,一边是果。在因果逻辑下,融入社会的程度(自变量)深浅可能与自杀率(因变量)的高低直接相关。类似地,父母的收入水平(一个自变量)可以影响他们孩子考入大学的可能性(一个因变量)。在后面的生活中,他们的孩子所获得的教育程度(自变量)可能直接与他们孩子的收入水平(因变量)相关。需要注意的是收入水平既可以是一个自变量,也可以是一个因变量,这取决于因果关系。

相关(correlation)存在于当一个变量的改变与另一个变量的改变同时发生时。相关代表因果关系可能存在,但并不必然代表因果关系。举例来说,资料显示,职业妇女的小孩犯罪率比家庭主妇照顾下的小孩要高。这个相关性其实起因于第三个变量:家庭收入。在下层阶级的家庭中,女性全职工作的比例较高;同时,下层阶级儿童的犯罪率也比其他阶级要高。因此,虽然职业妇女与儿童犯罪率有相关性,但是它并不导致儿童犯罪。社会学家设法要确认的就是变量之间的因果关系,而通常在假设中,研究人员都会先提出某些因果关联。

搜集与分析数据

你要如何测试一个假设,以便决定应该接受或拒绝该项假设?你需要用本章描述的研究设计来收集信息。研究设计对研究者搜集与分析数据有指导作用。

选择样本 在大多数研究中,社会科学家对选取所谓的样本极为讲究。**样本**(sample)指的是从母体中选出的具有母体统计代表性的部分。样本有许多种,但最常为社会科学家所采用的则是随机样本。在**随机样本**(random sample)中,被研究母体的每个成员,都有相同的几率被选为样本。因此,假如研究人员想要利用城市通讯簿(城市通讯簿与电话簿不同,上面记载所有住户的电话)来选取样本,以便了解民意,他们可以用电脑随机抽取通讯簿中的成员,这样就能构成一个随机样本。社会学家使用抽样技术的优势,就是他们不需要访问母体中的每一个成员。

我们很容易将社会科学中严谨的代表性抽样技术,与媒体上常常报道但属于非科学的民意调查混淆在一起。举例来说,电视台和广播媒体常常鼓励观众或听众发电子邮件,来表达他们对新闻或政治性议题的看法。然而,很明显,这样的民意调查不过反映出恰巧收看该节目(或是收听广播)并且愿意花时间甚至金钱来发表意见的这群观众的看法。但这样的资料并不一定反映更多人的想法(而且可能会歪曲事实)。因为并不是每个人都有电视或收音机,不是每个人都有时间收看或收听那些节目;而且,并不是每个人都想发电子邮件来表达他们的意见。相同的问题也发生在那些"寄回"的问卷调查,或者在购物中心把购物者"拦下来"所做的访问上。即便这样的调查包含数以万计的受访者,它的正确性还是比不上只选取1500位受访者的代表性样本。

为了回答我们的研究问题,我们将会使用一般的社会调查(General Social

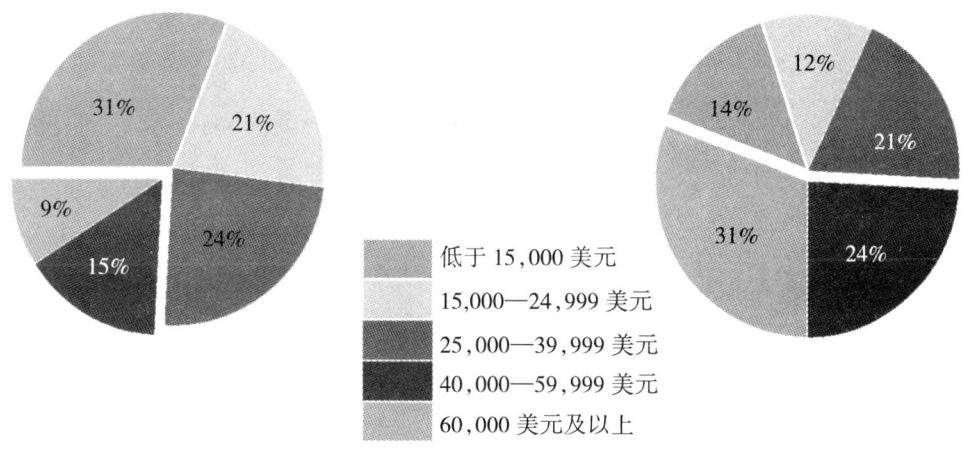

图 1-2
大学教育对收入的影响

拥有高中学历及以下的人中，有52%年收入低于 25,000 美元，而收入超过 40,000 美元的只有20%。相对地，在有专科或更高学历的人中，年收入超过 40,000 美元的占 55%，而收入低于 25,000 美元的只占 26%。

资料来源：作者针对 2006 年一般社会调查所做的分析 (J. A. Davis & Smith, 2007)。

Survey, GSS)的资料。从 1972 年起，美国民意研究中心（National Opinion Research Center, NORC）已经进行了 26 次全国一般社会调查，最近一次是在 2006 年。在这项同时在英国和西班牙进行的调查中，从成年人中选取一个代表性样本，并针对许多问题做一个半小时的访谈。作者从 4,510 个样本资料中，检视他们的教育和收入水准。

确保效度与信度 科学方法要求研究结果的有效性与可信性。**效度**（validity）指的是研究现象反映的真实程度。收入的有效测量仰赖收集精确的资料。大量研究表明，人们大致上能精确地报告他们最近一年的收入。然而，如果一个问题表述得不明确，作为结果的数据就可能不精确。举例来说，如果关于收入的问题不明确，回答问题的人可能会回答他们父母或配偶的收入来代替自己的收入。**信度**（reliability）指的是能提供一致性结果的程度。信度的一个问题就是，有些人不肯透露准确的信息，但大多数人还是愿意的。在一般社会调查中，只有 9% 的回答者拒绝给出他们的收入，另外有 5% 说不知道他们的收入。这就意味着 86% 的受访者给出了他们的收入资料，我们可以大致推定这些资料是精确的（假定我们同时也知道了受访者的职业及在职场上工作年限的资料）。

得出结论

科学的研究（包括社会学的研究）并不是要回答关于某一主题的所有问题。因此，一个研究的结论并不只代表此研究的结束，它也代表了一个开始。结论的确为特定的研究内容划上了句号，但也提出一些需要进一步探讨的构想。

支持假设 在我们的例子中，我们发现数据支持我们的假设：拥有较长正式教育的人，收入的确更高。正如图 1-2 所示，作为一个群体，拥有高中学历的人比

想一想

和那些只有高中或更低学历的人相比，拥有专科及更高学位的人拥有何种知识和技能？为什么聘用方看重这种知识和能力？

没有完成高中教育的赚得更多,而那些拥有专科学位的人又比高中毕业生赚得更多。这样的关系一直延伸到更高阶的教育,所以研究生毕业的收入最高。

社会学的研究结果不尽然会支持原先的假设。在很多例子中,某一个假设会被驳倒,因此,研究人员必须重新考虑他们的结论。有时候,出乎意料的结果也可能使社会学家们重新检验他们的方法论,并对他们的研究设计进行改动。

控制其他因素 控制变量(control variable)指的是为了测验自变量的影响,而保持恒定的某个因素。举例来说,假如研究人员想要知道美国成年人对公共场所禁烟的看法,他们可能会把受访者的吸烟习惯当做控制变量。也就是说,吸烟者与不吸烟者对于在公共场所抽烟的看法有什么不同呢?因此,研究人员应该将吸烟者与不吸烟者对禁烟规定的反应分别汇总整理。

我们关于教育对收入水平影响的研究指出,并不是每个人都享有平等的教育机会,而教育机会不平等是造成社会不平等的一个因素。因为教育影响一个人的收入,所以我们也许希望运用冲突论的视角能更加深入地探索这个主题。一个人的种族或性别对此会造成什么影响?一个拥有大学文凭的女性是否能和一个拥有相同文凭的男性获得同等的收入?本书中,我们会探讨这类因素和变量。我们将会在控制性别与种族等变量的基础上检验教育对收入的影响。

摘要:科学方法

我们利用本范例的回顾,来为科学研究方法做个摘要。首先,我们定义问题(受教育是否值得);然后,我们回顾文献(其他关于教育与收入关系的研究),并建立假设(一个人的教育水准越高,其收入水准也越高);接着,我们搜集与分析数据,并确定样本具有代表性,同时数据是有效而可信的;最后,我们得出结论:数据的确支持我们关于教育对收入影响的假设。

1.5 主要的研究设计

社会学研究的一个重要方面就是决定怎样搜集数据。**研究设计**(research design)指的是以符合科学的标准搜集资料的详细计划或方法。研究设计的选择需要创造力和智慧。这个选择将会直接影响研究计划的成本和得出结论的时间。社会学家通常利用调查、观察、实验及现存资料来获取研究资料。

调 查

几乎所有人都曾经接受过某种调查。我们或许被问过使用什么清洁剂、想要投

> **使用你的社会学的想象力**
>
> 总体来说,大学教育对社会的影响是什么呢?想一想其对家庭、政府和经济的一些潜在影响。

票给哪位总统候选人,或是最喜欢的电视节目是哪一个。**调查**(survey)通常是以访谈和问卷的形式呈现的研究,能将受访者的想法和行为提供给研究人员参考。美国最著名的民意调查是盖洛普民调(Gallup poll)与哈里斯民调(Harris poll)。在总统大选期间收看新闻的民众都知道,一位候选人的政治生命往往取决于民调的结果。

在准备进行调查时,社会学家不仅必须发展出具有代表性的样本,还必须特别注意题目的措辞。一个有效的调查题目必定清楚易懂。题目也必须够详细,这样在诠释结果时才不会产生问题。即使是开放式的问题(如"你对教育性节目制作的看法如何?"),也必须要字斟句酌,才能探询到所需要的信息。调查是一种必不可少的获取信息的方式,但只有合适的选择样本,措辞准确且不加偏见的提问才能收到好的效果。

调查所采用的形式主要有两种:**访谈**(interview),即研究者可以通过面对面或电话提问的方式获取信息;**问卷**(questionnaire)则通过回收受访者填写的打印或手写的表格获取信息。这两种形式各有优势。访谈可以有较高的回复率,因为人们很难当面拒绝接受访问,但很可能随手丢弃问卷。此外,一个有经验的访谈人员除了能够搜集制式的资料外,还能"探询"受访者更深层的感受和原因。相对地,问卷的成本较低,特别是在样本数量较大时。

调查研究是**定量研究**(quantitative research)的一种类型,它所搜集的资料主要是以数量的方式呈现的。本书中所探讨的调查研究中,多数属于定量研究。虽然这一类型的研究能利用大的样本,却无法针对一个主题提供深入且详尽的探讨。这就是为什么研究人员还必须仰赖**定性研究**(qualitative research)的原因。定性研究通过在田野或自然情境中的观察,通常聚焦于小的团体或社区,而非大团体甚至整个国家。最常见的定性研究的形式是观察研究。

观 察

在**观察**(observation)的过程中,研究人员通过对所研究的群体或社区进行直接参与及(或)近距离观察,以搜集所需信息。此方法让社会学家能够探索某些其他方法都束手无策的行为或社群。

在当今社会学的定性研究中,民族志是逐渐受到重视的一种形式。**民族志**(ethnography)指的是通过深入且有系统的观察,以描述整个社会情境的方法。一个典型的民族志中所强调的描述,指的是研究情境中的主体如何描述该社会情境。人类学家采用的研究方法多半是民族志。如同人类学家设法了解波利尼西亚群岛中的某些民族一样,作为民族志学者的社会学家则要设法了解某些环境下整体的生活方式,并将之呈现在大众面前。

使用你的社会学的想象力

你是一个对不同年级的在校学生看电视行为所带来的影响感兴趣的研究者。你会如何展开实验以判定其影响呢？

有时候，社会学家会"加入"一个团体一段时间，来正确了解该团体是如何运作的。这就是所谓的参与观察。20世纪30年代晚期，威廉·怀特（William F. Whyte）为了进行研究，搬进波士顿低收入的意大利人贫民区居住。他在该区住了4年，并且成为他所著《街角社会》（Street Corner Society）中"街角青年"（corner boys）的社会圈子的成员。他一开始告诉这些伙伴他来的目的，接着渐渐加入他们的谈话，并且参与他们的休闲活动，比如保龄球。他的目标是要能够更深入地了解这些人所组成的社区生活。怀特（Whyte 1981）从与该社区领袖达克（Doc）的谈话中，了解到一些"如果仅依赖访谈，我可能想都没有想过要问的问题"。怀特的研究在后来变得极为重要，因为当时学术圈对穷人的了解非常有限，而且，资料都必须依赖社会服务机构、医院或法院的记录。（P. Adler & Adler 2003，2004，2008a）

怀特一开始所面临的挑战，也是所有参与观察者都会面临的，就是如何获得这个陌生群体的接纳。对于一个受过大学教育的社会学家来说，要赢得宗教狂热组织、青少年帮派、阿帕拉契山区的贫穷社区，或者都市贫民区成员的信任，并不是一件简单的事。要打入团体，研究人员必须是非常有耐心、随和且不具威胁性的人。

观察研究还会为研究人员带来其他复杂的挑战。社会学家必须能够充分了解他们在观察什么。在一定意义上，社会学家必须知道他们所研究的群体是如何看待这个世界的，唯有如此，他们才能够彻底了解这些人周围所发生的事情的真实意涵。

实 验

当社会学家想要研究因果关系时，他们可能会采用实验的方法。**实验**（experiment）就是指一个允许研究人员操纵变量的人为环境。

在一个典型的实验中，研究人员会先选出特征相似的两组人，比如，年龄或教育水准相似。接着，研究人员将研究主题分派给两组中的一组，自变量会分派给**实验组**（experimental group），而不是**控制组**（control group）。因此，假如科学家要测试一种新的抗生素，他们会把这种药分给实验组而不会给控制组。

如同在观察研究中一样，社会科学家或者其他观察者的存在，会对被研究者的行为产生影响。这种现象之所以受到重视，是源于20世纪20年代和30年代在西方电子公司（Western Electric Company）霍桑厂（Hawthorne）所做的研究。在该研究中，一组研究人员被任命设法提高劳工的生产率。研究人员通过操纵变量如灯光和工作时间等，观察这些改变对生产率的影响。他们很惊讶地发现，他们所做的每一项改变似乎都能提高生产率；即使那些看似会产生相反效果的措施，比如降

表 1-2　社会学研究中所采用的现存资源

最常用的资源

人口普查资料
犯罪统计
出生、死亡、结婚及离婚统计

其他资源

报纸或期刊
个人日志、日记、电子邮件,以及书信
宗教团体、企业,以及其他组织的记录和档案资料
广播节目录音带
电视和电影节目录像带
网页
歌词
科学记录(比如专利申请)
公众人物(比如政治人物)的演讲
选举时的投票或胜选官员对特定立法的提议
公共活动的参与记录

表 1-3　主要研究设计

方法	例子	优点	限制
调查	问卷 采访	收集关于具体问题的信息	价格昂贵且费时
观察	民族志	收集具体群体或组织的详细信息	需要数月甚至数年的劳动密集型数据收集
实验	有意控制人们的社会行为	收集人们直接的行为方式	对主体行为的控制程度受到伦理的限制
使用现存资料	对人口普查或健康状况数据的分析 对电影或电视商业的分析	成本低廉	因为数据是为其他目的收集而受到限制

低灯光亮度,居然也能够提高生产率。

　　为什么工厂劳工在较恶劣的环境下,反而会更努力工作? 研究期间,研究人员的密集观察及成为实验主角的新鲜感,都明显影响了劳工的行为举止。从此以后,社会学家就把研究主体因为知道自己被观察而改变原本行为的现象,称为**霍桑效应**(Hawthorne effect)。(S. Jones 1992;E. Lang 1992;Pelton 1994)

使用现存资料

社会学家不一定非得搜集新数据,才能进行研究或测试假设。**次级分析**(secondary analysis)指的是利用已搜集的或公开可取得的信息与数据进行研究的方法。通常,在进行次级分析时,研究人员会从与原先资料搜集者不同的角度利用该资料。举例来说,人口普查数据是联邦政府为特定用途而搜集的,但是对于行销专家设置各种销售点,比如,设立脚踏车点或是私人疗养院,都非常具有参考价值。

社会学家认为,次级分析是"非反作用力的",因为它对人们的行为没有影响。比如,爱弥尔·涂尔干针对自杀行为所做的统计分析,并不会因此而增加或减少人类自杀的机会。因此,研究人员可以利用次级分析避免霍桑效应的影响。

许多社会科学家发现,很多文化、经济、政治的档案资料都有研究的价值,包括报纸、期刊、广播录音、电视录像带、互联网、手稿、日记、歌曲、民间传说,以及法律文件等。(表1-2)在检验这些资料时,研究人员会采用**内容分析**(content analysis)的方法。根据其基本原理,这种方法采用有系统的编码与客观的资料记录技术。

今天的研究人员正在分析儿童电视节目中出现的暴力行为的性质和内容。在最近的研究中,他们发现特别为12岁及以下儿童准备的电视节目中有69%包含暴力。尽管同非儿童节目相比,儿童节目出现暴力镜头的总时间只有很小的差异,但它的确表明儿童节目比其他节目包含更多的暴力镜头。(B. Wilson et al. 2002)

1.6 研究伦理

生化学家不能将未经彻底检测并获准注射的药品注射到人体内,这样做既不道德,而且也是非法的行为。社会学家也必须遵守一些研究规范——我们称之为**伦理规约**(code of ethics)。美国社会学协会(ASA)于1971年首次出版专业的社会学规范《伦理规约》(*Code of Ethics*)(1997年做了修订),提出了以下基本原则:

1. 维持研究的客观性与完整性;
2. 尊重被研究对象的隐私与尊严;
3. 保护被研究对象,使之不受到人身伤害;
4. 研究必须保密;
5. 参与研究或研究的行为涉及隐私时,需获得被研究对象的同意;

6. 要说明所获得的合作与协助；
7. 公开所有研究资金的来源。（American Sociological Association 1997）

大多数社会学研究的资料来源都是人——调查研究里的受访者、观察研究中的被观察对象、实验中的参与者等。不论是哪一种研究，社会学家都必须确定他们的研究不会侵犯被研究主体的隐私。一般来说，他们通过让被研究对象保持匿名、保证私人资料保密的方式来履行他们的责任。

我们已经细致地检验了社会学研究的过程，包括与之相关的伦理学规范。但并不是所有社会学家都是研究者。一些人在从事所谓的应用社会学，即将社会学知识应用到现实生活中的社会问题上。

1.7 应用与临床社会学

社会学之所以重要，是因为它研究影响人们生活的真实事件。许多早期的社会学家，如著名的简·亚当斯和乔治·赫伯特·米德，都非常关心社会改革。他们希望自己的理论和发现对政策制定产生影响，并进一步改善人们的生活。举例来说，米德担任赫尔会馆的财务长多年，他将自己的理论实际应用于改善社会边缘人（尤其是移民）的生活。他还在负责处理芝加哥劳工问题与公立教育的委员会中任职。今天，**应用社会学**（applied sociology）指的是，将社会学知识实际运用到人类行为或组织上。

一个应用社会学的例子就是，人们对国家层面出现的社会问题在地方上表现出来的方式越来越感兴趣。自2003年起，社会学家格雷格·斯科特（Greg Scott）和他的同事们已开始寻找非法使用药物和艾滋病传染之间的联系。这项研究在2009年继续进行，目前已经从大学和公共卫生机构聘请了14位研究人员，另外还有15名大学毕业生和16名在读本科生为他们提供协助。通过结合一系列方法，包括采访和观察，并利用照片和录像资料，这些研究人员发现在所有药物使用者中，甲基苯丙胺结晶使用者的艾滋病传染率最高。甲基苯丙胺的使用者最有可能从事有风险的性行为并找到从事这种行为的伙伴。但幸运的是，在所有的药物使用者中，甲基苯丙胺的使用者与保健治疗计划关系最为密切。这项计划允许他们定期从保健咨询提供者那里接受药物滥用教育和治疗。然而，这些被斯科特和他的团队摆在首位研究的案例，正反映了负责公共健康的政府官员急需识别出其他从事高风险性行为的个体，并把他们带到合适的治疗计划中。（G. Scott 2005）

应用社会学越来越受到重视，导致更进一步细分的专业分科——医疗社会学和环境社会学。前者的研究范围包括医疗专业人员与病人如何共同面对疾病。举

> **使用你的社会学的想象力**
>
> 在你所在社区面对的问题中，哪个是你想要应用社会学阐释的？哪些问题是你所在社区正在面对，而且，你也想通过应用社会学调查发表你的看法的？

例来说,医疗社会学家研究艾滋病危机对家庭、朋友及社区所造成的社会影响。环境社会学家则研究人类社会与外在环境的关系。他们关注的焦点之一,是"环境正义"的问题(参见第10章)。此议题之所以会被推出,是因为研究人员与社区工作者发现,危险的废弃物常常会被弃置在穷人和少数族群居住的地区。(M. Martin 1996)

应用社会学的广受欢迎促使临床社会学专业的兴起。刘易斯·沃思(Louis Wirth 1931)70年前就曾经撰述过有关临床社会学的论著。但这个术语直到近年来才比较流行。与应用社会学可能仅止于评估层面不同,**临床社会学**(clinical sociology)致力于改变社会关系(比如家庭疗法),或再建构社会机制(比如医学中心的整顿)。

应用社会学家通常只做评估而不做实际操作。相反地,临床社会学家则负责执行,并将与他们共事的人视为委托人。临床社会学吸引了许多社会学的毕业生,因为它提供给学生一个应用所学的绝佳机会。至少到现在为止,在学术工作机会一直是僧多粥少的情况下,这个另类的工作机会真的颇令人心动。

与应用及临床社会学相对的是**基础社会学**(basic or pure sociology,或称"纯社会学"),它所追求的是社会现象基本层面深奥的知识。虽然基础社会学的研究成果也有应用价值,但是,这类研究不会特别注意应用的层次。所以,当涂尔干研究自杀率时,他对于寻找防止自杀的方法并不是特别感兴趣。由此观之,他的研究就是纯社会学的研究,而非应用社会学研究。

社会学要义

社会学的重要性在于它提供一种观察你身边事物的新视角,既包括你自己的生活也包括更广阔的社会。思考大学教育的目的:

- 你去大学读书的个人目的是什么?你只对学术感兴趣,还是要为进入社会生活做准备?你所在的大学是否鼓励你同时追求二者?如果是这样,为什么?
- 你对大学教育的追求会对整个社会产生什么影响?不论是现在还是在获得学位之后的生活里,你作为一名学生的决定又会产生什么社会影响?

社会学很重要的另一个原因是,社会学家按照科学的研究设计达到他们的目的。思考细致研究的重要性:

- 你曾经按照不完整的甚至错误的信息行动过吗?结果如何?
- 如果立法者或者政府政策制定者根据错误的研究办事,会造成什么样的结果?

第一章 社会学的观点

> **章节摘要**

社会学是一项关于社会行为及人类群体的科学研究。这一章展现了这一学科的发展简史,并介绍了**社会学的想象力**的概念。它简述了**社会学理论**,包括它们的基本观点,并列举了一些对理论的应用。这一章同时呈现了**科学研究方法**的原则,同时展示了社会学家是怎样把它们应用到研究中的。

1. **社会学的想象力**是对个人与广阔社会之间关系的洞察力。其基础在于以外来者的眼光观察自己的社会,而不是用局内人的观点来对待。

2. 社会学家运用**理论**来解释问题、行动或行为。19 世纪对社会学发展做出贡献的思想家包括爱弥尔·涂尔干,他是研究自杀行为的先驱;马克斯·韦伯,一位倡导**理解**,或称"洞察力"在学者工作中的必要性;以及卡尔·马克思,一位强调阶级斗争的德国思想家。

3. 今天,一些理论观点引导着社会学的研究。**功能论**认为社会按照能够维持其稳定的方式构造,而社会变革应该是缓慢且日渐进展的。

4. 另一方面,**冲突论**强调竞争群体间冲突的重要性,而社会变革是快速且革命性的。一个相关的观点,女性主义视角,强调以性别不平等为基础的斗争。

5. **女性主义视角**将性别作为理解社会互动的关键。女性主义社会学家经常指责学者只关注男性的社会角色,而忽略了男性和女性在行为上的差异。

6. **互动论**关注个人基本和日常行为是如何塑造社会并被社会塑造的。互动论者将社会变革看做一个正在进行的非常个人化的过程。

7. 科学方法包括 5 个步骤:定义问题,文献回顾,建立假设,选择**研究设计**并收集与分析数据,然后得出结论。**假设**指的是两个或更多变量间可能存在的关系,一般有一个**自变量**和一个与之相关的**因变量**。

8. 为了避免测试母体中的每一个个体,社会学家使用**样本**代表整个母体。利用一个具有代表性的样本可以保证科学研究结果的**信度**和**效度**。

9. 社会学家在他们的工作中利用四种主要的研究设计:对总体的**调查**,对行为和组织的个人**观察**,检验假设中因果关系的**实验**,以及分析现存资料。

10. **应用社会学**(将社会学的知识实际运用到人类行为或组织上的学科)是一个正在发展的领域,包括社区研究、环境社会学和临床社会学。

Culture and Socialization
文化与社会化

2.1 文化与社会
2.2 文化在世界的发展
2.3 文化的要素
2.4 全球文化战争
2.5 文化与支配意识形态
2.6 文化差异
2.7 社会化的角色
2.8 自我与社会化
2.9 整个生命历程的社会化
2.10 社会化的机构

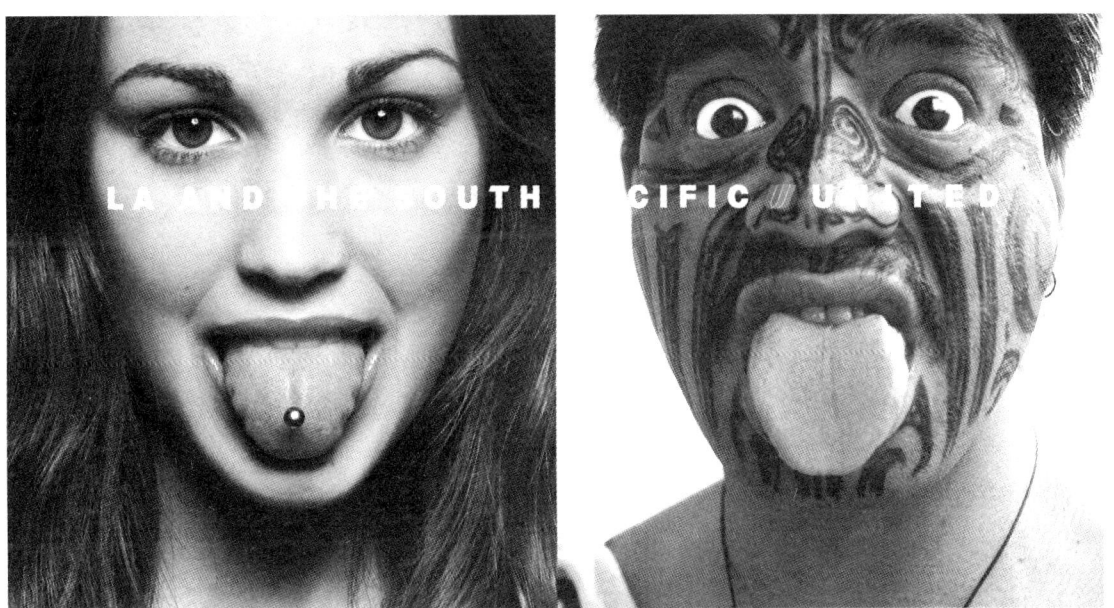

如上图美国联合航空(United Airlines)所做的看板所示,每一种文化都有他们特别的表达方式。一位从洛杉矶来的女性秀出她的舌环,而一位南太平洋的岛民则展示出他们传统文化中必备的脸部刺青。

庄大卫（David. E. Chong）面临着一个挑战。不全是因为他是一个亚裔的美国警署署长，而是警署内部逐渐提高的对新的语言技巧和文化认知理解能力的要求。庄大卫在有着70,000人的纽约州芒特弗农市领导着200个警员。不论他还是其他警员都不懂葡萄牙语。虽然这在法律执行上并不是个很大的问题，但是这种情况发生在芒特弗农市——一个约十分之一人口为巴西移民的地方，事情就变得复杂起来了。为了翻译会谈内容和各种文件，他不得不向会说葡萄牙语的志愿者寻求帮助。他现在正在努力克服一种普遍的巴西文化偏见，即当警察是一项低级的工作。（Santos 2006, 2008）

尽管语言使我们能与他人进行沟通，但是在某些时候，语言也会成为一种障碍。在美国的很多地方，医生正努力在他们与病人的交流中将语言变成工具而非障碍。他们开始对语言背后所隐藏的价值与认同而非语言本身变得敏感。现在在许多医院里，穆斯林病人贴在门上的标志要求工作人员和来访者敲门并经过许可后方可入内，以使女病人有足够的时间穿衣服。医生们还发现，他们需要格外的耐心，也需要主动研究非传统的药物，以治疗来自亚洲和拉丁美洲的移民——他们中的许多人并不熟悉西方的卫生保健。（Buchana 2008; Pennachio 2004, 2005）

正如社会工作者所关心的，也是移民社区的警察所知道的，在任何社会里，文化都是极为重要的。但是，许多美国人尚不能调整自身以适应美国日渐发展的多元文化，且无法适应他们寻求服务的那些国外市场的文化习俗。在本章的学习中我们将会看到，所有社会都具有一些基本的文化元素，尽管表达方式各不相同。我们会看到，文化是如何变化的，无论是由自身原因决定的还是由跨国公司这样的外部原因引起的。此外，我们还将学习文化是如何强化社会统治阶段的权力的。

文化同样影响孩子们通过**社会化**（socialization）学习并培养基本的态度、价值观，以及他们的行为。文化甚至可以影响一个小孩的**人格**（personality），即在个人性格、态度、需要和行为上与其他人相区分。在人的整个生命过程中，文化规定了一个人将来在社会中所扮演的角色，并影响人们从一个人生舞台向另一个人生舞台转变时需要参与的各种仪式。文化塑造发生在最基本的社会机构中，家庭、学校、同侪团体、大众传媒、工作场所，以及国家。换句话说，文化是无所不包的。

2.1 文化与社会

文化(culture)是我们所知通过社会传播的习俗、知识、有形物质及行为模式的总称,它的内涵包括一群人的思想、价值观、习俗和人工制品(如iPods、漫画书、节育装置等)。因此,尊重国旗成为美国文化的一部分,而热衷于探戈舞则成了阿根廷的全民性运动。

有时候,我们会说一个人"很有文化",或者一个城市很富有"文化气息"。这里所谓的文化和书本的定义不同。以社会学的术语来说,文化不仅指那些纯艺术与知性品味,它还应该包含所有的物质与思想,比如,冰淇淋甜筒、摇滚音乐及俚语等。社会学家认为,不论是伦勃朗还是展板画家的人物画,都应该是文化的一部分。只懂得用人力耕作的部落和使用计算机操控的民族一样拥有文化。每一个民族都有自己独特的文化,这些独特性表现于他们准备的食物、建造房屋、组织家庭的特殊方法和区别对与错的看法上。

知道我们与哪个族群或社会拥有相似的文化特质,对于判断我们的归属很有帮助。当一群人居住在同一个区域,和此区域外的人们过着各自独立的生活,一起参与共同的文化时,我们就说这群人组成了一个**社会**(society)。洛杉矶比世界上许多国家拥有更多的人口,然而,社会学家不认为它本身构成了一个社会;更确切地说,它应该被视为依附于美国这个母社会,或者说它是美国社会的一部分。

社会是最大型的人类团体,是由拥有共同文化遗产的一群人所组成的。文化通过社会中的成员代代相传,甚至利用语言文字、艺术、录像或其他表现手法,来保存特有的文化。

社会学家早就认识到文化影响人类行为的许多方面。通过习惯、技巧和风格这类工具,相同文化中的人们建构着他们获取知识、与亲人的相互交往,以及进入职场的方式——总之,(文化构建着)他们的生活方式。如果文化没有借由社会代代相传,每一世代可能都需要重新发明电视,更不用说车轮了。(Swidler, 1986)

拥有一种共通的文化也可以简化人与人之间的日常互动。比如,当你买机票时,你知道你不需要携带好几百美元的现金,因为你可以用信用卡付款。当你是社会的一分子的时候,你会将许多琐碎的(但是重要的)文化形态视为理所当然。你能预期戏院会提供椅子给观众、医生不会泄露病人的个人资料、小孩过马路时父母会特别注意等。这些预期正反映出美国文化的基本价值观、信仰和习俗。

今天,文本、声音和视频可以即刻传遍世界,有些文化的方面已经超越国界。德国哲学家西奥多·阿多诺(Theodor Adorno)及其他人认为,这种世界范围内的**文**

化产业(culture industry)规范了消费者需求的物品和服务。阿多诺声称,全球化给大众文化首先带来的影响就是限制了人们的选择。但是其他人却指出文化产业的影响并不总是跨越国界。有时候它被接受,但有时候它会被严厉地拒绝。(Adorno 1991[1971]:98—106;Horkheimer and Adorno 2002[1944])

2.2 文化在世界的发展

史前文明和当代文明相去甚远。人类在文艺方面有重大成就,比如,托尔斯泰的小说、毕加索的画、李安的电影。在新的千禧年开始之际,我们已经能够通过网络,将一本书的内容快速地传播到世界的每个角落;我们也能够复制细胞并通过器官移植来延长寿命;我们能够看到宇宙的极远处,还能分析最深处的心灵感受。这些成就使人类和其他物种截然不同。虽然不同文化在习俗、手工艺品、语言等方面不同,但是它们拥有相同的基本特征。本节我们会看到随着文化的发展这些特征是怎样变化的,以及一种文化是如何通过它的技术、商业化和艺术成就对另一种文化产生影响的。

文化的普遍性

虽然全球有非常多不同的文化,但各种文化产生了一些共同的习惯与信仰,我们称之为**文化的普遍性**(cultural universals)。事实上,许多文化的普遍性是应人类的基本需求而产生的。比如,对食物、住所与衣服的需求。人类学家乔治·默多克(George Murdock)曾著书描述一系列文化的普遍性,其中包括体育运动、烹饪、丧礼、医药,以及对性爱的节制。

虽然默多克所列的文化习惯也许是普世的,但是,不同文化体所呈现出来的方式皆有不同。比如,有些文化允许成员选择自己的伴侣,有的则鼓励媒妁婚姻。

文化的普遍性不仅在各个社会的呈现方式不同,即使在同一个社会中,经过时间的推移,其表现形式也有很大的变化。人类的文化在每一世代甚至每一年都会改变,并且借由创新与传播的过程得以发展。

创 新

将新的想法或物品引入一种文化,称为**创新**(innovation)。社会学家之所以对创新感兴趣,是因为他们想知道创新对一个社会有什么影响。创新有两种形式:发现与发明。**发现**(discovery)是指将存在实体的某个层面公布于世。脱氧核糖核酸分子(DNA)的发现,与确认一颗土星的卫星,都是发现的实例。在发现的过程中,一个很显著的特征就是,与他人分享新发现的知识。相对地,**发明**(invention)是指利用现存的文化项目,组成一个从未存在过的形式。碗、箭、汽车或者电视,都是发明的实例,其他较不具体的,例如基督教或民主制度,也都是发明的结果。

全球化、传播与科技

熟悉的绿色星巴克的标志意味着你进入了一个舒适的咖啡店,在这里,你可以点拿铁咖啡和肉桂环。这有什么不寻常吗?这家星巴克正好位于北京紫禁城中心,就在故宫门外,那里是古代中国皇帝的居所;2002年在中国只有25家星巴克。但4年之后,星巴克的数量增加到125家。在一个喝咖啡还是新奇之事的国家(大多数中国人都喝茶),星巴克取得的成功是显著的。(China Daily 2004;Starbucks.com 2005)

星巴克在中国的出现是全球化的趋势加速的征兆。**全球化**(globalization)指的是通过贸易与观念的交流,达到政府政策、文化、社会运动,以及金融市场世界性互动的过程。虽然关于全球化的公共讨论是相对晚近的事情,但是,知识分子在很久以前,就已经开始评估它对社会所造成的影响了。卡尔·马克思与弗里德里希·恩格斯在《共产党宣言》(1848)中提出警告,一个世界性的市场会使生产移至偏远的地方,破坏现存的生产关系。如今,越来越多文化的表现与习俗已经跨越国界,并且对所波及的社会造成影响。社会学家用**扩散**(diffusion)这个术语,代表一个文化项目从一个群体传播到另一个群体,或是由一个社会传播到另一个社会的过程。传播可以通过很多不同的手段来完成,包括探险、军事占领、宗教传播、大众传媒的影响,以及互联网等。

社会学家乔治·瑞泽尔(George Ritzer 2008)发明了**麦当劳化**(McDonaldization)一词,来描述从美国发展出来的快餐店文化是如何渐渐支配全球许多社会的各个层面的。举例来说,现在去美容院或者诊所不需要预约,可以随时享受服务。在香港,胎儿性别筛选诊所提供一系列的服务项目——从治疗不孕症,到提供增加生出特定性别小孩的几率的秘方等。宗教组织,如地区福音教会的牧师,在电台或网站上,或梵蒂冈电视中心的神父,都会用类似销售"快乐儿童套餐"的营销技巧。

麦当劳化使不同的文化变得越来越接近,因此,我们在不同的文化形式中,看到很多相似点。在日本,非洲的企业家发现,美国青少年中流行的街舞服饰有很大的市场。澳洲的麦当劳根据澳洲人对咖啡、蛋糕及聊天的热爱,创造出"麦克咖啡馆"的品牌,加入麦当劳快餐连锁店的行业。许多观察家相信,麦当劳化与全球化使得区域与国家间各个文化层面的差异越来越小。(Alfino et al. 1998;Ritzer 2002,2004a)

使用你的社会学的想象力

如果你生长在你父母的那一代——没有电脑、邮件、网络、电话——你的生活和现在会有什么不同呢?

现代科技的诸多形式，使文化的各个层面能被不同的社会分享，并加速文化内涵的传播速度。社会学家格哈德·伦斯基（Gerhard Lenski）将**科技**（technology）定义为："一种关于如何使用自然环境中的物质资源，以满足人类需求和欲望的信息。"（Nolan & Lenski 2009:37）今天，科技发展要传播到世界各地，已经不再完全依赖流通有限的期刊杂志，而是大多通过新闻记者会宣传，并同时在网络上进行实时转播。

社会学家威廉·奥格本（William F. Ogburn 1922）曾对物质文化与非物质文化的构成要素，做了一些区分。**物质文化**（material culture）指的是我们日常生活中物质与科技的层面，包括食物、房屋、工厂、原料等。**非物质文化**（nonmaterial culture）则指使用物质的方法及习俗、信仰、哲学、政府和沟通的形态等。一般说来，非物质文化比物质文化更不容易改变。因此，奥格本使用**文化滞后**（culture lag）一词，指称非物质文化对其所处物质环境尚未完全适应的滞后期间。以互联网的道德标准为例，网络隐私和网络审查制度的建立，无法跟上现今这个网络科技使用爆炸的年代。

2.3 文化的要素

每种文化都有其处理该社会基本事物的独特方法，而这些方法常常在该社会中被视为"理所当然"。但是事实上，教育方法、婚礼、宗教教义及文化的其他各个层面，都是在该社会人们互动的过程中相互学习与传播的。印度的父母习惯于为子女安排婚姻，然而在美国，父母则让子女自己决定婚姻大事。一辈子居住在那不勒斯的人认为，讲意大利语是很正常的事情，就像住在布宜诺斯艾利斯的人讲西班牙语一样。接下来，我们要看到的是对社会成员的生活方式影响最大的几种文化内涵——语言、规范、奖惩与价值观。

语　言

英语中有关战争的词语应用非常广泛，如我们说"征服"太空、预算审议"对决"、对毒品"宣战"、到股票市场"厮杀"一番、在考试中"战胜"，以及称某些事为"爆炸性事件"等。对于一个来自较少战争文化的人来说，他只要观察军事术语在英文中的比例，就可以臆测出，战争与军事在我们的生活中扮演着多么重要的角色。同样，牛对苏丹南部的努尔人就非常重要，他们有超过400个词是描述这一动物的。（Haviland et al. 2005）

事实上，语言是所有文化的基础。**语言**（language）是一个反映各文化层面的文字意义与象征意涵的抽象系统，包含口语、文字、数字、象征、手势，以及其他非语言沟通的表现方式。

尽管语言是一种文化的普遍性,但在应用过程中还是有显著的不同。几十年前,纳瓦霍人一直认为癌症是"lood doo na'dziihii"。现在,通过国际癌症研究中心建立的一个项目,部落学院正试图改变这个短语。为什么?这个短语的字面意思是"不可治愈的疼痛",而健康教育者关注到,部落中诊断出癌症的成员把它看成死亡。他们为改变纳瓦霍人的语言所做的努力本身并不容易,因为纳瓦霍人认为同别人谈论这种疾病就会把疾病带给别人的信仰使这件事情变得复杂。(Fonseca 2008)

竖起大拇指的手势或者说手势的运用是非语言沟通的一个范例,此外,面部表情和其他视觉形象也是非语言沟通的方式。假如在一个原本气氛很和谐的会议上,突然有一个与会者身体往后一靠,双手在胸前交叉,嘴角略微下垂,你就知道可能会有麻烦了。当你看到一个朋友流泪,你可能会给他一个拥抱。在赢了一场盛大的比赛之后,你很可能会与你的队员击掌。这些都是非语言沟通的范例。

我们不是天生就懂这些姿势与表情。就像学语言一样,我们向拥有相同文化的人学习这些沟通的技巧。这些非语言沟通的技巧,包括简单的微笑、大笑、哭泣,以及较复杂的情绪表现,如惭愧和忧愁等。(Fridlund et al. 1987)

如同其他形式的语言,在不同的文化中,非语言沟通的方式也有所不同。举例来说,研究人员在个体层次的社会学研究中发现,来自不同文化的人在一般的人际互动情景里,对于允许身体触碰的程度有所差异。即使最有经验的旅行者,有时也会被这些文化差异弄得手忙脚乱。在沙特阿拉伯,一个中年男子在与事业伙伴终止商业关系时,他可能会和他的事业伙伴握手;但此举可能会吓到美国的生意人,因为在美国,握手代表的是祝贺。手势是另一种非语言沟通的形式,在不同的文化中可能传达不同的意思。在澳洲,竖起大拇指是很无礼的举动。(Passero 2002)

有些姿势,比如最基本的表情——一个微笑、一个惊恐的眼神——也许是接近普遍性的。不久以前,一个由语言学家、社会科学家和自然科学家组成的小组合作建立了一个体系,以与那些将在几千年之后,在人们停止使用我们的语言之后存在的人类进行交流。这个挑战就是创造一系列标志和解释,能够警示未来人们面临废物隔离试验工厂(the Waste Isolation Pilot Plant,WIPP)的危险,WIPP是一个位于墨西哥尚不明确的废物存放处。几个世纪之后,用英语、西班牙语、俄语、法语、汉语、阿拉伯语,以及纳瓦霍人雕刻的标志将会警示人们地下废物的存在,并且那些废物会在至少一万年里释放强烈的辐射。为了让一千年后的人们也能明白,不论今后人们使用何种语言,研究人员使用了一些标记。(Department of Energy 2004;Piller 2006)

图 2-1 永恒的改变

在墨西哥的废物隔离试验工厂有一些标记,这些标记试图向从现在开始到一万年之间生活的人们传递这里有废弃物危害的讯息。你觉得这些标记会使你不在此进行挖掘工作吗?以后的人会曲解它们的意思吗?

规 范

"饭前洗手"、"不可杀人"、"尊敬长者",每个社会都会鼓励与支持某些该社会认为合宜的行为;同时,阻止与处罚他们认为不适当的行为。**规范**(norms)指的就是社会所坚持的行为标准。

为了让一个规范变得有意义,这个规范本身必须是该社会里多数人所能接受且了解的。举例来说,在电影院里,一旦电影开始播映,我们就希望每个听众都能够安静欣赏,不要大声喧哗;也就是因为这个规范,所以当有观众大声吵闹时,电影院管理人员就可以出面制止。当然,这项规范的应用也会因电影与观众形态的不同而有所区别。观看严肃艺术电影的观众,可能会比欣赏滑稽戏剧或者恐怖片的观众更坚持遵守这项规范。

规范的类型 社会学家依照两种方式区分不同的规范。首先,规范可以依照正式或非正式来分类。**正式规范**(formal norms)通常有文字记载,并且对违反者有严格的处罚规定。在美国,我们通常会将一些规范正式立法,并且详细定义什么是合适、什么是不合适的行为。社会学家唐纳德·布莱克(Donald Black 1995)将**法律**(law)称为"政府的社会控制",他认为,法律是国家强制的社会规范。除了法律之外,正式规范还有其他的形式。大学选修课程规定、桥牌比赛的规则等,都可以被视为正式规范。

相对地,**非正式规范**(informal norms)并没有明文记载,但是却为社会大多数人所接受。就像我们一般都会穿着适当的衣服,我们的社会对穿着晚礼服上学的学生,并不会给予特别的处罚,一般人对此的反应就是开开玩笑,或取笑这个爱作怪的学生。

规范也可以依照它对社会的重要性来分类。依照这个标准,规范可以分为民德与民俗。**民德**(mores)指的是与一个社会的福祉息息相关的规范,这些规范通常都包含一个民族最珍视的原则。每个社会都要求成员遵守该社会的民德,违反的结果是招致严厉的惩处。因此,美国有非常强的民德反对谋杀、叛国及虐待儿童,而这些民德已经通过制度化的过程成为正式规范。

民俗(folkways)是指导我们日常生活行为的规范。民俗对一种文化中的成员的日常行为有非常深远的影响。我们以日常生活中每天都要穿的鞋子为例。比起民德,一个社会相对不会把民俗视为正式的规范,因为违反民俗相对不会引起争议。比如,从百货公司"下楼"的电梯往上走,虽然违反了正常的行为,但是,并不会因此被判刑入狱或者处以罚款。

在全球许多社会中,民俗的存在是为了强化男性支配的形态。在东南亚许多传统的佛教地区,许多民俗都显示出男性的地位高于女性。在火车的卧铺车厢中,当男性睡在下铺时,女性一般都不可睡在上铺;当医院有男病人住在一楼时,女病人通常都不准住在二楼。即使是在晒衣服时,民俗也显示出男性的支配与主导地位:女性的衣服不得挂得高过男性。(Bulle 1987)

规范的接受 人们不会无条件地接受所有的规范,不论是民德还是民俗。在某些情况下,人们会规避施行不严的规范。在美国,虽然青少年喝酒是违法的事,但是,全国各地青少年喝酒的现象却很普遍。(事实上,青少年酗酒的问题是美国最严重的社会问题之一。)

有时,人们会违反规范是因为该规范与其他规范有冲突。举例来说,深夜,你听到隔壁妇人因为被丈夫殴打而大声呼救。假如你决定干涉而去按他们家的门铃或打电话报警,你可能违反了"少管闲事"的规范,但同时你遵照了"协助受害人"的规范。

即使规范之间并不存在冲突,每个规范还是有存在例外的时候。同样的行为,在不同的情况下,可以让人成为英雄,也可以被人视为歹徒。秘密对电话进行录音,一般而言,是被视为违法而且可恶的行径;但是在法庭的要求下,秘密录音可以成为犯罪审判中搜集证据的手段。假如政府探员能够运用这个方法,使得某个犯罪组织的首领获得定罪或发现一个有组织的恐怖袭击,我们一定会对他大加赞扬。在我们的文化中,可以容忍一个人出于自卫而杀人,在战争时,我们甚至会因为杀人而得到勋章。

随着政治、经济和社会文化条件的转型,社会上所接受的规范也会改变。例

使用你的社会学的想象力

如果你是一个高中校长,你会制定什么规范来约束学生的行为呢?这些和大学生的有什么不同呢?

如,直到20世纪60年代,禁止不同种族之间通婚的正式规范在美国的大多数地方实行。然而,在过去的半个世纪里,这样的法律禁令被废除了。这样的变化过程在今天单亲家庭快速增长和同性恋合法化的支持者越来越多的情况下随处可见。(参见第8章)

当环境需要突然违反长期存在的文化规范时,这个改变会搅乱所有人。在伊拉克,穆斯林的习俗严格禁止人们,尤其是女人被陌生人接触,但是2003年的伊拉克战争带来了很多日常规范的违反。在主要的清真寺外、政府办公楼外及其他建筑设施外很可能遭到恐怖分子的袭击,游客必须被搜身,并且把他们的行李让伊拉克政府人员搜查。为了减少由于程序带来的不便,女性由女警官检查,男性由男警官检查。尽管做出了妥协,事实上,很多伊拉克人承认甚至坚持这些措施的必要性,但是人们仍旧避开对他们个人隐私的侵犯。伊拉克人对搜查的反应是,妇女们开始控制她们所携带的包裹里的物品,或者干脆把包裹放在家里。

奖 惩

可以想象当美式足球教练把第12个球员送上球场、大学毕业生去知名企业面试时穿着短裤,或者车主把车停在收费停车场却不缴车费时,这些行为会有怎样的结果呢?这些人都违反了众所周知的规范。在上述情况下,当这些人的行为被发现时,都会受到惩罚。

奖惩(sanctions)是针对与某个社会规范相关的行为所做的惩罚或奖励。请注意,这个概念也包括奖励在内。服从某个规范可能会获得奖励,包括调薪、获得奖牌、赞美或被拍拍背部以示鼓励。而惩罚则包括罚钱、威胁、坐牢及被人蔑视。

表2-1对规范与奖惩之间的关系做了一个汇总。如同你所见,与正式规范(那些成文的规范)相关的奖惩也都是正式的。假如教练派超过规定人数的球员上场比赛,球队会被罚15码;停车没有交停车费的车主会被开罚单。但是,对违反非正

表2-1 规范与奖惩

规范	奖惩	
	积极规范	消极规范
正式	绩效奖金	降职
	庆祝会	被炒鱿鱼
	奖章	坐牢
	文凭	开除
非正式	微笑	皱眉
	赞扬	羞辱
	祝贺	轻视

式规定的行为而言,惩罚就不那么一致了。穿短裤去银行面试的大学毕业生,也许会失去获得该工作的机会;然而,该名毕业生也可能因为表现极为优异,所以,银行主管认为反传统的穿着无伤大雅。

一种文化中规范与奖惩的结构,反映了该文化价值观与对事物轻重缓急的看法。被视为最重要的价值观,就会伴随着最重的奖惩;相对地,对于较不重要的规范,其奖惩较轻,且较不正式。

价值观

我们每个人都有个人的标准,可能包括同情心、健康及成功的事业,但是,我们身为社会中的一分子,同时分享整个社会的价值观。文化的**价值观**(values)是一种文化中共同的概念,认为什么是对的、好的及合适的,也包括什么是错的、不好的及不合适的。这些价值观指出该文化中人们的喜恶,认为什么是重要的及在道德上是正确的或错误的事物。价值观可以针对很具体的事情,比如尊敬父母、成家立业;但也可以是一般的观点,比如健康、爱及民主。当然,并不是每个社会里的每个成员都赞同该社会的价值观,这个现象可以从激烈的政治辩论与鼓吹不同目标的宣传活动中看出。

价值观直接影响一般人的行为,同时,也被用做评价他人的标准。一种文化中的价值观、规范与奖惩之间,存在着直接的关系。举例来说,如果一个社会对婚姻这个制度的评价很高,对婚外情就会有禁止的规范(并且有严格的惩罚)。如果一种文化认为,私有财产是基本的价值,该社会对于偷窃与破坏他人财务的行为,就会施行严格的法律处罚。

在美国,社会上被共享与接受的价值观,是我们生活中很重要的基石。尽管如此,我们的价值观能够也正在发生改变。每年有 272,000 名就读于全美 356 所四年制大学的大一新生,填写一份调查他们态度的问卷。因为这份问卷调查了一系列的议题、信仰及生活目标,所以,常常被引用为了解美国价值的晴雨表。这些受访者被问到对他们个人而言重要的价值。在过去的 41 年里,"变得富有"这一价值观已经显示了强大的流行力;认可这种价值观为"本质的"或"十分重要的"大一学生,从 1967 年的 44% 上升到 2007 年的 74.4%。相对地,在学生中认可度下降最快的价值观是"发展一套有意义的人生哲学"。而在 1967 年,有超过 80% 的学生认为这是重要的,但是它却在 2007 年的调查表排名中下降到第 7 位,并且仅被不到 50% 大学生圈选。

自 20 世纪 80 年代以来,支持金钱、权力与地位相关价值的人数有上升的趋势。然而,与社会自觉和利他主义相关的价值观,比如,"帮助他人",则呈现下降的趋势。根据2007年的全国调查,仅43.8%的大一学生认为,"影响社会价值观"是一个"重要"或"非常重要"的目标。认为"促进种族间的了解"是"重要"或"非常重要"的比例,在1992年达到42%的巅峰,但到2007年时则下降到36.7%。如同文化的其他层面一样,如语言和规范,一个国家的价值观几乎不可能是固定不变的。(Astin et al.1994;Pryor et al. 2007a,2007b)

2.4 全球文化战争

当人们的文化价值观发生冲突时,社会冲突可能会接踵而至。对于几乎一代人来说,美国的公共注意力都聚焦于**文化战争**(culture war),或关于争论性的文化要素的社会分化。最初,在20世纪90年代,这一期间提到了一些关于热点话题的政治辩论,如人工流产、宗教表达、枪支控制和性别取向等。然而,不久后,争论就呈现出全球化的趋势——尤其在"9·11"事件以后,美国人想知道,"为什么他们如此憎恨我们?"2000年,关于公众观点的全球性调查报道了许多国家如摩洛哥和德国等对美国有利的观点。但是到了2003年,就在美国入侵伊拉克之后,外国人对美国的看法就变得相当消极。(J. Hunter 1991;Kohut et al. 2005,2007)

在过去20年里,人们做了许多努力来比较不同国家的价值观,因为人们意识到在不同文化之间难以用相近的方式解读价值概念。心理学家沙洛姆·施瓦兹(Shalom Schwartz)考量了60多个国家的价值观。当今世界,某些价值观得到广泛认可,包括仁慈(被定义为"宽容与忠诚")。相反地,权力(被定义为"对人和资源的控制或支配")是一种很少被认可的价值。(Hitlin & Piliavin 2004; S. Schwartz & Bardi 2001)

尽管存在共享价值观的例子,但一些学者还是将21世纪早期的恐怖主义、种族灭绝、战争和军事占领解释为一种"文明冲突"。根据这个议题可以看出,是文化和宗教的同一性,而非国家和政治上的忠诚,正在逐渐成为国际冲突的根源。对于这个问题,评论家认为因价值观发生冲突并不新奇;只是我们的破坏力和狂热行为在不断增长。此外,"文明冲突"的说法掩盖了存在于大团队之间的明显分化。拿基督教来说,也有三K党人意识形态的某些元素。(Berman 2003;Huntington 1993;Said 2001)

2.5 文化与支配意识形态

功能论者和冲突理论家都同意文化和社会是彼此和谐共存的,但是,他们的论点基于不同的理由。功能论者认为社会稳定需要共识及社会成员的支持;因此,社会强有力的中心价值观与共同规范才会存在。这种文化观点于20世纪50年代起，在社会学界变得流行。这个观点沿用了英国人类学家的观点，认为文化的特征是为了维持一种文化的稳定而存在。从功能论者的观点来看，一个文化特征或习俗能持续存在，是因为它能提供社会需要的功能，或能够有利于维持社会稳定和共识。

冲突理论家同意一个共通的文化能够存在，但是他们主张，它的存在是为了保障某些群体的特权。特权阶级除了保护他们自己的利益外，也想让其他人维持在从属的地位。**支配意识形态**（dominant ideology）描述的是，协助维持权势阶级的社会、经济和政治利益的文化信仰与习俗。最早使用这个概念的是匈牙利马克思主义者乔治·卢卡奇（Georg Lukacs 1923）和意大利马克思主义者安东尼奥·葛兰西（Antonio Gramsci 1929）；而美国学界直到20世纪70年代才开始接纳这样的观点。依照马克思理论，资本主义社会中的支配意识形态，是为统治阶级的利益而存在的。

从冲突论的角度来看，支配意识形态有重要的社会意义。社会上的特权阶级和制度不仅控制了金钱与财产，更重要的是，他们还通过宗教、教育和媒体，控制了产生社会信仰的媒介。从女性主义视角来看，如果社会上所有最重要的制度都教导女性必须从属于男性的观念，这样的支配意识形态便有助于控制女性，并让女性处于次要地位。

越来越多的社会学家相信，在美国指出一个"核心文化"并不容易。他们之所以这么说，是基于美国人缺乏对国家价值观的共识、文化特征的传播、文化的多样性，以及年轻人不断改变的观念。但是不可否认，即使在美国这样复杂的社会中，某些价值还是有比较大的影响力的。

2.6 文化差异

每种文化都有其特色。加拿大北部的因纽特部落包裹着动物毛皮，吃着鲸鱼的肉和油，他们和东南亚的农夫几乎没有共同点，因为农夫的穿着必须要适应热带气候，吃的主要是他们自己田里种的稻米。文化必须适应当地的情况，例如气候、科技水平、人口，以及地理环境。这些文化因地制宜的情况，几乎出现在所有的文化要素中，包括规范、奖惩、价值观和语言。因此，虽然有求婚和宗教等文化的普遍性的存在，但在世界的许多文化之间仍然存在很大的差异。此外，即使在一个国家中，平民中的某些人也会发展出与主流社会文化不同的文化形态。

亚文化

竞技表演的西部牛仔、退休社区的居民、近海钻油平台上的工人，这些都是被社会学家称为亚文化的例子。**亚文化**（subculture）是指社会某一部分人拥有与主流社会不同的民德、民俗和价值观。在某种程度上，亚文化可以被视为在主流文化中存在的一个子文化。拥有许多亚文化是像美国这样的一个复杂社会的特征。

亚文化的成员参与主流文化的生活，然而，他们同时也有非常独特的行为模式。通常，亚文化会发展出一套属于他们自己的**隐语**（argot），也就是他们专门的语言，这种语言与主流社会有所不同。那些参加跑酷运动的运动员（一种联合了向前跑步、围栏跳跃、有墙壁的撑杆跳、水屏障，甚至移动汽车的运动），使用他们特别设计的隐语来描述他们的壮举。跑酷运动员谈论做金刚跳马（潜水式地让手臂越过墙或食品车，然后以站立的姿势着地）。他们也许会随着啪嗒声冲破各种障碍以踢倒一座墙（Wilkinson 2007）。

隐语让"自己人"，即亚文化的成员，了解带有特殊意义的词句。它也建立了圈外人不能理解的交流模式。互动论的社会学家强调语言和符号为亚文化提供了强大的凝聚力，借此成员得以保持对亚文化的认同。

在印度，一种新的亚文化在由跨国公司建立的国际呼叫中心中的雇员之间发展起来。为了服务美国与欧洲的顾客，在那里工作的年轻男女必须能说流利的英语。但是，公司雇用他们不仅仅要求其掌握一门熟练的外语，还希望他们的印度雇员能适应西方的价值观和工作习惯，包括美国工人坚守岗位的工作节奏。作为回报，他们提供诸如西餐、舞会及令人垂涎的消费品等振奋人心的东西。重要的是，他们仅允许雇员在如劳动节和感恩节等美国假日放假，而不是在如排灯节和印度教点灯节等印度本土的节日休息。当大多数印度家庭在家里庆祝时，呼叫中心的雇员们只能看着彼此；当他们放假时，却没有人可以进行社交活动。因此，这些雇员根据繁重的工作、对西方奢侈品的领略和闲暇时间的追求，建立了一套紧密的亚文化。

逐渐地，呼叫中心的工人成为印度人批判的对象，因为其他印度人以更常规的方式生活，关注家庭和传统节日。为回应如此负面的公共观点，印度政府申明，呼叫中心所在地已经禁止学校教授英语，而只教卡纳塔克语，即当地语言。2008年初，有近300,000名学生受到此项禁令的影响。（Chu 2007；Kalita 2006）

反文化

20世纪60年代晚期，一个普遍的亚文化在美国出现，这是由一些觉得社会太重物质、太科技化的年轻人所形成的。这个团体包括政治激进分子和"脱离"主流社会制度的"嬉皮士"。这些年轻男女唾弃社会上对物质无止尽的追求，比如，累积愈来愈多的车子、愈来愈大的房子和无穷无尽的商品。相反地，他们希望能处在

"真是没完没了。我们参加了一个反文化,后来它变成了主流文化;我们又参加另一个反文化,没多久它又变成了主流文化……"

一个更具人道精神的社会,比如,分享、爱、与环境和平相处。这股亚文化反映在政治上,便是反对美国卷入越战,并鼓励美国年轻人拒绝征召。(Flacks 1971;Roszak 1969)

当一种亚文化很明显且刻意地反对主流文化的某些方面时,这种亚文化被称为**反文化**(counterculture)。反文化一般都在年轻人中兴起,因为他们涉入现存文化程度最轻。多数情况下,一个20岁的年轻人比一个依照主流文化形态生活了60年的人更易适应新的文化标准。(Zellner 1995)

自2001年9月11日的恐怖袭击之后,美国人才认识到,在他们的国家里存在着一股由恐怖主义团体所构成的反文化潮流。居住在北爱尔兰、以色列、巴基斯坦和世界上许多其他地方的人,也都感受到这种反文化。恐怖主义分子在世界上的组织,不尽然一定是由外国人支持的,有时候,对自己国家政策失望的人,也会采取暴力方式。

文化震撼

当人们处于一种陌生的文化中时,假如他感到失去方向、不知所措、不适应,甚至害怕,那他可能正在经历**文化震撼**(culture shock)。举例来说,假如一个美国公民在中国的某些地方旅游,且想品尝当地美食,他可能会惊讶地发现这道特别的菜肴竟然是狗肉。类似地,一个来自严格伊斯兰文化的人,当第一次看到美国和欧洲普遍存在的撩人服饰和对情感露骨的表达时,他可能也会感到震惊。

> **使用你的社会学的想象力**
>
> 作为美国和平队的志愿者,你到了非洲的一个发展中国家。你觉得当地文化的哪些方面是最难适应的?那里的人可能会对你文化的哪些东西感到震撼呢?

某种程度上，我们会把社会中的文化习俗视为理所当然。因此，当我们意识到其他文化和我们文化的"生活方式"不一样时，我们常常会觉得惊讶而且困扰。事实上，我们觉得很奇特的习俗，在别的文化中，可能既正常又适当，而我们的民德与民俗在别人眼里，也可能是诡异的。

族群中心主义

许多日常的陈述都反映出，我们认为自己的文化最好。我们用诸如"未开发"、"落后"和"原始"这样的词来描述其他社会。"我们"所信仰的是宗教；"他们"所信仰的是迷信与神话。

人自然而然地会用自己文化的观点来评价其他文化。社会学家威廉·格雷厄姆·萨姆纳（William Graham Sumner 1906）用**族群中心主义**（ethnocentrisim）一词来表示，认为自己的文化和生活方式应作为规范，并表示自己的文化优于其他文化的倾向。族群中心主义的人认为，其族群是定义文化的中心，而所有其他文化则偏离了"常轨"。

最近，族群中心主义的产生使美国在伊拉克政府进行民主改革中所做的努力变得复杂。在2003年伊拉克战争之前，美国的策划者假设伊拉克人将会像"二战"后的德国和日本一样适应一个新形式的政府。但是，伊拉克文化并不像德国文化和日本文化那样，伊拉克人对家庭和家族的忠诚被置于爱国主义和维护共同利益之上。一个国家近一半的人口，甚至那些居住在城市的人们都选择近亲结婚，所以公民在政府和商业贸易中都倾向于支持自己的亲属。那为什么还要信任来自家庭以外的陌生人呢？西方人批判伊拉克的裙带关系，对于伊拉克人来说却是一种易被接受的、值得钦佩的习俗。（Tierney 2003）

冲突理论家指出，族群中心主义的产生是为了贬低别的族群，并且让别人没有获得公平的机会。而功能论者主张，族群中心主义的存在，是借由提倡族群优越以维持机械团结感。借由贬低别的国家与文化，可以强化我们的爱国意识，并且证明我们的生活方式优于其他文化。但是，这种社会稳定却伤害了其他民族。当然，族群中心主义也不仅限于美国人。来自非洲文化的人会非常惊讶，美国小孩对父母竟然会如此不尊重；印度人一定会对美国人把猫和狗养在室内感到反感；很多阿拉伯和亚洲的伊斯兰教原教旨主义者士认为，美国是腐败、堕落而且注定要毁灭的。在这些人心中，他们可能觉得自己的文化优于美国文化。

文化相对主义

族群中心主义是用自己文化的行为标准来评估外国的文化，然而，**文化相对**

主义（cultural relativisim）则是用他人文化的观点来评估他人的行为。寻求适应其患者文化期望的医生正是使用了这种方法。文化相对主义把了解其他文化放在优先地位，而不是随意地称它们为"奇怪的"或"异国的"。与族群中心主义不同，文化相对主义应用了韦伯认为极为重要的价值中立（value neutrality）原则。

文化相对主义强调，不同的社会背景会产生不同的规范和价值。因此，当我们检视一夫多妻制、斗牛及君主体制这些制度或习俗时，必须先了解它们所处的特殊文化背景。文化相对主义并不主张我们无条件地接受每种文化差异，但它的确要求，当我们评估一种规范、价值观和习俗时，我们必须认真且没有偏见地把它所处的文化环境考虑进去。

人们对文化的看法，不论是从族群中心主义的观点还是通过文化相对主义的角度来看，都会对社会政策领域造成重要的影响。现在，一个热门话题就是，一个国家应该对非母语的使用者提供多少双语教育课程。教育节目，不管是母语还是非母语的使用者，都是社会化过程的一部分，这将是我们下一节要讨论的议题。

2.7 社会化的角色

什么使我们变成现在这样？是我们与生俱来的基因，还是我们成长的环境？传统上，研究者对于生物的遗传与环境因素在人类发展中的重要性存在冲突，这个冲突称为自然与养育（nature versus nurture，或称为遗传与环境）的争论。现今，大多数社会科学家已经超越这样的争论，认识到不止是这两个变量之间的互动在塑造着人类的发展。然而，如果我们首先检验只有一个因素运行而其他因素几乎不

表 2-2 文化方面的主要理论视角

	功能论者的视角	冲突论者的视角	女性主义者的视角	互动论者的视角
规范	强化社会标准	强化统治模式	强化男性和女性的角色	通过面对面的互动来维持
价值观	善的集合概念	延续社会的不平等	延续男性的支配地位	通过社会互动的定义和再定义
文化与社会	文化反映了一个社会的核心价值观	文化反映了一个社会的支配意识形态	文化反映了一个社会对男性和女性的看法	一个社会的核心文化通过日常社会互动得以延续
文化变异	亚文化为小团体的利益服务；族群中心主义加强了群体团结	反文化质疑主导的社会秩序；族群中心主义贬低团体的价值	文化相对主义尊重社会对男性和女性的不同看法	习俗和传统通过群际接触和媒体得以传播

起作用的情况,我们就能够更深入地理解遗传与环境因素是如何互动及影响社会化过程的。(Homans 1979)

环境:隔离的影响

在1994年的电影《妮尔的芳心》(*Nell*)中,朱迪·福斯特(Jodie Foster)扮演一名一出生就被她的母亲藏在森林中木屋里的年轻女性。在没有与人们正常接触的情况下成长,妮尔像动物一样爬行、野蛮地吼叫,用自己的语言说话或唱歌。这部电影是根据1828年神秘出现在德国奈落堡镇中心的一名16岁男孩的真实故事改编而成。(Lipson 1994)

一些人也许认为,妮尔的故事难以置信,但是一名叫伊莎贝尔的女孩艰苦的童年却是千真万确的。在她生命的第一个6年里,伊莎贝尔几乎完全生活在黑暗的房子里。她既不能说话也不能听见母亲的声音,也很少与其他人接触。伊莎贝尔的祖父母一直对他们的女儿生下私生女感到耻辱,以至于他们藏起了伊莎贝尔,使她与世隔绝。当伊莎贝尔的母亲带着女儿逃离她父母的家时,伊莎贝尔的案例才在1938年被俄亥俄州的有关部门发现。

当伊莎贝尔在6岁被发现时,她并不会说话,只能发出哇哇的叫声。通过一些简单的手势,她才能与她母亲交流。伊莎贝尔被剥夺了许多传统的社会互动机会和童年时期的社会化经验。自从被发现并开始接触人以后,伊莎贝尔表现出强烈的害怕与人接触的行为倾向,面对陌生人时,她的反应几近野生动物。然而,当她习惯了某些特定人群后,她的反应又变得极度冷淡。起初,工作人员认为伊莎贝尔是聋的,但她很快就开始对周围的声音有所反应。在成熟度测试里,她表现出婴儿而非6岁儿童的等级。

专家制定了一系列训练课程,帮助伊莎贝尔适应人类的关系和社会化。在几天训练后,她第一次尝试用语言来表达。纵然刚开始进度缓慢,但伊莎贝尔很快就通过了应有的6年发展。2个月后,她能说出完整的句子。9个月后,她能识别单词和句子。在伊莎贝尔9岁前,她已经可以和其他儿童一样上学。14岁时,她念六年级,在学校表现很好,情绪适应上也很理想。

然而,由于她在6岁前没有经历社会化的机会,伊莎贝尔刚被发现时,在社会层面上与人类颇有一段差距。她从初期的无法与人沟通(即使她的生理和认知能力存在学习潜能),到几年后的显著进步,显示了社会化作用对人类发展的重要性。(K. Davis 1940, 1947)

不幸地是,还有许多像伊莎贝尔一样被囚禁或被严重忽视的孩子无法正常生活。在许多例子中,社会隔离的影响被证明是有害的。例如,1970年,一个14岁的

图 2-2 怪物的素描

这张素描是一个像怪物一样的女孩在 1975 年描绘的。她孤立地生活了 14 年,直到 1970 年才被官方找到。在她的画中,教她语言的朋友(左边)谈着钢琴,而她正听着。她画这幅画的时候 18 岁。
资料来源:Curtiss 1977:274.

名叫基尼的加利福尼亚孩子在一个房间里被发现,她出生 20 个月后就被禁闭在这里。在被隔离期间,没有家庭成员和她说话,除了骂人的话以外,她几乎听不到任何东西。由于她的家里没有电视和收音机,她从未听过正常人说话的声音。在开始全面治疗一年后,基尼的语法水平仍像一个典型的 18 个月的孩子。纵然随着治疗不断继续,她取得了更大的进步,但她还是从未表现出完全的语言能力。图 2-2 展示了基尼被发现 5 年后所做的素描,正和她的老师在一起。(Curtiss 1977,1985;Rymer 1993)

伊莎贝尔和基尼的经历对于研究者而言十分重要,因为这是极少数发现的儿童在完全隔离的环境下成长的案例。然而,不幸的是,社会上还有很多儿童在极度缺乏社会关照的环境下成长。最近的焦点主要集中在东欧前社会主义国家的孤儿院的孩子们身上。在罗马尼亚的孤儿院里,许多婴儿每天被放在婴儿床上 18—20 小时,他们依靠奶瓶蜷卧在床上,很少得到大人的照料。这种不被照顾的情况一直持续到 5 岁。许多儿童害怕与人接触,表现出一些无法预料的反社会举止。直到北美和欧洲的家庭开始收养成千上万的孩子,这种情况才有所改善。20%的孩子发生不适应问题,且如此明显,以至于领养家庭对于自己成为抚养孩子的父母而感到害怕,甚至产生愧疚感。他们中许多人曾寻求帮助来解决问题。慢慢地,这些父母了解到这些孩子被剥夺了互动,并且他们之前从未经历过与人接触的感觉。(Groza et al. 1999;Talbot 1998)

专家们越来越多地强调早期社会化经验对于成长在正常环境下的孩子的重要性。我们现在知道，只关心婴儿的生理需求是远远不够的；父母必须关心孩子的社会化发展。例如，如果孩子不被鼓励和朋友交往，他将会失去与同辈互动的机会，这种互动对情绪成长是至关重要的。

遗传：生物学的影响

人类显示的社会特性有生物学的起源吗？由于在遗传与环境影响比较方面持续不断的争论，在最近几年里人们重新对社会生物学产生了兴趣。**社会生物学**（sociobiology）是一门针对人类社会行为的生物学基础的系统研究。社会生物学家认为，人类显示的许多文化特性（例如对女性的普遍期望便是希望她们教养孩子，而丈夫则是养家糊口）虽非经由学习的过程，却根植在基因里了。（E. O. Wilson 1975, 1978）

一些研究者坚持认为，学者对社会生物学的兴趣只会使对社会化（对人类行为产生更重要影响的因素）的研究有所偏颇。然而，洛伊斯·沃利迪斯·霍夫曼（Lois Wladis Hoffman 1985）在社会议题心理学研究会（Society for the Psychological Study of Social Issues）做主席演讲时说，社会生物学对于社会科学家更好地证明他们的研究具有富有价值的挑战。例如，互动论者主张，社会行为并不是由人类设计的，而是不断地对其他人的态度与反应做出调整的过程。

当然，大多数社会科学家都同意社会行为存在生物基础。但是对于社会生物学的某些极端立场的支持者就比较少。就像互动论者、冲突理论家和功能论者都相信，是人类的行为而不是其基因结构定义了社会现实。冲突理论家担心，社会生物学的观点可能会被当做拒绝给弱势群体（如那些无法获得成功的学生）提供援助的理论依据。（Guterman 2000; Segerstrale 2000; E. O. Wilson 2000）

2.8 自我与社会化

对于我们是谁和我们像什么，我们有各种各样的认知、感受与信念。这些是如何发展出来的？当我们年龄渐长时，这些想法和认知是否会发生变化呢？我们并不是生下来就懂得这些知识。根据乔治·赫伯特·米德（George Herbert Mead 1964b）的主张，社会学家认为，我们都为自己命名，那就是：自我。**自我**（self）是一个与其他人明确区分的定义。它并不是一个静态的现象，而是在我们的生活中持续变化与发展的。

社会学家和心理学家对于个人如何通过社会互动发展并修正自我，都表现出了兴趣。社会学家查尔斯·霍顿·库利（Charles Horton Cooley）和互动论主张的先驱——米德，对于后来有关此议题的研究，提供了许多帮助。（Gecas 1982）

库利：镜中自我

20世纪初期，库利表示，我们通过与别人接触来了解自己。我们不只直接从自己的个性来了解自己，也可从别人对我们的印象中了解。库利用**镜中自我**（looking-glass self）这一术语，强调自我是我们与其他人社会互动的产物。

发展自我认同与自我概念分为三个阶段。第一阶段，我们设想在其他人面前如何表现自己——例如亲戚、朋友，甚至是街上的路人，然后我们想象其他人如何评价我们（漂亮、聪明、害羞或者孤僻）。最后，别人的印象会使我们产生某种感觉，如感到被尊重或是感到羞耻。（Cooley 1902）

在库利的镜中自我的概念中，隐蔽但相当关键的一个主张是，自我的想象都是以别人的评断为主。这样会导致因为别人错误的印象，而产生不正确的自我认同感。一个学生也许会因为教师的批评而认为他/她很愚笨，这种错误的处理方式很容易产生一些负面的自我认同：(1)教师批评了我。(2)教师一定认为我是个笨蛋。(3)我就是个笨蛋。但是，自我认同也可以改变。如果这个学生在期末考试中得了个A，他/她也许就再也不会认为自己笨了。

米德：自我的阶段

米德发展了库利互动理论研究。米德（Mead 1934，1964a）认为，自我发展的定义经历了三个不同的阶段：预备阶段、戏剧阶段、游戏阶段。

预备阶段 在预备阶段（preparatory stage），儿童只会模仿身边的人，特别是与他们互动密切的家人。于是，当一个年龄较小的小孩看到父母做木工活时，他会折断树枝来帮忙，或是当看到年长的兄弟姐妹在旁边丢球时，也会试着做同样的动作。

当儿童长大以后，他们愈来愈能适应用符号来与人沟通。**象征**（symbols）指的是形成人类沟通的最基本动作、事物与语言。通过与亲朋好友的互动、观看卡通影片及阅读图画书，处于预备阶段的儿童开始知道如何运用符号。

在多元文化的社会里，符号所代表的文化差异会带来冲突的可能性。例如，穆斯林妇女戴着有象征性的头巾最近在法国成为一个主要的社会议题。许多年前，法国的公立学校就已禁止学生穿戴明显的宗教标志，如大十字架、无沿便帽和头巾。违反这一非正式衣着规则的穆斯林学生会被学校开除。2003年，在愈演愈烈的争论中，政府的一个咨询小组就建议法国议会通过立法来加强这项禁令。这是一个十分棘手的议题，因为这些符号所代表的相冲突的文化意义。对于许多法国人来说，头巾代表女性的屈服——这是在高举平等价值观的社会里一个不受欢迎的含义。而对其他人来说,这也代表了一种对法国式生活的挑战。因此,对于这项议题的民意调查中有69%的法国人支持禁令。然而,对于穆斯林来说,头巾却代表了谦虚和体面的社会地位。所以,穆斯林学生会认真地对待这一符号。(The Economist 2004a)

戏剧阶段 米德是第一位分析社会化符号的学者。儿童一旦开始学习如何通过符号沟通,他们就会渐渐注意到社会关系。结果,在戏剧阶段(paly stage),儿童开始假装扮演别人,"成为"不同的角色,例如医生、父母、大英雄或是船长。

事实上,米德发现,戏剧阶段的重点是角色扮演。**角色扮演**(role taking)是通过大脑想象成为他人的过程,使之能够从想象观点中有所反应。例如,通过这个过程,儿童将慢慢学习何时请求父母的帮助是适合的,如果父母回家后表现出心情不好,小孩会等到晚餐过后,父母较轻松或能够亲近时再开口。

游戏阶段 在米德的第三阶段——游戏阶段(game stage)中,儿童在8岁或9岁时不再扮演角色了,而是开始考虑一些真实的挑战及同时存在的关系。在此发展中,儿童想抓住的不只是自己的社会地位,别人在他周围扮演何种角色也是他关注的焦点——就好像在足球比赛中,运动员必须理解他们自己和其他人所要攻守的位置。想象一个儿童团的女孩或男孩,假日里团队要进行爬山的户外活动,这个儿童必须了解他/她被期望做什么,也必须认识到其他队员与领队的角色和责任。这个阶段是米德模式的最后发展阶段。经历这个阶段之后,儿童从此可以对社会环境中的不同角色扮演有所反应了。

米德运用**概化的他人**(generalized other)一词,代表儿童的行为会考虑社会整体的态度、观点,以及社会整体的期望。简单地说,这个概念认为:一个人表现的行为举止,会将整体群众的期望纳入考虑。例如,一个小孩表现得很礼貌,并不只是为了讨好父母;事实上,儿童理解到礼貌是父母、教师们及宗教领袖所广泛支持的

表 2-3 米德的自我的阶段

阶段	是否有自我表现	定义	例子
准备阶段	无	一个孩子会模仿其他人的行为	当大人大笑或微笑,小孩也会如此
戏剧阶段	发展中	一个孩子会扮演另一个人的角色,好像他/她就是其他人	一个孩子先扮演医生的角色,然后扮演病人
游戏阶段	有	一个孩子会同时考虑两个或以上的角色	在捉迷藏的游戏中,一个孩子会同时考虑捉者和藏者的角色

价值观。(Holdsworth & Morgan 2007)

在游戏阶段,儿童们能用更复杂的角度看待其他人和社会环境。他们现在知道,一个人无法只被定位于某个职位与社会地位,比如,威廉先生不会只是"图书管理员",或弗兰克女士不只是"校长"而已。对于儿童而言,他们已经明白,威廉先生可能同时扮演图书管理员、父亲及马拉松比赛选手的角色,而弗兰克女士也只是众多校长中的一位。因此,儿童对于个人与团体的观察,已达到某一新的复杂阶段。表2-3总结了米德提出的自我的三个阶段。

米德以自我的理论而闻名。根据米德(Mead 1964b)的说法,自我源于以个人的世界为利益中心。年纪较小的儿童在周围环境中,会想象以自己为中心,因而很难用他人的观点去思考。例如,当我们让儿童看一幅山景的图画,并要求他想象山后的景致时(例如湖泊或登山者),小孩们只会描述自己看到的景物。这种儿童时期以自我为事件中心的倾向,从来没有完全消失。许多恐惧飞行的人会自我假设,如果有飞机坠落,他们一定在那上面。谁会在看到星座分析时,不先看看自己的星座?如果我们不是希望自己中大奖,又怎么会去买彩票?

随着年龄的增长,自我中心有所改变,我们会开始注意到其他人的反应。米德运用**重要他人**(significant other)意指对个人自我发展具有重要性的人物,如父母、朋友、同事、教练及教师,都是塑造个人自我的主要人物。许多年轻人,例如,他们自己会被与父母相同领域的工作所吸引。

在一些例子中,我们发现,有关重要他人的理论引起了许多争议。例如,美国非裔青少年向来被认为比白种青年更"重视同辈",因为黑人家庭在社会中处于弱势。然而,调查显示,这些草率的结论其实是根据有限且不富裕的黑人团体而得出的,并不代表大多数黑人的情形。事实上,对于来自类似经济背景的美国非裔与白种人而言,"重要他人"对他们而言并没有什么差异。(Giorfano et al. 1993;Juhasz 1989)

戈夫曼:自我的呈现

我们如何处理"自我"?我们如何在别人面前表现自己?持互动观的社会学家欧文·戈夫曼(Erving Goffman)认为,我们日常生活的许多活动,都试图传递给他人我们是谁的印象。

初期,为了表现良好,满足某些人的期望,个人会倾向于注重自我的表现。戈夫曼(Goffman 1959)指称这个自我表现的改变为**印象管理**(impression management)。在检视每天的社会互动中,戈夫曼指出许多有关戏剧的明显例子,因此,他的观点被称为**拟剧法**(dramaturgical approach)。根据这个观点,人们如同剧中演员在演戏一样。例如,一个店员在老板的监视下,可能会表现出比实际情形忙碌的样

> **使用你的社会学的想象力**
> 谁是你的重要他人呢?你是一些人的重要他人吗?

子;在单身酒吧里,一个顾客可能会表现出他正在等人。

戈夫曼的主张承袭了库利与米德的理论,认为个性是通过社会化及我们如何在他人面前表现自己而形成的。库利强调自我发展的过程;米德强调自我如何在与他人接触的学习中发展;戈夫曼则强调我们有意识地为他人塑造自我形象的方法。

对自我的心理学研究

心理学家对于库利、米德及其他社会学家对自我的发展有着共同的兴趣。在心理学的早期著作中,例如西格蒙德·弗洛伊德(Sigmund Freud,1856—1939)便强调与生俱来的驱动力(对于性满足的驱动力)引导着人类行为的角色。近年来,心理学家如让·皮亚杰(Jean Piaget,1896—1980)强调人类进程中自我发展的阶段。

如同库利与米德,弗洛伊德相信,自我是社会的产物,一个人的个性总是受到其他人的影响(尤其是自己的父母)。但是,与库利和米德不同的是,他认为,自我的组成部分中总有相互冲突的地方。根据弗洛伊德的说法,我们自然的冲动本能与社会约束是相冲突的。一部分的自我追求无限制的享乐,而另一部分的自我追求理性的行为。通过与他人的互动,我们了解到社会对我们的期望,并且选择适合自己文化的行为。(当然,弗洛伊德也认为,有时候我们会扭曲事实并做出非理性的行为。)

研究新生儿的瑞士儿童心理学家皮亚杰评估了社会互动对于自我发展的重要性。皮亚杰发现,新生儿没有镜中自我的意识;但具有讽刺意味的是,他们十分地自我,要求所有的焦点都集中在自己身上。新生儿还未学习到他们是社会的一分子。对于这些婴儿而言,"你"与"我"的区别没有任何意义。他们只知道"我"这个定义。但是,当他们长大后,会渐渐通过社会关系而社会化,即使是在以他们为中心的世界里。

在皮亚杰(Piaget 1954)著名的**发展的认知理论**(cognitive theory of development)中,他主张儿童思想发展的四个阶段。第一阶段称为感觉运动阶段,在这个阶段中,儿童使用感觉来发觉事物。例如,通过触摸,他们发现他们的手其实是身体的一部分。第二阶段为前运算阶段,在这一时期,儿童开始运用文字和符号来区分事物和思想。第三阶段称为具体运算阶段,此阶段的里程碑是孩子开始追求更多的逻辑性思考。他们学习到即使一堆土被塑造成蛇的形状,它还是一堆土。最后,在第四阶段的形式运算阶段,青少年能够应付复杂的抽象思考,并能用逻辑性的态度处理思想与价值观。

皮亚杰认为,当孩子形成抽象思维思考的能力时,道德发展会变成社会化重要的一部分。当儿童学习到一种游戏规则时,例如跳棋或扑克牌,他们也会学习到

表2-4 社会学与心理学的自我发展理论

学者	核心概念与贡献	主要理论观点
查尔斯·霍顿·库利 （1864—1929） 社会学家（美国）	镜中自我	自我发展的阶段不明确；通过与他人的互动建立对自己的观感
乔治·赫伯特·米德 （1863—1931） 社会学家（美国）	自我 概化的他人	自我发展三个明确的阶段；当儿童理解周围他人的角色时，自我就开始发展
欧文·戈夫曼 （1929—1982） 社会学家（美国）	印象管理 拟剧法 面子功夫	通过传达印象给他人与团体，自我得以发展
西格蒙德·弗洛伊德 （1856—1939） 心理治疗师（奥地利）	心理治疗	自我受到父母及与生俱来的驱动力的影响，比如对性满足的驱动力
让·皮亚杰 （1896—1980） 儿童心理学家（瑞士）	发展认知论	认知发展的四个阶段；道德发展与社会化有关

如何遵守社会规范，8岁以下的儿童表现出较基本的道德标准：规范就是规范，并无"可斟酌的情形"的观念。然而，他们长大后，会有更大的自主性，并且会经历许多有关道德方面的矛盾。

根据皮亚杰的论述，社会互动性是发展的重要关键。当儿童长大时，会更加注意别人是怎么想的，并且好奇他人为何会有特别的行为。为了发展鲜明的个性，我们每个人都需要与他人交流。正如我们前面所看到的，伊莎贝尔被剥夺了正常的社会交往机会，从而造成了严重的后果。（Kitchener 1991）

我们看到，许多思想家都认为，社会互动是发展个人自我意识的关键因素。就整体而言，这个论述为真，但我们如果能援引更多的理论与研究，此论述将更臻完善。

2.9 整个生命历程的社会化

生命历程

非洲刚果的科塔（Kota）人在青少年时期会把自己涂成蓝色，美洲的墨西哥女孩会在晚间跳舞前进行一整天的宗教静修，埃及的妇女有跨过她们新生儿七次的习俗，海军军官学校的学生会在毕业时把帽子抛向空中：这些都是属于一种庆祝式的**过渡仪式**（rites of passage），戏剧化的过渡仪式代表与证实某些人某一段身份地

> **使用你的社会学的想象力**
> 你最后参与的过渡礼仪是什么？是正式的还是非正式的？

位的改变与结束。科塔仪式标志着迈向成人的历程。蓝色被视为死亡之色,象征儿童时期的结束。西班牙裔的女孩在15岁时会举行仪式庆祝成为女人。美国迈阿密的古巴地区,许多人参与筹划舞会、美食、服装设计,以及拉丁小姐的盛装游行。

这些特殊的仪式标志着生命历程的发展阶段。它们表明,社会化进程会继续通过生命周期的所有阶段。事实上,一些研究者已经选择把社会化当做一个生命历程来研究。采用这种**生命历程方法**(life-course approach)的社会学家和社会科学家会密切关注那些影响人们从生到死整个人生的社会因素。他们认识到生物改变的模式,但却无法指挥人类的行为。

预先社会化与再社会化

社会化的自我发展是毕生的转变过程,并一直持续发展至面临死亡时期。生命历程中,社会化有两种:预先社会化与再社会化。

预先社会化(anticipatory socialization)指的是一个人预先"演练"未来的社会地位、职业与社会化关系的社会化过程。如果所属文化的成员能在扮演某一社会地位之前,便掌握此身份应有的规范、价值观及行为模式,这个文化就可以运作得更有效、更顺畅。成人生活里的许多事物,在儿童与青少年时期的预先社会化阶段中便已开始进行,这种准备一直持续展现在面对新的责任事物方面。

有时候,接受新的社会地位与职业,使我们必须放弃先前的定位。**再社会化**(resocialization)指的是放弃先前的行为,并接受新的模式,以作为生命中转型的阶段。再社会化通常发生在对于个人有明显转变的情况,如改革学校、治疗团体、监狱、改宗场景,以及政治犯改造营。再社会化的过程会施压于个人,这个压力比一般的社会化与预先社会化还大。(Gecas 1992)

再社会化在一个完整制度的体系下会特别有效。欧文·戈夫曼(Goffman 1961)创造了一个新名词——**全控机构**(total institution),表示实施制度的场所,例如监狱、军营、精神病院及修道院,这些地方运用单向权力规范人们的生活自由。因为这些机构通常与社会相隔离,成为提供生活供给的唯一场所。在海上航行的商船船员就是全控机构的一分子。在这些机构中,它的要求十分精细,所有的活动都在其中,全控机构往往是社会的缩小版。

戈夫曼(Goffman 1961)认为,全控机构有四种特点:

1. 生活中的所有面向被集中在同一个地方进行,并以单向权力进行管理。
2. 机构里任何活动都与其他相同境遇的人共同进行,例如,女修道院的新进人员与入伍的新兵。
3. 规则的制定与活动时间表的安排,并没有和参与者讨论。

4. 全控机构里的所有生活面向都是以满足机构为目标的。于是，在修道院里，所有活动都以祷告和与上帝沟通为中心。

人们通常会在全控机构中丧失个人的特性。例如，一个人在进监狱之前，会遭受一种**贬降仪式**（degradation ceremony）的羞辱，像被迫脱衣服、拿下珠宝首饰或个人财产。从这一点来看，常规化的每日活动都没有个人的隐私权。在这种专制的社会环境下，个人处于次要的地位，甚至个人属性已不再存在。（Garfinkel 1956）

2.10 社会化的机构

我们知道，美国文化是通过一个社会化阶段到另一阶段的循环渐进的运动而形成的。连续的社会化过程形成了许多不同的社会力量，这些规范会影响我们的人生，并且改变我们的自我形象。

在美国，家庭是社会化最重要的途径，特别是对于儿童。在本章中，我们也会关注其他五种社会化的媒介：学校、同辈团体、大众媒体、职场和国家。

家 庭

艾米须（Amish）社区的儿童在严厉的制度与规范下被抚养长大，但是，这些孩子并不能完全避免非艾米须同辈的诱惑——所谓的"反抗"行为，包括跳舞、喝酒和乘坐汽车。艾米须家庭并没有太重视这些问题，他们相信家庭最终影响小孩最深，这种情况对一般家庭来说是真实的。虽然有种说法称，事实上是"同辈团体"甚至"媒体"在抚育这一代小孩，尤其是在镁光灯下被报道的年轻人涉及的枪击事件及仇恨犯罪。然而，几乎所有研究都指出，家庭在儿童社会化中的作用是无法被低估的。（Schaefer & Zellner 2007）

人们一生的学习过程在出生不久后就已经展开，当新生儿有听觉、视觉、嗅觉、味觉及感觉到热、冷与痛苦时，他们持续尝试熟悉周围环境。人类，尤其是家庭成员，组成社会环境中重要的一部分，人们以喂食、清理及抚抱、安慰，为婴儿提供所需。

性别角色（gender role）这个术语指的是对男性与女性表现的适当行为、态度及活动等的期望。例如，我们传统上认为，"坚强"属于男子气概，并且是男人们追求的目标，"纤弱"则属于女性的气质。我们会发现其他文化对性别特性的期望，与我们的社会不尽相同。

父母是儿童社会化的主要媒介，他们引导儿童进入社会所期望的性别角色。其他大人、兄弟姐妹、大众媒体及宗教与教育机构，也会影响儿童对于女性化与男性化社会化的规范。一种文化或者亚文化，也许会要求某一个特定性别负责儿童的社会化经历、家庭的经济来源,或宗教与知识上的启发。

互动论者提醒我们,社会化不只是和男子气概和女性气质有关,也和婚姻与父母的角色有关。儿童会观察父母亲的心情、金钱管理、吵架、抱怨亲戚的行为等,这些代表了非正式的预先社会化。通过这些学习,儿童知道婚姻和父母的角色为何。

学　校

你从哪里学会唱国歌的?谁告诉你美国大革命的英雄故事?你在哪里接受第一次有关文化的测验?就像家庭一样,学校有一项很明显的任务,就是要让美国人,尤其是儿童,接受美国文化的规范与价值观。

正如冲突理论家塞缪尔·鲍尔斯与赫伯特·金提斯(Samuel Bowles & Herbert Gintis 1976)所观察到的,美国的学校通过内部的奖赏与处罚制度鼓励竞争,比如成绩和教师的评语等方式。因此,专心学习一项新技术的儿童,有时会觉得自己很愚蠢而且失败。然而,当个体较成熟后,他便能够较切实地评估自己的智力、体力和社交能力。

功能论者认为,学校作为一个社会化的机构,完全提供了教导儿童社会价值与习俗的功能。冲突理论家同意这个论点,但是他们认为,除此之外,学校也加深了社区隔离,尤其是社会阶级的区隔。举例来说,虽然有学费的补助,可是,美国的高等教育依旧非常昂贵。家境富裕的学生比较可能有机会念大学,或接受专业训练;相反,较不富裕的年轻人可能就没有办法拥有薪水高、受人尊敬的工作所需的教育机会。

在其他文化中,学校也一样具备社会化的功能。例如,20世纪80年代,日本父母和教育者失望地发现,日本儿童逐渐失去了吃饭用筷子的习惯。1997年,当学校的午餐项目引进叉勺(结合了叉和勺,在美国十分流行),这个趋势就变成了一个全国性议题。为了回应这一公共呼声,国家领导人禁止(学校)使用叉勺以支持 hashi(筷子)。以一种更严肃的口气说,日本学校在最近几年正承受一种不断上升的压力,即日本的带职父母把越来越多教育孩子的责任推给教育机构。为了调整这一不平衡,1998年日本政府推广了一种更好教育小孩的准则,要求父母花更多时间陪孩子读书,允许更多游戏时间,限制看电视的时间,并为家庭活动做了许多计划。(Gauette 1998)

同辈团体

如果你问一个13岁的青少年谁最重要时,他大概会回答"朋友"。当小孩慢慢长大之后,对他们而言,家庭的社会发展功能便逐渐式微。然而,同辈团体逐步担负起米德的"重要他人"的角色。在同辈团体中,年轻人喜欢与年纪相当、并且有相似社会地位的人打交道。(Giordano 2003)

我们可以看到,当人们的社会生活因战争或灾难而紧张时,同辈团体对年轻人会变得非常重要。在巴格达,推翻萨达姆·侯赛因政权使青少年对未来产生了怀疑,大大改变了他们的世界。一些年轻人失去了亲戚或朋友,而其他人,有的卷入原教旨主义团体中,有的则与家人一同逃亡到更安全的国家。那些落后的青年可能会遭遇强烈的孤独和乏味感。因犯罪和恐怖主义而被限制在家里的人中,那些能拥有电脑的足够幸运的人就会转向聊天室或使自己专心于学习。通过电邮,他们努力地维持被战时阻断的老朋友关系。(Sander 2004)

同辈可以是鼓励,同时也可能是骚扰的来源。在日本,校园胁迫事件时有发生,并引起了社会的关注。在校园里,有些学生结党羞辱、嘲笑,甚至虐待某些特定的同学,这种行为在日本被称为校园暴力(ijime)。大多数学生都很害怕成为校园暴力的下一个受害者;有时候,校园暴力甚至会导致学生自杀。1998年,这个问题严重到一个志愿者组织必须在东京为儿童成立24小时热线电话。由于这个专线的成功,日本政府后来也成立了全国的热线服务。(Matsushita 1999;Sugimoto 1997)

大众传媒与技术

在过去的80年里,不断创新的媒体——收音机、电影、录音机、电视和互联网——已成为重要的社会化媒介。特别是电视和互联网越来越多地影响着儿童。根据一项全国性的研究,在美国,68%的孩子的卧室中有一台电视,而8—18岁的青少年中几乎有一半每天都使用互联网。(见图2-3)

然而,电视也不全是负面的社会化因素。电视节目的优点是,它能使年轻人接触到一些原本不熟悉的生活方式与文化。它不仅可以让美国儿童学习到"遥远国度"的文化,更可以让都市小孩知道乡下小孩的生活方式,反之亦然。这对其他国家的儿童也一样。

不仅在美国,在非洲及其他发展中地区,人们已经因依赖新的通讯技术而被社会化了。不久前,如果赞德·尤比(Zadhe Iyombe)想与他的母亲说说话,从首都金沙萨到他出生的乡镇,他不得不在刚果河上坐8天的船。现在他和他的母亲都有了手机,他们平时会发短信给对方。尤比和他妈妈的情况并非特例。虽然手机不便宜,但发展中国家的14亿手机拥有者却认为那是必需品。如今,发展中国家比工业化国家的手机还多——这是历史上发展中国家首次超过采用电信技术的发达世界。(K. Sullivan 2006)

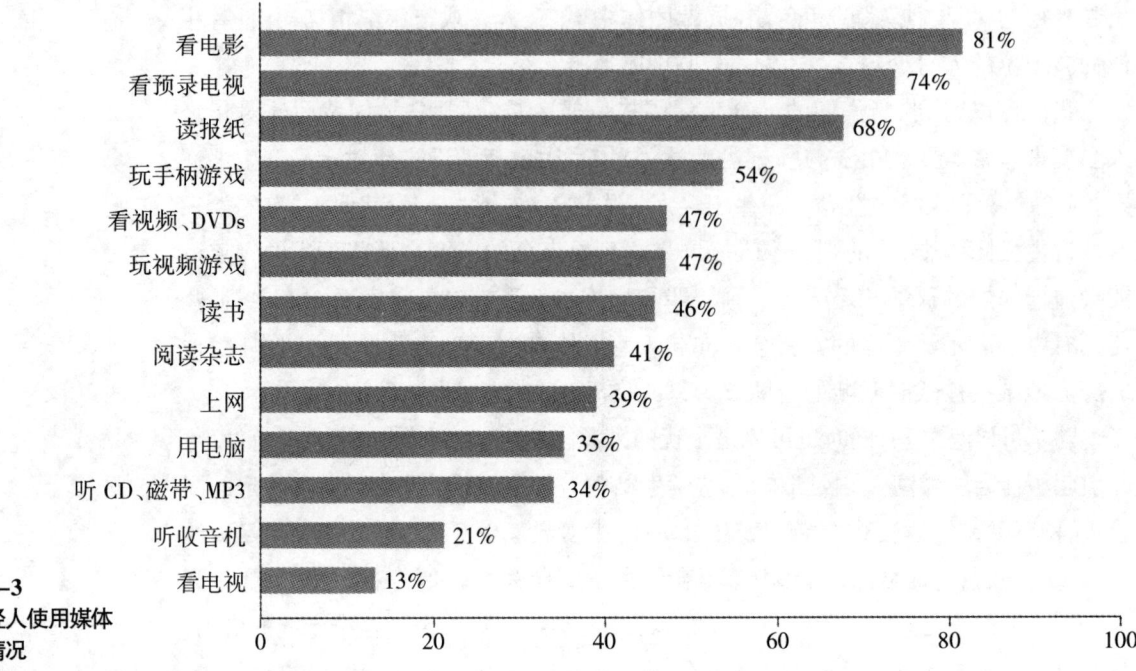

图2-3
年轻人使用媒体的情况

注：基于2003年10月和2004年3月之间对有样本代表性的2,032人的调查。

> **想一想**
> 与调查结果相比，在你更年轻的时候，你是如何使用互联网的？

职　场

学习如何在职场中有得体的表现是人类社会化过程中相当重要的基础方面。在美国，全职工作是成年人的象征，它意味着一个人已经脱离了青少年阶段。从某种程度上来说，进入职场一方面代表的是残酷的现实——"我必须工作才能买食物，缴房租"；另一方面，它又是个人理想的实现——"我一直想当个飞行员"。（W. Moore 1968:862）

以前"工作"通常是在完成学业之后，但是现在情况不太一样了，至少在美国不是如此。今天有愈来愈多的年轻人工作，而且，并不是在亲戚或父母的店里帮忙，他们通常是为了零用钱而工作；高中二年级以上的学生有80%说，他们赚钱很少或不用父母补贴家用。这些青少年并不将他们的工作视为一种发掘工作乐趣或在职训练的手段。（R. Cooper 1998）

宗教与国家

越来越多的社会科学家认识到政府和宗教在社会化的机构中的重要性，因为其对生命过程的影响越来越大。在我们的传统文化中，家庭成员是主要的照顾者，但到了20世纪，家庭的保护功能渐渐被外部机构所取代，例如医院、心理健康中心和幼儿中心。其中不少机构是由政府运行的，或隶属于某一宗教团体。

政府和有组织的宗教都会通过再设立一些曾在农业社区及前工业化社会里遵守的过渡仪式来影响人们的生命历程。例如,宗教组织规定一定的传统仪式集合所有扩大家庭的成员,尽管他们从不因别的原因聚在一起。政府法规规定了一个人驾驶、饮酒、投票选举、未经父母允许而结婚、加班和退休的年龄。虽然这些规定并不是严格的过渡仪式:大多数年满18岁的人选择不去投票选举,而且大多数人没有按照政府的支配选择退休年龄。

社会学要义

社会学之所以重要,是因为它能引起你对文化模式的感知,否则你会视这种文化模式为理所当然。

- 你属于哪种文化和/或亚文化?你曾质疑过你所属文化的规范和价值观吗?
- 你所属的文化是怎样与其他社会发生联系的?你在主流社会中感觉舒服吗?

社会学之所以重要,还因为它显示你是怎样变成你自己的。

- 当你与周围的人互动时,你是怎样看待自己的?对你自己所形成的观点,你是怎么想的?
- 什么人、组织或者社会机构在帮助你定义"你是谁"方面特别重要?

章节摘要

文化是习得的总称,是社会间传播的习俗、知识、有形物质和行为,这些定义了我们属于什么团体或者**社会**。人们通过终身的**社会化**过程来学习这些文化要素。这一章呈现了所有文化共有的基本因素,以及一种文化区别于另一种文化的差异因素。它考究了人类发展中的社会化角色,包括人们发展**自我**这一概念所用的方式。本章最后描述了主要的社会化的机构。

1. **文化的普遍性**是在每一种文化都能找到的普遍的习惯,包括求爱、家庭、游戏、语言、医药、宗教和性节制。但是,这些普遍的习惯通过一种文化不同于另一种文化的方式来表达。
2. 在最近几十年里,国际间贸易和思想的交流加快了文化的转变。社会学家用**全球化**这个术语指代所形成的政府政策、文化、社交运动和金融市场的全球一体化。
3. **语言**是文化的重要组成要素,包括演讲、写作、符号,还有手语和其他形式的非语言交流。语言同时描述和塑造了文化。
4. **规范**是一个期待被社会成员所认可的行动标准。规范可以是**正式的**(成文的)或**非正式的**(普遍认可的)。**奖惩**是给予依照或违反社会规范的人的奖励或惩罚。

5. 每种文化都有一种**支配意识形态**——即一套巩固强大的社会、经济和政治利益的信仰和习俗。大文化可能包括**亚文化**,这是一个群体共同享有不同于较大社会的,甚至可能与支配意识形态相抵触的规范和价值观。

6. 大多数人用自己的文化标准评价其他文化,这种观点叫做**族群中心主义**。而一些社会学家尝试用他人文化的观点来看待他人的行为,这种观点叫做**文化相对主义**。

7. 一种社会文化价值观的**社会化**过程同时受环境和遗传的影响。对社会行为的生物学基础的研究叫社会生物学。

8. 查尔顿·霍顿·库利主张,我们是通过与他人的互动来了解我们是谁的,这个现象被他称做**镜中自我**。另一个互动论学者乔治·赫伯特·米德,提出**自我**发展的三阶段理论。

9. 欧文·戈夫曼认为,我们在参加许多日常活动时都试图传递我们是谁的独特印象,他称这个过程为**印象管理**。

10. 把**生命历程方法**纳入社会学研究的社会学家对影响人们从生到死的社会因素感兴趣。这个过程的主要机构是家庭、学校、同辈团体、大众传媒和技术、职场、宗教和国家。

Social Interaction, Groups, and Social Structure
社会互动、团体与社会结构

3.1 界定与重构现实
3.2 社会结构的要素
3.3 全球视野下的社会结构
3.4 理解组织

在这个南美洲的小社区内,人们通过流言蜚语等非正式手段达到社会控制。滕尼斯称这样的社区为礼俗社群。

19世纪70年代早期，社会心理学家菲利普·津巴多邀请斯坦福大学的70名男生参加一个非正统的实验：他在一座校园建筑的地下室建了一个仿真监狱。津巴多用掷硬币的方式分配一半的被试者扮演犯人，另一半扮演狱卒。他告诉"狱卒"制订他们自己的规章管理监狱，然后看看会发生什么。

结果让津巴多感到既惊讶又害怕。差不多过了一个晚上，狱卒们就变成了规章的严格执行者，对犯人下达无礼的命令。有些变得残酷且满口脏话；有个狱卒甚至逼迫一个犯人在一密室进行"单独禁闭"。犯人们迅速地做出反应：一些变得情绪低落、冷漠无助；其他人则

变得反叛且愤怒。仅用了6天时间，情况就变得不可忍受，以至津巴多被迫放弃这个研究。鉴于他所观察到的学生犯人的忧虑和苦恼，继续实验将会是不合乎道德的。（Zimbardo 2007；Zimbardo et al. 2003）

在这项研究里，当大学生们被放置在一座仿真监狱里时，他们采用了可预期的行为模式（狱卒和犯人被期望的行为）。社会学家用**社会互动**（social interaction）一词表示人与人互相响应的方式。社会互动不一定需要面对面；通过电话聊天和电子邮件交流也是社会互动的形式。在津巴多仿真监狱的实验中，狱卒和犯人之间的社会互动是十分冷漠的。狱卒戴着反光型的太阳镜，因此和犯人不会有眼神接触，并且他们宁愿用数字称呼犯人而不用名字。

与多数真实的监狱一样，斯坦福大学的仿真监狱还显现了一个社会结构，其中狱卒几乎完全掌控犯人。**社会结构**（social structure）指的是将社会组织成可以预期关系的方式。显然，监狱里的社会结构影响了狱卒和犯人的互动方式。津巴多（Zimbardo et al. 2003:546）指出，"在狱卒和犯人心里"，这座仿真实监狱就跟真实的监狱一样。

2004年，继美国在伊拉克的阿布格莱布（Abu Ghraib）军事基地里令人震惊的虐囚事件曝光后，津巴多的实验获得了新的关联。图片显示美国士兵羞辱赤裸的伊拉克犯人并威胁用警犬袭击他们的场面。战争时期的监狱结构，伴随军事情报官员获取恐怖分子密谋信息的巨大压力，导致了狱卒行为的失控。但津巴多写道，狱卒腐化的行为可以根据他的研究得以预测。（Zimbardo 2007:324-379）

社会互动和社会结构这两个概念与团体和组织有着紧密的联系。通常，社会互动发生在朋友、亲戚和同事群体中，或者正式组织如大学和监狱中。但不管在什么环境下，一个前代的社会结构总是支配

着团体或组织里成员之间的关系及他们回应他人的方式。本章中,我们将研究社会结构的五个基本要素:身份、社会角色、团体、社会网络和家庭、宗教和政府这样的社会制度。我们也将接触到社会结构的一个新要素——虚拟世界(virtual worlds)。我们也将提到功能论者、冲突论者和互动论者对于社会制度研究的各种不同方法。接着,我们将考察正式组织,如你所在的公司和大学,是怎样和为什么存在的;并在这一过程中了解马克斯·韦伯提出的现代官僚体制的模型。我们也会检验爱弥尔·涂尔干、斐迪南·滕尼斯与格哈德·伦斯基所主张的社会结构的不同分类,并且将较简单形式的社会结构与现代社会结构相比较。

3.1 界定与重构现实

我们如何定义我们的社会现实?让我们先来考虑简单的事情,如我们怎样对待纹身。即使是几年前,大多数美国人都还认为,纹身是"怪异"或"愚蠢"的行为。我们总是会把纹身的人与朋克族、机车帮或光头族等偏激的反文化团体联系在一起。纹身自然而然地带给人一种负面的形象。然而,现在社会上许多引领风潮的人和多数运动员也会纹身,并且纹身已经获得合法性,因此,我们对纹身的看法也变得大不相同。也因为我们和这些人的互动机会增加了,在大多数的场合中,我们觉得纹身不过如家常便饭一样稀松平常。

定义社会现实的能力,反映出该团体在社会中的实力。事实上,在支配群体与被支配群体之间的关系里,最重要的一个层面就是,支配群体和多数群体可以定义一个社会的价值观。社会学家威廉·托马斯(William I. Thomas 1923)是种族与性别差异理论的早期评论家,他发现"对情境的定义"会影响一个人的思考方式与人格发展。从互动论的观点出发,托马斯发现,人们不只是对个人或情境的客观特征作出响应,他们响应的对象,其实是人或情境对他们所产生的意义。举例来说,在菲利普·津巴多的仿真监狱实验中,学生所仿真的"狱卒"与"囚犯"都接受了该情境的定义(狱卒与囚犯的传统角色),并依照这样的角色来扮演。

让我们更细致地看看社会结构的要素以帮助我们定义社会现实。

3.2 社会结构的要素

我们可以从五个要素检视可预测的社会关系:身份、社会角色、团体、社会网络和社会制度。就像房屋的结构是由地基、墙及天花板组成的,这些要素构成了社会的结构。这些社会结构是通过第2章介绍的社会化过程发展而来的。

身 份

当听到一个人的"身份"时,我们会想到他的影响力、财富及声望。然而,社会学家所用的**身份**(status),指的是整组由社会定义的位置——从最低到最高。在我们的社会中,一个人的身份可以是美国总统、果农、子女、小提琴家、青少年、明尼亚波尼斯的居民、牙医或邻居,等等。每个人同时拥有多种身份。

先赋地位与自致地位 社会学家把一些身份视为是先赋的,而有些则是自致的。(见图3-1)**先赋地位**(ascribed status)是社会"分派"给个人的,它并不把个人独特的天分或特征考虑进去。一般来说,这种地位的分派在出生时就已决定;因此,个人的种族背景、性别及年龄,都可以被视为先赋地位。虽然这些特征是与生俱来的,但这些特征的价值却取决于它们在我们文化中的社会意义。冲突理论家对先赋地位特别感兴趣,因为这些地位往往反映一个人是特权阶级还是被支配团体的成员。

我们在第6、7章会更全面地分析种族、族群和性别的社会意义。

图3-1 社会身份

想一想

这个人在"我"这个个体中在社会中占有许多位置,每个位置都涉及不同的身份。你是怎样定义你的身份的?哪个身份在你的生命中影响最大?

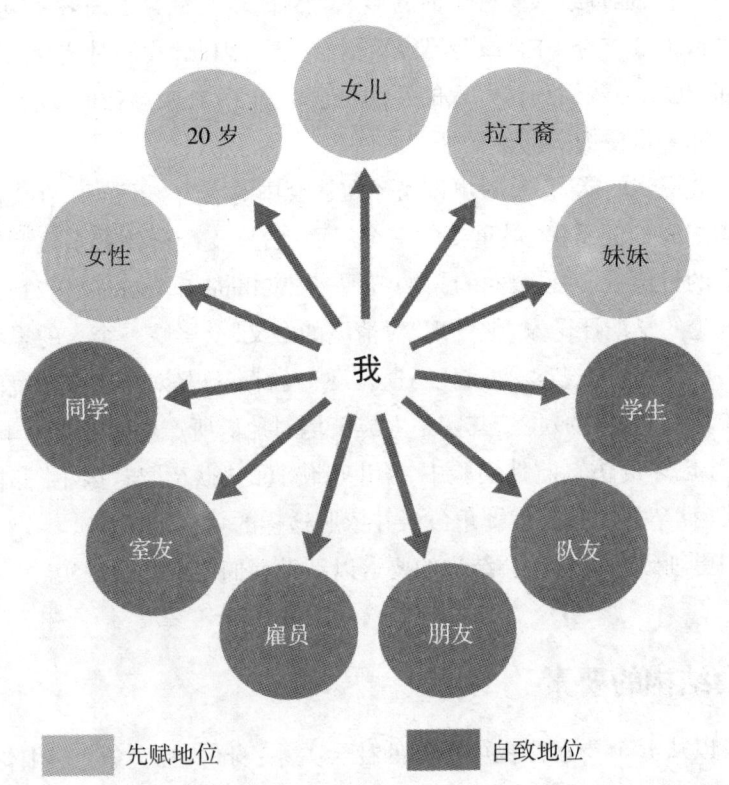

多数情况下，人们几乎没有办法改变一个人的先赋地位，但是，我们可以试着改变传统对于这些地位所做的限制。举一个例子，"银发族权益会"（the Gray Panthers）——一个成立于1971年致力于争取老人权益的政治团体，一直设法修正社会对老人负面及刻板的印象。在这个团体和其他人的努力下，数以百万计的"资深公民"的先赋地位已经获得显著改善。

与先赋地位不同，**自致地位**（achieved status）是经过个人的努力而取得的社会位置。银行总裁与狱卒都属于自致地位，与律师、钢琴家、妇女社团成员、罪犯及社工人员等都是一样的。你必须付出努力才能获得自致地位，比如，上学、学习技术、建立友谊、发明新产品等。我们将会在下一节看到，先赋地位对自致地位的影响很大。比如，男性就不太可能担任看护儿童的工作。

主要身份 每个人都拥有许多不同而且有时有冲突的身份；有些可能隐含较高的社会位置，而有些则是较低位置。那么，别人如何看待一个人整体的社会位置呢？根据社会学家埃弗里·修斯（Everett Hughes 1945）所说，社会是通过承认某些身份比其他身份更重要来处理这些不一致的身份的。**主要身份**（master status）指比其他所有身份更重要，且对个人整体的社会位置具有决定性影响的身份。举例来说，网球明星亚瑟·阿什（Arthur Ashe）于1993年死于艾滋病；但是，在其生前的最后几年，众所周知他与艾滋病搏斗的顽强性格，其时的身份远远超过他作为退休运动员、作家及政治运动者的身份。全世界许多残障人士发现，他们"残障"的身份被给予过度的关注，从而掩盖了他们在就业市场上成功的表现。

我们的社会赋予种族与性别极为重要的地位，甚至可能支配我们的一生。这些先赋地位通常会影响我们的自致地位。非裔美国社会运动家马尔科姆·X（Malcolm X，1925—1965），是一位在20世纪60年代早期宣扬黑人权利和黑人骄傲运动的争议人物，他回忆，他的感受与观点是在八年级时发生巨大改变的。他的英文老师是个白人，认为马尔科姆·X想成为律师的目标"对黑鬼来讲是不切实际的"，并且劝说他改做木匠。马尔科姆·X（1964：37）发现，他的黑人身份（先赋地位）变成了他梦想成为律师（自致地位）的障碍。在美国，种族与性别的先赋地位就像主要身份一样，对一个人达到某个专业与社会地位的潜力有着非常重要的影响。

社会角色

什么是社会角色？ 在我们的一生中，会获得许多社会学家所称的社会角色。**社会角色**（social role）指的是社会对拥有某种社会地位或身份的人所持有的期望。因此，在美国，我们预想出租车司机知道城里的路、秘书处理电话留言非常可靠，而当看到市民被威胁时，警察会挺身而出。每个社会地位，不论是先赋还是自致,都有一个预期角色伴随而来。纵然如此,实际的表现也会因人而异,每个人有所不同。有些秘书承担非常多的行政责任,有些只专注于文书处理工作。相似地,在菲利普·津巴多的仿真监狱实验中,有些扮演狱卒的学生表现得很残忍而且有虐待的倾向,有的则不然。

角色是社会结构中非常重要的组成要素。从功能论的角度来看,角色对社会稳定的贡献是让社会成员可以预期他人的行为,而自己则照本身所属的角色来表现。但是,社会角色也有反功能,因为它可能限制人们的互动与人际关系。比如,假如我们把一个人只看做"警官"或"督察",我们可能认为这样的人很难做我们的朋友或邻居。

角色冲突 设想一个在电子工厂装配线上工作10年的女工,最近突然被调升为该部门的监工。她和长久以来的好友与同事该如何互动?她是否该像过去10年一样,每天都和她们一起出去吃午餐?假如她的老友跟不上装配线的需求时,她是不是应该建议公司开除她的老友?

当同一个人有两个或两个以上的社会位置,而这些角色的预期互不相容时,**角色冲突**(role conflict)就发生了。满足一个身份的角色,可能直接违背另一个身份的角色。在上述例子中,那位刚升上来的监工就可能会经历某种社会角色与职业角色的严重冲突。角色冲突需要道德选择。那个新的监工不得不做出困难的决定,关于她该对她的朋友持多少忠诚,以及该对给予她监工责任的雇主持多少忠诚。

另一种常常发生的角色冲突,是当某个人进入一个行业时,而在该行业中,很少有人拥有和他同样的先赋地位。男性幼儿园教师或女性警官常常会经历这样的角色冲突。在后一情况中,女性警官必须努力地符合法律对警官职责的规范,但是,社会对女性角色的期望,并不包括警官所需的技巧。当女性警官面对性骚扰时,她也必须像许多职场上的女性一样,遵照"沉默规约",也就是不得公开影射同事恶行的非正式规范。(Fletcher 1995;S. Martin 1994)

角色紧张 角色冲突是当一个人同时拥有两个社会位置时所面临的挑战。然而,即使是同一位置也可能招致问题。社会学家用**角色紧张**(role strain)描述因为社会上对同一个社会位置的不同需求与预期所造成的困境。

属于少数民族文化的人在主流文化中工作时可能经历角色紧张。犯罪心理学家拉里·戈德(Larry Gould 2002)采访了纳瓦霍族国家警察局的官员,关于他们和常规法律部门的官员如县治安官和联邦调查员之间的关系。除实施法律外,纳瓦霍国家官员还实行一种可选择的司法方式,名为"制造和平",在这一形式中他们在两个党派之间寻求对于犯罪的和解。官员们对"制造和平"表现出很大的信心,但又担心如果他们不实行逮捕,其他法律部门官员则会认为他们太心软,或者"只

使用你的社会学的想象力

如果你是一位男护士,你觉得你需要考虑角色冲突的哪些方面?现在想象你是一个女性专业拳击手,你认为会有怎么样的角色冲突呢?在这两个例子中,你觉得你能很好地处理角色冲突吗?

为保全他们自己"。不管他们坚持传统纳瓦霍族方式有多么坚定，这些警官还是感受到被认为是"太纳瓦霍族"或"不够纳瓦霍族"的紧张。

团 体

在社会学的词汇中，**团体**（group）一词指的是一群拥有类似规范、价值观及期望，并且彼此有规律地互动的一些人。大学女子篮球队、医院的管理委员会及交响乐团等，都可以称做团体。然而，住在郊区的居民就无法称为一个团体了，因为他们很少同时彼此互动。

每一个社会都由许多团体所组成，而日常的社会互动就在这些团体中发生。我们加入某些团体建立友谊、追求目标，并履行我们所获得的社会角色。因此，团体在一个社会的社会结构中，扮演非常重要的角色。大多数社会互动都是在团体中发生的，同时也受到团体规范及团体奖惩的影响。假如你是青少年或退休人士，你的身份在这种专属的团体中就别具意义。许多与社会角色相关的预期，包括伴随着兄弟、姐妹或是学生而来的角色预期，在团体的范畴里能够定义得更清晰。

初级团体与次级团体 初级团体（primary group）一词是查尔斯·霍顿·库利（Charles Horton Cooley 1902）首先提出，用来指称群体间相互依存、亲密与共的小型团体。就如同街上的帮派分子自成一个初级团体一样，同住一个屋檐下的家庭成员，以及大学校园里姐妹会的成员们所组成的团体，都属于初级团体。

初级团体在社会化过程（见第 2 章）及角色与身份发展中，扮演相当重要的角色。它也的确对人们的日常生活产生一定的作用。当我们意识到自己隶属于某个团体时，这个团体很可能是个初级团体。

我们同时也隶属于一些彼此关联并不密切的团体，像大学里的班级及商会等。于是，**次级团体**（secondary group）一词应运而生，用来指称那些正式、事务性的团体，其成员较少私下往来，彼此之间也没有太多了解（见表 3-1）。但是，初级团体与次级团体的分野并非总是清楚明了，有些社交俱乐部因为发展得太大、太规模化，以至丧失了初级团体的功能。

表 3-1 初级团体和次级团体的对比

初级团体	次级团体
通常较小	通常较大
为期较长的互动	为期较短，暂时性的互动
亲密、面对面互动	较少亲密关系或互相了解
感情较深厚	多是表面关系
合作性、友谊的	较正式、事务性的

内群体与外群体 一个团体可以因为和其他团体的关系，而对其成员产生某种特殊意义。一个团体的人有时可能会感到被其他团体的人敌视或威胁，尤其当那个团体和自己的文化、族群相异时。社会学家对于这种分别"他们"、"我们"的情感，以内群体及外群体称之；这两个名词最早为社会学家威廉·格雷厄姆·萨姆纳（William Graham Sumner 1906）所使用。

内群体（in-group）可以界定为使人们有归属感的团体或类别。简单来说，就是由"我们的"人所组成的团体。这个内群体的范围小至一个青年小团体，大至整个社会。内群体的存在，代表"他们的"外群体的存在。**外群体**（out-group）就是无法令人们产生归属感的团体或类别。

内群体和外群体之间的冲突可能会上升为暴力。1999年，科罗拉多州利特尔顿市哥伦拜恩中学（Columbine）的2名学生枪杀同校师生，造成连他们在内15人死亡的惨剧。这2名学生隶属于一个该校学生称为"风衣黑手党"（Trenchcoat Mafia）的外群体，显然两人都对校内称为"乔克"（Jocks）的内群体的挑衅行为感到憎恶与不满。类似情况发生在全国各地的中学：遭到排斥的青少年因受不了个人或家庭问题、同辈压力、课业责任或媒体暴力内容及影像的刺激，愤而攻击受欢迎的学生。

参照团体 不管是内群体或初级团体，都会对人的思想、行为产生重大的影响。社会学家因此用**参照团体**（reference group）一词，指称人们用来评量自己及其行为标准的团体。举例来说，一个一心想加入嬉皮乐迷团体的中学生，他的一举一动都在模仿这个团体：他开始穿同样风格的衣服，听同样的录音带或CD，并且逛同一家店或聚会场合，等等。

参照团体有两个基本目的：其一是规范功能，建立并强化行为与信仰的准则，因此，想获准成为嬉皮一族的中学生，必须在一定范围内遵循团体的内部准则；其二是比较功能，用来作为人们评量自己与他人的标准，如演员会用其他同业演员集合成参考团体来自我评比。（Merton & Kitt 1950）

社会网络

团体不只是用来定义其他社会结构的要素，比如角色和身份；团体更是个人与整个社会间的媒介。我们每个人同时是许多团体的成员，而且借由这些团体，我们得以和不同社交圈的人建立关系。这种关系就是所谓的**社会网络**（social network）。社会网络指的是一系列社会关系，将一个人直接和他人建立关联，并通过这些人间接和更多的人建立关系。社会网络差不多可以涵盖所有的活动，从分享求职信息到交换新闻、八卦，甚至性行为。一些社会网络可能会因为将一个人与他

使用你的社会学的想象力
试着把你自己当做外群体的一员，从这个角度看，你的内群体是怎么样的呢？

人的互动局限在特定的团体内，而对人际关系有所限制，但社会网络也可能提供给个人更多的资源和途径。(M. Jackson & Rogers 2007)

参与社会网络，也就是我们常说的建立社会网络，对就业非常重要。举例来说，阿尔伯特·爱因斯坦(Albert Einstein)从学校毕业一年后，通过同学的父亲介绍才找到第一份工作。即使像这种微弱且遥远的关系，对于建立社会网络及信息的流通，仍旧可以有非常重要的影响。

在职场中，建立社会网络对男性比较有利，因为传统上领导者多半都是男性。一项针对经理的调查发现，63%的男性会利用人际网络找到新的工作，相比之下这样的女性只有41%。女性比男性更可能依靠分类广告找工作。然而，女性已开始在各种水平的带薪工作中有效地利用社会网络。由于许多职业广告已经转移到互联网上，这就需要新的研究以确定在人际和互联网的社会网络中，性别差异是否依然存在。(L. Flynn 2008；Henly 1999)

虚拟世界

借由现今科技的进步，人们已可以通过电子化的方式维持其社会网络，而不再需要面对面的接触。不论是通过手机短信、手提设备还是像Facebook这样的社交网站，已有大量的社交关系网出现在互联网上。尽管受到家长和教师的密切监督，现在的青少年仍可以和远处的朋友自由地交流。爱冒险的雇员们甚至不用离开他们的小房间，就可以逃离他们的工作环境。

虚拟网络的未来是难以想象的。拿"第二人生"(Second Life, SL)这个虚拟网络来说，2008年1月就拥有1,200万网上"玩家"。其中，有将近40万人在超过7天的时间段内非常活跃。这一虚拟世界的参与者通常采用一个化身，也就是一个二维模型、二维图标，或由该互联网站提供的构造出的一个人物(avatar，这个词产生于20世纪80年代以角色扮演为特征的电脑游戏阶段)。一个人所采用的化身也许会代表一个与他/她现实身份完全不同的镜中自我。一旦用化身装备自己，这个玩家便会在虚拟世界中开展自己的生活，创办生意，甚至买房装修。(Bainbridge 2007；Second Life 2008)

就像真实世界一样，虚拟世界也变得具政治化且以消费者为取向。聚友网(MySpace)已经被环球媒体巨人"新闻集团"(News Corp)收购，此项收购为该网站增加了有目标的广告。如果一个聚友网的用户坦白自己喜欢吃墨西哥煎玉米卷，那么一个塔可钟(Taco Bell)的标语广告就会出现在该网页的顶部。如今"第二人生"已开始向那些想在SL上建立商店的现实世界中的公司开放。这些空间的商业化已经招致了大量的抗议。锐步(Reebok)经受了一场虚拟核弹攻击，(致使)诸多

即便你不能完全肯定是和"谁"在网上聊天,但是网络无疑大大扩展了社会互动的范围。

"客户"在该美国服装店外被"杀死"。在"第二人生"的其他地方,虚拟抗议者代表法国的一个极右组织发起游行,以与反纳粹抗议者相抗衡。而 2007 年,瑞典成了第一个在"第二人生"设立大使馆的真实国家。(Burkeman 2007;A.Hamilton 2007;Semuels 2007)

与现实世界一样,"第二人生"也会存在不可信赖的生意。甄妮亚·特纳(Zania Turner)是一个 33 岁女子的化身,她无法抵挡她的虚拟钱(用真钱买来的)可以在"第二人生"的金科金融(Ginko Financial)公司挣得的利息(的诱惑)。有一天,她的钱,连同其他人存放在金科公司的数千万美元都消失了。而"第二人生"的经营者却以关闭该网站的虚拟银行的方式来回应。当这些"虚拟人"纷纷涌向停业的取款机,疯狂地想把手中的虚拟钱兑换成真钱的时候,混乱随之而至。(D. Talbot 2008)

使用你的社会学的想象力
如果你是聋子,网络上的即时消息可能会对你产生怎样的影响呢?

虚拟生活可以并已经转移到了现实生活中。2007 年,一些大学新生和他们的家长开始搜查那些可能成为室友的人在 Facebook 中的个人资料,管理大学住宿的官员对此非常担心。不久,在学生们还没有到达校园之前,他们就对新室友提出了各种要求。要求远不止对音乐的品味，更多的则是学生家长提出的保留意见，包括种族、宗教信仰和性别取向。（Collura 2007）

社会学家曼纽尔·卡斯特尔斯（Manuel Castells 1997，1998，2000）认为，新兴的电子化社会网络对于新组织和现存组织机构的发展，都非常重要。和其他学者一样，社会学家正争相理解这些环境及其社交过程。"第二人生"于2003年对大众网民开放——这在网络世界中就像是一千年前。学者们担心，经过当前的转型期后，基于缺少历史记录（的事实），要想按照它们建立壮大时的状态重建这些世界，即使重建一百来个虚拟人都将是不可能的，更别说是几万、数十万的规模了。

当然，虚拟网站还可以帮助维系那些因战争或其他混乱而被阻隔的现实生活的社交网络。2003年，美国出兵中东，致使许多人对电子邮件更加依赖。现在，伴随电子邮件的信息、数字照片及声音的文档得以在军人和家属之间传输。地理信息系统（GIs）甚至能让人们通过视频看到兄弟姐妹的毕业典礼和孩子的生日晚会。而美国士兵和伊拉克公民也开始在个人主页或博客上发表他们对伊拉克战争的看法。虽然一些批评者对某些作者的身份仍有怀疑，但这些帖子却已成为战争新闻的另一个来源。（Faith 2005；O'Connor 2004；Sisson 2007）

社会制度

大众媒体、政府、经济体制、家庭及医疗健康体系等，这些都是我们在社会中可以看到的社会制度。**社会制度**（social institutions）指的是针对社会需求为核心的信仰与行为所组织起来的形式，比如，人员的替换（家庭）和秩序的维持（政府）。

借由研究社会制度，社会学家得以深入了解社会的结构。举例来说，宗教的制度必须适合它所服务的社会区域。对于服务于贫民区或市郊中产阶级社区的牧师来说，教会工作对他们的意义不尽相同。被分派到贫民区的教会牧师，首要工作是照顾病人并提供食物与住宿；相对地，分派到富裕市郊的神职人员，大部分时间花在婚姻的咨询及安排青少年与文化的活动上。我们在第8章和第9章，将会对社会制度做更加详尽的介绍。图3-2概括了社会结构的五个基本要素。

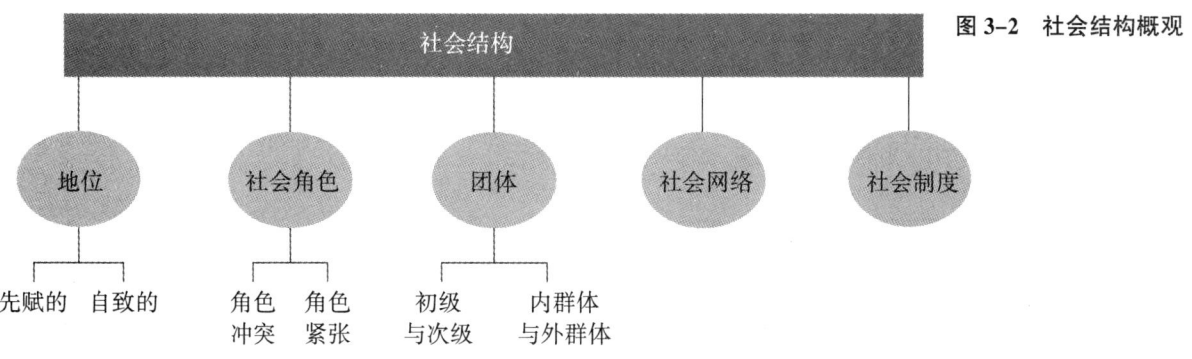

图3-2 社会结构概观

3.3 全球视野下的社会结构

与早期社会比较起来,现代社会要复杂得多。社会学家爱弥尔·涂尔干、斐迪南德·滕尼斯与格哈德·伦斯基分别针对现代社会与较简单的社会结构形态,作了重要的分类。

涂尔干的机械团结与有机团结

涂尔干在他的《劳动分工论》(*Division of Labor*,1933[1893])中主张,社会结构由社会上的劳动分工所决定——换句话说,是由工作如何进行来决定的。因此,像提供食物这样的工作,可以由一个人来进行,也可以分派给很多人。后者的形态是现代社会的典型,一种食物从耕种、加工、运送到零售,可能要经手好几百人。

在一个分工极少的社会,就必须有强调团体团结的集体意识。涂尔干称这种心理状态为**机械团结**(mechanical solidarity),意味着所有人都执行相同的工作。在这样的社会中,没有人会问"你的父母做什么?",因为每个人都做类似的工作。每个人都要准备食物、打猎、做衣服及盖房子等。因为每个人的一生中没有太多的选择,所以,这样的社会不重视个人的需要。相反地,这样的社会是由团体意志主导的。社会互动与协商是基于亲密且面对面的社会接触,因为专业分工不细,所以社会角色不多。

当一个社会科技进步时,劳动分工便会深化。因此,砍倒树木与盖屋顶的不会是同一个人。当专业化不断深化时,不同的工作必须有不同的人来执行——即使只是生产单一的物品,比如,收音机或炉灶。整体来说,与机械团结的社会比起来,在这样的社会中,社会互动变得比较不那么私密。我们根据一个人的社会位置("肉贩"、"护士"),而非他们独特的人类本质与他们建立关系。因为整个社会结构不断变化,所以身份和社会角色也在持续转换。

一旦社会变得越来越复杂,分工越来越细,一个人想要遗世独立就非常困难。互相依赖对于团体的存续极为重要。在涂尔干的词汇里,在这样的社会里,机械团结被**有机团结**(organic solidarity)所取代。有机团结指的是一种社会成员间互相奉献的集体意识。涂尔干之所以会用有机团结这样的词,是因为他意识到人与人之间的相互依赖,就像人体内各器官的运作一样。

滕尼斯的礼俗社群与法理社会

19世纪末期,在费迪南德·滕尼斯(Ferdinand Tönnies,1855—1936)的家乡德

国,一个工业都市正快速地兴起。滕尼斯对这个变迁感到惊愕不已,他认为,这个城市的变迁代表社会正由一个互动频繁的社会形态(礼俗社群),急剧转型为冷漠的大都市(法理社会)。(Tönnies 1988 [1887])

礼俗社群(Gemeinschaft,发音为 guh-MINE-shoft)是指典型乡村生活的社区。在这个小小的社区中,人们拥有相似的背景与生活经验。几乎所有人都彼此认识,人们的互动亲密而熟悉,就像一家人一样。这些社会的成员若处在较大的社会团体中,他们也会互相扶持,并保持机械团结。这些人是以私人的方式彼此互动,而非只保持如"职员"与"经理"这样的关系。由于这种较私人的互动方式,人们的隐私也较少,彼此都相互熟识。

礼俗社群的社会控制是通过道德劝说、闲话及表情手势等非正式手段来维持的。这些控制技巧之所以有效,是因为人们真的很关心他人对自己的看法。在礼俗社群中,社会的变迁比较有限;所以,某一代人的生活可能和他们的祖父母的时代非常相似。

相对地,**法理社会**(Gesellschaft,发音为 guh-ZELL-shoft)则是现代都市生活的典型。大多数人都是陌生人,而且人们感觉自己和其他社区居民没有什么共同点。人际关系受到人们各个互动情境中的角色的主导,比如,一个人在购买商品或安排正式会议时扮演的角色。自利心支配一切,而且社会对于价值观或成员应尽的义务没有一个共识。因此,社会控制必须依赖更正式的手段,比如法律及法定的刑罚。社会变迁在法理社会中很重要;即使是在一个世代中,都可能产生非常明显的社会变迁。

表 3-2 礼俗社群与法理社会的比较

礼俗社群	法理社会
乡村生活是典型	都市生活是典型
人们的背景与生活经验类似,造成他们有共同的社区情感	人们的共识不高,相异处多于相似处
社会互动紧密且熟悉	社会互动是任务取向的
有团结向心力	私心支配一切
任务与个人关系无法分割	任务优先,关系其次
不太强调个人的隐私	个人隐私极为重要
由非正式的社会控制主导	由正式的社会控制主导
对越轨行为较无法容忍	较能容忍越轨行为
比较强调先赋地位	比较强调自致地位
社会变迁较不明显	社会变迁非常明显,甚至在一个世代中就有很大变化

想一想

你如何将你熟悉的社区进行分类?它们更加像礼俗社群还是法理社会?

表3-2对滕尼斯的礼俗社群与法理社会之间存在的差异,做了一个总结。社会学家常利用这些词语,对互动较频繁的社会结构和较不重视个人关系的社会结构做比较。怀旧的人自然会认为,礼俗社群和现代"竞争忙碌的社会"比较起来,前者提供的是更好的生活方式。但是,关系紧密的礼俗社群也不是没有缺点。在礼俗社群中,偏见和歧视的现象较普遍。这可能会对个人的发展造成较大的局限。礼俗社群过分强调家庭背景这样的先赋地位,却忽略了人们个别的天分与成就。此外,礼俗社群对追求创意和特立独行的人会持有怀疑、不信任的态度。

伦斯基的社会文化演进观点

社会学家格哈德·伦斯基用完全不同的观点来看待社会与社会结构。不同于滕尼斯采取两个对立社会形态的分类方式,伦斯基认为,人类社会是依照**社会文化演进**(sociocultural evolution)的法则进行转变的。这个术语意指在(文化)的连续性、创新和淘汰的相互作用下导致的人类社会的长期发展趋势。(Nolan & Lenski 2009:357)

伦斯基认为,一个社会的科技水平对该社会的组织方式影响很大。在他的定义中,**科技**(technology)指的是"记录如何运用自然资源来满足人类需求与欲望的文化信息"。(Nolan & Lenski 2006:361)虽然科技不能完全定义特定社会和社会结构形成的原因,但是,一个社会的科技水平如果太低,必然无法建造好的灌溉系统,或是操作精密的机器设备。随着科技的进步,人类社会逐渐从前工业化社会过渡到工业化社会,然后是后工业化社会阶段。

前工业化社会　一个前工业化社会是如何组织它的经济的?如果我们知道这个,就可以对其进行分类。人类历史中,前工业化社会的第一阶段称为**狩猎采集社会**(hunting-and-gathering society),在这样的社会中,人们仅靠能够采集到的食物与物品生存,而且技术的应用程度很低。人们分成很多的团体,经常为了找寻食物而迁移。在这样的社会中,几乎找不到专业的劳力分工。

狩猎采集社会由许多分散的小团体组成,每个团体的成员之间彼此血缘关系相当亲密。因此,亲属关系就决定了权威与影响力,而在这样的社会里,家庭的机制扮演着极为重要的角色。如果以滕尼斯的分类来看,这样的社会无疑是礼俗社群。

在这样的社会中,因为资源稀少,很少有物资分配不平等的现象。在狩猎采集社会中,社会地位的区分主要依照性别、年龄和家庭背景等先赋地位来决定。世界上最后的狩猎采集社会在20世纪末才完全消失。

初期农耕社会(horticultural societies)出现于10,000—12,000年前。在这样的社会中,人们不只依赖采集食物维生,他们已经知道播种与收获。和狩猎采集社比起来,初期农耕社会的人迁移较少。他们开始制造工具与家庭用品。但是,整体而言,在这样的社会中,技术应用仍然相当有限,他们只会使用木棒或简易的锄头协助耕种。(Wilford 1997)

前工业化社会发展的最后一个阶段是**农耕社会**(agrarian society),这种社会形态大约在5,000年前开始出现。如同园艺社会一样,农耕社会成员的主要任务是生产食物。然而,新工具如犁的发明,使得农业产值大为增加。人们可以在同一片土地上耕作好几代,因此聚落的规模逐渐扩大。

工业化社会 虽然工业革命不像政治革命一样推翻了帝制,但是,它带来的变化却不见得比政治革命小。这场在1760—1830年主要发生于英国的工业革命,其本质是一场科学应用的变革,主要是将非动物(机器)的动力应用到劳力工作上去。**工业化社会**(industrial society)指的是一个财货与劳务都依赖机械化生产的社会。工业化社会依赖新的发明来提升农业与工业的生产,并依靠新兴的能源,例如蒸汽。

工业革命开始时,一个新的社会结构也随之形成。许多社会都已经历一场由农耕社会转型到工业化社会的过程。在工业化社会中,个人和家庭不再从头至尾地制造物品;相对地,工作与产品制造的专业分开,变成一种越来越普遍的现象。工人(大多数是男人,但也包括女人和小孩)离开家庭到工厂去工作。

工业化的过程对社会有明显影响。家庭和社区不再以自给自足的方式运作,个人、村庄及地区间开始交换财货与劳务,人们因而变得更为互相依赖。当人们开始依赖他人的劳力时,家庭就渐渐失去其作为唯一权力来源的地位。人们开始追求更专业的知识,这促成了正规教育的兴起,而教育也就成为有别于家庭的独立社会制度。

后工业化与后现代化社会 当伦斯基在20世纪60年代首次提出社会文化演进论时,并没有探讨逐渐成熟的工业化社会在面对更新的科技时,会有怎样的改变。最近,伦斯基与其他社会学家已经研究了工业化社会中职业结构的重要改变,此改变是从制造经济转移到服务经济。20世纪70年代,社会学家丹尼·贝尔(Daniel Bell 1999)将**后工业化社会**(postindustrial societies)定义为经济体系主要是从事信息的处理与掌控的社会形态。后工业化社会主要的产品是服务,而不是制造物品。许多人开始从事教导、生产与传播新思维的工作。

贝尔以功能论者的观点来看,认为这种从工业化社会到后工业化社会的改变是正面的发展。他看到劳工分层团体逐渐减少,一些有关国家健康、教育、环境利益的团体则逐渐兴起。贝尔的观点是以功能论为出发点的,因此,他描述后工业化社会为基本的共识。这些组织与利益团体会实行公开竞争的决策过程,不同团体间的冲突将会消失,社会会更加稳定。表3-3总结了社会文化演进的六个阶段。

表 3-3　社会文化演进的阶段

社会形态	出现时期	特征
狩猎采集社会	人类出现	四处迁徙;依赖能够采集到的食物与物品
初期农耕社会	约 10,000—12,000 年前	较少迁徙;农业与有限的技术的发展
农耕社会	约 5,000 年前	规模更大更稳定的聚落;技术提高及农业产值增加
工业化社会	1760—1850 年	依赖机械化生产与新能源;集中化的工作场所;经济的互相依赖;正规教育
后工业化社会	后工业化社会	依赖服务业,尤其是对资讯的处理与掌控;中产阶级的扩张
后现代社会	20 世纪 70 年代后期	高科技;大量消费商品与信息;跨文化的融合

最近,社会学家从讨论后工业化社会转向讨论后现代社会的理想典型。**后现代社会**(postmodern society)是一个科技发达的社会,这样的社会充斥着消费品与媒体影像,这样的社会大量消费商品与信息。后现代的理论家秉持全球化的观点,并关注不同国家跨文化的层面。例如,美国人民也许会听牙买加的雷鬼音乐、吃日本的寿司或其他料理、穿瑞典的木屐。

涂尔干、滕尼斯与伦斯基提出三种有关社会结构的看法。虽然这三种看法不尽相同,但却很有意义,在本书内都会提到。社会文化的方法强调历史的观点,但这个方法并没有描述同一社会中存在的不同形式的社会结构。因此,根据社会文化演进论的观点,我们不会期望一个社会同时存在后现代与狩猎采集的形式。相反地,涂尔干与滕尼斯的理论允许不同形态的社区——比如礼俗社群与法理社会——同时存在于一个社会中。因此,一个新罕布什尔州距离波士顿 100 英里远的乡下社区,可以通过现代科技联结到波士顿。这两个理论的主要区别是他们所强调的重点:滕尼斯强调的是在每一个社区形态中,人们主要关心什么——个人的利益或是社会的福祉;而涂尔干所强调的则是劳动分工(或缺乏分工)。

这三个思想家的观点提醒我们,社会学的主要重点便是体认社会结构的变化和随之而来的人类行为。就总体层面而言,我们看到社会改变到更进步的科技形式。社会结构变得更复杂,新的社会制度逐渐兴起,进而取代先前家庭的功能。对个体而言,这些改变影响了人们之间的社会互动,每个人都要扮演多重角色,人们依赖社会网络更胜于单一的亲属关系。当社会结构变得复杂时,人与人之间的关系就变得更冷漠、短暂与分裂。正式组织和科层制的发展,是下一节的主题,也是这一进程的另一个结果。

3.4 理解组织

正式组织与官僚制

后现代社会愈趋向于先进的科技形式,社会结构愈加复杂的同时,我们的生活也愈来愈受制于被称为正式组织的大型次级团体。**正式组织**(formal organization)是指有特殊目的、追求最大利益的团体,如美国邮政局、麦当劳快餐店、波士顿大众管弦乐队及你所就读的大学,都是正式组织。组织之间的差异,在于组织的大小、目的的不同及效率的高低,但不论组织之间有何差异,都是被架构起来辅助管理大规模的运作,也都有组织上惯有的官僚制。

今日社会,正式组织大大迎合了各式各样个人与群体的需求,并塑造我们每个人的生活。事实上,正因为正式组织的掌控力太强,我们才要创造另外的组织去监督这些组织,如证券交易委员会(Securities and Exchange Commission,SEC),用来规范证券交易公司的交易行为。虽然用"计算机时代"来形容现今的社会,似乎比用"正式组织的时代"来得更好,但不可讳言,后者恐怕是对现代社会更为贴切的形容。(Azumi and Hage 1972;Etzioni 1964)

官僚制的特征

官僚制(bureaucracy)是理性化的管理组织的组成要素之一,用规则和阶级制度来达到有效性。一排排办公桌旁坐着面无表情的人、无数的线条与图表、不可思议的复杂语言及令人沮丧的繁文缛节——这些不愉快的形象已与官僚制划上等号,使得官僚制变成不受欢迎的词汇,并屡屡在竞选中饱受打击。因此,即使每个人都在做官僚化的工作,却很少有人会宣称他们的职业是"官僚化"的模式,但在工业社会如美国,官僚制的要素其实早已渗透至各行各业了。

马克斯·韦伯(Max Weber 1947〔1913—1922〕)是第一个研究官僚制结构的重要性的学者。在这一重要的社会学进步中,韦伯强调官僚制结构与宗教、政府、教育及商业这些看似不相关的体系,有着基本相似的结构和运行过程。他视官僚制为不同于家族企业的一种组织形态。为方便分析起见,他发展出一个官僚制的理想型,希望能反映各种人类组织的全部面貌。所谓**理想型**(ideal type),韦伯指的是一个可供各个真实案例评比的模型。但在实际情况中,理想的官僚制并不存在,也没有任何一个组织符合韦伯的理想型。

韦伯提倡，不论是经营一个教会、一家公司，还是一支军队，理想的官僚制应有五项基本特征。以下便是对这五项特征的介绍，同时，官僚制的反功能（或潜在的负面结果）也将介绍于后（表3-4为此段讨论的总结）。

1. **劳动分工**（Division of Labor） 怀有专才的人被雇用以处理各个特定的事务。在学校行政体系里，入学组的人不可能去做注册组的事，辅导人员也不负责建筑物的维修。劳力分工的用意在于，一直处理某项特定事务可以使人们专精于这方面的工作，做起事来也会达到最大效率。这种对专业分工的强调一直是现代化生活的基本面向，我们也因此忽略了这份坚持其实只是西方文化晚期的发展。

虽然劳力分工对复杂的官僚体系运作大有好处，然而，它有时候会造成**专业盲点**（trained incapacity），也就是劳工变得太专业化，使得他们产生盲点，对某些明显的问题反而视而不见；更糟糕的是，他们可能对其他部门发生的事漠不关心。因此，也有观察者认为，这样的发展就是使美国劳工生产力下降的原因。

某些情况下，官僚体系的劳动力分工会造成悲剧的结果。在2001年9月11日世贸中心与五角大楼的连续恐怖攻击事件后，美国民众不解，为何联邦调查局与中央情报局无法事先侦得恐怖分子的预谋。部分原因就出在联邦调查局与中央情报局的劳动分工上，因为前者重点处理国内事务而后者执行国外事务。在这两个拥有庞大官僚体系的情报组织中，出于猜忌，官员们对于将情报分享给另一个组织都持保留态度。事后调查发现，他们早在20世纪90年代初期就已经知道奥萨姆·本拉登（Osama bin Laden）及他的基地（al-Qaeda）恐怖组织。很不幸，5个国家机构——包括中央情报局（CIA）、联邦调查局（FBI）、国家安全局（National Security Agency）、国防情报局（Defense Intelligence Agency）及国家侦察局（National Reconnaissance Agency），无法分享他们对于该恐怖组织的信息。虽然恐怖分子劫持4架商业客机的恐怖行为不见得能够防范，但是，官僚体系的劳力分工的确阻碍了对恐怖组织的防备，削弱了美国国家安全。

2. **权威等级**（Hierarchy of Authority） 官僚体制遵循等级化原则，即每个职位都由更高一层的职位来监督。例如，一所大学的校长统领校务体制，有权任免行政主管，而行政主管也有权任免干部。在罗马教廷体系中，教皇握有至高无上的权力，在他之下有红衣主教、主教等阶层。

3. **成文法规**（Written Rules and Regulations） 假如你的社会学教授因你同学的友善笑容而给他（她）一个A，你做何感想？你也许会认为这不公平，因为这样的做法是"违反常规"的。通过成文法规，员工便有了明确的标准来评定何为适当（或异常）的工作表现；除此之外，程序为官僚制带来宝贵的承继精神：员工来来去去，但它的构架及以往的记录可赋予组织机制的运作，超越任何个人官僚。

然而，无可讳言，成规与规范会掩盖组织的整体目标，对组织造成负面影响；

表 3-4 官僚制的特征

特征	正面价值	负面价值	
		对个人的影响	对组织的影响
劳工分工	提升组织动作效率	造成专业盲点	窄化视野,造成小格局
权力阶级化	清楚知道谁是领导人	在决策过程中丧失发言权	容许错误的隐瞒
成文法规	使员工了解组织的期望	扼杀主动精神和想象力	造成目标置换
非人性化	减少成见	造成疏离感	降低员工向心力
因才任用	降低个人好恶,减少不必要的竞争	降低个人自我发展的动机	造成彼得原理的效应发生

例如,医院急诊处的医生如果因为没有美国公民的身份就不去救治病人的话,就是本末倒置了。若盲目的遵从,他们非但不能成为达成目标的工具,反而会拥重一方面。罗伯特·默顿(Robert Merton 1968)称这种过分遵从成规的现象为**目标置换**(goal displacement)。

4. 非人性化(Impersonality) 韦伯写道,在一个官僚体系中,任务都是"不痛不痒"(sine ira et studio)的完成;官僚体系内部的规范要求干部要一丝不苟地执行任务,不得带有私人情感。这种做法旨在保障所有人的平等待遇,但是,它也造成了人们对现代组织的冷漠生疏感。人们总以为只有政府和大型企业才有非人性

权力分层可能会剥夺个人在决策中的话语权,但是它也厘清了谁在管理谁。

"坦率地说,在流程图的这一点上,我们不知道在这些人身上会发生什么……"

化的官僚气息，但今天连小公司的电话线都装上了机械式的电话语音服务系统。

5. 因才任用（Employment Based on Technical Qualifications）在理想的官僚体制中，人员任免的凭恃是才干，而非上级的好恶；工作的表现则由客观的标准评量。成文的人事规章规定升级的条件，并允许员工因特殊规则被违反而有申诉的权利。这样的程序保障员工不会被武断的遣散，给员工提供有安全感的措施制度，并鼓励其对组织的忠诚。

虽然理想上任何官僚制都重视技术与能力的竞争，但实际上，人事决策并不一定总是遵循这个理想模式。官僚体系里的反功能早已为人大肆宣传，特别是劳伦斯·彼得（Laurence J. Peter）。根据**彼得原理**（Peter Principle），在等级体制的每一个员工，多半会一级一级地爬到他力有未逮的地步。（Peter and Hull 1969）

韦伯在80多年前发展的官僚制的五项特征，只是一个理想型，而非对现实官僚运作的确切定义。事实上，并不是每个正式组织都拥有韦伯定义的所有特征，且官僚制组织之间也有不同程度的差异。

官僚制与组织文化

组织的官僚化如何影响在其中工作的一般人？早期研究正式组织的理论家多半忽视了这个问题。以韦伯为例，他专注于研究官僚体系的管理经营者，对于企业的员工或政府机关办事员则着墨不多。

根据正式组织的**古典理论**（classical theory），又称**科学管理法**（scientific management approach），劳工几乎全为金钱的回报所驱动。这项理论强调生产力只受限于劳工的体能状态，因此，劳工被视为一种资源，就像在20世纪开始取代劳工的机器一样。组织的管理试图利用科学计划建立周密的工作标准及劳工生产监督机制，来达到最大的工作效率；利用科学管理法制定的计划牵涉效率研究，而这并不考虑劳工态度及工作成就感。

直到劳工组成工会，迫使管理层正视劳工并非物质资源的事实之后，理论家才开始修正古典理论。在管理与管理者之外，社会科学家开始注意到，非正式的劳工团体对组织也有重要影响。另一种探讨官僚制运作的方法——**人际关系研究法**（human relations approach），则强调人、沟通、参与官僚体制内的角色。这种分析反映了互动论者对小团队行为模式的兴趣。不同于科学管理法，依照人际关系研究法制定的计划，注重劳工的感觉、挫折与对工作成就的情感需要。（Perrow 1986）

现今，关于正式组织的研究有了新的方向。它们是：

- 近期一小部分女性和少数派成员进入了高级管理层。
- 在大公司里，进行决策的团体被排斥在高层领导者之外。

- 组织间固定界限的消失使得一些关键工作可以通过外包完成。
- 网络和虚拟世界的角色影响了商人和消费者的偏好。

尽管对组织的研究仍旧接受马克斯·韦伯的深刻见解,但研究已不局限于此。
(S. Hamm 2007;Kleiner 2003;W. Scott 2004)

社会学要义

社会学的重要性在于,它在许多社会角色和社会团体中定义了你的社会身份。
- 你的先赋地位是什么?你希望今后自己的自致地位是什么?你有主要身份吗?如果有,它会怎样影响你的成就?
- 你属于哪些初级团体和次级团体?为什么?这些团体是怎样影响你的行为的?
- 你与哪些社会网络和社会制度有关联?你属于一个虚拟网络吗?那些网络有什么功能?它们是如何帮助你的?

章节摘要

通过**社会结构**,社会被组织成可预见的关系,这种关系使**社会互动**变得便利。文化的传承甚至社会的存续都依赖于社会互动。这一章介绍了社会结构的基本元素,从个人**身份**和与之相关的**社会角色**到**团体**、**社会网络**和**社会制度**。它还检视了一些关于社会结构与**正式组织**的理论,包括**官僚制**。

1. **先赋地位**一般是指在出生时分派给一个人的,而**自致地位**主要是通过个人努力而达到的。在美国,像种族和性别这样的先赋地位可以作用于一个人的主要身份并影响其成功的机会。
2. 有身份的人持守他们所扮演的**社会角色**。那些扮演不止一个社会角色的人通常会经受**角色冲突**的苦恼,但即使是只有一个角色也可能会导致**角色紧张**。
3. 我们大部分的社会行为都发生在**团体**中,当我们发觉自己与一个团体强烈认同时,这可能是个**初级团体**。**次级团体**是更加正式且非个人的。
4. 人们趋向于根据**内群体**(他们所属的团体)和**外群体**(他们不所属或不认同的团体)去看世界。参照团体建立并强化了社会行为的标准,允许成员与别人进行比较。
5. 团体作为**社会网络**及其大量资源的中介(发挥了巨大的作用)。今天,越来越多的网络化工作在网上完成,并有一些工作只存在于网络中的虚拟世界。
6. **社会机构**(比如政府和家庭)承担着别的团体所不能取代的基本社会功能,例如维持秩序和繁衍后代。

7. 爱弥尔·涂尔干认为,社会结构取决于社会的劳动分工。根据涂尔干的观点,在一个分工极少的社会里强调集体意识的存在,被称为**机械团结**;而那些分工细致的社会则呈现一种相互依赖的关系,被称为**有机团结**。

8. 社会学家费迪南德·滕尼斯对比了**礼俗社群**(即联系紧密的乡村社区)与**法理社会**(城市生活群社区的非个人类型)之间的特点。

9. 在格哈德·伦斯基的**社会文化演进**理论中,伦斯基把社会历史发展与它们达到的技术先进程度相联系。伦斯基追溯了它们的演进过程,从原始的**狩猎采集社会**到现代的**后工业化社会**,最后是后现代社会。

10. 当社会变得越来越复杂,大型的**正式组织**与**官僚制**变得越来越强大且普遍。马克斯·韦伯的**理想型**中,每一种官僚制都有五种基本特征:劳动分工、权威等级、成文法规、非人性化,以及因才任用。

Deviance and Social Control
越轨行为与社会控制

4.1 社会控制
4.2 什么是越轨行为?
4.3 关于越轨行为的社会学视角
4.4 犯罪

越轨行为(deviance)和从众行为是相关的概念,会随着时间的改变而改变。"KISS"乐团是20世纪70年代休克摇滚(shock rock)的领导典范,那种戏剧化的服装和化妆,对某些人来说是很叛逆的。如今,这个团体最著名的形象已经不再那么令人震惊了,牛奶厂商甚至还请他们代言产品,向年轻消费者宣传。

拉切尔来自一个幸福的家庭。但当她的朋友背叛她时,她便开始用挂衣架伤害自己。在她的同学传播有关她的恶意谣言后,她就在家躲了一个星期,不停地哭。娜塔丽,一个大学生,在她八年级时便开始自伤。过去,她与一群瘾君子和小流氓在桥上混,抽烟,吸毒,也是从那时起,她开始模仿那些人自伤。

关于隐蔽的自伤行为的描述来自帕特丽夏·A·阿德勒与彼得·阿德勒关于这些鲜为人知的行为及其社会基础的广泛研究。经过6年的时间,阿德勒对自伤者进行了持久的、态度认真的访谈,并与许多人成为了朋友。通过以互联网为基础的活动群体及网上的帖子,他们得以在虚拟空间中碰面。阿德勒表示:"与其与我们的课题保持严格的分离,不如我们选择进入他们的世界,并就他们的经历与信仰给予帮助和回应。"(Adlers 2007:542)

阿德勒关于自伤的研究全面反映了三种社会学的研究方法。对于那些很少与同自己一样自残的自伤者来说,互联网提供了一个见面的地点,一个抚慰他们强加给自己的社会孤立感的避难所。冲突理论家强调,他们非常规的行为使他们处于社会边缘,阻止他们接受帮助,即使在他们愿意接受时。互动理论家则会意识到自伤者的人际交往的重要本质,(有时)面对的,更多的是在网上。

尽管许多人倾向于忽略这些自伤的现象,并认为那些自伤的人最终会"走出阴影",但阿德勒的研究却让我们在社会背景中明智地、科学地思考这些问题。阿德勒发现,自伤者其实是一个多样化的群体,他们中的大多数人都不曾接受过心理治疗。其中包括那些与别人在网上交谈的中年人,还有青少年与年轻人。自伤并非因为自伤者的一时冲动或病态心理,而是

经过精心计划和考虑的行为。奇怪的是,人们经常在有他人在场的情况下自伤,而不是在私下。最近,这种自伤行为开始合生为一种亚文化。(Adler & Adler 2007;544-545,559-560;2008b)

谁来决定什么是或者不是正常的行为,社会怎样试图控制人们说什么和做什么?在这一章中,我们将会研究许多关于社会控制的机制,包括正式的和非正式的。我们会检验一些来自社会规范的对于越轨行为的解释。我们还会讨论越轨行为中的一种,就是关于受严格的正式控制约束的行为:犯罪。

4.1 社会控制

如同第 2 章提到的,每一个文化、亚文化及团体,都有其独特的规范作用于它们视为恰当的行为。法律、服装习惯、组织内部章程、课程要求、运动与游戏规则,这些都代表了社会规范。

一个社会如何让人们接受基本的规范?**社会控制**(social control)这个名词是指,在任何社会里,预防人为越轨行为的技巧和策略。社会控制发生在所有阶段的社会。在家庭里,我们被社会化要服从父母,只因为他们是我们的父母。同辈团体让我们了解非正式的标准,比如服装习惯规范着成员的行为举止。大学则拟定期待学生遵守的校规。在官僚组织里,员工要面对一套正式的规定与规章系统。最后,每一个社会的政府会合法化并强化各种社会规范。

大部分人尊重并接受基本的社会规范,并假设其他人也同样如此。不必通过思考,我们会自动服从警察的指示,跟随工作上日复一日的规定,当有人进入电梯时我们会自动移到后面,等等。这样的行为反应了文化中主导标准的有效社会化过程。同时,我们也察觉到个人、团体和组织期望我们表现得"合宜";如果我们无法表现得合宜,可能要面对非正式的奖惩,比如恐惧和奚落;或者正式奖惩,比如坐牢或罚款机制的惩罚。

最终的正式制裁就是死刑。最近,这也成为许多争论的主题。就像图 4-1 所显示的,1976—2007 年,美国共有 1,100 人被处决。许多争论的中心是,(死刑)作为社会控制的一种有效形式。除了消除被处决的人,死刑还实现了什么?它真的能通过威慑力而控制人们的犯罪行为吗? 为了回答这个问题,研究者需要考虑死罪背后的动机,以及犯人对罪行结果的理解。把这些因素考虑进去,研究者发现,很少有证据表明,死刑的执行比延长坐牢时间更具威慑力。(Rosenfeld 2004;Sorenson et al. 1999)

人们如果经常收到另一套关于行为的冲突讯息,对于有效的社会控制将造成挑战。虽然国家或政府清楚地定义了可接受的行为,朋友或同事仍会鼓励非常不同的行为模式。大学里的饮酒狂欢就是一个很好的例子。我们的社会并不赞成未成年人饮酒,并以成文法律禁止这样的行为。但是,在大学的同辈团体中,饮酒狂欢通常是被接受的,且没有附加的奖惩制度。50%的男生、41%的女生,以及生活在大学兄弟会和姊妹会的学生中,有超过 80%的人都会参加饮酒狂欢。(Wechsler et al. 2002, 2004)

功能论学者声称,如果任何团体或社会想要继续存活,人们必须能够尊重社

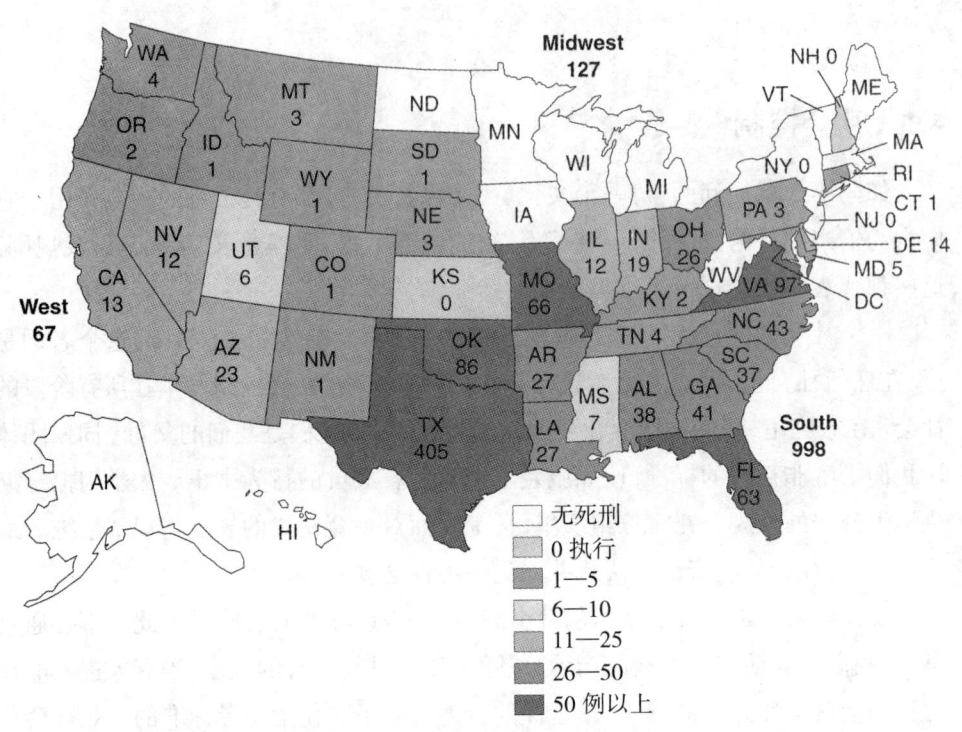

**图 4—1
1976 年以来美国执行死刑的情况**

注：执行的情况包括 1977 年 1 月 17 日起至 2008 年 1 月 2 日，最后到 2008 年 5 月 7 日。三个联邦执行没有包涵在内。

资料来源：Death Penalty Information Center 2008。

想一想

州和州之间的死刑执行情况为什么会有如此大的差异？可能是什么原因？

会规范。以他们的观点来看，当有众多成员挑战所谓适当行为的标准时，该社会将无法运作。相反地，冲突论主张，所谓的社会"顺利运作"，其实只是有利于有权力的团体，对其他团体不利的状况。冲突论学者举例说，美国以往为了从英国独立出来、推翻奴隶制度、争取妇女的投票权、确保公民权及终止越战，产生了广泛的反抗社会规范的运动，而且这种行动是必要的。

从众与服从

社会控制方法可同时运用于团体或社会层面。那些被我们视为同辈或平等的人，影响我们用特定的模式表现举止；同样的事情也发生在那些具有权威或占据令人敬畏位置的人身上。斯坦利·米尔格拉姆（Stanley Milgram 1975）有效地区分了社会控制的两个重要层面。

米尔格拉姆定义**从众**（conformity）为与同辈一样的行动。同辈指的是和我们处在相同地位且没有特别权力指导我们行为的个人；相反地，**服从**（obedience）则是对等级结构中具有较高权威者的依从。因此，军队里的新兵会特地"符合"其他新兵的习惯和语言，并且"服从"等级较高的军官的命令；而学生则会符合其他同辈的饮酒行为，服从校园警卫的要求。

为了服从权威，你是否会遵守实验者的指示，而逐渐增加使人痛苦的电击强度?许多人都会说不,但社会心理学家米尔格拉姆(Stanley Milgram 1963,1975)则认为,大部分人将会遵守命令。以米尔格拉姆的话来说(Milgram 1975:xi),"当受命执行任务时,一个人可以毫不犹豫地行动。"

米尔格拉姆在康涅狄格州纽黑文市(New Haven)的报纸刊登广告,他声称在耶鲁大学进行一项学习实验,并征求实验对象。参与者包括邮局职员、工程师、高中教师和工人。他们被告知,这项实验的目的在于调查学习惩罚的影响。实验者穿着灰色技术员的外套,解释在每一项测验中,有一名参与者将被随机选择为"学习者",而另一名则扮演"教师"。然而,抽签过程其实是被操纵的,以便"真正"的参与者总是扮演教师,而米尔格拉姆的同事则扮演学习者。

这时,学习者的手上套有一个导电装置,教师则控制一个具有30个等级的电子"电击产生器"。每一个开关上贴着15—450伏的电压刻度指示。实验开始前,参与者先接受45伏的电击示范,以说服他们这个实验的可信性。每当学习者在记忆测验回答错误时,实验者会命令教师增加电击伏数。教师们被告知"虽然这些电击非常痛苦,但不会造成永久性的组织伤害。"但事实上,学习者并未接受任何电击。

学习者故意回答错误的答案,并且根据预先安排的剧本演出。比如,在150伏时,学习者会哭出来:"实验者,让我离开这里!我不想再继续这个实验了!"在270伏时,学习者会非常痛苦地尖叫。当电击达到350伏时,学习者则会陷入沉默。如果教师希望停止实验,实验者则会坚持教师应该继续,并且使用这样的句子:"这个实验要求你继续下去"和"你没有其他的选择,你必须继续下去"。(Milgram 1975:19–23)

这个不寻常实验的结果,使得米尔格拉姆和其他社会科学家感到震惊和沮丧。几乎三分之二的参与者掉入"服从的受验者"这个类别中。为什么这些参与者会服从呢?为什么他们会愿意将看起来痛苦不已的电击施加在那些没有对他们造成任何伤害的无辜者身上呢?并没有证据显示,这些参与的受试者具有不寻常的残酷性格;但某些人似乎看起来却很享受支配电击的过程。在米尔格拉姆看来,服从行为的关键在于,实验者作为"科学家"和"知识追求者"的社会角色。

米尔格拉姆指出,在现代工业化社会中,我们习惯服从于非人性化的权威当局,而他们的地位则是由头衔(教授、中尉、医师)或制服(技术人员的制服)决定的。因为我们把权威人物视为比个人高等和重要的,结果,我们便把行为责任转移给权威人物。米尔格拉姆实验的参与者通常表示:"如果是我,我不会命令电击。"他们视自己只是单纯地履行他们的责任。(Milgram 1975)

从冲突论的观点看,我们的服从可能会受到我们所持价值观的影响。尽管米尔格拉姆实验显示,在通常情况下,人们愿意服从权威人物,其他研究则表明人们更愿意服从权威:当他们认为对"受害者"的惩罚是应当的。社会学家杰瑞·施尔曼

使用你的社会学的想象力

如果你是米尔格拉姆服从实验的参与者,你觉得你最多能执行什么程度的命令呢?你有没有看到过其他实验涉及实验者对问题操作的道德问题?

（Gary Schulman 1974）重新设计了米尔格拉姆实验，发现白人学生很明显更可能去电击黑人学习者，而不是白人学习者。有48%—70%的白人学生会把电击强加给黑人学习者而非白人学习者。

从互动学派的观点来看，米尔格拉姆的一个重要发现是，参与者在接下来的研究中，当他的身体位置比较接近受害者时，参与者比较不会执行所谓的电击。此外，互动学者更进一步强调，当命令每次逐步增加15伏电击量时，实验者会和教师协商，并说服教师增加到较高程度的电击惩罚。然而，值得怀疑的是，如果实验者告诉教师立即对学习者实施450伏的电击，是否仍会有三分之二的服从者？（Allen 1978；Katovich 1987）

非正式与正式社会控制

用来鼓励符合与服从及防止违背社会规范的奖惩制度，乃是通过非正式和正式的社会控制来执行的。如同这个词所暗示的，人们偶然地使用**非正式社会控制**（informal social control）来强化规范。非正式社会控制的例子，包含微笑、笑声、皱眉和嘲笑。

在美国和其他许多文化中，成年人通常视打屁股、打耳光或踢小孩，为合适并必需的非正式社会控制方法。儿童发展专家则反驳说，体罚是不适当的，因为它教导小孩通过暴力来解决问题。他们警告说，打耳光和打屁股可能会升级成为更严重的虐待。虽然在1998年时，美国小儿科学会发表了一项政策声明，表示体罚是无效的，并且确实具有伤害性，但仍有59%的儿科学家支持使用体罚，至少在某些特定情境下可以使用。我们的文化广泛地接受这种非正式社会控制。（Wolraich et al. 1998）

正式社会控制（formal social control）由具有权力的单位执行，像警察、医师、学校行政人员、雇主、军官和电影院管理者。它可以是在社会化与非正式奖惩无法带来预期行为时的最后凭借手段。在美国，一项逐渐增加的重要正式社会控制手段，就是拘留民众。尽管美国只有不到世界5%的人口，但却关押着世界上几乎四分之一的犯人。一年中的任何时间，都有230万成年人被关押在监狱里。换句话说，美国每10万成年人中就有1000人在任一时间在监牢中，相比之下，俄罗斯有627人，英格兰有151人，德国只有88人。（Liptak 2008）

2007年，在弗吉尼亚技术学院混乱的枪击事件之后，许多校园工作人员重新审查了校园内的安全措施。行政管理人员不愿结束或限制同学们在学校里享受的相对的行动自由。于是，他们致力于促进紧急情况下校园警察、学生、学院及员工之间的沟通。大学领导人呼吁使用能通过短信发送到人们手机里的即时警报来取代"过时"的电子邮件,这也反映了人们在维持社会控制方面对技术的依赖。

法律与社会

有些规范因为对于社会非常重要,而被形式化为法律,以便控制人们的行为。**法律**(law)可以被定义为政府的社会控制。(Black 1995)有些法律(比如禁止谋杀)应用于社会所有成员。其他的法律(比如钓鱼或狩猎规定)基本上只影响特定类别的人们。还有一些法律则管理社会组织的行为(例如,法人组织法和关于非营利组织赋税的法律)。

社会学家将法律的制定看做一个社会过程。法律的制定是响应对正式社会控制的需求。社会学家试图解释如何察觉这些需求及为何产生这些需求。在他们的观点中,法律不只是代代相传的静态规定,而是一套关于对和错、如何决定什么是违反规范的行为及应用何种惩处手段的方法。(Schur 1968)

代表不同理论观点的社会学家,一致同意法律命令反映的是当权者的价值观。因而,刑法的制定可能是最受争议的问题。工厂雇用非法移民、堕胎究竟是不是违法呢?这些议题由于必须在不同价值的竞争中作出选择,因而存在激烈的争辩。不出意料,一些不受欢迎的法律,比如1919年第十八修正案的酒类禁令及广为设立的高速公路时速55英里的限速规定——由于缺乏统一的共识,因此,比较难以强化这些规范。

社会化是最基本的从众和服从行为,包括对法律的服从。大体而言,我们遵守社会规范,并非因受到同辈或权威人士的外在压力;我们遵守是因为我们已经内化了接受这些规范的有效性,并依此行事。更准确地说,我们希望见到自己(或被视为)是守法、合作、负责和被他人尊敬的人。在美国及世界上其他社会,人们被社会化为希望是集体的一分子,并害怕被视为与他人不同或是越轨。

4.2 什么是越轨行为?

对社会学家而言,越轨行为这个名词不表示堕落或邪恶。**越轨行为**(deviance)是破坏规范或违反群体与社会期望的行为。(Wickman 1991:85)在美国,酗酒者、有强迫性倾向的赌徒和精神病患者,都被归类为越轨行为者。上课迟到都被归类为越轨行为者;同样,在正式婚礼中穿牛仔裤也是一种越轨行为。就社会学的定义而言,随着时间的变化,我们都可能是越轨行为者。我们中的任何人,都会在特定情境中打破被普遍接受的社会规范。

体重过重是否是一种越轨行为?在美国和许多其他文化中,对外表和身材的不切实际的标准或期望,往往带给人们关于外表的巨大压力,特别是对于成年妇女和女孩。新闻工作者娜奥米·伍尔芙(Naomi Wolf 1992)采用"美丽神话"(beauty myth)这个词,表示只有少数女性可以达到,却被过分夸张而带来不幸后果的理想美女典型。美丽神话可能会带来不幸的后果。为了摆脱"越轨"形象并服从(不实际的)社会规范,许多妇女和女孩变得沉迷于改变外表。然而,有些情况在我们的文化中被视为越轨,在其他文化中却被颂扬。

越轨行为包含了违背可能会和不会正式转化成为法律的团体规范,这是一个广泛而复杂的概念,不仅包括犯罪行为,还包括许多不会受法律起诉的行为。政府官员收取贿赂乃是蔑视社会规范,而高中生拒绝坐在座位上或者逃课,同样也是挑战了社会规范。当然,脱离规范并不总是负面的,更说不上是犯罪了。一个高级俱乐部的成员,发表反对俱乐部拒绝妇女、黑人和犹太人进入的传统规定的言论,他便是违背了俱乐部的规范。一个警察在警局大声愤怒指责内部的贪污和野蛮,同样也违反了团体规范。

一个人有多种途径取得越轨身份。由于身体和行为特征,有些人不情愿地被抛到负面社会角色之中。一旦被赋予越轨角色,他们便不容易在其他人面前表现正面形象,甚至也可能会感到自卑。比如"矮子"和"红头发的人",整个群体的人都会因此被标签化。互动学派学者戈夫曼创造了**污名**(stigma)这个名词,代表社会用来贬低特定族群价值的标签。(Goffman 1963;Heckert & Best 1997)

对于美丽和身材的普遍期望,可能会妨碍那些被视为丑陋或肥胖的人们发展他们的能力。过胖和患厌食症的人被假设为有人格缺陷,是食欲或媒体形象的奴隶。因为他们没有服从美丽神话,所以被视为外观"难看"或"奇怪",承担着戈夫曼所称的"被损害的身份"。然而,外形缺陷是一种诠释。在美国,每年有100万次的整容手术,绝大部分是发生于可被客观视为有正常外貌的妇女。而且,女性社会学家已经明确指出,美丽神话让多数妇女对自己的外貌觉得不舒服的同时,男性也对自己的外观缺乏自信。近几年来,选择接受整容手术的男性数量大大增加;现在,男性在这样的手术中占了21%。(American Academy of Cosmetic Surgery 2007)

> **使用你的社会学的想象力**
>
> 你是一位调查社区赌博活动的记者。你觉得人们对参与高度污名形式赌博的人是什么反应呢?你是怎么看待他们鼓励有些形式的赌博的?

通常人们被污名烙印在一些他们永远不会再犯的越轨行为上。"强迫症赌徒"、"前科犯"、"复原中的酒精中毒病人"和"已复原的精神病患者"等标签,能够跟着一个人一辈子。戈夫曼有效地区分了会导向个人身份正向观点的声望象征(比如一个结婚戒指或饰品)和败坏或降低个人身份的污名象征(比如儿童性骚扰罪犯)。虽然污名象征不见得都很明显,但有些很可能变成大众关切的问题。从1994年开始,许多州要求曾服刑的性骚扰犯必须到所在地方警局注册,有些社区则公布性骚扰犯的姓名和地址,在某些例子中,甚至将照片张贴在网络上。

4.3 关于越轨行为的社会学视角

为什么人们会违反社会规范?我们已经谈到越轨行为受到非正式和正式奖惩机制的社会控制。这些不从众或不服从的人们,也许会面对责备、没有朋友、罚款,甚至监禁。但为什么仍有越轨行为产生?

早期对越轨行为的解释,着重在超自然原因或基因因子(比如"不良血液"或追溯到原始的祖先)。19世纪时,进行了大量研究要努力辨识导致越轨行为,特别是犯罪行为的生物因素。然而,这个研究在20世纪已不被采用和信任。主要是因为由生化学家进行的现代研究,已经排除基因因素引发特定人格特点的可能性。虽然犯罪比起越轨行为而言,并不算是人格特性,研究者已经将重心放在可能导致犯罪的特征上(比如攻击性)。当然,攻击性也可以引导个人在公司、专业运动场或其他生活领域中获致成功。

今天,针对犯罪和生物基础之间关联的研究,只是广泛的社会生物学争论议题中的观点之一。大体来说,社会学家拒绝强调犯罪和越轨行为的基因基础。对于现有知识的局限、可能深化种族和性别歧视的假设及对犯罪改过迁善的不利影响,都使社会学者进一步思考其他方法以解释越轨行为。(Sagarin & Sanchez 1988)

功能论者的视角

根据功能论学者的视角,越轨行为是人类存在的普遍现象,对于社会稳定性有正面效果(和负面效果一样)。越轨行为有助于定义适当行为的界限。看见父母中一方抱怨另一方在餐桌上打嗝,小孩就会学习什么是被允许的。同样的情况还有驾驶员收到超速罚单、商店收银员因为对客人吼叫而被辞退,以及大学生迟交作业数周而被惩罚。

涂尔干的遗产 涂尔干(Émile Durkheim 1964 [1895])的社会学调查集中在犯罪活动上,他的结论仍然可以应用于所有类型越轨行为。在涂尔干的观点中,文化脉络制定的惩罚(包括正式和非正式社会的控制机制)有利于定义可接受的行为,并因而有助于社会稳定。如果不适当的行为没有被判刑或惩罚,人们也许会曲解其中的标准,而将其作为可接受的行为。例如,最近,专业拳击中暴力行为逐渐增加,却没有给予相应的惩罚,已经导致这种曾经被认为是越轨的行为得到了更多的容忍。

涂尔干(Durkheim 1951 [1897])同时在社会学文献中介绍**失范**(anomie)一

词,用以描述当社会控制对个人行为失效时,社会所经历的失序感。失范是发生在社会改变或失序时的一种无规范状态,比如经济崩溃时期。人们变得更具攻击性或沮丧,并因而导致暴力犯罪和自杀率提高。由于在改革、泡沫经济或经济衰退时期,大众对于何谓适当的行为没有较一致的看法,从众和服从的社会力量变得不那么重要。要准确陈述何谓越轨行为,也会变得更加困难。

默顿的越轨行为理论 强盗和教师的共通性是什么?两者都是用"工作"赚取金钱,以交换想要的物品。如同这个例子,破坏常规规范的行为(比如强盗),也许和其他过着平常生活的人们有着相同的基本目标。

基于以上分析,社会学家罗伯特·默顿(Robert Merton 1968)调整了涂尔干的失范概念,以便解释人们为什么接受或拒绝社会目标,又为什么会接受社会所认可的他们用来满足目标的手段。默顿认为,在美国,成功是一个重要的文化目标,而且成功主要是由金钱来衡量的。我们的社会除了提供给人们这个目标外,对于如何取得成功也提供了特别的指导:上学、认真工作、不要半途而废、把握机会,等等。

当社会强调用财富作为成功的重要象征时,对个人会有什么影响?默顿推论,人们会有几种特定的调适方法,以服从或脱离这个文化期望。他发展了**越轨的失范理论**(anomie theory of deviance),假定五种基本适应形式(见表4-2)。

从众社会规范(在默顿类型学中最常见的适应形式)和越轨行为是相反的。服从包含了接受普遍的社会目标("获得财富")和可接受的手段("认真工作")。在默顿的观点中,可接受的文化目标和合法获取的手段应有某种共识。没有这种共识,社会可能仅存在一群没有一致文化的人,并且在持续的混乱中运作。

当然,像在美国这样一个复杂的社会中,从众并不是普遍的。例如,实现目标的手段不是平等分配的。较底层社会的人们的目标经常与更有权力和更富有的人的目标相同,但是他们缺少获得高等教育和工作技能训练的机会。甚至在同一个

使用你的社会学的想象力

你是一位生长在贫困社区中的年轻人,对《学徒》和MTV里呈现的浮夸、奢侈的生活方式十分渴求,你会以何种方式得到它呢?

表 4-1 默顿的个人适应模式

模式	达到的手段(认真工作)	社会目标(获得财富)
非越轨行为		
从众	+	+
越轨行为		
创新	−	+
仪式主义	+	−
退缩	−	−
反抗	±	±

注:+表示接受;−表示拒绝;±表示以新的手段和目标来代替。
资料来源:Merton,1968:194。

社会中，实现目标的制度化手段也不同。例如，在内华达州，通过玩轮盘或扑克赢钱是合法的，但在相邻的犹他州却是非法的。

表 4-2 中的其他四种形式的行为，都在一定程度上偏离了从众性。"创新者"（innovator）接受社会目标，但却通过不适当的手段达到目标。例如，一个专门撬保险箱的专业窃贼可能会把他的犯罪生活方式看做对物质成功这个目标的适应。

在默顿的类型学中，"仪式主义者"（ritualist）已经放弃物质成功的目标，而变成强迫性地接受社会机制所提供的方法。工作变成一种生活方式，而不是达到成功目标的方法。就如同官僚体系的公务员盲目地应用规则和规定，却忽略了组织的大目标与方针。这就像福利系统的工作者拒绝帮助游民家庭，只因为他们上一个住家公寓是在另一个行政区。

默顿所描述的"退缩者"（retreatist），基本上是从社会目标和社会方法上退缩。在美国，药物滥用者和贫民区居民都是标准的退缩者。人们日渐注意到青少年因为酒精成瘾，而可能在年纪尚轻时就成为退缩者。

默顿发现的最后一种适应形式，反映人们试图建立新的社会结构。"反抗者"（rebel）对主流的目标和方法感到疏离，他们可能寻求完全不同的社会秩序。政治改革团体的成员，如爱尔兰共和军（IRA）或右翼武装团体，在默顿的类型中可以被归类为反抗者。

默顿的理论虽然很受欢迎，但被应用得却很少。很少有后续研究解释，在何种程度上，越轨行为可以被他的五种模式归类。而且，虽然默顿的理论有利于解释特殊形式的行为（比如，弱势群体的非法赌博被视为创新者），他的类型学却没有办法解释比率上的重要差距。比如，为什么有些弱势团体比其他弱势族群有较低的犯罪记录？为什么多数人没有将犯罪视为一种可行的替代方法？默顿的理论没有办法轻易解释这些问题。（Clinard & Miller 1998）

到目前为止，默顿对社会学解释越轨行为的主要贡献，乃是指出越轨行为者（比如创新者和仪式主义者）与服从的人们有许多相似之处。重刑犯也许和没有犯罪记录的人有许多相同的抱负。因此，我们能够理解越轨行为是一种社会创造出来的行为，而不是越轨者一时病态冲动的结果。

互动论视角

越轨行为的功能理论解释了为什么在要求从众和服从的强大压力下，社会中仍有破坏规定的行为产生。然而，功能论者并没有指出，人们为什么会出现越轨行为及为什么在某种情形下，犯罪会发生或不发生。注重日常生活行为的互动论学者，针对犯罪行为提出了两种解释：文化传递和社会解体理论。

文化传递 在洛杉矶各帮派学习涂鸦的过程中,社会学家苏珊·A·菲利普斯(Susan A. Phillip 1999)发现写手会彼此学习。事实上,菲利普斯非常吃惊他们涂鸦的焦点一直很稳定。她还发现,其他少数族群团体也会学习非裔美国人和奇卡诺帮派的涂鸦文化,但却融入了柬埔寨、中国或越南的图腾。

通过这些年轻人可以看出,人如何学习在社会情境下的举止行为——不论适当与否。人们和其他人的互动并没有与生俱来的自然方法,这些简单的观点在今天并不存在争议,但当社会学家埃德温·萨瑟兰(Edwin Sutherland,1883—1950)第一次提出不论个人在学习服从还是越轨行为,都会经历相同的基本社会化过程的论点时,他的看法却引起颇大争议。

萨瑟兰的看法已经在犯罪学领域产生了重大影响力。他开启了**文化传递**(cultural transmission)学派,强调个人通过与其他人的互动,学习犯罪行为。这种学习不仅包括犯罪技术(比如,如何迅速而悄悄地闯入他人的车子),也包括犯罪的动机、欲望和对罪行的合理解释。我们也能够使用文化传播理论来解释人们的惯性行为,比如饮酒和使用药物。

萨瑟兰认为,通过和初级团体以及重要他人的互动,人们获得适当或不适当行为的定义。他还使用**差别结合**(differential association)描述因为接触倾向犯罪行为的态度,因而导致违反规定的过程。研究建议,差别结合理论可以应用在非犯罪形态的越轨行为上,比如,吸烟、逃学和早期性行为。(E. Jackson et al. 1986)

为什么一个人会从事适当或不适当的行为?对个人而言,这取决于频率、持续时间及两种社会互动经验的重要程度:支持越轨行为和推动可接受的社会规范的互动经验。如果人们是强调越轨价值团体或亚文化的一分子(比如街头帮派),他们便比较容易从事反抗规范的活动。

萨瑟兰提供了一个住在高越轨行为的社区,并且善于交际、外向而活跃的男孩子的例子。这个年轻人常和有破坏公物、逃课行为的同辈交往,因此,他很有可能会接受并产生相同的行为。然而,一个住在同一社区的内向男孩,也许会和同辈保持距离,并且避免越轨行为。在另一个社区,一个外向而活跃的男孩也许会因为与同辈互动,而加入少年棒球联盟球队或童子军。因此,萨瑟兰认为,学习不适当的行为是由于个人所属团体的形态和与他人友谊的结果。(Sutherland, Cressey, & Luckenbill 1992)

然而,根据相关评论,文化传递理论也许能解释青少年和涂鸦艺术家的越轨行为,但却无法解释因冲动而在商店盗窃的初犯扒手,以及穷人基于生活需要而偷窃必需品的行为。虽然对于变成犯罪的过程没有详细描述,差别结合理论的确指出了社会互动在强化个人从事越轨行为动机中的重要角色。(E. Jackson et al. 1986;Sutherland & Cressey 1992)

社会解体理论 一个社区或邻里的社会关系会影响人们的行为。在本书第3章曾经提到过菲利普·津巴多（Philip Zimbardo, 2007: 24-25），仿真监狱试验的发起者，曾经做了一个演示公共关系力量的试验。他在两个不同的地区各放了一辆车，并且让车盖开着，拿走了毂盖。在津巴多尚未在远处设立记录人们行为的摄像头之前，其中一个社区的人们就已经把车拆成碎片。而在另一个社区，几个星期过去了，这车基本没有被碰到，除了有行人路过时因下暴雨而合上车盖。

是什么导致津巴多实验中两个社区的人们做出如此惊人的不同行为？根据**社会解体理论**（social disorganization theory），犯罪和越轨行为的增加可以归结为像家庭、学校、教会和地方政府等公共关系和社会制度的消失或解体。这个理论在20世纪早期由芝加哥大学提出，为了描述在城市化的进程中大量移民来自农村地区，以及由此产生的明显的社会解体。克利福德·肖（Clifford Shaw）和亨利·麦凯（Henry McKay）使用最新的技术，在地图上标示出芝加哥社会问题的分布情况。他们发现，那些房屋被破坏、人口减少的社区发生社会问题的几率较高。有趣的是，随着时间的推移，尽管不同少数族群和种族的组合方式发生变化，这一模式仍然有效。

这一理论并不是没有批评者。在一定程度上，社会解体理论似乎倾向于"责备受害者"，而没有把理由归结于更大的社会因素，如工作岗位和高质量学校的缺乏。批评者还争论说，即使混乱地区有可行且健康的组织，它们仍然会保持原样，尽管有许多问题围绕着。

最近，社会解体理论学者已经强调社会网络对公共纽带的影响，这些调查者知道承认社区不是孤立的存在。居民间的关系可能因为他们与外界社区的关系而得到强化或减弱。（Jensen 2003; Sampson and Groves 1989; Shaw and McKay 1942）

标签理论

"圣徒"和"硬颈"是高中的两个男生团体，他们持续涉及过量饮酒、危险驾驶、旷课、偷窃小物品及蓄意破坏公物等行为。但这两个团体的结果却不一样。"圣徒"的成员从未被捕，但"硬颈"的成员经常被警察或小镇居民"找麻烦"。为什么会有这种对待上的差别呢？根据社会学家威廉·钱布利斯（William Chambliss 1973）在两者的高中进行的研究结论显示，社会阶级在两个团体的歧异命运中扮演着重要角色。

"圣徒"成员非常有效地建立起外表的体面。他们来自"好的家庭"，积极参与学校组织，表示希望进入大学的意愿，学业成绩也不错。人们普遍认为他们的越轨行为只是少数的特殊个案。相反地，"硬颈"并没有这种体面的光环，他们在城镇里驾驶破烂的车，学校课业普遍不够理想，他们不论做什么，都被人以怀疑的眼光看待。

我们可以用解释越轨行为的一种方法——**标签理论**（labeling theory）来解释这种对待的差异。和萨瑟兰的理论不同的是，标签理论并不注重为什么有些人会发生越轨行为；相反地，它试图解释为什么特定的人（比如"硬颈"）会被视为越轨者、不良青少年、"坏小孩"、输家和罪犯，而其他有类似行为的人（比如"圣徒"）却没有被这种严厉的眼光看待。标签理论反映互动理论的见解，它注重一个人如何被贴上越轨行为者的标签，或越轨行为者如何接受这样的标签。社会学家霍华德·贝克尔（Howard Becker 1963:9, 1964）将标签理论普及，并以这句话总结："越轨行为是人们加诸标签的行为。"

标签理论也被称为**社会反应方法**（societal-reaction approach），它提醒我们，是我们对行为的反应，而不是行为本身决定了越轨行为。例如，研究已经显示，有些学校的人事单位和治疗师将有行为问题的学生，纳入为学习困难的学生所设计的教育方案中，结果是那些"捣乱者"被不适当地贴上有学习困难的学生的标签，而有学习困难的学生却被当成行为有问题的麻烦制造者。

标签与社会控制机构　　传统上，越轨行为研究将重点放在违反社会规范的人们身上。相反地，标签理论注重警察、看护人员、精神科医师、法官、教师、雇主、学校行政人员和其他社会控制管理者。这些权力代表借由设计某些人（而不是其他人）成为"越轨行为者"，因而，在创造越轨身份的过程中扮演重要角色。标签理论的一个重要观点是，某些人或团体拥有权力定义标签，并应用在他人身上。这个观点提醒我们，冲突论对于权力的社会意义的关切。

近几年，种族侧写（人们只单纯因为种族因素而成为犯罪嫌疑人）已经受到公共监督。研究证实在某些管辖区，公众对于嫌疑犯的制式认定现象确实存在。在某些区域，警察在例行交通违规中，拦下非裔美籍男性的可能性多于拦下白人男性，因为警察认为，在非裔男性的车上较可能找到毒品或枪支。市民权力运动者讽刺说，这些案子其实可称为"黑人驾驶"（Driving While Black）的违规。自2001年9月11日世贸大楼和五角大楼遭恐怖袭击后，种族侧写有了新的转变，阿拉伯裔或信奉伊斯兰教的人受到特别关注。

标签理论并未充分解释为什么特定的人们会接受标签，而其他人却能够拒绝。事实上，这个观点也许夸大了社会判断人们改变自我形象的能力。然而，标签理论学者提出，一个人所拥有的与他人相关的权力，对于决定他抗拒不受欢迎标签的能力，是非常重要的。其他竞争理论（包括萨瑟兰的观点）也无法解释，为什么有些越轨行为者持续被视为服从者，而不是违反规定的人。根据霍华德·贝克尔（Becker 1973）所说，标签理论并不是对越轨行为的唯一解释，标签理论的支持者只是希望，社会能够关切那些负责定义越轨行为的官方人员的重要角色。（N.

Davis 1975；与 Cullen 和 Cullen 1978 进行比较）

标签与越轨性行为　　标签已经被应用于许多越轨行为，当然，其中一个最引人注目的例子就是人们的性行为和性别。什么是越轨性行为？什么是犯罪的性行为？标签理论关注这些行为被认为是越轨的过程。

对于越轨性行为的定义随着时间的变化及文化的不同而产生重大的差异。直到 1973 年，美国精神病学协会（American Psychiatric Association，APA）一直把同性恋看做"反社会的人格失调"，这意味着同性恋者应当寻求治疗。然而，2 年后，该协会就把同性恋者从精神病的名单中移除了。今天，这个机构公然宣称"同性恋者和异性恋者一样健康"。在戈夫曼的术语中，精神病专家已经把附着在这种性表达方式上的污名去除了。结果，在美国和许多其他国家，性取向相同的成年人间两厢情愿的性行为已不再是犯罪。然而，公认的同性恋者仍然被美国军方拒绝。（American Psychological Association 2008；International Gay and Lesbian Human Rights Commission 2008）

尽管健康专家对同性恋的态度已有转变，但附加在同性恋者身上的污名仍然存在。结果是，许多人希望用更积极的术语来替代男同性恋者（gay）和女同性恋者（lesbian）。在反抗这一污名的过程中，其他人则选择用一种从容的态度，欣然接受怪人（queer）这个术语来应对那些因为他们的性取向而受到的嘲弄。另外，有些人认为人为地划分一个人的性取向为同性恋或异性恋具有许多限制性。确实，这样非此即彼的语言忽略了那些性取向为双性恋的人（bisexual），或是在性欲上对两性都感兴趣的人。

变性者（transgendered persons）属于另外一个群体，他们的性取向并不能归入通常的范畴，或者说他们现在的性别身份与他们天生的性别身份不一致。一些变性人认为自己既是男性又是女性。另外，所谓的变性人（transexuals），可以通过激素或者做外科手术努力使自己的身体接近他们选择的性别身份。有时，变性人会被异性装扮癖者（transvestites）搞糊涂，或者说那些穿异性服装的人。有异性装扮癖的人通常是男性，不论是男同性恋者还是异性恋者，都会选择穿女性的衣服。

所有这些名称的使用（即使是以一种积极的或客观的方式）仍然会产生许多问题，因为它们意味着人们的性倾向可以被限定在简单的、相互排斥的范畴里。此外，对于这些标签的去污名化也趋向于反映社会特权阶级的影响力，——也就是富人阶级，即拥有资源克服污名的人。相比之下，传统的印第安人所持的两种精神概念（即一个人格里融合了男子气概和女子气概）却被大多数人嘲笑或是忽视。（Gilley 2006；Wentling et al. 2008）

那么，又是什么使越轨性行为合法化呢？这个问题的答案看上去会随着世代

使用你的社会学的想象力

你是一位教师，在教育界里，广泛应用的和学生相连的标签是什么呢？

的不同而有所变化。今天,美国法律允许已婚妇女控告他们的丈夫对其实行强暴行为,而一个世代以前,这样的侵犯是不被承认的。类似地,恋童癖(一个成年人与一个未成年人发生性关系),在今天通常被视为令人恶心的行为,即使有时候是两厢情愿的。然而,在许多国家,一些激进的团体却支持"代间性行为",认为所谓的"儿童状态"并不是与生俱来的。(Hendershott 2002)

尽管这种性表达的方式及其他一些方面仍旧被认为是违法的,但现在,这些标签的含义却逐渐变得含糊。类似地,儿童色情书刊既是违法的,对于绝大多数人来说也是恶心的,然而,许多主流杂志的时尚广告却似乎倾向于接近(相关的内容)。当绝大多数人都不赞同性服务工作和性交易时,我们的社会却在容忍甚至规范这些活动的许多方面。(Barton 2006)

冲突理论

冲突论者指出,有权力的人为了保护自身的利益,将越轨行为加以定义以适合他们的需求。社会学家理查德·昆尼(Richard Quinney 1974, 1979, 1980)首先提出,司法系统是为有权力的人的利益服务的。根据昆尼(Quinney 1970)的说法,犯罪是在有政治力量组成的社会中,社会控制权威机构(比如国会议员和警察)对行为所下的定义。昆尼和其他冲突论者主张,法律制定通常是权力人士企图强迫其他人服从他们的道德(亦可参阅 Spitzer 1975)。

这有助于解释,为什么我们的社会会有禁止赌博、毒品使用及娼妓的法律,但仍有许多人违犯这些法律(我们将会在本章"无受害者犯罪"中讨论)。根据冲突学派的说法,刑法并不反映一致性的社会价值的运用,而是反映各种竞争价值和利益。因此,大麻在美国因为被认为对使用者有伤害性,而被宣布为违禁物品,但香烟和酒类却被合法地销往各地。

冲突论者还认为,美国的整个司法系统,是根据嫌疑犯的种族、族群或社会阶级背景而加以区别对待。实际上,调查者发现,社会控制在实施过程中的随意性使贫困的非裔和西班牙裔人在司法系统上处于不利地位,不管是未成年人还是成年人。(Hawkins et al. 2000; Steffensmeier & Demuth 2000)

标签理论学者和冲突论者发展出来的理论,和功能理论建立的观点极为不同。功能论者认为越轨行为只是反映了文化规范,而冲突论和标签理论学者则指出,社会中最有权力的团体决定了法律、标准及谁应该(或不应该)被起诉为罪犯。因而,"越轨行为者"的标签极少应用在企业主管身上,即使他们的决定会造成大范围的环境污染。依照冲突论者的意见,社会控制机构和有权力的团体能够将对自己有利的越轨行为定义强加到普通大众身上。

女性主义视角

女性犯罪学家弗里达·阿德勒（Freda Adler）和梅达·切斯尼—林德（Meda Chesney-Lind）认为，现存的许多对越轨行为和犯罪的态度都是从男性思想发展而来的。例如，在美国，许久以来，丈夫在未征得妻子同意或违背其意愿的情况下，强迫妻子与之发生性行为，这种行为在法律上并不被视为强暴。法律定义强暴只发生在没有婚姻关系的男女双方之间。这项法律反映了当时男性在国家法律制定上所占据的绝对地位。

在女性主义团体的不断抗议下，强暴的定义终于改变了。全美50个州的丈夫在许多情况下，会因为涉及强暴妻子而被起诉。然而，仍然有些令人诧异的例外。例如，在田纳西州，丈夫可以合法使用暴力或在强迫状况下强暴妻子，只要丈夫没有手持武器，没有给妻子造成"严重身体伤害"。除了这类例外，妇女运动的兴起毋庸置疑地使犯罪的社会概念发生了重要改变，比如，妇女运动教育了法官、国会议员和警察，殴打妻子和其他形式的家庭暴力都是严重的罪行。（National Center on Women and Family Law 1996）

当焦点转回到一般的犯罪与越轨行为时，我们发现，社会倾向于用刻板印象来对待女性。比如，一个有多重性伴侣的女性，比男性更容易受到社会的谴责。文化对女性的观点与态度，对女性如何被社会认知与贴以何种标签有很大影响。另外，女性理论家如弗里达·阿德勒和梅达·切斯尼-林德强调越轨行为（包括罪行）源于经济的关系。表4-3总结了社会学家在研究越轨行为时所持的各种态度。

表4-2 对越轨行为的研究

研究	视角	倡议者	强调
失范	功能论者	爱弥尔·涂尔干 罗伯特·默顿	对社会规范的适应
文化传递/差别结合	互动论者	埃德温·萨瑟兰	通过他人获得的行为模式
社会解体	互动论者	克利福德·肖 亨利·麦凯	公共性关系
标签/社会建构论者	互动论者	霍华德·贝克尔	对行动的社会反应
冲突	冲突论者	理查德·昆尼	由授权机构所支配 随意决定的司法公正
女性主义者	冲突论者 女性主义者	弗雷达·阿德勒 梅达·切斯尼-林德	性别角色 女性作为受害者和犯错者

4.4 犯 罪

犯罪（crime）是一种违反刑法的行为，为此有些政府机构采用正式的处罚。犯罪表示违反正式社会规范而被政府制裁的越轨行为。法律根据违法行为的严重性、违法者的年龄、可被判处的潜在刑法、法院对个案所拥有的司法审判权等，将犯罪分成不同的类别。

2005年，美国有近140万宗暴力犯罪，包括超过16,600件的杀人案。街头犯罪高发生率的关键因素，往往与毒品的使用和枪械的泛滥有关。根据美国联邦调查局的资料，19%的犯罪涉及严重伤害，40%的犯罪涉及抢劫，谋杀中有68%的罪犯拥有枪支。虽然美国最近的严重犯罪有所下降，但是，目前的犯罪率仍然超过20世纪60年代。（Department of Justice 2007a）

犯罪类型

除了法律上区分的类型外，社会学家就罪犯如何犯法及社会看待罪犯的观点，将犯罪分类。在这一部分，我们将会检视社会学家区分的五种犯罪：无受害者犯罪、专业型犯罪、组织型犯罪、白领犯罪和跨国犯罪。

无受害者犯罪 提到犯罪，我们就会想到违反人们意愿的行为（或者没有得到他们的直接认同），而危及人们的经济或福利的行为。相对地，社会学家用**无受害者犯罪**（victimless crime）一词，描述成人间处于心甘情愿，互换彼此的普通需求，然而却是非法的商品和服务，比如，卖淫被广泛认为是无受害者犯罪。（Schur 1965，1985）

一些社会运动者致力于将许多非法活动脱罪化。这些脱罪化的支持者因为立法试图规范成年人的行为道德而感到忧虑。在他们的观点里，卖淫、赌博和其他无受害者犯罪，是不可能预防的。已经负担过重的司法系统应该将它的资源专门用在"街头犯罪"及其他有明显受害者的违法行为上。

虽然"无受害者犯罪"这个术语被广泛地使用，但很多人反对这个在犯罪中有违法者却没有受害人的概念。过量饮酒、强制性赌博、非法使用毒品，都会导致庞大的个人和资产损害。一个有饮酒问题的人会虐待配偶或子女，一个强制性行为的赌徒或毒品使用者可能会行窃以继续他的沉溺行为。女性主义社会学家声称，所谓的无受害者犯罪，如同对卖淫和色情行业的不当观点一样，加深了妇女是"玩具"，可以像货品而不是人一样对待的误解。根据批评者的意见，社会不应该给予这些有伤害性后果的行为法律许可。

脱罪化的辩论提醒我们较早前提及标签理论和冲突理论的重要见解。两个有趣的问题构成了辩论的基础：谁有权界定赌博、卖淫和在公共场合醉酒是"犯罪"？谁有权标定这些行为"无受害者"？答案是，在这两种情况下通常是立法者（在有些情况下，则是警察和法院）拥有这些权力。

专业型犯罪　尽管"犯罪要付出代价"的谚语众所周知，但仍然有很多人以非法活动为职业。**专业型罪犯**（professional criminal）（或者说是职业罪犯）指其从事犯罪就好像是进行日常的工作，并且发展出了熟练的技巧，在同行中享有一定地位。一些专业型罪犯专门从事破门盗窃、保险箱行窃、抢劫货车、扒窃和商店行窃。这些人学得一定的技术，以便降低被逮捕、定罪和监禁的可能性。因此，他们可能有很长的"专业"职业生涯。

埃德温·萨瑟兰（Edwin Sutherland 1937）发表了一个专业小偷的批注账目，并因此提出对专业罪犯行为的开创性见解。不像其他人只从事一次或两次犯罪，专业小偷将偷窃当成日常工作。他们花费全部的工作时间去计划和实施犯罪，有时候，甚至旅行全国去追求他们的"专业职责"。就像一般工作一样，专业型小偷与同行交换关于工作要求的意见，因此，这就变成了类似职业亚文化的一部分。他们交换可能的盗窃地点、可脱手偷窃货物的商店，以及被逮捕时获得保释的方法。

组织型犯罪　1976年的一份政府报告，用了三页说明来定义组织型犯罪。为了方便讨论，我们将**组织型犯罪**（organized crime）视为一个控制牵涉毒品走私和销售、卖淫、赌博及其他非法活动等不同犯罪集团的组织。组织型犯罪操控非法交易，就像大企业操纵的商业世界一样。它分配领土、设立货物及服务的价钱，在内部纠纷中扮演仲裁人。组织型犯罪是一个秘密的、阴谋逃避法律制裁的活动。组织型犯罪接管合法的商业，其影响力大到甚至可以操控工会、贿赂政府公务员、恐吓犯罪审讯中的目击者、向商人强收"税金"以换取他们的"保护"，等等。（National Advisory Commission on Criminal Justice 1976）

全球因素一直都存在于组织型犯罪中，但是，最近执法人员和决策者已经认识到，一种利用新型电子通讯发展出的新形态组织型犯罪已经出现。跨国的组织型犯罪包括了毒品和枪械走私、洗钱、偷渡非法移民及偷窃货物。（Lumpe 2003；Office of Justice Programs 1999）

白领与以技术为基础的犯罪　逃税、操控股市、欺骗消费者、行贿和榨取佣金、盗用公款、广告误导，这些都是**白领犯罪**（white-collar crime）的例子。这些涉嫌商业活动中非法行为的人，多半是富裕、"受尊重"的白领阶层。因为这些犯罪经常通过职业的角色，萨瑟兰（Edwin Sutherland 1949，1983）将这些犯罪看做组织型犯罪（Friedrichs 1998）。

最近几十年来,出现了一种新型的白领犯罪:计算机犯罪。这种高科技使一个人盗用公款或者进行电子欺诈,而不留痕迹,或者不必离开家门,就有渠道取得某间公司的货存。根据美国联邦调查局和国家白领犯罪中心(National White Collar Crime Center)的研究,在不到4年的时间里有超过100万起的互联网犯罪报案,包括了诈骗和身份盗窃。(Internet Crime Complaint Center 2007)

1939年,萨瑟兰(Sutherland 1940)创造了白领犯罪的新术语,来描述个人行为,但是,这个术语最近被扩展为涵盖商业与企业犯法。企业犯罪,或者会收到政府惩罚的任何企业活动,牵涉多种不同方式,而受害者则包括了个人、组织和机构。企业可能从事反竞争行为、环境污染、逃税、做假账、操控股市骗局、生产危险货物、行贿和贪污,并侵犯劳工的健康及安全。(Simpson 1993)

基于白领犯罪带来的经济和社会代价,人们也许会期待司法系统能够非常严肃地看待这个问题。然而,白领罪犯却更可能被判罚款而不是监禁。这种违法活动的定罪并不像一般街头犯罪一样,会伤害一个人的声誉及其事业期望。很明显,"白领犯罪"标签不会带来"因暴力犯罪判刑的严重犯罪"的污名标签。冲突论学者对这种差异性的标签和对待并不感到惊讶,他们认为,司法系统广泛地忽视有钱人的白领犯罪,而只注重通常由穷人犯下的罪行。一般来说,假如一个违法者拥有一定的社会地位和影响力,他/她的犯罪会因此被看成没那么严重,并且受到的惩

使用你的社会学的想象力

你是一位报社的编辑,你会在头版中如何区分处理公司犯罪和暴力犯罪?

"想想,如果我们回学校接受良好的教育,会有那么多扇门为白领阶层犯罪而开。"

表 4–3　跨国犯罪的类型

破产及保险金诈骗

电脑犯罪（把电脑作为犯罪工具和犯罪目标）

腐败及贿赂公务员

环境犯罪

劫持飞机（劫机）

非法毒品交易

非法转移资金（洗钱）

非法买卖枪火和枪械

对合法企业的渗透

知识产权犯罪

对犯罪组织的网络化

海盗

恐怖主义

盗窃文物

贩卖人体器官（包括非法器官移植）

贩卖人口（包括性交易）

资料来源：根据缪勒（Mueller 2001）与联合国毒品和犯罪办公室（United Nations Office on Drugs and Crime 2005）相关内容制表。

处也更加宽容。（Maguire 1988）

跨国犯罪　越来越多的学者和警务人员正在把他们的注意力转向**跨国犯罪**（transnational crime），或者发生在多国边境的犯罪。过去，跨国犯罪仅限于跨越两国边境的物品走私。但是，逐渐地，犯罪不再像合法贸易一样仅限于这样的边境之间。现在的跨国犯罪开始在全球扩张，而不是只把注意力集中在几个特定的国家之间。

历史上，也许最恐怖的跨国犯罪例子要属奴隶贩卖。起初，政府并不把奴隶贩卖当做一种犯罪而只是规范这样的行为，因为他们希望进行货物贸易。20世纪，跨国犯罪开始包括贩卖濒危动物、毒品、被盗的艺术品和古物。

跨国犯罪并不是我们已经讨论过的其他犯罪类型以外的特例。例如，组织型犯罪的网络正变得全球化。科技大大方便了他们的非法活动，如贩卖儿童色情书刊。20世纪90年代，联合国开始对跨国犯罪进行归类。表4–3列出了几种常见的类型。

犯罪统计

犯罪统计并不像社会学家所期望的那样精确。但是，当论及一些与美国人利益有关的重大事件时,这些统计就像完全可靠般地被引述。这些数据同时充当警方行动和特定犯罪活动程度的指针。然而,认为这些统计数据准确的代表犯罪发生率,其实是一个错误。

理解犯罪统计 美国的犯罪统计率非常高,人们一直认为,犯罪是主要的社会问题。但是,全国性的暴力犯罪经过多年的增加后,现在已经显著降低。其中的一些原因,包括:

- 20世纪90年代的经济增长和持续降低的失业率。
- 社区合作政策和预防犯罪活动。
- 新的枪支管制法案。
- 大量增加的被监视人口,这些都防止了囚犯在监狱外犯罪。

这种模式是否将会持续尚需观察,但即使现在犯罪率已经下降,官方统计的犯罪仍然比其他国家高,但美国现在统计的数据确实是37年来最低的。女性主义社会学家让我们注意到一个趋势:在所有的主要犯罪中,女性犯罪的比例上升了。在最近10年中(1997—2006),女性因主要犯罪而遭逮捕的人数增加了4%,但相比之下,男性在同一时期却下降了7%。(Department of Justice 2007a:Table 33)

犯罪索引(每年由美国联邦调查局作为其《统一犯罪报告》的一部分而出版)包括谋杀、强奸、抢劫、袭击、爆窃、盗窃、汽车盗窃和纵火的统计(见表4-4)。显然,许多严重的犯罪,比如白领犯罪,并不包括在这个索引中(尽管它们被记录在

表4-4 国际犯罪率及百分比的变化

犯罪索引 2006年的罪行	报案件数	每10万居民中的比例	自1997年以来百分比的变化
暴力犯罪			
谋杀	17,034	6	-16
强奸	92,455	31	-14
抢劫	447,403	149	-20
严重攻击行为	860,853	288	-25
总计	1,417,745	474	-23
财产犯罪			
破门盗窃	2,183,746	729	-21
盗窃	6,607,013	2,207	-24
汽车盗窃	1,192,809	398	-21
总计	9,983,768	3,335	-23

资料来源:根据缪勒(Mueller 2001)与联合国毒品和犯罪办公室(United Nations Office on Drugs and Crime 2005)相关内容制表。

别处)。另外,犯罪索引在比例上过于侧重财产犯罪,然而大部分市民却更担心暴力犯罪。因此,强奸和抢劫犯罪的大量减少被汽车盗窃案数量的轻微上升掩盖了,由此导致了人们的错误观念,即人们的个人安全比过去更受威胁了。

官方犯罪统计最大的局限在于,它们只记录了向执法部门报了案的犯罪。但由于一些种族和少数族群的成员一向不太相信警方,他们往往会避免和警方接触。女性主义社会学家和其他学者发现,很多女性因为害怕因犯罪被指责,而不愿上报被强奸或被配偶虐待的案件。

部分由于官方数据的缺点,1972年美国开始实施"全国犯罪受害调查"(National Crime Victimization Survey)。司法统计局(Bureau of Justice Statistics)为了搜集报告数据,不只向警方搜求材料,同时每年还要访问76,000户家庭的成员,询问他们前一年是否曾受害于某种类型的犯罪。一般来说,**受害调查**(victimization surveys)是通过访问一般民众,而不是警官,来获得犯罪率的信息。

很遗憾,像其他犯罪数据一样,受害调查也有其特殊的限制。访问者首先会要求受害者明白发生在他们身上的事情,以及受害人必须愿意告诉访问者这些受害资料。欺诈、逃税和恐吓勒索都是犯罪的例子,但是,这些在受害调查中很少被提及。尽管如此,91%的家庭都愿意在全国性的犯罪调查中合作。如图4-2所示,犯罪率的调查数据在20世纪80—90年代呈现显著下降的趋势。

国际犯罪率 假如在美国很难搜集到可靠的犯罪数据,那么,要利用这些数据进行跨国比较,就会更加困难。然而,只要小心处理,我们依然可以提供世界各地不同犯罪率初步的推论。

20世纪80—90年代,美国的暴力犯罪较欧洲普遍。在美国,向警方报案的暴力犯罪中,谋杀、强暴和抢劫所占比率比较高;但是,其他类型犯罪的发生率有可

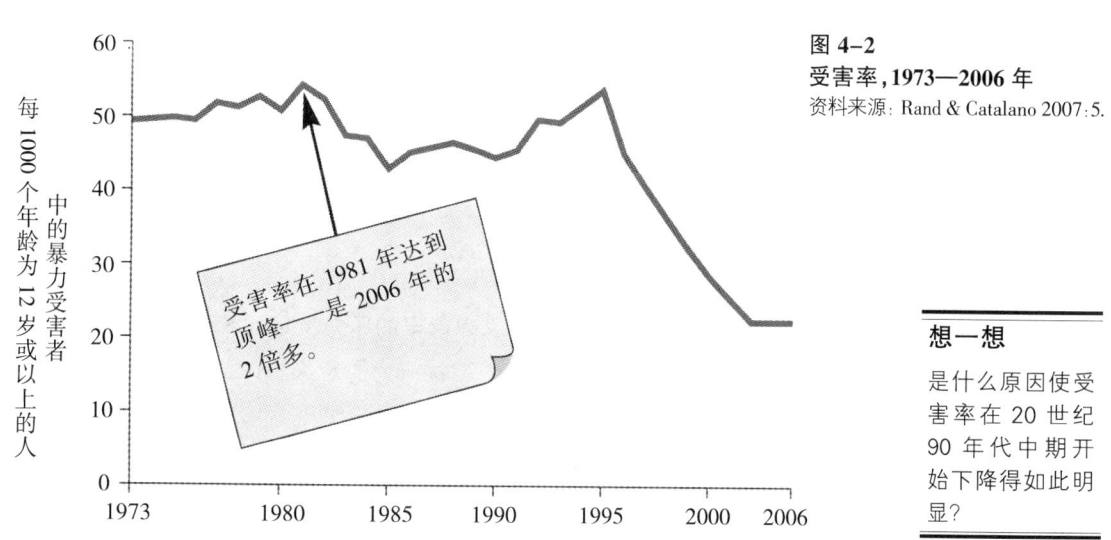

图 4-2
受害率,1973—2006 年
资料来源:Rand & Catalano 2007:5.

受害率在1981年达到顶峰——是2006年的2倍多。

想一想
是什么原因使受害率在20世纪90年代中期开始下降得如此明显?

能在别的国家则比较高。例如,相对于美国,英格兰、意大利、澳大利亚和新西兰汽车盗窃案占较高比率。(International Crime Victim Survey 2004)

为什么美国的暴力犯罪率会这么高?社会学家埃利奥特·柯里(Elliot Currie 1985,1998)表示,我们的社会过于强调个人的经济成就,而忽略了社区发展。同时,很多观察家认为,美国的文化长期容忍(尽管并非宽恕)很多不同形式的暴力行为。贫富悬殊、失业、酗酒与药物滥用,所有这些因素加起来,便产生了犯罪发生的趋势。

然而,其他西方社会则受到持续增加的暴力犯罪的困扰。比如,俄罗斯自1991年推翻共产党的统治后(共产党对枪械和罪犯实行严厉管制),国内的犯罪率迅速升高。1988年,莫斯科的谋杀案少于260件,但现在每年谋杀案却超过1000件。自从共产党统治结束后,组织型犯罪填满莫斯科的权力真空,黑社会枪战和有计划的"契约暗杀"(contract hits)变得更普遍。一些重要的改革者成了被谋杀的对象。(Currie 1998;Winslow & Zhang 2008a,2008b)

社会学要义

社会学之所以重要,是因为它解释了为什么你会不需思考就接受一些社会规范,以及为什么一旦你打破这些规范就要付出代价。

- 当你成为一名大学生时,什么社会规范是你期望遵守的?它们与你成长中习得的规范是相似还是相异?
- 对于那些不遵守社会规范的学生,会发生什么?你们学校的社会控制比社会其他区域的社会控制更严格还是更松散?
- 在你所在的学校,犯罪是一个问题吗?如果是,可能是什么社会力量在支持它?

章节摘要

从众和**越轨行为**是两种对来自他人实际上或想象里的压力反应。这一章探讨了社会用以鼓励人们遵从社会规范的**社会控制**机制。我们给出了越轨行为的定义,并提出了一些理论来解释它的存在。本章以对犯罪和在美国及其他国家的犯罪统计的讨论结尾。

1. 斯坦利·米尔格拉姆定义**从众**为和同辈一样的行动,**服从**则是对阶级结构中具有较高权威者的依从。

2. 有些对社会极其重要的规范被写入了法律。社会化是人们符合和遵守法律行为的主要原因
3. **越轨行为**是指不论在行为举止还是个人外表方面，都违反了社会规范的行为。一些越轨行为会被人们或多或少的接受，而另一些形式的越轨行为却会被贴上消极的社会**污名**的标签。
4. 社会学家罗伯特·默顿指出，从事越轨行为的人与符合社会规范的人持有同样的目标和价值观，尽管他们使用不同的方法来达到目的。莫顿的理论叫做**越轨的失范理论**。
5. 互动学派理论家埃德温·萨瑟兰认为，人们在与其他人的互动中学习犯罪行为，即所谓的**文化传递理论**。而在他的**差别结合**理论中，萨瑟兰指出越轨行为起因于长期暴露在倾向犯罪行为的态度之下。
6. 其他互动论理论家则把犯罪和越轨行为的增加归结于像家庭、学校、教会和地方政府等公共关系和社会制度的缺失或解体（**社会解体理论**）。
7. **标签理论**强调社会在一定程度上是根据人们的社会阶层、种族及种族地位把一些人的行为定义为越轨，而其他人却不受这样的污名。这个越轨的理论也被称做**社会反应论**。
8. 冲突理论学家认为强加于罪犯身上的法律和**奖惩**反映了当权者的利益。女性主义者则强调，在涉及如强奸和卖淫等行为时，对犯罪的定义会有所不同，那些牵涉其中的人也会因为他们性别的不同而被区别对待。
9. **犯罪**是一种违反法律的行为，为此有些政府机构采用正式的惩处。社会学家区分了如吸毒和卖淫这样的**无受害者犯罪**、**专业型犯罪**、**组织型犯罪**、**白领犯罪**，以及**跨国犯罪**。
10. 犯罪统计是所有社会数据中最不可靠的一种，部分原因是，许多案件并没有上报给执法部门。美国的暴力犯罪率高于其他西方国家。

Stratification in the United States and Global Inequality
美国的分层与全球性不平等

5.1 了解分层
5.2 社会阶级造成的分层
5.3 社会流动
5.4 全球分化

联合国儿童基金会的海报提醒西方富裕国家的消费者,他们所穿着的有品牌的牛仔裤,可能是由发展中国家被剥削的劳工所生产的。在发展中国家条件严苛的工厂中,制衣的工人——有的还只是儿童——超时工作,却只能换得微薄的薪资。

显然，580亿美金已不再是过去所代表的一个金额。这是2008年微软联合创始人比尔·盖茨（Bill Gates）所拥有的财产估计值，而那时他还只是全球富豪排名第三。股神沃伦·巴菲特（Warren Buffett）拥有620亿美金的财富，而莫斯科电信的持有者卡洛斯·斯林·赫鲁（Carlos Slim Helú）的财富净值为680亿美金。现在全球55个国家至少有1,062位亿万富翁。盖茨一人的财富相当于非洲11个国家（2.2600亿人口）的全部国民生产总值。（Forbes 2008a, 2008b；M. Miller 2008）

在财富拥有的相对一端是那些穷人。在全世界范围内，个人收入的中位数小于9,000美元；在发展中国家则小于2,300美元。即使在美国这样相对富裕的国家，也有约3,700万人无法满足自己基本的食宿需求，不管他们做多少份工作。一个典型的企业主一个上午所挣的钱就超过一个普通美国工人一年挣到的钱。事实上，现在美国的贫富差距比20世纪30年代经济大萧条后的任何时期所有的（差距）都大。（J. Edwards 2008：9；World Bank 2005：239）

这种一个社会里的成员享有不均的财富、名望或权力的状况被称做**社会不平等**（social inequality）。每个社会都显示了一定程度的社会不平等。社会学家把这种持有长久不平等的经济回报和权力的所有人的结构性等级定义为**分层**（stratification）。在工业化社会里，这种不平等的回报在人们的**收入**（income，即他们的工资）及**财富**（wealth，像土地、股票和其他财产等有形资产）方面都十分明显。但同时，这种分层的不平等回报也见诸于不同团体间的道德差异。

这一章我们将检视三种分层体系，并特别关注马克思和韦伯的理论。我们将看

到一个人的社会阶级会怎样影响他或她的机遇，包括争取更高社会地位的机会。我们还会看到发展中国家的分层，在那里，发达国家的跨国企业因剥削当地员工而受到了指控。

5.1 了解分层

并非所有的社会都以同样的方式分层。社会学家已经研究了古今中外的分层。下一节中，我们将比较四种不同的一般分层体系。然后，我们将讨论几种关于分层的目的及其可取性的理论方法。

分层体系

首先，我们将奴隶制、种姓制度、庄园制度和社会阶级这四个概略的分层体系，看做方便分层分析的理想型，而任何种类的分层体系都可能兼有多种形态。例如，在美国南北战争以前，你会发现美国南部在制度化地奴役黑人的同时，也将白人分成若干等级。

回顾第3章讨论过的自致地位和先赋地位的差异，将有助于我们更确切地了解这些体系。**先赋地位**（ascribed status），指的是不管个人的独特个性和才能而赋予个人的社会地位；相对地，**自致地位**（achieved status），指的是个人经由努力而获得的社会地位。这两者在社会上紧密相关。一般而言，多数富裕家庭的成员通常能继承家族的财富和地位，而许多少数族群成员继承的则是劣势地位。同样，年龄和性别也属于先赋地位，能影响个人的财富与社会地位。

奴隶制度 对个人或团体的社会不平等法制化的一个极端例子就是**奴隶制度**（slavery）。这套压制性的分层体系最明显的特征就是被奴役的人被其他人所拥有，拥有者视这些人为他们的财产，就像家庭宠物或用具一样。

奴隶制在施行方法上因地区有所不同。在古希腊，奴隶的主要来源是战争与掠夺来的俘虏。虽然，奴隶地位能够代代相传，但不一定是永远不变的，个人地位会因其在城邦的战绩而改变。事实上，城邦内的所有公民都有可能变成奴隶或奴隶恢复自由，一切端视历史情势的演变。相对地，在美国与拉丁美洲，曾经设立种族和法律的隔离来防止奴隶恢复自由。

种姓制度 **种姓制度**（castes）是一套由宗教主导、世袭传承不变的阶级体系，通常和印度及其他国家信奉的印度教息息相关。在印度，这套种姓体系有四大阶级，叫做瓦尔那（varnas）。另外，第五个阶级——不可接触者（untouchables），被视为非常低下、不洁以至无法与其他阶级并列的社群。当然，种姓制度还有其他阶级的划分。种姓成员的地位在出生时就已决定（出生时，孩子自动继承和父母一样的地位）。每一个阶级都划分严格，成员只能与同阶级的其他成员通婚。

近几十年来，工业化与城市化已经开始打破印度严格的种姓制度。很多村民都搬迁到不知他们处于低种姓地位的城市地区。在城市的匿名生活使得这些家庭获得了本不可能有的机会，最终提升了自己的社会地位。

庄园制度 第三种分层体系叫做庄园制度，源于中世纪的封建社会。**庄园制度**（estate system）或封建制度，必须要有佃农向贵族租赁土地耕作，以换取军事保护及其他服务。这个制度的基础就是贵族对土地拥有所有权，这对他们的优越地位和特权地位至为重要。如同奴隶制度和种姓制度，庄园制度的特质就是继承制。贵族能够继承他们的头衔和财产，但是佃农在农耕社会中一出生他的低下地位便注定了。

社会阶级 **阶级体系**（class system）就是一套主要根据经济地位而建立的社会分级制度，其自我成就的特色影响了社会流动。相对于奴隶制度、种姓制度和庄园制度，社会阶级中的阶级划分并不十分明确，个人可以由某一阶级游走到另一阶级。然而，阶级体系仍然维持相当稳定的分层顺序与阶级划分形态，并带有权力与财富分配不均的色彩。

收入不均是阶级体系的一项基本特征。2007 年，美国家庭收入的中位数是 50,233 美元。换言之，当年有半数家庭收入比这个数字高，另外半数的家庭收入则低于这个数字。然而，这项事实仍无法完全揭示社会上收入差异的情况。如图 5–1 所示，在家庭收入中位数周围还有一个很大的范围。除此之外，有非常多的人处于极端的类别中。2003 年，根据所得税结算申报书，大约有 181,000 个家庭收

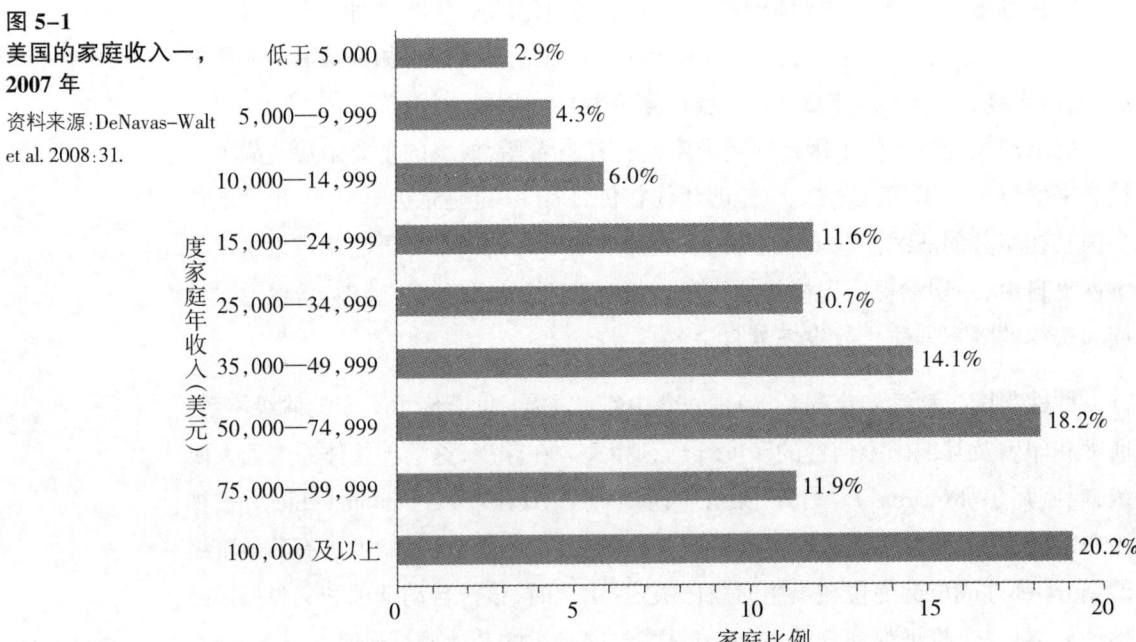

图 5–1
美国的家庭收入一，
2007 年

资料来源：DeNavas-Walt et al. 2008:31.

入超过100万美元;同时,超过840万的家庭,收入低于9,000美元。(Bureau of the Census 2006a:317;DeNavas-Walt et al. 2008)

社会学家丹尼尔·罗西兹(Daniel Rossides 1997)利用五阶级模型来描述美国的阶级体系:上层阶级、中上阶级、中下阶级、工人阶级和下层阶级。虽然此模型中的社会阶级无法像种姓阶级那样划分严明,但罗西兹说明五阶级体系的成员在收入之外的其他方面仍存在明显差异。

罗西兹将1%—2%的美国人归为非常富裕的上层阶级,这些人在会员专属的高级俱乐部和名流社交圈里活动。相对于稀少的上层阶级,下层阶级则囊括了20%—25%的人口,包括黑人、拉丁裔人、单亲妈妈和无法找到正规职业或必须从事低报酬工作以糊口的人。这个阶级的人因为缺乏财富与收入,以致成为政治弱势族群而无法发展任何势力。

这两个在社会分层顺序各占一端的阶级,反映了先赋地位与自致地位的重要性。先赋地位(如种族与残疾)明显影响个人的财富与社会地位,而社会学家理查德·詹金斯(Richard Jenkins 1991)的研究指出,残障的先赋地位是如何将个人在美国劳动力市场边缘化的。失业对残障人士的打击最大,他们的工资经常很低。许多案例显示,残障人士其实是处于职业阶梯的下端层级,不管他们的实际工作表现如何,残障人士总是被蔑视为无法"挣钱糊口"。这些都是先赋地位带来的影响。

处在上层阶级和下层阶级之间的是中上阶级、中下阶级和工人阶级。占10%—15%人口的中上阶级是由专业人士如医师、律师、建筑师所组成的,他们广泛参与政治,并在志愿团体中担任领导的角色。中下阶级占30%—35%的人口,包括生活较不宽裕的专业人士(如小学教师和护士)、小型公司的负责人及为数众多的白领。虽然这个阶级的成员不尽然全是大学毕业,他们共同一致的目标却是将他们的孩子送往大学学习。

罗西兹将占人口40%—45%的工人阶级定义为从事体力或蓝领工作的人。这个阶级的某些成员(如水电工)可能比中下阶级的人拥有更高的收入;然而,他们就算已经达到某种程度的经济基础,还是倾向于认同劳力工作者及他们长期参与的美国劳工运动。在罗西兹的五阶级中,工人阶级数量减少的最为明显。在美国的经济结构中,服务和科技性质的工作正逐渐替换生产业和货运业的工作。

分层的观点

针对分层和社会不平等,社会学家已经进行了激烈的辩论,并获得了不同的结论。其中没有一个理论家如马克思那样,特别强调阶级在社会和社会变迁中的重要性。马克思视阶级差异为社会、经济、政治不平等的重要决定因素;相对地,

使用你的社会学的想象力

你是如何区分他人的社会阶级的?哪些指示物会误导你?

韦伯则质疑马克思过分强调经济因素,韦伯认为分层应有许多可探讨的层面。

卡尔·马克思的阶级差异观点 社会学家伦纳德·必理(Leonard Beeghley 1978:1)曾巧妙地指出:"卡尔·马克思既是革命家,也是社会科学家。"马克思相当关切各种人类社会(从原始农业部落到封建制度)的分层,但是,他的主要重心在于探讨经济不平等对19世纪欧洲社会的影响,而工人阶级的艰难处境更使他认为,社会的阶级结构绝对有必要改造一番。

在马克思的观点里,任何时期的社会关系都取决于主要经济生产的形态,如土地或工厂的所有,而对稀缺资源的不同获取方式,则塑造了群体之间的关系形态。因此,在封建资产体系下,绝大部分的经济生产为农业生产;贵族拥有土地,而农民别无选择,只得接受土地拥有者的条件。

利用这样的分析论点,马克思检视了资本主义下的社会关系。所谓**资本主义**(capitalism),就是私人掌握生产工具,而经济活动的主要动力在于累积获利的经济体系(D. Rosenberg 1991)。马克思着重关注两个在封建资产体系瓦解之际兴起的阶级:资产阶级与无产阶级。**资产阶级**(bourgeoisie)掌握了生产工具(如工厂和机器);而**无产阶级**(proletariat),也就是工人阶级。在资本主义的社会里,资产阶级的成员在与对手的竞争中扩充获利,而在此竞争过程中,剥削了那些必须以劳力换取工资的工人阶级。在马克思的观点里,每个阶级都有其独特的文化,而他对无产阶级的文化最感兴趣;但是,马克思也对资产阶级的意识形态做了一番检视,并以此证明资产阶级对劳工的支配力。

根据马克思的理论,对无产阶级的剥削势必导致资本体系的崩溃,因为工人阶级会起而反抗资产阶级。但在这之前,工人阶级必须先发展其**阶级意识**(class consciousness)——就是主体觉察到共同既得利益及以集体政治行动带动社会变迁的需要。工人阶级必须时刻克服马克思所说的**虚假意识**(false consciousness),一种无法反映其阶级客观立场的心态。一个拥有虚假意识的劳工,可能会对资本家的剥削采取个人的解释(例如,"我"被老板剥削,而不是"我们"被老板剥削);相反,有阶级意识的劳工则会体认到,所有的劳工都被资产阶级剥削,所有的劳工在革命之路上都有共同的利害关系。

对马克思来说,阶级意识仅是无产阶级借以认同资产阶级是他们的压迫者的集体过程中的一个阶段。革命领导者将会带领工人阶级进行阶级斗争,最后无产阶级将会推翻资产阶级及其政府(马克思认为政府代表资产阶级的利益)的统治,消除生产工具的私有化。在他乌托邦式的想法里,阶级与压迫终将在后革命时代的工人国度里消失。

马克思的预言有多准确?他没有想到工会的兴起,能以集体的力量削弱资本家对劳工的束缚。除此之外,正如当代冲突理论家所说,马克思并未预见政治自由度与相对的经济繁荣能带来多大程度的"虚假意识"。许多人以为自己是在"自由"与流动的社会中单打独斗、力求上进,并不认为他们是隶属于备受压抑而有着共同命运的社群。最后,马克思并没有预见共产党政权的成立及其在苏联和东欧的瓦解。然而,马克思研究阶级的方法,对于强调分层决定了许多社会贫富阶级的社会行为及基本区别,仍有相当大的帮助。

马克斯·韦伯的分层观 不同于马克思,韦伯认为,没有任何社会因素(如阶级)可以完全定义个人在分层体系中的位置。在1916年的著作里,韦伯提到三个构成分层的组成要素:阶级、身份和权力。(Gerth & Mills 1958)

韦伯用**阶级**(class)一词来称呼拥有相等财富和收入的人群。例如,美国某些劳工以最低工资的工作来养家糊口,根据韦伯的定义,这些劳工便组成了一个阶级,因为他们有相同的经济地位与命运。韦伯虽然认同马克思对于分层经济层面重要性的观点,但是他也认为,个人与团体的行为绝不能仅由经济观点来解释。

韦伯用**身份团体**(status group)一词,指具有相同声望或生活形态的人群。个人借由参与某个特定团体(如医疗职业团体)来获得身份。然而,身份与经济阶级地位不同:在我们的文化里,成功的扒手也许来自收入与大学教授同等的阶级,但这个小偷仍普遍被视为低下身份的团体成员,而不像大学教授那样受人尊敬。

对韦伯来说,第三个分层的组成要素反映了政治面向。**权力**(power)指的是将个人意志加诸其他人的能力。在美国,权力来自参与某个势力团体,像企业理事会、政府机关团体及利益团体。冲突理论学者大致同意,两种权力的来源(大企业与政府)是唇齿相依的。

在韦伯的观点里,我们每个人在社会上不是只有一个地位,而是三个:我们在分层体系的地位反映了阶级、身份与权力三种要素的结合。任何一个要素都能影响其他两项要素,而事实上,按照这三个面向建立起的地位通常同时发生。约翰·肯尼迪来自一个极其富裕的家庭,念的是贵族预备学校,毕业于哈佛大学,最后担任美国总统。世界上还有许多像肯尼迪一样的富家子弟,最后获得了显赫的身份与权力。

互动论的分层观 马克思和韦伯主要是从宏观社会学的角度来看待不平等,考虑的是整个社会甚至全球经济体系。马克思虽然也指出微观社会学的重要性,但他认为,只有在发展个人阶级意识时,个体的讨论才有意义。

互动论者与经济学家一样,长期以来一直对社会阶级如何形塑个人的生活方式感兴趣。理论家索尔斯坦·凡伯伦(Thorstein Veblen,1857—1929)发现,处于社会阶级最顶端的人,通常都会将部分财富转换为炫耀性消费,比如,购买比他们所需更多的汽车，或是建比他们所需更多房间的房子；他们会参与炫耀性休闲，像跑到遥远地方，只待一会儿享受一顿晚餐，或是边欣赏落日边眺望历史遗迹。（Veblen 1964［1899］）

在光谱的另一端，传统上被认为是较低阶级的行为常常会遭到嘲笑甚至控告。许多社区禁止将拖车放在前院及将沙发放在前廊内；在一些社区里，将小货车整晚放在门前是违法的。

分层是普遍的吗？

社会上，总有人比其他人得到更多的资源吗？人们难道都需要感觉比其他人活得优越？社会生活可不可以没有架构化的不平等？这些问题早已被争论了好几个世纪，特别是政治运动家、乌托邦式的社会学家、宗教少数团体，以及近代的反文化分子，都曾在某种程度上尝试建立废除社会阶级不平等的社群。

社会科学研究早已发现不平等存在于所有社会中，即使最简单形式的社会也不例外。例如，人类学家冈纳·兰特曼（Gunnar Landtman 1968［1938］）在研究新几内亚的基外（Kiwai）巴布亚人（Papuans）时，就注意到他们之间的微小区别。村落里的每个男人做同样的工作，住同样的房子，然而再仔细观察就会发现，担任武士、渔猎者和巫师的巴布亚人比其他人的地位"稍微高些"。相比之下，无业或未婚的女性村民则比其他人的地位"稍微低些"，并且被禁止拥有土地。

分层的普遍，见诸所有社会都在成员之间维持某种形式的差别。基于社会的价值观，例如宗教认识、猎取技能、外貌、经商能力或者医护能力，社会可以将人们划分成若干等级。但是，为什么这样的不平等会在人类社会中发展出来？有多少人类的区别是真正不可或缺的？

功能学派与冲突学派的社会学家对于社会分层的形成与必要性，提供了不同的解释。功能论者认为，一套有差别的奖惩体系对于社会的有效运转是必要的；而冲突理论学家则认为，对稀缺资源的竞争，导致了严重的政治、经济和社会的不平等。

功能论者的观点　如果做清道夫可以和医师赚一样多的钱，赢得医师一样高的尊崇地位，人们还会愿意寒窗苦读多年去谋取一个医师职位吗？功能论学者的回答是，不会。这也就是为什么他们相信，分层的社会是普世存在的现象。

在金斯利·戴维斯和威尔伯特·摩尔（Kingsley Davis & Wilbert Moore 1945）的观点里，社会必须把其成员分派到各种不同的社会位置；社会不仅要确保每个位置都有人填补，还要留意它们是否都有适才适任的人来配合支持。奖赏，包括金钱和声望，是根据位置的重要性与适任配合人员的稀少程度来给予的，但这种评鉴方式往往低估了某些社会区层的工作绩效,像妇女的家庭劳动或一般由妇女或低阶劳工担任的快餐连锁店的工作。

戴维斯和摩尔认为分层是举世皆然的现象,而社会不平等有其存在的必要,因为它能驱使人们去填补重要的位置。然而,批评者认为,差别奖励并不是激励人们从事重要职位的唯一方式,其他如个人兴趣、内在满足感及价值取向,都能促使人们从事某种特定职业。功能论者同意这样的观点,但他们同时也指出,社会必须以某种奖励来驱使人们从事不愉快或危险,甚至需要长时间训练的工作。这种观点不能用来解释身份、地位多是世袭继承的分层体制,比如奴隶制、种姓制、庄园制的社会。同样,它也不能解释为什么我们的社会会支付如此高的薪资给职业运动员与演艺明星,因为他们的工作对社会的生存并无绝对重要的贡献。(R. Collins 1975;Kerbo 2009;Tumin 1953,1985)

即使分层是无可避免的现象,功能论者认为差别奖励的观点,也无法解释贫富之间的巨大差距。功能学派方法的批评者指出,全世界10%最有钱的家庭收入占瑞典的22%、法国的25%、美国30%的国家税收。他们认为,当代工业化社会中收入不平等现象无可遁护,即使这些社会有正当需求填补某些重要职位。(World Bank 2008:68-70)

冲突观 马克思的论著是冲突理论的核心。马克思视历史为一场连续不断的压迫者与被压迫者的斗争,直到一个平权、没有阶级差别的社会出现。就分层而言,马克思认为,资本主义社会的权力阶级(资产阶级)操控了经济和政治体系,以便维持控制受剥削的无产阶级。马克思不相信分层是不可避免的,但他的确视不平等与压迫为资本主义的原罪。(E. Wright et al. 1982)

如同马克思一般,当代的冲突理论学家相信,人类本性倾向于争夺稀有资源,如财富、地位和权力。然而,马克思主要关注阶级冲突,近代的理论学家却将他的分析方法应用于性别、种族、年龄和其他方面的冲突上。英国社会学家拉尔夫·达伦多夫(Ralf Dahrendorf)是这个冲突分析法领域中最具影响力的理论家之一。

达伦多夫(Dahrendorf 1959)修正了马克思对资本主义社会的分析,以便应用到现代的资本主义社会。对达伦多夫而言,社会阶级是一群在权力关系中共享利益的人。在指认社会最有权力的群体过程中,达伦多夫不但讨论了拥有生产工具的资产阶级,同时也将企业经理、立法者、法官、政府部门领导者和其他人纳入了讨论的范围。就这个部分来说,他其实是将马克思的阶级冲突重心与韦伯的分层权力因素结合在了一起。(Cuff et al. 1990)

包括达伦多夫在内的冲突理论学家都认为,今日的权势阶级就像马克思时代的资产阶级一样,都希望社会能如他们预期般地顺利运作,以使他们能够继续享有既得的权势地位。正因为社会现状满足了那些有钱、有权、有势的人,他们才会有兴趣去阻止、减少和控制社会冲突。有权势的人维持现状的一个做法是,定义社会的支配意识形态,即一套文化的信念与运作方式,用来维持权势阶级的社会、经济、政治利益。从冲突论的角度看,支配意识形态的社会意义不仅在于社会最有权势的团体与机构控制了财富和资产;更重要的是,他们通过宗教、教育和媒体,影响人们的文化信念。(Abercrombie et al. 1980, 1990; Robertson 1988)

权势阶级,如政府领导,也利用有限的社会改革收买受压迫阶级,以减少这些受压迫者对他们主导地位的威胁。例如,最低工资法案和失业补助措施毫无疑问地对穷困的人们有相当大的助益,但是,这些改革另一方面也是用来安抚那些可能会反抗的弱势群体。当然,在冲突理论学家的眼里,像这样的手段永远无法消弭冲突。因为劳工会继续要求平等,而拥有权势者也不会放弃对社会的掌控。

冲突理论学家视分层为社会不安与冲突的主要来源。他们不同意戴维斯和摩尔认为分层是社会运作的一项功能,或者维持社会安定来源的观点;相反,冲突理论学家主张分层将不可避免地导致社会动乱与变革。表 5–1 概括了三种社会学派在分层方面的看法。(R. Collins 1975; Coser 1977)

伦斯基的观点　让我们回到先前的问题:"分层具有普遍性吗?"并思量社会学的响应。每种文化中,从最原始的部落到今日先进的工业化社会,都存在某种形式的社会区别。社会学家格哈德·伦斯基在他的社会文化演进理论里,叙述经济体系是如何随着技术水平的复杂化(由原始的渔猎、采集到今日的工业化社会)而改变的。在以物质为主的采集狩猎社会,人们最关心的是生存问题,虽然不平等与区别现象已经出现,然而,根据社会阶级建立的分层体系尚未成型,因为当时还没有真正的财富可据为己有。

社会的技术愈进步,社会便愈有能力生产可观的剩余物资。剩余物资的形成,大大增加了地位、声望与权力不平等的可能性,并促使社会阶级体系的发展。为了减少罢工、怠工和工业破坏事件,上流精英可能会与较低阶级共同分享一部分的经济剩余物资,但不会多到影响他们的权力和特权。

表 5–1　社会分层的三种主要观点

	功能论	冲突论	互动论
社会分层的目的	促使人们各安其所	促进剥削	运用支配意识并助长个人利益
对社会不平等的态度	在某种程度上是必要的	过度且不断成长	影响社会团体间的关系
对富人的看法	在某种程度上是必要的	运用支配意识并助长个人利益	呈现炫耀性消费和休闲

诚如伦斯基所言，那些财富权势阶级所掌控的剩余物资分配与服务，强化了伴随着分层体系而来的社会不平等。也许这套奖励体系曾经适用于社会的整体目标，就如功能论者所主张的，但是，同一套体系没有办法解释现今社会的巨大贫富差距。在现代工业社会，社会与经济的不平等程度远远超过物资与劳务供应的需求。（Lenski 1966；Nolan & Lenski 2009）

5.2 社会阶级造成的分层

测量社会阶级

借由人们开的车、住的房子、穿的衣服等，我们能评估他们的富有程度。然而，要为他们在我们的社会分层中定位，并不像奴隶制度或种姓制度那样容易。要决定一个人的社会定位，社会学家通常使用客观方法。

客观方法 测量社会阶级的**客观方法**（objective method）主要视阶级为统计类别。研究者根据个人的职业、教育、收入和居住地，将其分配至不同的社会阶级。要注意的是，在客观方法中，个人的社会定位由研究者界定，而不是个人。

使用客观方法的第一步，是决定需要以客观态度来度量的指针或元素，不管这些指针是财富、收入、教育或是职业。职业的声望排行对个人的阶级定位来说是个有用的指针，因为这比收入或财富来得清楚、明确。**声望**（prestige）一词指的是一种职业在社会上受到的尊崇，例如，"我的女儿是物理学家"，它的含义就和"我的女儿是个女侍"相当不同。声望和评价是两个不同的概念，**评价**（esteem）指的是个人在职场上所建立的口碑。因此，我们可以说美国总统享有崇高的声望，即使它是由许多获有不同评价的人所担任；一个美发师可能赢得顾客的赞赏和较高评价，但就是没有公司总裁的声望。

表 5-2 列出了一些常见职业的排行。在一系列的全国调查中，社会学家列出了从医师到报贩大约 500 个职业的排行，声望最高的分数为 100，最低为 0。从这些调查中发现，医师、律师、牙医和大学教授为最有声望的职业。社会学家利用这些资料为所有职业做声望排名，发现从 1925—1991 年间声望排名情况有很大的稳定性。类似的研究在其他国家也发展出实用的职业声望排行。

多元测量 测量社会阶级还有一个复杂的情况，便是统计方法和计算机技术的进步，增加了客观方法中衡量阶级的因素。社会学家不再将社会位置限于年收入与教育水准的评比，而是采用更多元化的评量项目，比如家庭价值、收入来源、资产、现有工龄、住家环境及双职业的考虑。增加这些变量并不一定使美国的阶级

表 5-2　职业声望排行

职业	分数	职业	分数
医生	86	秘书	46
律师	75	保险业务员	45
牙医	74	银行职员	43
大学教师	74	护理工	42
建筑师	73	农民	40
神职人员	69	劳教人员	40
药剂师	68	柜台接待员	39
护士	66	木匠	39
中学教师	66	理发师	36
会计师	65	儿童看护工	35
小学教师	64	旅馆职员	32
飞行员	60	公车司机	32
警察和探员	60	汽车修理工	31
幼儿园教师	55	卡车司机	30
图书馆员	54	销售员（鞋类）	28
消防员	53	清道夫	28
社会工作者	52	侍者	28
牙科保健	52	酒保	25
水电工	51	农场工作人员	23
礼仪师	49	大楼管理员	22
邮差	47	报贩	19

注：100 分是声望最高分，而 0 分是最低分。
资料来源：J. Davis et al. 2007. 亦可参阅 Nakao & Treas 1994。

想一想
你觉得哪两个职业的威望最高？哪两个职业的威望最低？

面貌有所不同，但却能让社会学家得以用更复杂、更多元的测量方式来衡量社会阶级。当研究者使用多元测量时，他们特别提到了**社会经济地位**（socioeconomic status, SES），一种建立在收入、教育和职位基础上的测量社会阶级的方法。而要确定一个年轻人的社会经济地位，例如一个 25 岁以下的大学生，他们则使用双亲的收入、教育和职位状况（来衡量）。

不管用什么方式来衡量阶级，社会学家总是对社会上实际而巨大的权力及特权与机会的差异，有着莫大的兴趣。分层的研究就是不平等关系的研究，而再也没有什么比财富和收入的分配更能明显地表现出不平等关系了。

收入与财富

从各方面来说,在美国收入的分配是不均等的。诺贝尔经济奖得主保罗·萨缪尔森(Paul Samuelson)曾如此形容:"如果我们用积木堆起一座收入金字塔,每层代表500美元,那么,塔顶将会比圣母峰还要高出许多,但是大部分人仍在离地面几英尺的范围内。"(Samuelson & Nordhaus 2001:386)。

最近的数据资料印证了萨缪尔森的说法,图 5-2 显示美国收入的分布情况,是从一个三维金字塔切下的一块——它那针状的塔尖是如此之高,以至于整张纸都放不下。金字塔右边的方块表示图的顶部,收缩到小得多的比例尺。这个图表中包括那些在 2005 年收入为 50 万美元或者更多的美国富人,仅占总人口 0.5%的优等团体。图表的顶部,是 2005 年年收入超过 1,000 万美元的 9,600 多个纳税者。

正如图 5-2 中金字塔所表明的,2007年,90%的美国人收入少于10万美元。根据人口普查局(Bureau of the Census)的数据,只有2%的美国人年收入大于或等于25万美元。请注意图中表明的收入分配的底部更重(头轻脚重)的特点,即收入越低,相应收入获得者的人口比例越大。(DeNavas-Walt et al. 2008;Dykman 2006)

在过去 80 年里,美国的收入曾进行适度地重新分配,但是对贫民甚至中产阶级并无多大益处。1929—1970 年,政府的财税政策将收入部分转移到穷人身上。然而,最近 40 年来,尤其在 20 世纪 80 年代和 2001—2006 年 5 年时间里,联邦政府的税收政策则倾向于富人。另外,伴随着高级技工和专业人员工资的持续提高,在控制通货膨胀时,低技能工人的工资则相对减少了。

因此,根据人口普查局的报告,无论使用哪种调查方法,从 1967 年到 20 世纪末收入的不平等性都在稳步提高。前任联邦储备银行委员会主席格林斯潘,在向国会报告美国贫富差距已经大到足以引起一个民主社会的关注时,便特别提到了收入不平等的显著增长问题。(Cushing-Daniels & Zedlewski 2008;Furman 2007; Greenblatt 2005;Grier 2005;Neckerman & Torche 2007;Saez 2008)

那么,这种不平等的增长到底有多巨大?1979—2004 年的仅仅 25 年中,下面这些变化就发生在人们的实际家庭收入中(因为通货膨胀而有所调整):

- 最底层的 20%的人口,收入增加了 2%。
- 倒数第二的 20%的人口,收入增加了 11%。
- 总人口中间分层的 20%的人口,收入增加了 15%。
- 第二高的 20%的人口,收入增加了 20%。
- 收入最高的 20%的人口,收入增加了 63%。

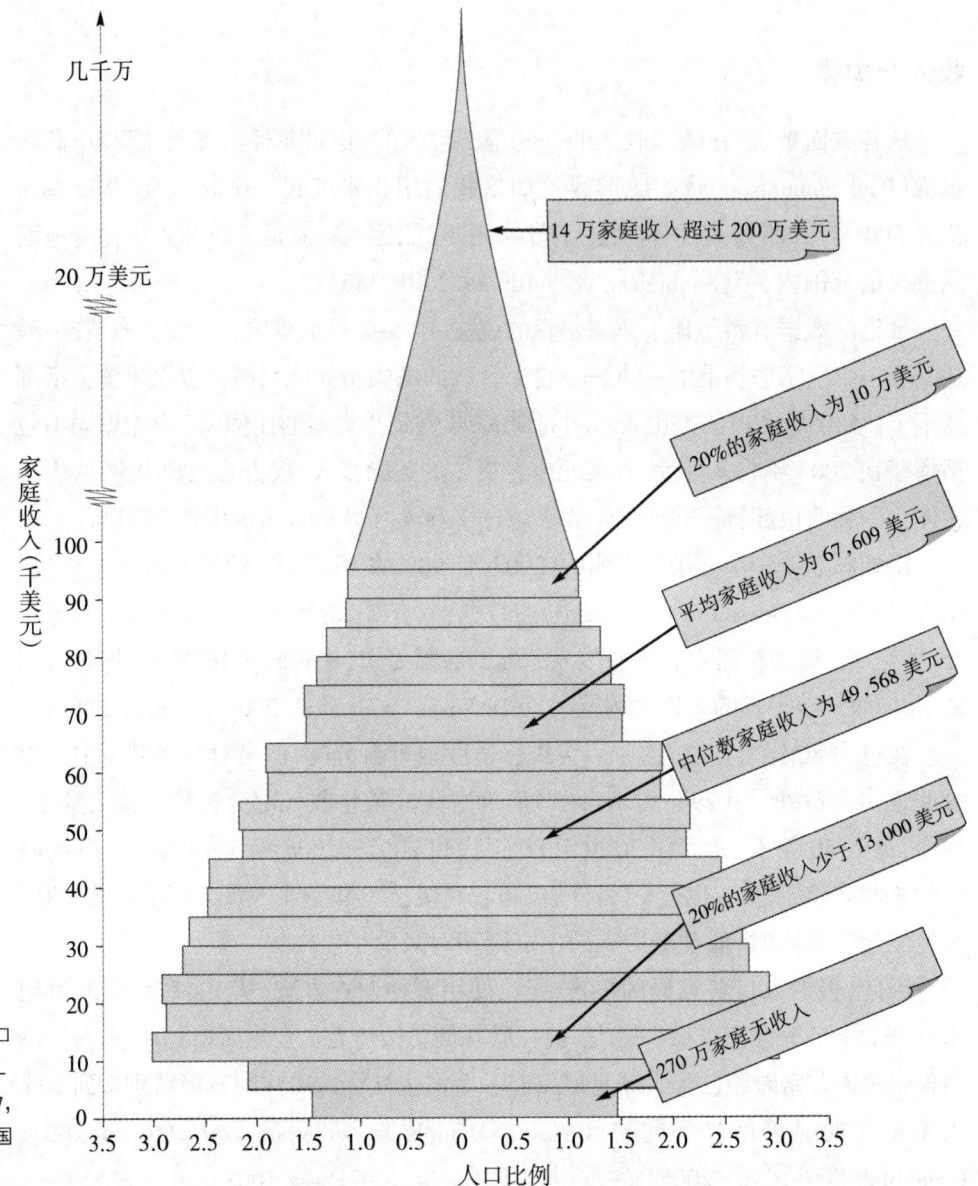

图5-2
美国的家庭收入二，2007年

资料来源：基于联邦人口普查局 2007 年（De-Navas-Walt et al. 2008:7, Table HINC-06）和美国税务局（2008）的数据。

模式是清晰的，尽管每个人做得已经更好了，但是最大的赢家一直是富人。（Congressional Budget Office in Lowenstein 2007）

在美国，财富的分配比收入的分配更加不平均。如图 5-3 所示，2001 年，最富有的五分之一人口掌控着全国 84.5% 的财富。政府资料还显示，当五分之一的家庭处于负债状况时，大约有 1% 的家庭拥有逾 240 万美元的资产。另外，研究者还发现，非裔美国人和白人之间存在明显的财富差距，这样的差距甚至在教育背景相当的情况下也依然存在：受过大学教育的白人家庭所拥有的财富，大约是同教育背景黑人家庭的 3 倍。（Grawe 2008；Oliver and Shapiro 1995；Wolff 2002）

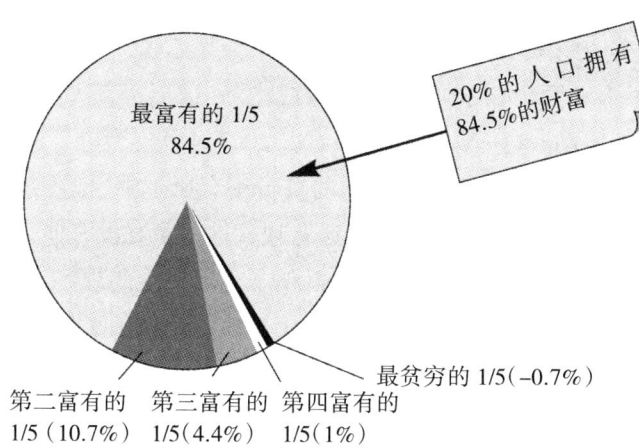

图 5-3 美国的财富分配，2001 年

注：图中数据因为四舍五入所以加起来并不是 100%。

资料来源：Wolff 2002.

美国人似乎不太在乎收入和财富的不平等性。在 27 个国家所做的关于社会不平等的调查中，美国受访者对于高收入分配不平等的关注度没有其他国家的受访者高。美国人更希望能"降低"全国收益分配的最高值，但与其他国家的人们相比，美国人对减少底层收入分配不平等的关注度则较低。

贫 穷

在美国，大约有九分之一的人生活水平处于联邦政府法定的贫困线之下。2007 年，有 3,730 万人处于贫穷状态；20 世纪 90 年代的经济繁荣并未改善他们的生活条件。一份人口普查局的报告显示，有五分之一的家庭无法维持其基本的生活需求，不管是缴纳账单还是购买食物都有困难。

美国高贫穷率的一个主要因素是，大量工人以最低工资被雇佣。在过去的半个世纪里，联邦政府已经把最低工资标准从 1950 年的 75 美分提高到 2001 年的 6.55 美元、2009 年的 7.25 美元。但是就它真正的价值而言，这主要是为了适应通货膨胀。最低生活标准并没有与生活成本保持同步。这也就是为什么低收入的工人只能勉强生活。在本节，我们会考虑社会学家如何定义贫穷，我们将进一步明确哪些人进入了这个类别——包括那些工作着的穷人。

研究贫穷 定义贫穷的困难，使得社会学家与其他社会科学家对贫穷这个议题难以了解透彻，这个问题甚至出现在政府计划中，政府对贫穷的认知不是狭义的绝对贫穷，便是广义的相对贫穷。**绝对贫穷**（absolute poverty）指的是一个家庭最低限度的生活标准。各项有关最低工资、房屋标准及学校营养午餐的政策，都透露着维持公民一定生活水准的社会需求。

一项常被用来评量相对贫穷的标准，为联邦政府法定的**贫穷线**（poverty

line)。它是每年调整的,根据家庭的组成、大小反映家庭消费需求的收入数据,是官方用来定义贫穷的依据。以 2007 年为例,一个年总收入不到 21,000 美元的四口之家(两个大人和两个孩子)即落入贫穷线之下。这个定义决定了谁及哪个家庭可以获得政府的援助。(DeNavas-Walt et al. 2007:45)

虽然以绝对贫穷的观点来看,美国的贫穷率有所下降,但还是比其他工业化国家要高。美国的贫困家庭比率较高,这意味着这些家庭没有能力购买基本的消费品。更有甚者,这个跨国的比较实际上低估了美国贫穷的规模。美国的公民可能花在住房、医疗、儿童抚养和教育上的支出比其他工业化国家高,因为这些国家通常会补贴这些社会服务。

相比之下,**相对贫穷**(relative poverty)则是一个浮动的标准。在这个与全国整体比较的标准之下,处于社会底层的人们不管其生活形态为何,总是被视为弱势群体。因此,即使 20 世纪 90 年代的贫民在绝对意义上也比 20 世纪 30 年代或 60 年代的贫民生活要来得充裕,他们仍被视为需要接受政府的特别援助。

20 世纪 90 年代,对联邦政府评量贫穷的准确性的争论兴起。如果考虑非现金福利,如医疗救助、医疗保健制度、食物券、公共住房、健康保障和其他雇主提供的福利包括在内,报道的贫穷率将会降低。另一方面,如果不列入预算的医疗费用和必需的工作交通费及儿童抚养费用包括在内,则贫穷率将会上升。人口普查局评估了两方的意见,如果这两方的意见都被采纳,官方定义的贫穷率将会高出 2%,而且有另外 500 万人掉到贫困线以下。(Bernasek 2006)

谁是贫民? 贫民这个类别不仅没有简明扼要的定义,而且还颠覆了传统对"贫民"的刻板印象。例如,许多美国人相信,大部分贫民有能力工作却不愿工作,还有许多贫困的成年人的确有工作,只不过只有少部分人有全职工作。2008 年,在贫困的成年人中,约有 31% 的人有全职工作,而全国成年人有全职工作的约 66%。在没有工作的贫民里,多数人都是生病或残障、负责操持家务。

有相当数量的贫民生活在城市贫民窟里,但大多数贫民生活在这些贫民窟之外。在乡下地区,贫穷并不是一个少见的现象:从阿帕拉契山到农耕区和印第安保留区,随处可见贫穷的迹象。表 5-3 提供了这些低收入人群的统计资料。

自"二战"以来,女性在美国贫民的比例持续增高,大多数为离婚妇女或是单亲妈妈。1959 年,以女性为户主的家庭占全国贫民的 28.3%,到了 2007 年,这个比例提升到 53%(见表 5-3)。不仅在美国,世界各地都有这种**贫穷女性化**(feminization of poverty)的惊人趋势。

在美国,大约有一半女性贫民处于"过渡期":因为丈夫的离去、残障或死亡,而暂时处于贫困状态;另一半女性贫民则依靠福利体系或住在附近的亲友家。正如前面提到过的,造成贫穷女性化的一个主要因素是:贫困妇女和她们孩子的贫

表 5-3　谁是美国的贫民？

族群	占美国人口的比例（%）	占美国贫民的比例（%）
18 岁以下	26	36
18—64 岁	61	54
65 岁及以上	13	10
白人（非西班牙裔）	83	43
黑人	12	27
西班牙裔	11	25
亚裔和太平洋群岛民	4	4
夫妻以男性为主的家庭	82	47
以女性为主的家庭	18	53

注：2007 年的资料，取自人口普查局（2008）的报告。
资料来源：DeNavas-Walt et al.2008：13.

困度增加。而不再是大部分的单身男性或双亲家庭。这和政策制定者有关。冲突论者和其他观察者将女性贫困的高比例现象归纳为三个方面的因素：寻找合适托儿所的困难、工作场合的性骚扰，以及性别歧视（见第 7 章）。

对于贫穷的分析显示，贫民不是一个静态的社会阶级，贫民整体的组成是不断改变的：有人或家庭在一年或两年后上升到贫困线水平之上，而有的人却向下沉沦。然而，仍有成千上万的人身处贫困多年而不得翻身。非裔美国人和拉丁人比白人更有可能成为长期贫民。21 年间，15%的非裔美国人和 1%的拉丁人仍处于贫困状态，而美国人只有 3%。基于社会福利改革，拉丁人和黑人比白人更不可能

脱离社会救济的行列。(Mangum et al. 2003)

解释贫穷 为什么在美国如此富裕的国家里,还有这么普遍的贫穷现象?社会学家赫伯特·甘斯(Herbert Gans 1995)运用功能论学派理论来分析这个问题,他认为社会各分层其实都受惠于贫民的存在。甘斯列举出一系列贫民的社会、经济、政治功能:

- 贫民的存在代表肮脏的工作(实质意义上的肮脏或危险、低廉、无尊严与枯燥乏味的工作)得以用低价雇人操作。
- 贫民实际上创造出"服务"贫民的职业与工作机会,比如公共医疗专家、社工人员等,还有非法职业如毒贩、赌场跑堂等。
- 将穷人当做越轨标示出来并惩罚,维持了传统社会规范与主流价值(勤勉、节俭、诚实)的正当性。
- 在阶级社会中,贫民的存在保障了富人的高社会地位。如同心理学家威廉·瑞安(William Ryan 1976)所指出的,富人通常以"自作自受"(blame the victims)为由,来解释社会不平等与贫民的弱势地位,并由此产生自我满足感。
- 由于缺乏政治力量,贫民经常承受社会变迁的代价。在去机构化的政策下,从疗养院出来的精神病患者常被"遗弃"在低收入社区或邻近地区;同样,供吸毒者重获新生的中途之家常被富裕的社区所排斥,最后只能在贫穷的社区内落脚。

因此,在甘斯的观点里,贫穷对美国社会中其他非贫民团体其实具有积极的社会功能。

生活际遇

韦伯视阶级与**生活际遇**(life chances)息息相关。所谓生活际遇,指的是个人能有丰裕的物质生活、创造良好生活环境与经验的机会。(Gerth & Mills 1958)生活际遇反映在居住环境、教育与健康等项目上。一般来说,高社会位置会改善个人的生活际遇,为其带来更大的社会利益;反之,在社会低层的人们只能将其有限的资源投注在生活所需上。

阶级地位同时也影响人们面对自然灾害时的脆弱程度。2005年卡特里娜飓风袭击美国加尔夫海岸时,富人和穷人同样都成了受害者。然而,那些没有手机的贫困者(仅在新奥尔良就有100,000人)比其他人更不可能在暴风雨来之前撤离。那些没有积蓄可以使用的幸存者就更有可能接受社会服务机构给他们安排的安置地——有些甚至离家有上千或上万里路。(Department of Homeland & Security 2006)

> **使用你的社会学的想象力**
>
> 想象一个没有阶级存在的社会——人们的财富、收入、生活机会没有任何不同。这个社会是怎么样的呢?它的社会结构是稳定的还是随时变动的呢?

有些人希望网络革命可以改善生活差异的情况，让人人都能获得信息与机会。然而，不幸的是，不是所有人都能上"信息高速公路"，它反而造成社会不平等的另一个层面——**数字化区隔**（digital divide）。贫民、少数族群及住在乡村的居民无法在家里或工作场合连上网络。一项最近的政府研究发现，即使计算机的售价降低，有网络设备与没有网络设备的差距仍然没有缩小的趋势。

举例来说，尽管在 2007 年，有 70%的美国人使用网络，这一群人包括 93%的人收入超过 75,000 美元，收入在 30,000 美元的人小于 49%。因为富人有能力购买高速网络设备，他们也较有机会接触高科技网络服务，数字差异也因而日益扩大。（Pew Internet Project 2008）

财富、身份与权力也许不能带来快乐，但是，它们的确能提供其他解决问题或困扰的方法。就这一点而言，任何能出人头地的机会，对社会底层的人来说都特别重要，因为他们也希望得到上层阶级所享有的奖励与权利。为了增加他们的社会流动，我们的社会能做什么？一种策略就是给来自低收入家庭的大学生提供经济援助，基于教育能使人走出贫穷的理论。然而，这样的方案并没有产生方案提出者预期的效果，因为现今很多大学生，需要在未来几年中偿还他们的大学贷款。

5.3 社会流动

在电影《曼哈顿灰姑娘》（*Maid in Manhattan*）里，珍妮弗·洛佩兹在这个当代灰姑娘的故事中扮演女主角，由一个大城市中饭店的低阶女服务生上升为公司的管理层，并且与一个前途似锦的政治人物出双入对。一个人由贫穷的境遇爬升到具有威望、权力及财富的社会位置，就是社会流动的一个例子。**社会流动**（social mobility）指的是个人或群体由社会的某一分层到另一分层的活动。那么，在美国的阶级社会里，社会流动如何重要？如何频繁？带来的冲击又是如何巨大？

开放与封闭式分层体系

社会学家用开放式分层体系和封闭式分层体系两个词，来形容一个社会流动的程度。**开放体系**（open system）指的是个人的社会位置受其自致地位的影响，这样的分层体系鼓励社会成员之间的竞争。美国正朝着这个方向发展，并致力于减少女性、少数种族和族群，与下层阶级的人们所面临的阻力。

社会流动的另一个极端是**封闭体系**（closed system）。在封闭体系中，向上流动的可能性极其低微。奴隶、种姓与庄园阶级式的分层即是封闭体系的例证。在封闭的社会中，社会地位的安排是基于先赋地位如种族、家庭背景等而定，无法加以轻易改变。

社会流动的种类

一个成为警察的飞机驾驶员,他是从原来的社会位置移到另一个同等级的社会位置:警察和飞机驾驶员的职业声望在 0—100 的排行分数都是 60(见表 5-2)。社会学家称这种同等级的社会流动为**水平流动**(horizontal mobility)。然而,如果这位飞机驾驶员成为一个律师(威望分数 75),他所经历的社会流动则是从一个社会位置到另一个不同等级社会位置的**垂直流动**(vertical mobility)。垂直流动也有可能向下发展,比如,这个飞机驾驶员变成一个银行职员(威望分数 43)。皮特林姆·索罗金(Pitirim Sorokin 1959[1927])是第一个区分水平流动与垂直流动的社会学家。

大部分社会学的分析聚焦在垂直流动上。一个检视垂直社会流动的方法是代间流动与代内流动。**代间流动**(intergenerational mobility)指的是孩子相对于父母社会地位的变迁。因此,有个医师父亲的水电工,他经历的是向下的代间流动,而父母都是工厂工人的电影明星,则代表的是向上的代间流动。由于教育对向上流动有着重要的意义,所以任何在追求高学位过程中的障碍都会限制代间流动。(Isaacs 2007a;Sawhill & Morton 2007)

代内流动(intragenerational mobility)关系的则是个人成年生活中的社会地位变迁。一个刚开始担任教师助理,到最终成为学校校长的女性,经历的就是向上的代内流动。而因会计事务所倒闭,不得已改行做出租车司机的男性会计师,他所经历的则是向下的代内流动。

美国的社会流动

在美国社会,向上流动的信念是个重要的价值。这难道意味着美国确实是一个充满机会的国家?事实并非如此,除非一些先赋的特征,比如种族、性别与家庭背景,都不再影响个人的生活前景。以下我们可以看到这些因素对职业结构的影响。

职业流动 两项相隔十年的社会学研究深入探讨了全国职业结构内的流动程度。(Blau & Duncan 1967;Featherman & Hauser 1978)总体来说,这两项调查提出了几项值得注意的结论:

一是职业流动(不管是代间或代内)在男性中已经很普遍。有 60%—70%的男性的职业排行高于他们的父亲。

二是尽管美国的社会流动相当普遍,但都只局限在小范围内。也就是说,那些和父母有不同职业等级的人,实际上在八个职业分级中,只和他们的父母前后相差一至二个等级。因此,父母为劳工阶级的人可能成为工匠或技师,但是不太可能成为经理主管或专业人士。想爬到顶尖的阻力非常大,除非一开始就有相对有利的起跑点。

教育的影响 这两项研究的另一个结论是,教育在社会流动中扮演着至关重要的角色。教育对成人地位的影响,比家庭背景的影响更重大(虽然家庭背景也影响了个人接受高等教育的可能性)。而且,教育代表了代间流动的一种重要途径:一个出生在贫穷家庭的大学毕业生,成人后有五分之一的机会跻身所有收入者的前5强。(Isaacs et al.2008)

然而十年来,教育对社会流动的影响力有所降低。一个文学士或理学士的大学文凭已不像从前那般好用,因为越来越多投入就业市场的人拥有大学学历。此外,代间流动也日渐缓和,因为世代之间不再有那么明显的差距。过去许多中学学历的父母成功地将他们的孩子送入大学,然而,今天越来越多大学生的父母本身也拥有大学学历。(Sawhill and Morton 2007)

种族的影响 长期以来,社会学家发现,社会阶级体系对非裔美国人比对其他种族更苛刻。举例来说,有好职业的黑人男性,他们的小孩将来长大后,比起白人男性,较不可能维持和父亲一样的地位。因为歧视所带来的积累劣势,使这两个种族有截然不同的生活经验。相比白人家庭,非裔美国家庭拥有的财富相对较少,这意味着长大后的黑人儿童,能获得家庭经济的支援也比较少。确实,年轻的黑人夫妇比年轻的白人夫妇更有可能供养他们的父母——这种牺牲可能会阻碍他们的社会流动。(Favreault 2008)

由于经济扩展和20世纪60年代的民权运动,非裔的中产阶级队伍在过去几十年中有显著的成长。但是这些家庭大多没什么积蓄,所以遇到危机时往往会陷入危险境地。研究者还注意到,黑人要比白人更有可能向下流动。(Oliver & Shapiro1995;Sernau 2001;W. J. Wilson 1996)

拉丁人的状况更不容乐观。典型的西班牙人拥有的财富比一个白人拥有的少10%。2004年的一份研究显示,在最近几年中,拉丁人甚至已经失去立足之地了。他们持续的迁徙也是两者差异巨大的部分原因:大部分新到达的人都是贫困的。但是甚至5%最富裕的拉丁家庭也只拥有5%最富有的白人家庭净财富的三分之一。(Kochhar 2004)

性别的影响 传统上,社会流动的研究比阶级的研究更忽略性别因素的重要性,但近来已有研究探讨性别与社会流动的关联。

女性的就业机会比男性的限制更大(参见第7章)。此外,据最近的调查,能力远超过工作范围所需的女性,比男性更有可能从劳动力市场上退出。这个现象打破了传统社会流动研究的假设:大部分人都有向上提升的欲望,并积极尝试所有机会。

相比男性,女性有较大的机会从事行政工作,但是,这些工作所提供的微薄薪水与有限的升迁机会,代表了向上流动的无望。除此之外,个体户如鞋店老板、企业家、独立的专家,这对男性来说是重要的向上流动之路,对女性来说则相当困难,因为她们认为取得稳定的财源不容易。大部分男性会跟随父亲的足迹,但是女性不太可能步父亲的后尘。所以,在美国的社会流动里,性别仍然是一个重要因素。美国(以及世界其他地方)的女性特别容易身陷困境,无法挣脱低下地位的束缚。(Heilman 2001)

从积极一面来说,虽然如今的女性在工作上落后于男性,但她们的收入增长已经比她们母亲那个年代快多了。且她们的收入总体上也高了许多。这一趋势的例外是低收入父母的女儿。因为这些母亲总爱关心她们的女儿——有些还是单亲妈妈——有时也关心其他亲戚,她们的流动就被严重限制了。

5.4 全球分化

在世界的某些地方,那些已献身于与饥饿抗争的人,把自己的"事业"称为"应对机制"——绝望的贫困者企图控制饥饿感的方法。厄立特里亚的女性们会在她们的胃上系上平滑的石子以减轻饥饿之感。在莫桑比克,人们吃毁坏他们庄稼的蝗虫(当地人称之为"飞虾")。尽管条件优裕的人会认为吃脏东西是一种病态的状况(称为 pica),世上的穷人依旧靠吃脏东西来增加矿物质。在许多国家,母亲们会在水里煮石头,为了让她们的孩子相信,晚饭快好了。当她们守在锅旁时,这些女人希望她们营养不良的孩子可以睡着。(McNeil 2004)

在全世界,不平等是人类行为的一大决定因素,机会之门并没有向所有人打开。的确,生命际遇的差别是如此极端以至于在某些地方,穷人中最贫穷者根本无法被注意到。西方媒体的影像已经传遍全球,但是在极其贫困的乡村地区,那些生活在底层的人们可能根本看不到这些。

几个世纪以前,如此巨大的全球财富分化并不存在。除了极少数的统治者和地主,每个人都很贫穷。欧洲的大部分地区,生活同在亚洲与南美洲一样困苦。直到工业革命和提高农业生产率带来的爆炸性经济增长,这种现象才有所改变。但由此带来的生活条件的改善最终并没有影响到全世界。

工业国家与发展中国家间的分化是巨大的。但是,社会学家认识到从富人中最富的到穷人中最穷的,国家之间存在着一致性。譬如,2007 年,美国、日本、瑞士、比利时和挪威等工业化国家的人均 GDP 高于 31,000 美元。相比之下,至少 13 个较贫穷国家的人均 GDP 在 900 美元以下。而大部分国家处在这两个极端之

间。(Haub and Kent 2008)

但两者的差异仍然鲜明。以下讨论的三个因素:殖民主义的遗产、跨国企业的出现与现代化,特别说明了少数国家把持世界市场的现象。

殖民主义的遗产

殖民主义(colonialism)是一国政治、社会、经济和文化势力长期控制另一国人民的行为,简单来说就是外来统治。大英帝国长期统治北美、非洲与印度,就是殖民统治的例证之一,还有法国在阿尔及利亚、突尼斯及北非其他地方的势力也是。殖民国家与被殖民人民之间的关系就像马克思的资产阶级和无产阶级之间的关系。

20世纪80年代以前,殖民主义已基本消失殆尽。在第一次世界大战前曾为殖民地的国家,大多已经赢得了政治独立并成立了自己的政府。然而,对这些国家而言,真正独立的境界还没有到来:殖民统治建立了经济剥削的方式,甚至在殖民地已经取得独立地位后还持续着——部分是因为他们没有能力发展自己的工业和技术。这些国家在管理和技术专业、资金和物资上,对工业化国家(包括其前殖民宗主国)的依赖,使得它们无法摆脱次级、从属的地位。这样持续的依赖和外国势力的介入便构成了**新殖民主义**(neocolonialism)。今天,我们可以在服务更多工业化国家的工厂和装配厂中看到新殖民主义,包括墨西哥的马基拉朵拉工厂(外国人在墨西哥开办的装配厂)和中国的电子工厂。

殖民主义与新殖民主义在经济与政治上的重要性是显而易见的。着眼于冲突学派的观点,社会学家伊曼纽·沃勒斯坦(Immanuel Wallerstein 1974,1979a,2004)认为,全球经济体系已区分为控制财富的国家和资源被取用的国家。他相信,新殖民主义使工业社会积累了更多的资本。

沃勒斯坦发展了一套**世界体系分析**(world-systems analysis)来形容这个不平等的经济、政治关系,其中某些工业国家(美国、日本、德国等)和它们的跨国公司控制了世界经济系统的核心(见表5-4)。这个系统的半边缘部分是拥有边缘经济地位的国家,像以色列、爱尔兰和韩国。沃勒斯坦指出,亚非拉的贫困发展中国家处在世界经济体系的边缘。核心国家和他们的跨国公司控制和剥削其他国家的经济行为,就像老牌殖民帝国统治他们的殖民地一样。(Chase-Dunn & Grimes 1995)

核心和边缘国家的区别相当显著且稳定。国际货币基金组织(International Monetary Fund 2000)的一份研究发现,它所调查的42个国家在过去一百年来少有变化,除了日本挤进核心国家及中国打进半边缘圈这几个明显的变化。沃勒斯坦(Wallerstein 2000)猜测,我们当前了解的世界系统可能很快会经历不可预料的变化。世界正加速城市化,这是一种逐步淘汰乡村地区廉价劳动力群体的趋势。在

> **使用你的社会学的想象力**
>
> 你正在一个发展中国家旅行,你看到的新殖民主义的迹象是什么呢?

图 5-4
21 世纪初世界体系分析
注:图表只列出了作者所选择的部分国家。

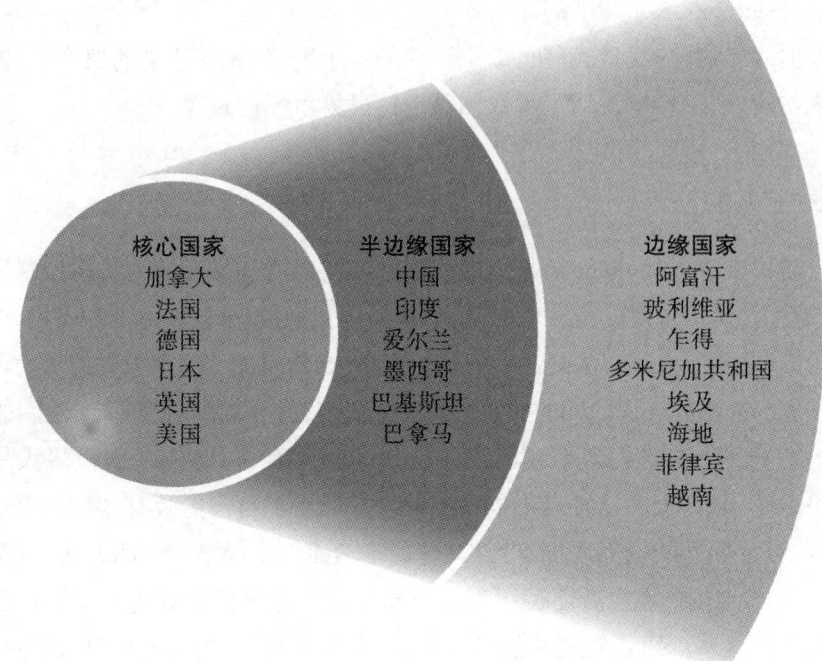

未来,核心国家会寻找其他方法以减少劳动力成本。土地和水资源因为过度开发和污染而耗尽,这也造成了生产成本的增加。

沃勒斯坦的世界体系分析是**依附理论**(dependency theory)最常用的一个版本。根据这个理论,即使发展中国家有任何经济上的进步,在这个日益错综复杂的全球经济里,它们仍不免沦为核心国家及其企业的附属品,这也让工业化国家有机会剥削发展中国家以谋求私利。从某种意义来说,依附理论是将冲突学派的观点应用在全球的架构上。

根据世界体系分析和依附理论,发展中国家的人力和自然资源正在被核心工业国家重新瓜分。部分原因是发展中国家因外资援助、举债及贸易逆差而欠债于工业化国家。这种全球债务危机加剧了第三世界在新老殖民主义和多国投资对工业化国家的依赖性。国际经济组织正施压于债务国家,使其采取有效措施偿还利息款。结果可能是发展中国家被迫贬值货币、拖欠工人工资、增强企业私有化,以及减少公共服务与精简政府人事。

> **使用你的社会学的想象力**
> 当你在电视或电影中看到一个发展中国家,影片或电视节目会强调这个国家的进步或问题吗?

全球化

全球化和以上问题关系密切。**全球化**(globalization)指的是通过贸易和观念的交流,达到全球政府政策、文化、社会运动及金融市场整合的过程。尽管有关全球化的公众讨论最近才出现,但学者们对于这个问题的思量由来已久。马克思和恩格斯早在《共产党宣言》中便提醒人们，世界市场的出现会导致产品生产的全球化并扫除既存的工作关系。

今天，一个国家之外的发展就像国内的变化一样影响着人们的生活。譬如，尽管2001年9月之前，世界的大部分已经处于经济疲软期，仅在几个星期之内，恐怖主义者对纽约和华盛顿的攻击造成的负面经济打击已经开始影响非洲的游戏管理人和亚洲的出租车司机。全球化的冲击给拉丁美洲和非洲的发展中国家带来的问题最大，而亚洲的发展中国家所受影响则较小，因为外国投资基本覆盖了高科技产业，使得其经济可持续增长。

许多观察家把全球化及其影响视为通讯科技进步的自然结果，尤其是网络及大众传媒的卫星传输。有些人则持批判的态度，认为这使跨国公司能在不被监督的前提下扩张，这是我们下一节将要讨论的主题。（Chase-Dunn et al. 2000；Feketekuty 2001；Feuer 1959；Kerbo 2006；Pearlstein 2001）

因为全球的金融市场超越传统国家的政府体系，所以，像世界银行和国际货币基金组织这样的国际组织才会兴起，成为国际经济体系中的要角。这些由美国等主导的组织的作用，是鼓励经济贸易和发展，并确保国际金融市场的平稳运行。它们被看做全球化的促进者和核心国家利益的主要捍卫者。自1999年核心国家领导人齐聚华盛顿、西雅图的WTO会议后，抗议者们已经集中意见吸引人们对一系列问题的注意，包括劳工权的被侵犯、环境的破坏、文化意识的丧失（见第2章），以及对边缘国家中少数族群的歧视。

跨国公司

世界性的企业巨人在新殖民主义中扮演了关键角色。**跨国公司**（multinational corporations）指的是总部设在一国而生意遍布全世界的商业组织。像这样的贸易和借贷关系并不稀奇，海外贸易已盛行几百年，商人往来于世界各地交易宝石、香料、布料及其他货物。然而，如今的跨国公司并不仅止于买卖，它们还在世界各地生产（从运动鞋到缝纫机等）各种货物。

此外，今天的"世界工厂"（指跨国公司经营，设在发展中国家的工厂）还伴有"全球办事处"。设在核心国家的跨国公司开始在边缘国家建立预约服务、保险理赔中心，以及信息处理中心。由于服务型产业在国际市场中变得愈发重要，许多公司认为，海外运营的低廉价格更能降低信息转移的成本。

千万别低估了这些全球企业的规模。表5-4显示，这些企业的总收益和国家整体生产与交换服务的价值相当。海外业绩是跨国公司重要的利润来源，这鼓励他们向其他国家扩展（大部分是发展中国家）。以美国为例，美国的经济严重依赖

表 5-4　跨国公司与国家的对比

序号	公司	财政收入（百万美元）	比较国家	国内 GDP（百万美元）
1	沃尔玛（Wal-Mart，美国）	378,799	瑞士	395,400
2	埃索石油（Exxon Mobi，美国）	372,824	南非、新西兰	367,400
3	荷兰皇家壳牌（英/荷）	355,782	沙特阿拉伯	331,000
4	英国石油（英国）	291,438	丹麦	253,300
5	丰田汽车（日本）	230,201	芬兰	217,800
6	雪佛龙	210,783	匈牙利加埃及	210,400
7	荷兰国际集团	201,516	阿根廷	201,400
8	Total（法国）	187,280	巴基斯坦加越南	191,300
9	通用汽车（General Motors，美国）	182,347	巴基斯坦加越南	185,200
10	康菲石油公司	178,558	委内瑞拉	164,000

注：Total 是一个石油、汽油和化学公司。国家是按 GDP 大小排列的。列表显示的财政收入数据是《财富》（*Fortune*）2007 年收集的数据。GDP 数据是世界银行 2006 年收集的数据。
资料来源：公司数据，《财富》（*Fortune*，2008）；GDP 数据，世界银行（World Bank，2008：14-16）。

海外贸易，而海外贸易大部分由跨国公司掌控。在美国，超过四分之一的财货与劳务与进出口有关。（U.S. Trade Representative 2007）

社会学家对这些庞大组织带来的经济与社会影响的估量不尽相同。我们将从功能论视角和冲突论视角来检视跨国公司。

功能论视角　功能论者相信，跨国公司事实上能帮助发展中国家：它们为农耕社会带来工作和工业，并将发明与创新自工业化国家转移而来，促进当地的快速发展。从功能学派的角度来看，跨国公司的高科技与管理技术加上发展中国家的廉价劳工，造就了完美的全球企业；跨国公司能最大化利用技术，却又减少了成本，提高了利润。

跨国公司的国际网络能促使意见与科技的交流，加深各个国家互相依赖的程度。这些网络可以抑制纷争，不使其演变成严重冲突；此外，没有国家敢与其生意来源或主要出口国家轻易终止外交关系或是宣战。

冲突论视角　冲突理论家对这种针对跨国公司如此善意的评价则无法认同，冲突理论家强调跨国公司剥削当地劳动者实现利润最大化。以星巴克为例，这个总部设在西雅图的国际咖啡零售商，主要从危地马拉的农场获取部分的咖啡豆原料。但是，危地马拉农场的工人如果要赚到能购买一磅星巴克咖啡的钱，他必须采摘 500 磅的咖啡豆，这相当于 5 天的工作量。（Entine & Nichols 1996）

发展中国家的廉价劳动力促使跨国公司将工厂搬出核心国家。跨国公司之所以这么做,是因为发展中国家抑制工会组织的存在。在工业化国家,被组织起来的劳工要求合理的工资与人性化的工作环境,但是其他欲招徕或留住跨国公司的国家,为了营造"投资环境",可能会制定反劳工法案来限制工会的活动及集体协议。如果劳工的要求对跨国公司造成威胁,跨国公司就会把他们的工厂转移到别的地方。以耐克为例,为寻求最低的劳动力成本,它把工厂从美国移到韩国,再到印度尼西亚,又到越南。于是,冲突论者得出结论:就整体而言,跨国公司对工业化国家和发展中国家都有消极影响。

许多研究过国外投资影响的社会学家认为,国外投资也许一开始能增加当地政府的财富,但它最终会加剧发展中国家内部的经济不平等性。这在收入和土地所有权上的确是个事实:中上层阶级从经济扩展中获利最多,而下层阶级则不然。跨国公司只投资在一国经济的某些项目上,设立据点也仅限某些地区;虽然某些经济项目如旅馆和昂贵的饭店得以扩张,这样的经济发展却阻碍了农业和其他行业的发展。甚至,跨国公司通常会买下或排挤当地的企业和公司,进一步造成发展中国家经济与文化对它的依赖。(Chase-Dunn & Grimes 1995;Kerbo 2003; Wallerstein 1979b)

现代化

世界上很多人目睹他们的日常生活正起着革命性的变化。现代的社会科学家用**现代化**(modernization)一词来描述发展中国家从传统或不发达的组织转变到具有较发达社会的一些特征的快速进程。

为以上现代化定义的温戴尔·贝尔(Wendell Bell 1981)认为,现代社会的特征是都市、文化与工业化。它有复杂的交通运输系统和媒体系统,家庭组成多为核心形态而非扩展的家庭模式。经历过现代化的社会成员,从原来对传统权威如父母、神职人员的效忠,转而服膺政府等新权威。

许多社会学家很快就发现,像"现代化",甚至"发展"这样的词包含了种族中心的偏见。这些藏在字词背后的假设,暗示了"他们"(发展中国家的人们)正努力变得像"我们"(核心工业国家的人们)一样。从冲突论视角看,这些词持续了资本主义社会的支配意识形态。

"现代化"这一词也表明了积极的变化。然而,即使有变化,通常也来得很慢,且往往服务于工业国家中的富人。这一不言而喻的道理似乎也可用于解释最近在发展中国家传播的电子技术。

社会学家对现代化的批评,也同样针对**现代化理论**(modernization theory)这个功能学派的观点。现代化理论主张,现代化与发展会渐渐改善发展中国家人民

表 5-5　有关全球不平等的社会学观点

理论	社会学观点	解释
世界体系分析	功能论和冲突论	不平等的经济和政治关系使国与国之间存在明显的分化
依附理论	冲突论	工业化国家通过殖民主义和跨国公司剥削发展中国家
现代化理论	功能论	发展中国家正在远离其传统文化并靠近工业化国家的文化

的生活。根据这项理论,当国家之间发展不均衡时,落后国家的发展会受到发达国家新技术转移的援助。但是反对现代化理论的批评家,包括依附理论学家,则反驳说,技术转移只会让发达国家更能掌控并进而剥削发展中国家。表 5-5 总结了有关全球不平等的社会学观点。

当我们在发展中国家发现,举目皆是可口可乐(Coca-Cola)和邓肯甜甜圈(Dunkin' Donuts)的招牌时,也许会轻易地认为,经济的变化会影响文化的改变,但实际上并不完全是这么回事。有特色的文化传统,像特定的宗教倾向或民族认同,通常能在发展中国家持续生存,并减缓现代化的冲击。有些当代的社会学家强调,工业化国家与发展中国家同样都是"现代"国家,而近来的研究学者也逐渐视现代化为一连串不同指针的社会变革,如都市化程度、能源利用、政治民主化及节育。很明显,这些都是主观的指针,即使在工业化国家,也不是每个人都同意广义的节育代表"进步"。(Armer & Katsillis 1992;Hedley 1992;Inglehart & Baker 2000)

近来的现代化研究一般采用趋合的观点。利用上述指针,研究人员着重关注在不同传统的社会如何趋向一致的发展。从冲突论角度来说,发展中国家的现代化通常延续了它们对工业化国家的依赖,也持续了工业化国家对它们的压榨。冲突论学者认为,这种持续依赖外国势力的现象,就是当代新殖民主义的一个例证。

社会学要义

社会学之所以重要是因为它决定了你的社会阶级,这是你所在社会体系中的位置的重要部分。

- 家庭财富和收入的巨大差异会使你所在大学的同学分离吗？你家乡的人又会怎样呢？社会学家是如何解释这些差异的？
- 你的家庭的社会阶级是怎样的？你基于何种社会阶级的测量方法给出回答？你家庭的社会阶级如何影响你的生活际遇？
- 你处于全球化分层的哪个位置？你所用的产品有多少是发展中国家工人制作的？如果你买不起那些产品,你的社会地位会不同吗？

章节摘要

分层是一个将社会上所有群体体系分级的系统,以使**社会不平等**永远存在。在全世界范围内,分层见诸于国与国之间**收入**和**财产**的不平等分配及贫穷国家与富裕国家之间的差距。这一章检视了分层的四个体系,包括在美国盛行的**阶级体系**。它考虑了对社会不平等的存在、分层和**社会流动**的关系做出的两种理论化解释。它以对发展中国家的分层的讨论而结束。

1. 所有文化都通过分层体系如**奴隶制度**、**种姓制度**、**庄园制度**和**社会阶级**显示出一定程度的**社会不平等**。
2. 卡尔·马克思写道,资本主义创造了两种明显的社会阶级:**资产阶级**(生产资料的所有者)和**无产阶级**(劳动者)。
3. 马克斯·韦伯指出三个分层的组成要素:**阶级**、**身份**和**权力**。
4. 功能论学者认为,分层促使人们填补社会的重要位置,而冲突理论学家则视分层为社会紧张关系与冲突的主要来源。互动论者则强调分层以何种方式塑造个人的生活方式。
5. 社会学家区分了被定义为最低生活限度的**绝对贫穷**和**相对贫穷**,一个基于与全社会整体比较的、剥削的浮动标准。
6. 个人的**生活际遇**,也就是一个人能自给自足、创造良好生活环境与经验的机会,与他的社会阶级相关。拥有较高的社会位置能增进一个人的生活际遇。
7. **社会流动**在强调**自致地位**的**开放体系**上,比强调**先赋地位**的**封闭体系**明显。
8. 2006年,一些发展中国家的人均GDP是900美元或更少。借由**新殖民主义**的进程,前殖民地国家被赋予从属地位,并受外国势力掌控。
9. 依据社会学家伊曼纽尔·沃勒斯坦,全球经济体系被区分为控制世界财富的工业化国家(核心国家)与资源被取用的发展中国家(边缘国家)。沃勒斯坦的**依附理论**指的是**世界体系分析**。
10. 评论家们因**全球化**导致的核心国家对边缘国家的文化主导而谴责全球化进程。全球化指的是通过贸易及概念的交换,达到政府政策、文化、社会运动及金融市场全球整合的过程。评论家们还指责**跨国公司**为了达到利润最大化,剥削发展中国家的工人。

Inequality by Race and Ethnicity
种族与民族的不平等

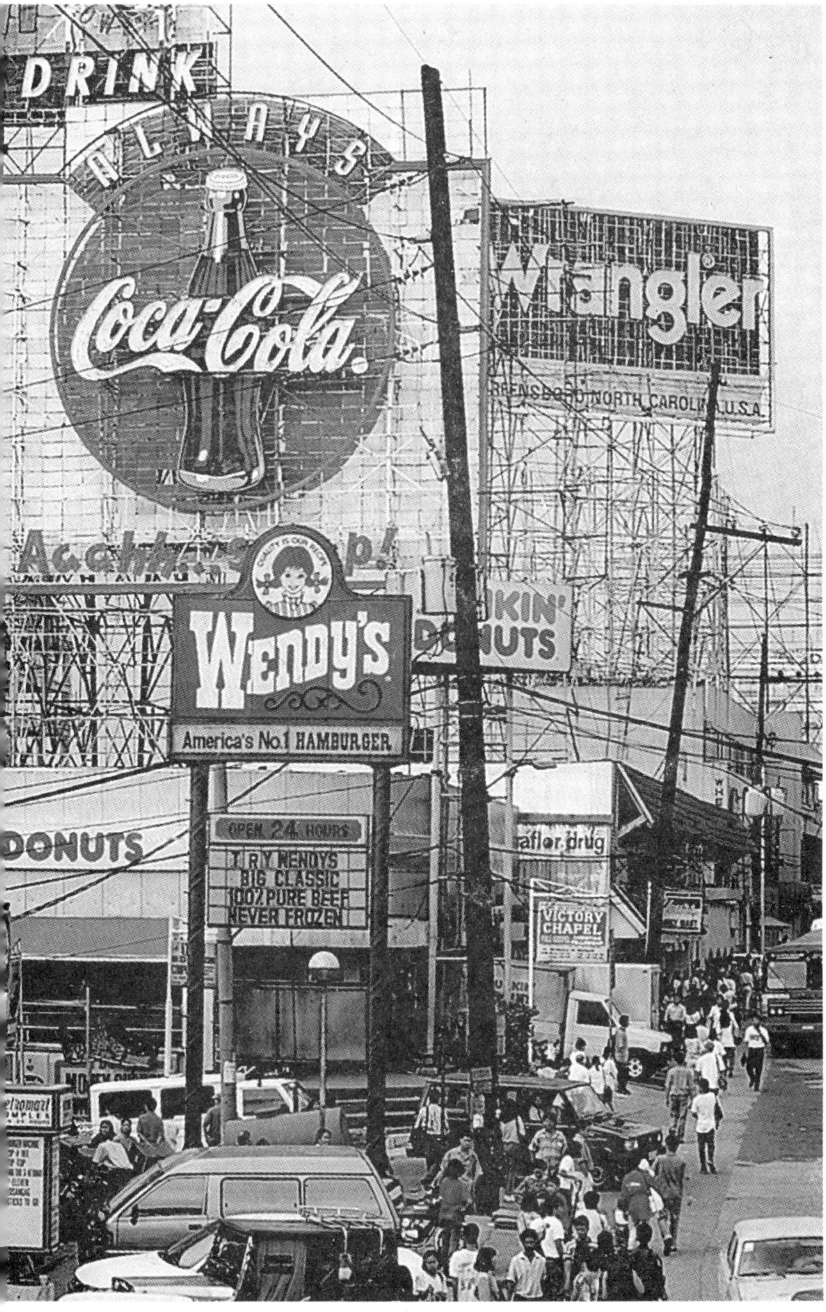

6.1 支配的特权
6.2 种族与民族的社会建构
6.3 移民与新族群
6.4 种族与民族的社会学视角
6.5 偏见与歧视的模式

跨国企业在国外的影响力,可以从菲律宾首都马尼拉的街道看出来。

1900年，在伦敦反奴隶制联盟的讲话中，学者杜波伊斯（William E. B. Du Bois）预计，"颜色线"（the color line）将成为20世纪最重要的问题。杜波伊斯出生于1868年，是一个有自由身的黑人，亲眼目睹了整个美国的偏见和歧视。他的评论具有预见性。直到一个世纪后的今天，种族和民族问题在美国仍占有巨大的分量。(Du Bois 1969 [1900])

自1900年以来，颜色线一直是很模糊的。人种间混合的婚姻再也不会被法律和习俗所禁止。于是，一个密歇根州安阿伯市的当地人，Geetha Lakshmi-narayanan 既算是白人又算是印度人。由于菲律宾妇女和阿拉伯妇女通常难以辨认，她已经习惯了人们突然问她"你是谁？"(Navarro 2005)。公众人物现在选择夸耀这个，而不是隐藏自己的混合血统。歌手玛利亚·凯莉（Mariah Carey）庆祝她爱尔兰裔美国人的背景，奥巴马（Barack Obama）也证明自己是一个来自肯尼亚的父亲和一个来自美国堪萨斯州的白人母亲在夏威夷生的孩子。

今天，颜色线在外来移民和本地居民之间表现得更加明显，尤其针对墨西哥人。宾夕法尼亚州黑泽尔顿市的官员，已经给予那些租给非法移民房子的房东和雇佣他们的商家以严厉的处罚，因为他们认为过去大量非法移民的涌入毁灭了他们的小镇。尽管当地的常住居民责备新的拉丁美洲工人可能给他们带来犯罪率的增长，但事实上，宾夕法尼亚州的警方发现逮捕、暴力攻击和报告被盗的案例减少了。同时，威斯康星州的雇主却在积极地寻找工作时间长且只要很少工资的移民。他们对被雇佣的拉丁美洲人很满意，以至最近镇上派送当地的奶农代表团到墨西哥去宣传他们这个地区。(Gibbard 2006; Barry 2006)

很明显，种族和民族的划分在美国的确还是个问题。总体来说，种族偏见引起的社会偏见是某些族群成员每天所遭遇的。在本章我们将看到种族和民族带来的先赋特征如何给一部分人带来社会特权，而给另一部分人带来歧视。我们将会看到种族和民族是社会构建的概念，而不是由基因决定的特征。尽管功能论者、冲突论者、女性主义者和互动论者对于白人和黑人之间的不平等都给出了不同的解释，但是，他们都承认偏见和歧视无论在个人还是公共机构层面上都是存在的。

6.1 支配的特权

经常被忽略的歧视的一个方面是，那些支配群体总是以损害他人为代价来享受自己的特权。例如，我们更倾向关注那些既要工作又要照顾家庭的艰难的妇女，而不是那些躲避家务劳动并闯出自己一番天地的男人。类似地，我们更关注那些对少数种族的歧视，而不是大多数白人拥有的优势。确实，大多数白人把他们的身份视为理所当然的事，很少考虑他们的"白"。但是，社会学家和其他社会科学家们越来越对"白人"意味着什么感兴趣，因为白人特权是种族歧视这块众所周知硬币的另一面。

女性主义者，帕吉·麦景图（Peggy McIntosh 1988），在注意到大多数男士不承认男性有特权——尽管他们认同女性有劣势之后，开始对白人特权感兴趣。白人也会为他们自己的种族特权产生相似的盲点吗？她很好奇。出于好奇，麦景图开始列出她得益于白人的所有事情。很快，她发现这些无须道出的好处是长久且重要的。

麦景图发现，作为一个白人，无论她想去哪里，她都很少需要走出她的舒适空间。如果她想，她可以用大部分时间与和她同一个种族的人打交道。她可以找到一个有很好邻居的地方居住，还可以在几乎任何杂货店得到她喜欢的食物。她可以参加公共会议，完全不会感到她不属于这里或者她和别人不一样。

麦景图还发现，她皮肤的颜色也给她带来许多机会。她可以用现金支票或者信用卡而不会被怀疑，可以在商店里闲逛而不会被保安盯住。她可以在饭店毫不费劲地坐下。如果她要求见一见经理，她可以猜想他或她和自己是同一个种族的。如果她需要一个医生或律师的帮助，也可以得到。

麦景图同样意识到她的肤色也让育儿工作变得更简单了。她不用担心保护她的孩子们免受那些不喜欢他们的人的伤害，她可以确定孩子的课本上有和他们一样肤色的人的图片，并且他们的历史书写的也会是白人的功绩。她知道他们看的电视节目也会流露出白人品性。

最后，麦景图必须承认他人并不总以她的种族来评价她。当她出现在公共场合时，她不需要担心在白人面前，她的服饰或者行为显得很潦倒。如果她有所成就，那就是她一个人的成绩，而不是整个种族的成绩。没有人会认为她的个人观点是整个白人的观点。因为麦景图参与到她周围的人群中，而不只是一个人在台上表演。

这些仅仅是在麦景图看来理所当然的特权的某些方面，因为她是美国占支配地位族群的一员。白皮肤的确带来了特权——远远大于他们自己所能意识到的。

在下面的章节中我们会分析种族和民族的社会建构——对全世界数百万人产生实际影响的抽象概念。（Fitzgerald 2008；Picca & Feagin 2007）

6.2 种族与民族的社会建构

种族的定义通过迈克尔·奥米（Michael Omi）与霍华德（Howard Winant 1994）所谓的**种族构成**（racial formation）得以成型，在社会历史的进程中，这个概念被创造、抑制、转换和摧毁。在这个过程中，根据种族主义的社会结构来确定谁有权定义群体。19世纪晚期，为土著美洲创造的预定体系就是一个种族构成的例子。联邦官员把一些独特部落合并为一个单一的族群，即我们今天所说的印第安人。种族构成所涵盖的范围和频率就是这样，没有例外。

另一个19世纪种族形成的例子被称为"一滴血原则"。如果一个人哪怕只有一滴"黑人血液"，该人就被定义为黑人，即使他/她看上去是白人。显然，人种有了社会意义，足以使白宫立法者建立关于谁是"黑人"、谁是"白人"的行政标准。

一滴血原则是种族社会建构的一个生动例子——这个过程是人们部分按照生理特征，同时考虑历史、文化、经济因素来定义种族。例如，19世纪，如意大利人和爱尔兰人这类移民群体起初并没有被看成"白人"，而是被视为不那么值得信任的外国人。种族社会建构是一个持续的过程，且备受争议，特别在像美国这样一个多元化的社会里，每年有越来越多的儿童出生在不同的种族背景中。

20世纪晚期，由于拉美移民增加，种族构成的自然流动变得十分明显。突然间，人们开始谈论"拉美化"的美国，或是一个黑人—白人的双重人种社会开始被三重人种所取代。在2000年的人口普查中，700多万美国人（约占总人口的2.6%）报告说，他们属于两个甚至更多的人种。被定义为多种族的人有一半在18岁以下，这表明这部分人口的数量将在未来数年增长。声称自己同属白人和美洲印第安人世系的美国人是美国最大的多种族居民群体。（Bonilla-Silva 2004；N. Jones 2005）

数百万人的多种族统计发现使个人如何处理自己的身份变得模糊不清。主流的种族社会构建把人推向只选择一个种族，即使他们承认有更广泛的文化背景。尽管如此，许多人，尤其是年轻人，抵制仅选择一个身份的社会压力，而坦然地接受多重传统。老虎伍兹（Tiger Woods），全世界最知名的职业高尔夫球员，认为自己是亚裔和非洲裔的美国人。

民族也从属于社会建构。例如，哪些族群是白人？我们可以认为美国的土耳其人和阿拉伯人是白人吗？我们看到，19世纪时，爱尔兰裔和意大利裔美国人被视为非白人对待。但逐渐地，随着其他少数族群开始视他们为白人，爱尔兰裔和意大利裔美国人才被主流社会所接受。

使用你的社会学的想象力

你认为，人们常常会因为他们的种族或族群性而享有特权吗？你自己的状况怎样——你常常会有特权吗？

种族和民族的社会建构发生于世界各地，因为几乎所有人都会按照种族、民族和国籍来界定自己的位置。支配群体或多数人群体不仅在法律上有权界定自身，而且还能界定一个社会的价值观。社会学家威廉·托马斯(William I. Thomas 1923)，一个种族与性别差异的早期理论评论家，发现了"环境定义"能塑造个人人格。换句话说，托马斯用互动论者的观点指出，人们不仅对一个情景或个体的客观特征做出反应，同时也对其背后附带的意涵做出反应。因此，我们可以创造假象或是刻板印象并在现实中实现它。**刻板印象**(stereotypes)对所有群体成员进行武断的概化，因为它没有意识到群体内部的个体差异。

今天，社会学家如何理解种族和民族？社会学家经常将种族和民族加以区分。**种族群体**(racial group)被用来描述因明显的生理差异而与其他群体相区分的群体。白人、非洲裔和亚裔美国人在美国都被认为是种族群体。尽管种族确实依生理差异而定，但实质上是一个特定社会的文化构建，并把这些差异背后的社会意义附加于其上。与种族群体不同，**族群**(ethnic group)主要是因为民族起源或独特的文化模式而使其与其他群体相区分。在美国，波多黎各人、犹太人和波兰美国人都被归类为族群(见表6-1)。

种　族

种族群体(racial group)一词是指那些少数民族(以及相对应的多数群体)因为明显的生理差异而和其他群体区分开来。但是，什么是"明显的"生理差异呢？每个社会在定义哪些是重要差异的时候，往往会忽视其他可以作为社会差异基础的特征。在美国，我们会看到肤色和头发颜色的差异。但是，人们通常习得肤色的差异具有巨大的社会和政治含义，而头发颜色却没有。

在美国，人们观察肤色时往往倾向整体观察，而不是随便的几个特征，如"黑人"、"白人"、"亚洲人"。肤色上更多细微的差别往往会被忽视。然而，在其他社会却不是这样的情况。在中美洲和南美洲，许多国家的人把肤色当做一个统一体从明到暗地区分颜色的梯度。巴西拥有将近40个有色群体，而在其他国家人们也许说他们是"混血洪都拉斯"、"混血哥伦比亚"或者"亚洲巴拿马"。我们所看到的"明显"的差异取决于每个社会的社会定义。

在美国，最大的几个少数民族是非裔美国人(或黑人)、土著美国人(或美洲印第安人)和亚裔美国人(日裔美国人、华裔美国人和其他亚洲人民)。图6-1提供了有关美国种族和民族在过去一个世纪中人口数量不断变化的信息。它表明，美国人口的种族和民族构成将在未来50年内改变，正如它在过去的一百年一样。

使用你的社会学的想象力

使用电视机遥控器，你觉得你可以多快找到一个所有角色都和你是同一种族或族群的电视剧呢？如果是完全和你不同种族或族群背景的电视剧——你可以多快找到它？

表 6-1　美国的种族与族群,2006 年

分类	以千记位	占总人口的百分比
种族群体		
白人(非西班牙人)	198,744	66.3
黑人/非洲裔美国人	37,051	12.4
美国本土人、阿拉斯加本地人	2,369	0.8
亚裔美国人	13,100	4.4
中国人	3,090	1.0
菲律宾人	2,328	0.8
印度人	2,482	0.8
越南人	1,476	0.5
朝鲜人	1,335	0.4
日本人	830	0.3
太平洋群岛人及其他	1,559	0.5
族群		
白人祖先(单一或混合,非西班牙人)	50,764	17.0
德国人	35,976	12.0
爱尔兰人	28,290	9.4
英国人	17,829	6.0
意大利人	11,400	3.8
苏格兰人和苏格兰爱尔兰人	10,025	3.3
法国人	9,651	3.2
犹太人	6,452	2.2
西班牙裔(或拉丁美洲人)	44,252	14.8
墨西哥裔美国人	28,339	9.5
波多黎各人	3,988	1.3
古巴人	1,520	0.5
萨尔瓦多科人	1,300	0.4
多米尼加人	1,100	0.4
其他西班牙裔	8,005	2.7
总计(所有群体)	**299,398**	

注:总百分比并不是 100%,由于群体之间有重合(例如,波兰美国裔犹太人,或有混合祖先的如爱尔兰人和意大利人),部分人没有计算在内。白人祖先依据 2000 年的数据得出,百分比也是按当年的总人口统计的。

资料来源:American Community Survey 2006;Bureau of the Census 2007d;Sheskin and Dashefsky 2006.

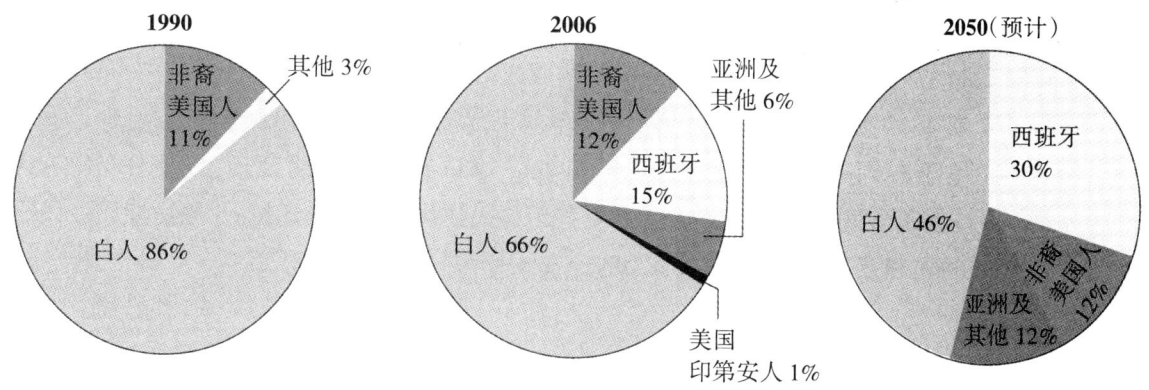

图 6-1
美国种族与族群，1900—2050（预计）年
种族和民族构成在当今的美国变化很快。
资料来源：American Community Survey (2006); Bureau of the Census 2004a, 2007d; 2006 年和 2050 年的数据包含非裔美国人、亚洲人和其他非西班牙人。

民　族（Ethnicity）

和种族群体不同，一个族群（ethnic group）会因为他们国家的起源及独特的文化模式而同其他群体相区分。在美国的族群中，有西班牙语背景的是拉丁人或西班牙人，如波多黎各人、墨西哥裔美国人、古巴裔美国人和其他拉美人。在这个国家中其他族群包括犹太人、爱尔兰、意大利和挪威裔美国人。尽管这样的归类很方便，但他们模糊了种族内部的差异（如西班牙人这种情况），也忽略了在美国这么多种族所形成的混合血统。

种族和族群的差异并不总是那么清晰。有些族群，如亚裔美国人，可能和其他群体有显著的文化差异。同时，某些族群，如拉美人，与美国其他居民在生理上有明显的可区分的差异。

除了分类问题，社会学家越来越感到种族和民族的区别是具有社会意义的。在多数社会，包括美国，社会建构的生理差异往往会比民族差异更加明显。部分因为这样一个事实，即按种族划分的分层比按民族划分的分层更能抵抗改变。随着时间的推移，一个少数族群的成员会变得与多数群体的人没有什么区别（尽管这个过程会需要几代人，并可能永远无法包括族群的所有成员）。相比而言，少数种族群体的成员则更难融入一个较大的社会，以及被大多数人所接受。

6.2　移民与新族群

美国人口的一个重要部分是 100 年前到达美国的欧洲白人祖先。美国的白人中约有 4,300 万人声称自己至少有一部分德国血统，3,000 万是爱尔兰裔美国人，1,600 万是意大利裔美国人，900 万是波兰裔美国人，以及欧洲及其他国家的移民（表 6-1）。其中一些人仍然生活在联系紧密的民族聚居区，而其他大部分人则被同化，丢弃了"旧模式"。

今天，许多白种人只是偶尔认同他们的遗产。**象征性的族群性**(symbolic ethnicity)是指更加关注民族的食物或政治事件，而不是和自己民族遗产间的深层关系。这种认同在偶尔的家庭旅行，本民族面包店，意大利裔美国人，特别是爱尔兰裔美国人对圣·约瑟夫日(St. Joseph's Day)的正式纪念活动，以及对北爱尔兰未来的关注中反映出来。除了一些新移民强化其旧传统的情况，象征性族群代际间呈现衰退的趋势。（Alba 1990; Gans 1979）

移民史

美国当代的多样性不是偶然的，而是反映了几个世纪的移民历程。长久以来，美国都有政策决定谁有进入该国的优先权。通常，明确的种族和民族偏见被融入到这些政策中。20世纪20年代，美国政策优先考虑西欧人，而欧洲南部与东部及亚洲和非洲的居民却较难居留。20世纪30年代和40年代初，联邦政府拒绝提高或降低限制性的移民配额以帮助犹太难民避开纳粹的恐怖行动。根据这项政策，即《圣路易法案》(S. S. St. Louis)，1939年有900多名犹太难民在船上被拒绝进入美国。该船被迫返回欧洲，后来至少有几百名乘客被纳粹杀害。（Morse 1967; G. Thomas & Witts 1974）

自20世纪60年代以来，美国的政策鼓励在美国有亲属的人及能提供美国所需要的技术的人优先移民。这一变化极大地改变了移民输出国家的类型。在此之前，欧洲人占主导地位，但在过去40年来，移民以拉丁美洲和亚洲为主（见图6-2）。这意味着，在今后一个时期，亚裔和拉美裔的比例将在美国不断增长。在很大程度上，对不断增长的种族和民族多样性的不满及恐惧是反对移民的主要因素。很多人都非常担心新来者不能代表美国文化和民族遗产。

与墨西哥紧挨的长边境线给非法移民进入美国提供了充分的机会。整个20世纪80年代，公众认为美国对其边界失去了控制。因为出入境管制的压力，1986年，经过10年的争论后，美国国会最终通过移民改革和管制法。该法案标志着美国移民政策的历史性变化。雇佣非法移民的行为首次被取缔，雇主若被抓到违法，会被罚款或关进监狱。一个重大的变化是大赦范围扩大、许多已经居住在美国的非法移民有了合法的身份。

20多年后，这项法令看上去出现了复杂的结果。每年还是有大量的非法移民；在任何时间都可达到1,100万人。然而，自2001年9月11日起，边境监视加强，并减少了他们来回通过边境的自由。美国的非法移民以获得很不相称的低收入被雇佣，他们已成为劳动力的重要组成部分。（Hoefer et al. 2006）

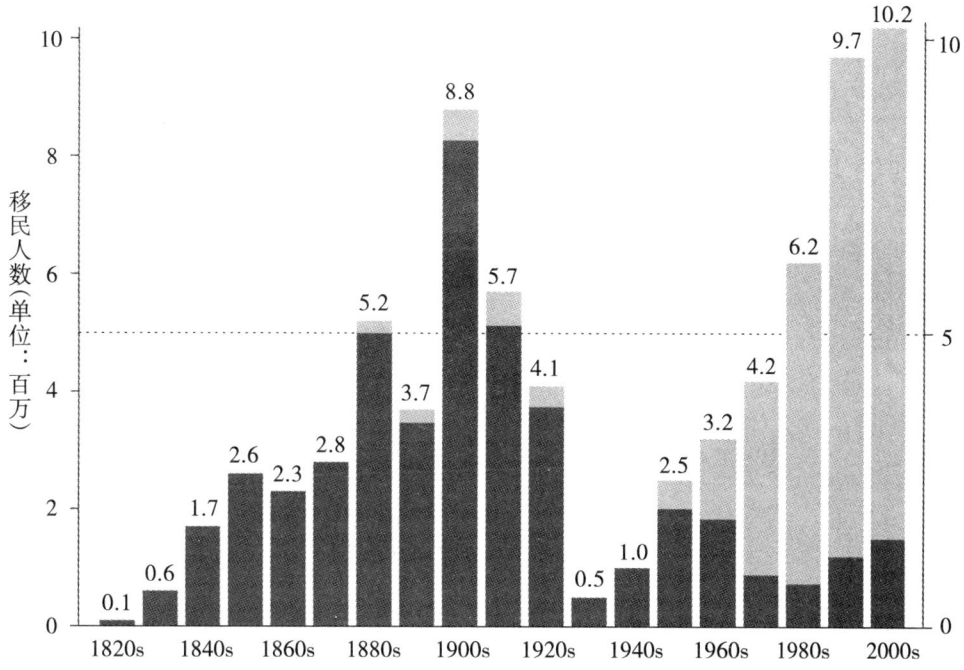

图 6-2
美国的合法移民，
1820—2010 年
注：黑色：欧洲和加拿大，白色：其他。
资料来源：2000—2010年是作者的估算；
Office of Immigration Statistics(2007).

移民的功能

尽管人们惧怕它，但移民还是有很多有价值的功能，对一个接收型社会来说，移民缓解了劳动力短缺，比如美国的健康保障和科技领域。1998 年国会并不是为是否让有技能的人移民到美国而辩论，而是每年移入数额应该增加多少。对于输出国来说，移民能缓解人口过多而带来的经济负担。人们经常忽略的是移民给输出国带回了大量的钱，据世界银行估计，就全球而言，发展中国家的移民带回其本国的金额总计超过了 3,000 亿美元。(DeParle 2007)

移民也有反功能。尽管调查通常表明，移民会对迁入国的经济产生积极作用，但对于集中吸纳移民的领域来说却很难满足短期的社会服务需要。进一步来说，发展中国家富有技能的和高素质人才移出后，可能会影响那些国家的发展；而且对于那些贫困的国家来说，无论流入多少资金都弥补不了人才的流失。(Borjas et al. 2006；Sum et al. 2006)

移民的冲突论研究

白种人和少数种族经常因为经济竞争而互相敌视——社会学冲突论观点的一个根深蒂固的解释。处于低阶级的黑种人、拉丁人和美国土著居民要和白种人在工作、住房、受教育的机会上竞争。在高失业率或通货膨胀时期，这种竞争很容易引起激烈的群体性冲突。

冲突理论家已经注意到关于移民问题的辩论有多少集中在经济问题上。并且当移民者和输入国主流人口有不同种族和民族背景时,这种争论会更激烈。比如,欧洲人经常说的"外国人"并不完全指代出生在外国的人。在德国,"外国人"指那些没有德国血统的人,即便他们出生在德国。"外国人"不包括有德国血统而出生在另一个国家的人,因为他们可以再迁回"祖国"。对"新"的族群的惧怕和厌恶使得世界各地的国家被分化。

6.3 种族与民族的社会学视角

为了理解人们如何以及为什么依据种族和民族做出社会区分,我们必须回归理论。几乎所有的重要理论都认为文化,而不是生物,是种族差异的主要因素。但是对于歧视,他们却给出了不一样的解释。从宏观上来看种族问题,功能论者发现基于种族和民族的偏见和歧视对支配群体会产生积极作用。相反,女性主义者和冲突理论家却认为经济结构是少数人遭到剥削的关键原因。互动论者强调每天不同人种和有不同种族背景的人之间的无数种接触方式使他们之间的宽容或敌意有所增强。

使用你的社会学的想象力
你刚移民到一个文化完全不同的国家中。你会如何采取步骤去适应呢?

功能论者的观点

种族偏见会给社会带来什么可能的用处呢?尽管认可种族敌意几乎难以被赞

赏，但功能论者却也指出，这确实给那些实行歧视的人提供了积极的功能。

人类学家曼宁·纳什（Manning Nash 1962）总结了三条种族偏见观念对统治群体产生的作用。

1. 种族主义理论为统治者剥夺被统治者权利与特权提供了道德上的正当性。比如，美国南部的白人认为奴隶制存在的合理性在于非洲人在生理上和灵性上低于人类，并认为他们没有灵魂。

2. 种族主义者的信条打消了被支配群体对于他们低下地位的探寻意识，否则它将会动摇社会基础。

3. 种族神话支持现有秩序，认为任何大的社会变动（比如歧视的消失）只会带来被支配群体更严重的贫困，支配群体更低的生活水平。因此，纳什认为，在社会价值体系受到威胁时（比如，一个潜在的殖民帝国或一个存在奴隶制的政体），种族歧视就会增加。

尽管种族歧视和偏见可能会为权力阶级的利益服务，但是这种不公正的待遇同时会成为社会的机能障碍，甚至威胁支配群体，社会学家阿诺德·罗斯（Arnold Rose 1951）列出了四条种族主义可能造成的机能障碍。

1. 一个存在歧视的社会不能充分利用所有个体的资源，歧视限制支配群体对智者和领导者的发掘。

2. 歧视恶化了某些社会问题，比如贫穷、失职与犯罪，支配群体为了减轻这些社会问题而承担经济上的压力。

3. 社会必须投入大量时间和金钱保证所有成员参与到保卫这个障碍的行动中来。

4. 种族歧视往往会削弱国家间的友好关系和外交友谊。

冲突论的回应

冲突论者当然赞同阿诺德·罗斯所说的种族歧视和偏见会给社会造成巨大的不良影响。社会学家奥利弗（Oliver Cox 1948）、罗伯特（Robert Blauner 1972）、赫伯特（Herbert M. Hunter 2000），运用**剥削理论**（exploitation theory）（也称为马克思主义的阶级理论[Marxist class theory]），解释美国种族从属存在的基础。在第 5 章中，马克思认为，资本家对低等阶级的剥削是资本主义经济体制存在的基础，从马克思主义的观点来说，种族主义维持了被剥削阶级低收入的工作，从而为资本家提供了大量的廉价劳动力，而且通过强迫工人们接受低工资，资本家能够限制所有无产阶级工人的工资，来自统治阶级的工人如果要求更高的工资的话，他通常会被那些来自被统治阶级并且没办法不接受低收入工作的工人们所代替。

种族关系的冲突论观点在多数事例上似乎都很有说服力,美籍日本人在他们开始进入那些将和白人竞争的工作领域后成了很少受歧视的群体。19世纪中后期的美国,也就是中国人和白人为日益减少的工作机会而竞争的时候,驱逐中国移民出境的运动曾一度白热化,不管是镇压黑人还是西进运动时迫害土著居民,在一定意义上,都是受经济因素的驱动。

种族定性的实行既符合冲突论观点,又符合标签理论。**种族定性**(racial profiling)可定义为任何基于种族、民族、国籍而不是个人行为的当权者所发起的专断行为。通常来说,当依法任命官员——海关职员、机场安全职员和警察等某些有可能涉嫌非法活动的人群,种族定性就会发生作用。20世纪80年代初,也就是快克可卡因市场出现的时候,肤色成了罪犯侧写的重要特征。但是,定性同时也会牵涉许多刻板印象的明确使用。比如,联邦政府的反毒行动,就鼓励官员寻找留"骇人"长发绺的人和结伴旅行的拉丁美洲人。

今天,尽管有许多误导人的证据,当权者还是继续依赖于种族定性。最近一项调查表明,当非裔美国人被拦截时,他依旧比白人更有可能被踢打和施以暴力,然而,白人却比黑人更有可能拥有武器、非法毒品,或持有盗窃而来的财产。(Ridgeway 2007;Rosich 2007)

互动论者的看法

一位西班牙妇女从事装配线上的工作,当她被调到挨着一位白人男性工作时,起初这个男人会给她帮助,因为他认为她无法胜任这个工作。这位妇女冷漠且易怒,甚至当她需要帮助时,她也会拒绝承认。过了一周,两人的紧张关系引起了一场激烈的争吵。然而,很久以后,双方都开始慢慢欣赏对方的能力与才智。工作一年后,两人变成了互相敬重的朋友。这个故事就是互动论者称为接触假定在实际中的例子。

接触假说(contact hypothesis)认为,在一个需要合作的任务中,地位平等的不同人之间的接触会减少他们各自的偏见,消除相互之间的歧视,人们将会视对方为独立个体,并抛弃以往刻板印象的特征论断。强调的是平等地位和合作关系。在上文提到的例子里,如果两位工人为一个空缺的监督人职位而竞争时,彼此之间的敌意可能会进一步加深。(Allport 1979,Fine 2004)

在美国,拉丁美洲人和其他主导群体开始慢慢获得收入可观且更有保障的工作,接触假说也许会产生更大的影响。社会的发展趋势是来自支配群体的个体与来自主导群体的个体之间接触的增加。这也许会成为一种消除(或至少是减少)刻

表 6-2 关于种族的社会学视角

视角	强调
功能论	占支配地位的多数人从主导群体的少数人中获利
冲突论	既得利益集团通过经济剥削延续种族不平等
互动论	种族之间的合作和接触可以减少不平等

板印象与偏见的方法。另一种可能的途径是建立种族间的同盟,这个想法来自社会学家威尔逊(William Julius Wilson 1999)。对于工作来说,这种联盟理所当然需要建立在一切成员地位平等的基础上。

表 6-2 总结了三种关于种族问题的社会学视角。对于种族和民族的解释,不管是功能论、冲突论还是互动论,都认为社会构建的不平等会招致以偏见和歧视为表现形式的强烈后果。在接下来的一节我们会了解到种族和民族特征的不平等如何毒害一个人的人际关系,并剥夺整个群体在别人看来是理所应当的机会。

6.4 偏见与歧视的模式

近些年,美国高校成了偏见事件的发生地。学生组织的报社和广播台总是嘲弄从属种族与族群群体成员;门下被塞满恐吓性纸条;推崇白人至上的组织,如三K党组织(Ku Klux Klan)在大学的墙上涂满这一主题的涂鸦。在有些情况下,暴力冲突会在白人和黑人学生间发生。(Bunzel 1992,Schaefer 2006)

偏 见

偏见(prejudice)是对一定类型的人群持消极态度的表现。通常针对的是一个种族或一个族群。如果你因为一个室友凌乱不堪而讨厌他/她,则不必为偏见而感到内疚。但如果你因为室友的种族、宗教信仰立刻定性他/她,那就是偏见了。偏见倾向于保持人们对个体和群体的错误定位。

有时候偏见是因为**种族优越感**(ethnocentrism),即认为自己的文化和生活优于他人的一种倾向。有种族优越感的人们以自己的标准去评价他人的文化,这样很容易引起对其他文化的偏见。

一种重要且广泛的偏见就是**种族主义**(racism),一种认为某个种族至高无上,其他种族天生就低等的信仰。种族主义会变得非常微妙和深藏不露,尽管许多美国人(包括黑人和白人)都谴责种族主义,但调查结果显示种族主义的模式化观点,比如黑人男性都很暴力的观点,可能已经进入我们的潜意识中。

图 6-3　憎恶犯罪的分类，2006 年

资料来源：Reported for 2006 in 2007. Department of Justice 2007b.

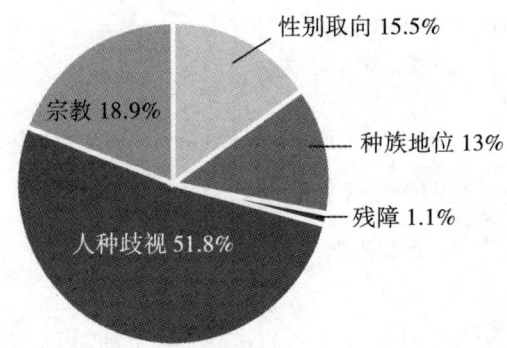

1990 年的美国，随着对种族主义迫害的更加关注，国会通过了憎恶犯罪的统计法案。**憎恶犯罪**（hate crime）指的是因为人种、宗教、种群、国籍或性别取向等方面的偏见所引发的犯罪。仅 2006 年一年，就报告了 8,300 余例憎恶犯罪。正如图 6-3 所示，超过一半的犯罪涉及种族偏见，多数是个人行为或者和几个朋友合谋。

无种族歧视的种族主义

在过去的三代中，全民性的调查显示白人对取消种族隔离、异种族约会、少数群体竞选政府工作人员中——甚至包括美国总统呼声愈加强烈。这种趋势该如何解释？这个问题的答案，从某种意义上讲，因为偏见和歧视态度不再像以前那样可以自由地表达了，通常，它们会被表述为机会平等。

无种族歧视的种族主义（Color-blind racism）是利用种族中立原则为种族不平等现状辩护。主张种族中立的人宣称他们相信每个人都应该被公平对待，然而，他们把这一原则运用到政策上时就不中立了。这些支持者反对优惠性特别待遇、公众福利帮助，以及在很大程度上，政府负担健康医疗保险，这些都被他们视为对少数群体的偏袒。然而，他们却不反对给白人特权，比如对大学录取生的亲属给予优惠。并且他们也不反对废除以白人为主的业主们的税务，或是政府对白人穷学生的财政资助。尽管种族中立原则不以种族优劣理论为基础，然而，认为社会不应关注肤色差异这一观点却只能带来永远的种族不平等。

无种族歧视的种族主义也被说成"自由放任的种族主义"、"令人厌恶的种族主义"或"掩饰的种族主义"。尽管它的提出者几乎不谈论种族主义，但其他有关社会地位的指示物，如社会阶层或公民身份等逐渐成为种族的代称。这样，很多白人可以说服自己他们不是种族主义者，并且自己根本不知道谁是种族主义者，但是仍然对"受福利救济的母亲"和"移民"有偏见。他们还错误地下论断说种族宽容甚至种族平等已经实现了。

过去几十年针对白人对非裔美国人的态度调查的研究者总结出两条不容忽视

的结论。第一,人们的态度的确发生了变化。在社会动荡时期,戏剧性的态度变化会在一个时代中发生。第二,至于种族歧视的改善和进步,20世纪末21世纪初显然比不上20世纪五六十年代。今天,经济弱势群体,比如非裔美国人和拉丁美洲人,已经和城市脏乱、无家可归、福利、犯罪等密切联系起来。这些问题被看做种族问题,尽管它们并不被标记成那样。责备受害者的趋向也在影响着这个问题的解决,特别是当政府探讨抗税运动和为恐怖主义忧虑时。简而言之,肤色分界线仍然存在,尽管越来越多的人拒绝承认它的存在。(Ansell 2008;Bonilla-Silva 2006;Coates 2008;Dovidio 2001;M. King 2007:3-4;Quillian 2006;Winant 1994:106-108)

歧视行为

偏见常常导致**歧视**(discrimination),歧视是因为某些武断的偏见而否决个体和群体享有平等的权利和机会。比如,一位白人社团领导对亚裔美国人有偏见,他需要选拔一人担任经理这一职位,那么最被限制的候选人应该是越南籍美国人。如果这位领导拒绝选这位候选人而是选了一位不如越南人的白人,那么他的行为就是歧视。

偏见态度不等于歧视行为,尽管两者之间联系很大,但两者不相等,任何一方都能脱离对方表现出来。一个有偏见倾向的人不会总是表现出他/她的偏见。比如上文中的白人领导,若他/她抛弃了其刻板印象,也有可能会选择雇佣那个越南人。这种情况就被看做没有歧视的偏见。另一方面,一位对越南人有崇高敬意的白人公司总裁可能也会拒绝雇佣他们当经理,而这完全不是因为害怕有偏见倾向的顾客会影响他们的生意。在这个例子中,这位领导的行为完全属于不带任何偏见的歧视。

歧视甚至在那些具备高素质、有良好家庭背景的人中也存在。抛开他们的才智和经验,他们时常会碰到一些限制他们潜力发挥的态度性和组织性的偏见。**玻璃天花板**(glass ceiling)这一短语指的是一个有能力的个体因其性别、种族或族群等原因而阻碍其职位提升的隐性障碍。(Schaefer 2006;Yamagata et al. 1997)

1995年初,"玻璃天花板"联盟委员会发布了首份美国障碍提升的调查报告。委员会发现在美国工业中,"玻璃天花板"依旧阻挡了从属种族的男女同高层管理职位的接触。尽管今天白种男人占体力劳动者的45%,但是他们的高层职位所占的比例却高出很多,甚至很多公司,比如2002年《财富》(*Fortune*)上所列举的一些公司,白种男人占据了董事会和最高收入50强的80%。据委员会所知,"玻璃天花板"的存在多是因为那些中上层白种男性管理者的恐惧和歧视,他们坚信管理层中存在来自从属群体的男女后将会威胁他们自己的发展前景。(Bureau Of the Census 2005a;Department Of Labor 1995a,1995b;Hickman 2002)

制度性歧视

歧视不仅发生在个体与个体之间,而且还发生在制度中。社会学家高度关注结构因素(如就业、住房、医疗和行政管理等)如何维持社会中种族和民族存在的意义。**制度性歧视**(Institutional discrimination)是指由于一个社会正常的运行机制而对个体和群体的机会及平等权利的否决。这种歧视更大地影响了特定的人种或种族。

美国民权委员会(U.S. Commission on Civil Rights 1981:9-10)总结出很多形式的制度性歧视,包括:

1. 工作场所只许说英语,甚至非商业需要的时候也不许说其他语言。
2. 法学院和医学院在招生时更偏爱有钱人的孩子和男生,而他们几乎全是白人。
3. 苛刻的辞职政策,禁止夫妻做兼职,这让单亲父/母(多数是母亲)很难获得和继续工作。

制度性歧视产生于2001年9月11日,也就是美国遭受恐怖袭击之后。在阻止恐怖分子接收商用飞机的强烈要求下,国会通过了航空运输安全法案(the Aviation and Transportation Security Act),致力于强化机场秩序。法案要求所有机场雇员必须是美国公民。纵观全国,28%的机场雇员是合法居民但不是美国公民,他们主要是拉丁人、黑人和亚洲人,许多观察者注意到其他机场和航班工作人员,包括飞行员、值班人员,甚至武装警卫都不一定要求是美国公民。现在,需要努力检测这个法案的合理性。但是,可以肯定的是,对于这个法案的公平性的争论显示即使是合法措施,也会给某些种族和族群带来灾难性的后果。

有些情况下,甚至表面上看起来中立的制度标准也会产生歧视影响。在美国中西部的大学里,非裔美国学生就抗议他们为了借用舞会设备而要交150美元定金以担保器械可能受到的损坏。黑人学生抱怨这种规定的存在对他们这个群体的歧视嫌疑。校园警察反驳说这种规定是针对所有学生群体的,然而,当大多数白人友爱团体和妇女社团在学校里他们自己的房间跳舞时,这种规定也就彻彻底底地只对非裔美国学生和其他从属团体产生影响。

在美国,消除歧视的努力一直在进行。19世纪60年代见证了许多史无前例的民权法律的通过。包括1964年的权利法案(它规定禁止在公共场所和公共设备的使用方面存在人种、肤色、信仰、国籍、性别上的歧视)在1987年的两个重要规定中,最高法院坚持认为禁止种族歧视的联邦法令保护了所有少数种族的成员,包括西班牙人、犹太人及阿拉伯裔美国人,尽管他们可能会被认为是白人。

为了克服过去的歧视,优惠性特别待遇的政策项目已经实行20余年。**优惠性特别待遇**(affirmative action)指的是为从属群体的成员或女性提供工作提升和教育机会而所做的积极努力。对于这些项目许多人很恼怒,辩说一个群体的提升只是将歧视转嫁到了另一个群体。举例来说,当给予非裔美国人入学优先权时,一个学校可能会忽视更多有资格的白人候选人。在美国的许多地方和许多经济领域中,优惠性特别待遇正在被击退,尽管它从未被完全实施过。

不公正的做法几乎渗透当今美国生活的各个方面,部分由于不同个体和群体实际上在金钱、地位和影响方面获利,甚至一个曾是囚犯的白人,相比非白人也享有特权。

社会学家德瓦·佩格(Devah Pager 2003)的一份研究中记录了这种种族歧视。佩格将四个年轻男人送往威斯康星州密尔沃基市寻找一份入门级的工作。四个人都是23岁的大学生,但是他们展示自己是有类似工作经验的高中毕业生。他们中的两个是黑人,另两个是白人,一个黑人应聘者和一个白人应聘者宣称曾在重刑罪罪犯(携带可卡因并有分发动机)监狱里服刑18个月。

可以料想,四个人的经历和350个可能的雇佣者之间会存在巨大不同。可以预料的是,据称有牢狱记录的白人应聘者收到回电的可能性是其他白人的一半——17%比34%。但就算他的犯罪记录影响很大,他的种族影响更重大,尽管他有牢狱记录,却收到了比没有犯罪记录的黑人应聘者稍多的回电(17%比14%)。如此看来,种族对潜在雇佣者而言比犯罪背景更受人关注。这个研究所显示的事实并不局限于任何一个城市,像密尔沃基市佩格及其同伴布鲁斯·韦斯特恩(Bruce Western)在纽约重复了她的研究,并得出了相似的结果。久而久之,雇佣者这种区别对待的行为所带来的影响日积月累,导致收入的重大差异。(Pager 2007a, 2007b; Pager & Quillian 2005; Pager & Western 2006)

测量歧视

歧视可以用失去的收入或机会来测量吗?这样做是一个复杂的过程。首先,研究者必须通过评价人们对一个种族或族群的态度并显示他们的成员被别人区别对待,确认偏见的存在,然后他们必须找到一种方法确定由歧视造成的代价。

然而,通过比较非裔美国人和白人及男人和女人的收入数据,研究者已经成功地得到一些初步结论。如表6-4所示,2007年,拥有51,509美元收入的白种男人比黑种男人多赚40%的钱,并比西班牙裔女性多赚将近2倍的钱。黑种女人比白种女人少赚很多(31,697美元比41,112美元),表明她们为此承受了种族与性别的

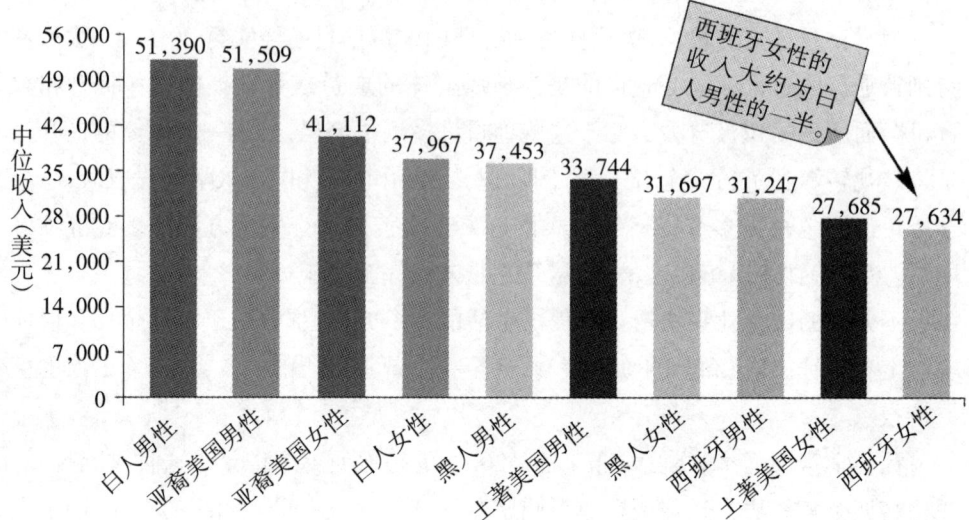

图 6-4
美国种族、族群、性别的中位收入差异

注:2007 年数据,对象为全职、25 岁以上职员,白人指非西班牙裔白人。

资料来源:DeNavas-Walt et al.2008;Bureau of the Census 2004a.

双重压力。黑人女性和白人男性收入差距悬殊的现象已经持续了六十多年。与这一明显的收入不平等现象一样,研究显示种族和族群间的财富不平等现象更为严重。

这些差异并不完全是就业歧视的结果,因为这些群体的成员并不同样具有资格获得高薪职位。过去的歧视的一个重要因素是某些群体具有较差的教育背景。从历史上看,大多数纳税人都是白人,他们并不愿意为非裔美国人和西班牙人提供和白人孩子一样的教育资助。研究结果显示,在今天的城市学校中,这种影响仍然存在。

为了说明这一问题,研究者比较了有相同教育背景的黑人、白人、西班牙人的男性和女性。正如表 6-3 显示,尽管高教育程度的工作者赚得比其他人多,但是,种族和性别的差异依然存在,种族问题导致的差距的确随着教育水平的提高变小了,但是非裔美国人和妇女仍旧落后。有些情况下的差异非常悬殊:有硕士学历的女性却比只有学士学历的男性少赚 8,500 美元(52,438 美元比 60,906 美元)。

值得注意的是,亚裔美国人家庭也存在类似的情况。尽管高学历亚裔美国人收入很高,但还是落后于和他们条件相似的白人。有博士学历成员的亚裔美国人家庭共赚 141,337 美元,而白人家庭赚 165,850 美元。换种说法,高学历亚裔美国人要工作 6 年才能赚到美国人工作 5 年的钱。

表 6-3 的收入差距可能并不全是因为就业歧视所引起的。表中只显示了工作者的教育程度,并没有显示教育质量。尽管近些年,为消除地域差异,在学校的资金投入上已经做了很大的努力,从属群体依旧更有可能去那些财政投入不足的学校。教育机会的不平等也影响着女性,因为教育机构经常把女性置于低收入、按性别划分的职位上,比如护理和基础教育。

表 6-3　种族、性别、教育情况上的中位收入的差异

即使在最高的教育水平上，黑人和白人之间仍存在收入差距。教育对男工和女工的收入差距也有影响。

	种族				性别	
	白人家庭	黑人家庭	亚洲人家庭	西班牙人家庭	男人	女人
总计	70,999	41,859	78,747	41,590	47,004	36,086
高中						
没毕业	35,833	22,279	33,597	29,669	29,317	29,317
毕业	54,147	35,004	47,728	41,695	37,855	27,240
大学						
普通大学	65,750	43,980	70,481	54,308	44,899	32,887
学士学历	97,570	77,450	98,000	70,631	62,087	45,773
硕士学历	111,000	90,952	114,000	96,599	76,284	55,426
博士学历	138,000	109,000	116,000	99,000	92,089	68,989

注：单位（美元），2007 年数据，不包括资本收入，但包括公共援助、股息、抚恤金、失业补偿等，对象为全职、25 岁以上的职员，白人指非西班牙白人。高中毕业包括 GED 成人高中，硕士学历数据是平均值（不是中位值），博士学历的数据来自作者的估计。

资料来源：DeNavas-Walt et al.（2008）；更多可访问 www.census.gov。

那么，就业歧视的综合影响是什么呢？经济学家指出，很多政府研究估计，如果雇主充分发挥受过正规教育的非裔美国人的才能和天赋，国家 GDP 每年会上升 3%—4%。歧视带来的经济代价在 20 世纪 60 年代中期以来就没有多大改变。如果经济学家把未充分利用的妇女和从属群体的天赋所带来的损失统计在内，GDP 损失的比例甚至是增加了。在妇女们能胜任更有挑战、更具价值的工作的条件下，引导她们去做低收入、低水平的工作，这种行为其实已经成为社会的一个隐性代价。

社会学要义

社会学之所以重要是因为它让我们思考为什么我们的社会中有些人更被善待。

- 你有没有对于从属种族或族群的偏见？如果有，读完本章后有没有改变你的看法？如果你是那些群体的一员，你的生活会发生什么样的改变？
- 你是白人吗？如果是，因为你的种族或市民身份你获得了什么特权？你是否喜欢这些理所应当的权利呢？你能想到减少一种或多种特权的方式吗？这样对于其他人会更公平——你会和这样的努力合作吗？

社会学之所以重要是因为它让我们认识到对特定种族和族群成员的歧视与偏见。

- 你是非白人吗？如果是，你体会过哪些歧视和成见？你认为种族歧视可以通过不同种族的人之间的相互交流而减少吗？
- 你或你的父母是最近移民到美国的吗？如果是，形成他人对你反映的基础是什么——你的种族、民族，或原来的国籍？你认为你或你的孩子会在某一天融入美国的主流社会吗？如果是，什么会促进这个过程？

章节摘要

种族和民族这些社会维度是塑造人们生活的重要因素。在这一章，我们定义种族和民族的内涵并考察了这些先赋地位的社会建构。我们用了三种理论视角来分析基于**种族**和**族群**之上的不平等待遇。我们注意到一些对这类群体的**偏见**和**歧视**的形式（如对新近的移民）。我们也认识到对从属群体不平等待遇所造成的经济影响。

1. 在美国，白人享有很多他们很少承认的特权，有些是对他们自己，有些是对其他人种。
2. 种族和民族是被社会建构的。在特定群体的生理特征上大做文章，形成**刻板印象**，使种族和民族有了社会意义。
3. 一个**种族群体**因为明显的生理特征而与其他群体相区别，而**族群**是因为国籍或独特的文化模式。
4. 20世纪，美国移民的种族和民族构成因为输出国的改变而改变。一百年前，欧洲白种人是主要人群，而现在，移民主要来自拉丁美洲和亚洲。
5. 功能论者指出社会的支配群体对被支配群体的歧视是有功能的。但是对整个社会而言，歧视具有反功能。
6. 冲突论者强调种族从属的危害。他们认为对从属群体的不公正待遇是资本主义的组成部分，即**剥削理论**。
7. 互动论者强调人种关系的微观层面，指出白人统治者和其他族群每天都进行着社会互动。根据他们的**接触假说**，种族歧视和偏见能通过日常合作性的联系而降低。
8. **偏见**指对一个群体的负面态度，一般指的是少数族群。偏见常基于**种族中心主义**——一种认为自己的文化优于其他文化的信念（或**种族主义**）认为某个种族是最优越的，其他都处于从属地位。
9. 偏见常常会导致对特定种族和族群的**歧视**。在工作领域，这些成员可能会遭遇**玻璃天花板**，即阻断他们升职的无形障碍。
10. 由社会正规运作所产生的歧视叫做**制度性歧视**。为了消除这种歧视，政府、商业、学校已经发起了**优惠性特别待遇**计划。

Inequality by Gender
性别不平等

7.1　性别的社会构建
7.2　性别的社会学视角
7.3　女性:受压迫的大多数
7.4　美国的职业女性

文化背景在性别角色差异的发展中起重要作用。在西非半游牧民族 Bororo 中,男性性别角色包括仪式舞蹈(如图)、文身和其他个人装扮形式。

他工作，她也工作。两人都从事地位高、收入可观的家庭医生工作，他的收入是 165,000 美元。而她的收入是 145,000 美元。

美国医生的中位数收入在 2005 年被公布出来。这些数据是人口普查局对职业和收入研究后得出来的有代表性的结论。以空中交通管制员为例，男性的收入是 67,000 美元；女性的收入则是 56,000 美元。管家这个职业也一样：男性的收入是 19,000 美元；女性的收入是 15,000 美元。助教的情况又如何呢？男性的收入是 20,000 美元；女性的收入是 15,000 美元。统计学家统计了从洗碗工到行政长官至少 821 项工作所赚工资的中位数。在比较工作者的年龄、教育程度和工作经验后，他们得到了一个确定无误的结论：总的来说，全职工作者的中位数收入有显著的性别差距。

但是，男性在与女性做同一份工作时，并不会总比女性挣更多的钱。人口普查局的调查者们发现，在 821 项工作中，有 2 项工作女性的收入要比男性多一个百分点：回收有害物质和电信线路安装。然而，有关部门研究表明，这 2 项工作所雇佣的人不到总人数的千分之一。预测分析显示，没有可以信服的证据表明工资差距正在缩小。

是什么造成同一职业中男性与女性的收入差距会如此之大？人口普查局的学者调查了在同一工作中男性和女性的如下特征：

- 年龄和正规教育程度
- 婚姻状况与家中儿童的现状
- 职业中的专业化程度（例如，外科手术与家庭日常工作的比较）
- 工作年限
- 每年的工作时数

考虑到所有这些因素，男女之间的工资差距可以缩小 3 美分。但是，女性的收入仍只是男性的 80%。概括来说，男女间的工资悬殊不能以女性职业选择倾向来解释。（Government Accountability Office 2003; Weinberg 2004, 2007）

在这一章，我们将看到先赋的性别特征是如何造成男性特权及女性被歧视的。就像种族差异、性别差异也是显而易见的。同样，如种族和族群，性别也是社会建构的。虽然功能论者、冲突论者、女性主义者及互动论者对这个论题提出了不同的观点，但他们都一致认为，我们的社会对待女性和男性是不平等的。女性或许在数量上占多数，但她们更像是一个从属种族或族群。对某些妇女而言，性别、种族及阶级交织产生的歧视程度是其他从属群体从来没有面对过的。

7.1 性别的社会建构

当飞机上的乘客听到机长的声音是来自一个女性时，他们会做出怎样的反应？我们该如何看待一位父亲宣布他工作迟到的原因是他的儿子有个定期的体检？不管有意还是无意，我们倾向于这样假设，驾驶商业客机是男人的工作；而多数本该属于父母双方的责任，实际上却被认定是母亲一方的责任。我们理所当然地认为性别是我们日常活动中的一个例行部分，只有当某些人偏离常规行为和期望时，性别问题才会受到关注。

即使有一些人以模糊的性别认同开始生活，绝大多数人是有确定的性别并且很快接受了关于如何举止的社会信息。许多社会已经造就出男人和女人的社会差异，因为性别的生物差异不可避免（例如女性的生育能力）。

在性别研究方面，社会学家对导致女性和男性不同行为的性别角色社会化感兴趣。在第2章中，**性别角色**（gender roles）被定义为社会所期望的男性与女性适当的行为表现、态度及活动。传统的性别角色扮演导致女性与男性之间形成了多种形式差异。按照自然规律，两种性别的人都是有能力习得做饭和缝纫的，但多数西方社会认为女人应该承担这些工作。男人与女人都有能力学习焊接和驾驶飞机，但这些工作一般都是分配给男性的。

性别角色不仅在我们的工作和行为中是明显的，在我们应对他人的方式中也同样明显。我们常常在无意识的情况下"按照性别对人们区别对待"。如果父亲只是被提到在工作日时陪他的儿子到医院看病，他或许会赢得医护人员和其他病人赞许的目光。"难道他不是一个好父亲吗？"这种想法迅速从他们的头脑里闪过。但是，如果男孩的妈妈放下她的工作陪她的儿子到医院看病，她将不会收到这些无声的赞赏。

我们在社会中建构我们的行为，制造或者夸大男性与女性之间的差异。比如，男人和女人有不同的身高、身材和年龄。然而，在婚姻甚至临时约会时，根据传统标准，作为异性恋夫妇，男人应该比女人要年长，要高，还要比女人聪明。正如我们将要在这一章中看到的一样，这些社会规范会强化并且使男性支配地位合法化。

最近几十年中，女性已经进入了曾经被男性主导的职业和专业。然而，我们的社会仍然很关注"男性"和"女性"的特质，好像男人和女人必须要被那些条款评估一样。显然，我们继续"按照性别对人们加以区别对待"社会的性别建构明显地继续在定义对女性和男性不同的社会期望。

性别角色的社会化

男宝宝盖蓝色的毯子,女宝宝盖粉红色的。男孩子应该玩卡车、滑板、士兵玩具;女孩子们得到的是洋娃娃、厨房用具。男孩必须是有男性特征的——积极主动、好攻击、坚强、勇敢,并且占支配地位,女孩必须是有女性特质的——温柔、感性、可爱,并且服从于男性。这些传统的性别角色模式在美国的儿童社会化过程中产生了影响。

传统观念中特有的"男性特征"和"女性特质"行为是产生**同性恋恐惧症**(homophobia)的一个重要因素,同时它还可能导致对同性恋的惧怕和歧视。同性恋恐惧症造成了刻板的性别社会化,因为许多人总是刻板地把男性同性恋者和女子气质,女同性恋者和大丈夫气概联系起来。因此,背离了性别角色上的传统期望的男人和女人通常会被认为是同性恋。尽管由于同性恋解放运动,情况有了改善,但在我们的文化领域里对同性恋持续的羞辱,对所有男性都施加了压力(不论是否是男同性恋),使他们只展示狭隘的有"男性特征"的行为,而对所有女性(不论是否是女同性恋)也有同样的作用,使她们只展示狭隘的有"女性特质"的行为。(Lindsey 2005;Seidman 2002)

成人在指导孩子们进入社会期望的性别角色中起了关键的作用。一般情况下,父母是孩子社会化过程中第一个也是最重要的媒介。但是,在美国或其他地方,其他成年人、年长的兄弟、大众传媒,还有宗教及教育机构通常在性别角色的社会化中也施加了重要的影响。

女性与男性的性别角色

当男孩子们培养出一种阳刚气质时,女孩该如何培养自己的女性形象呢?某种程度上,她们通过分辨自己的家人、邻居或媒体中的男女角色来确定自己的发展方向。如果一个女孩经常在电视上看到类似辩护律师、大法官的女性角色,那么她很可能相信她能成为一个律师。同时,如果她熟识的女性——她的母亲、姐妹、父母的朋友们或邻居——是律师的话,并不会对这种意识有任何妨碍。但如果这些女孩们看到的媒体塑造的女性角色多是模特、护士及秘书,她的性别认同感和自我认知就会大大不同了。即使她们已经成为某方面的专业人士,也会为无法成为媒体中的典型女性形象——一个裹在浴巾中的苗条性感女人或一位贤妻良母——而黯然神伤。

电视绝不是唯一使女性角色模式化的力量。在对美国20世纪40—60年代儿童读物的研究中发现,主角和插图很大程度上没有充分表现女性。实际上,所有女性形象都被塑造成无助的、消极的、无能的,需要一个强大的男性角色守护。研究还发现,在70—90年代出版的连环画中,这些状况有所改善,但男性依旧扮演着核心角色。在男性被塑造成各种各样的形象时,女性仍倾向于以一种传统的角色出现,比如母亲、祖母、志愿者,即使在实际中她们已经在扮演非传统的角色,像各种专业人士。(Etaugh 2003)

对性别角色的社会调查显示出北美和欧洲持续存在的一些性别差异。女性被要求出嫁并成为一位母亲。通常来说,婚姻被看做她们真正成人的标志。人们不仅希望她们成为一位母亲,更希望她们把成为一位母亲作为自己的愿望。即使婚姻伴侣和家长的身份也是男性生活中的一部分,但它们在整个生活历程中并没有表现出重要性。某种程度上,社会就男性的经济成就对其做出评价和定位。然而,女性却要通过劳动得到认可,身份对于女性并不像其对男性那样重要。

与女性基本相同,男性的角色也是由社会环境建构而成的。家庭、同事、媒体都在影响男孩和男人们如何审视他们在社会中的适合角色。布莱农(Robert Brannon 1976)和道耶尔(James Doyle 1995)归纳出男性角色的五个方面:

- 反女性元素——不会表现任何"女性行为",包括任何率真或脆弱的表现。
- 成功元素——在工作和运动中表现男子气概。
- 侵略性元素——用武力处理与他人的关系。
- 性元素——接受并控制各种性关系。
- 自主元素——随时保持冷静、镇定。

至今,尚没有系统性的研究能够确定所有这些元素都必须出现在每个普通男性身上,但具体的实验已经证实了单个元素的存在。

那些无法顺应社会对性别角色设定的男性会受到持续的批评甚至羞辱,不管你是男孩还是成年男性,你都会在同龄人那里受到批判。对一个年轻人来说,被叫做"小鸡"或是"小女人"将会是一件令人痛苦的事,特别是当这些评论来自父亲或兄弟。当一个成年男性追求类似幼儿园教师、护士的职业,他需要不断处理他人的不解和怪异的眼光。在一项研究中,记者们发现这类男性必须不断改变自己的行为以使他人对自己的消极反应最小化。一位35岁的男护士说他去泡吧时都要声称自己是一个工匠或其他类似职业,因为没有女人会有兴趣结识一位男护士。同样的状况还出现在男性之间的非正式交流中。(Cross an Bagilhole 2002:215)

过去40年,在一定程度上由于被现代女性主义运动所激励(在接下来的章节中得到了证实),越来越多的美国男性开始批判社会对男性性别角色的束缚。许多男性在支持女性获得完全平等权利的运动中占有重要地位,并为了这个目标组建了志愿性联盟。但是,他们的行动受到那些认为因为法律不公正的惩罚而要负担赡养费、抚养子女和监护、家庭暴力和积极行为的责任的男性的反对。(Kimmel 2008; National Organization for Men Against Sexism 2008)

近期关于性别角色的研究显示,实际上对男性角色并没有单一、简单的界定方式。澳大利亚社会学家康奈尔(R. W. Connell 1987, 2002, 2005)曾提到**多重男性气质**(multiple masculinities),表明男性除了传统的主导女性角色外,还可以扮演各种各样的角色,包括护理员、具有女子气质的同性伴侣。然而,相对于其他角色,社会对这种支配角色的巩固作用比其他角色更强烈。

一个关于多重男性气概的例子是,不同地位的男性,一种是竞争力极强有很高地位的男性,一种是那些只能带来较少贡献但角色重要性并不低的普通工人阶级的男性,他们之间显示出的不同。比如,一项关于2001年9月11日世贸中心恐怖袭击事件的分析对不同社会阶层的男性角色进行了比较。试想,在灾难中第一时间做出反应的人中,将相对处于中层地位的人与那些世贸中心富裕的高层管理型专业人士做一对比。许多第一时间作出反应的人为了救金融机构或投资银行中处于高层的位高权重的人而丧命。我们可以简单想象,那些金融家们逃出大楼时,消防员们正奋不顾身的冲进去。

一种跨文化的视角

实质上的生理差异在多大程度上导致了这些有关性别的文化差异呢?这个问题又将我们带到之前关于"遗传还是环境"的辩论上来。为了衡量那些所谓真正的男女差别,考察一些跨文化的数据是有用的。

在世界范围内,人类学家记录了各种高度分化对性别意识的构建,这些意识往往难以顺应我们对男子气概和女子气质的恰当理解。自玛格丽特·米德(Margaret Mead)破冰性的研究工作开始,以至当前持续的各种实地考察工作,这些学者告诉人们,性别角色可能因物质环境、经济状况和政治系统等因素而不同。例如,桑迪(Peggy Reeves Sanday)在西苏门答腊的工作,将一个拥有400万人的米南加保(Minangkabau)社会描述为一个男女互为同伴而非竞争对象、大家为共同的发展而努力的社会。这个社会基于混合了伊斯兰教道德伦理的适应环境的培养方式。女性通过继承控制着土地。在离婚事件中,前夫只能带走衣物。更大的社区可能由女性治理,也可能由男性统治,也可能由男女共同合作治理。桑迪和米德的发现,进一步证实了文化和社会因素对性别意识差别形成的重大影响。似乎男女之间确实没有一种纯生物或天生的因素来决定其性别角色。

我们可以看到在战争或剧烈的社会动荡时期,社会对性别角色的影响。直到2004年夏,伊拉克战争爆发一年后,巴格达的女孩们很少外出去公园或游泳池。

使用你的社会学的想象力

你生活在一个没有性别角色区分的社会中。你的生活会是怎么样的呢?

即使要外出,她们的父母也会确定她们打扮得保守,穿着宽松的外衣,可能还要戴上头巾。萨达姆政权及其世俗制度的倒塌鼓励了伊斯兰原教旨主义者开始对学校进行考察,并鼓励年轻女性穿长袖衫并佩戴头巾。虽然学校强烈反对,但是出于安全的考虑或因经济困难,许多女孩仍辍学了。在 2003 年伊拉克战争爆发后充斥着暴力和目无法纪的气氛中,女孩们对她们的未来充满疑惑,她们是否能像自己的母亲那样接受教育并成为某一行业中的专业人才。

7.2 性别的社会学视角

功能论者的观点

跨文化的研究显示,男性统治的社会确实比女性扮演决定性角色的社会更常见。功能论者主张,这样的性别角色分化对社会整体稳定有积极的影响。例如,社会学家帕森斯和贝尔斯(Talcott Parsons & Robert Bales 1955)提出,为了发挥最大的有效性,家庭需要在某些角色上有特别的分工。他们认为,传统的性别角色安排是夫妻间需要劳动分工的一种表现。

帕森斯和贝尔斯声称,女性扮演富于表达、情感支持的角色,而男性扮演实用的角色,两者能够实现很好的互补。**工具性**(instrumentality)指的是对任务的强调,关注更长远的目标,更在意其家庭与社会机构的外部关系。而**表达性**(expressiveness)指的是对维持家庭和睦和内在情感事件的关注。根据这种理论,女性对情感事物的热心能够让男性更专注于工具性工作,反之亦然。女性在母亲、妻子、家庭管理者等角色上更加称职,同时男性在事业上也会更加稳固。当然,帕森斯和贝尔斯提供的是 50 年代的社会框架,与现在相比,那时更多女性是全职主妇。虽然他们并未明确支持传统性别分工,但是却暗示了夫妻间的分工对家庭来说是实用的。

当给出美国典型的男女社会化形象时,这些功能论者的观点显得颇具说服力。但是,这将会导致我们期待对照顾孩子没有任何兴趣的女孩或女人们充当保姆、全职母亲的角色。同样,那些喜欢和孩子待在一起的男性却被"设计"从事商业世界中的各种职业。这样的分化可能使那些并不适应其被社会赋予角色的人受到伤害,而那些有天赋的人们也因被社会对性别分工的陈规化所限制,而无法对社会做出应有的巨大贡献。此外,这些功能论者的分析方法无法有令人信服的解释,为什么一定是男性扮演工具性角色而女性扮演表达性角色。

冲突论的回应

从冲突论视角来看,功能论者解释,性别差异的方法掩盖了男性与女性之间潜在的权力关系。帕森斯和贝尔斯从来没有明确地展示表达性工作和工具性工作对社会产生的不均等价值,然而,它们的不平等的确是非常明显的。虽然一些社会机构也许会对女性的表达性技能给予一些边缘性的帮助,但是男性的工具性技能还是更加被赏识,无论在财富还是威信方面。因此,任何关于工具性和表达性的性别分工对女性的影响都是很不中立的。

冲突理论家主张传统上男女关系一直是不平等的,因为男人一直占据统治地位。男人也许在前工业化时代已变得强大,因为他们的身材、体力,而且没有生养孩子的责任使他们在身体上控制了女人。当代社会,这种因素并没有那么重要,但是关于性别的文化信条已经长久地存在了。而这种信条支撑着男性占统治地位的社会结构。

因此,冲突理论家把性别的不同看做一个群体(男性)对另一个群体(女性)的征服的一种反映。如果我们类推马克思分析阶级冲突的方法,可以说男性就像处于统治地位的资产阶级或者资本家;他们控制着大部分的社会财富、威信和权力。而女性就像无产阶级或者工人阶级;她们只能通过遵从"老板"的命令来获得有价值的资源。男人的工作都是有价值的,而女人的工作(无论在家的无偿劳动还是在外的有偿劳动)都贬值了。

女性主义视角

性别分层的冲突方式的一个重要组成部分在于女性主义理论,虽然女性主义这个词的使用是最近才开始的,一些对女性社会文化地位的评论也回到了对社会学的早期影响。这其中最重要的就是玛丽·沃斯通克拉夫特(Mary Wollstonecraft)的《为女权辩护》(*A Vindication of the Rights of Women*,1792年初版)、约翰·斯图亚特·穆勒(John Stuart Mill)的《妇女的屈从》(*The Subjection of Women*,1869年初版)和弗里德里希·恩格斯(Friedrich Engels)的《家庭、私有制和国家的起源》(*The Origin of the Family, Private Property, and the State*,1884年初版)。

恩格斯(马克思的亲密伙伴)认为女性被压迫与工业革命中私人财富的增长同时发生。只有在人们超越农业经济的基础上,男人才会享受奢侈和安逸,而且可以拒绝给女人以奖赏和特权。根据马克思和恩格斯的研究成果,当代女性主义理论家经常把女人的从属地位看做资本主义社会固有的剥削与不公正。然而,一些激进的女性主义理论家把对女人的压迫看做是男权社会不可避免的现象,无论他们是被贴上"资本主义者"、"社会主义者"还是"共产主义者"的标签。(Feuer 1959;Tuchman 1992)

女性主义社会学家与冲突理论学家的看法基本相同,但他们更喜欢一个政治

使用你的社会学的想象力

想一想你所属的领导职位通常被男人占据的组织或机构。如果女人做了领导者,这些组织会是什么样呢?

性的行动计划表，女性主义者也会认为无论关于女人与社会的讨论多么有意义，它们都难以避免包括社会学在内的学术观点对女性的排斥和曲解。在第1章中，我们列举了简·亚当斯（Jane Addams）和伊达·威尔·巴尼特（Ida Wells-Barnett）的一些成果，但是总体来说他们只是做了一些边缘性的工作，关注点落在了应用社会学和社会工作上。当时，他们虽被看做人权主义者，但是他们的努力被认为和学术圈内的研究和结论无关，仍从属于男权学术的范围。

当代女性主义者认为，对一些女性不平等的对待不仅因为她们的性别，而且还会因为她们的种族和社会经济地位。简单地说，白人控制着这些可怜的有色人种中的女性，因为她们不是白人；男人控制她们，因为她们是女人；富人控制她们，因为她们是穷人。非裔美国女性主义理论家帕特里夏·科尔·科林斯（Patricia Hill Collins）将造成低社会地位女性受压迫的社会力量的集中称为**支配的范型**（matrix of domination）（见图7-1）。

在美国，性别、种族，还有社会阶级不是压迫的唯一来源，虽然它们确实对女性和有色人种具有极大的影响。这一范型里的类型化与污名化的其他形式可能包括性取向、宗教、残疾和年龄。如果我们把这类源头放在世界整体来看，我们还会在列表上加上公民地位、殖民和新殖民主义。（Winant 2006）

虽然女性主义者把他们自己看做少数妇女的需要，然而这些妇女却更多地受种族歧视的压迫而不是性别。拉蒂纳（Latinas）的问题：非裔美国女人、亚裔美国女人，还有土著美国女人是否应该联合她们的兄弟对抗种族主义或者性别歧视。答案就是我们的社会必须同时根除性别歧视和种族主义。（Beisel and Kay 2004; Breines 2007; Epstein 1999）

关于非裔美国人的性别角色的讨论总是引起争议。黑人民族主义的倡导者声

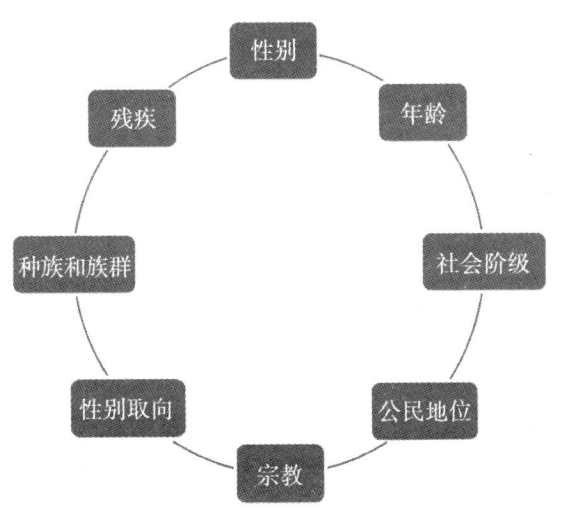

图7-1
支配的范型

支配的范型解释了性别、社会阶级、种族和族群等多重因素是如何对人的社会地位产生影响的。
资料来源：由作者所作。

称女性主义只会牵制女性全面参与非裔美国人的抗争。关于黑人女性主义群体的存在,在他们看来,只是为了区分黑人种族,为居于支配地位的白人主体服务。相反,黑人女性主义者像贝尔·胡克斯(Bell Hooks 1994)认为的,接受这个支配型社会的性别角色区分并不会得到什么,反而会把女性置于一个孤立、屈从的地位。虽然媒体总是把黑人女性描绘成负面角色,像文盲,接受福利救济群体,或者妓女,但是黑人女性主义者强调不只是白人或者白人支配的媒体关注这样的形象。黑人男性(最近,比如黑人男性说唱艺术者)也会从负面描述黑人女性。

历史上,美国本土居民作为北美父系制传统的例外而格外显眼。在欧洲殖民者到来的时候,美国本土性别角色,各个部落之间都不同。南部群落实行母系家长制并且按母亲追溯血缘,这个原因学界现在尚不明了。希望本土人更像欧洲人的欧洲传教士开始着手改变这种安排,但这并不普遍。就像其他群体的一些成员,一些本土美国女性抵制这种性别的模式化。

拉蒂纳通常被认为是西班牙或者支持女权运动的一部分,而她们与众不同的经历却会被忽视。过去,她们往往被最影响他们日常生活的两个社会机构——家庭和教堂所排斥,没有做决定的权利。尤其是低层阶级,西班牙裔家庭饱受无处不在的男系统治传统的折磨。基督教堂把女性归于低层次的角色,但却为男性的领导地位服务。(Browne 2001;De Anda 2004)

在本章之前,我们的很多讨论都关注了种族的社会影响,这也伴随着贫困、低收入和较少的财富。这种支配的范型强调了这些因素和性别歧视的共同作用,在这种情况下,我们必须考虑这些因素以充分理解有色女性的困境。

互动论观点

当典型的研究性别区别的功能理论学家和冲突理论学家关注宏观层面上的社会力量和制度时,互动理论学家趋于调查日常行为微观层面的性别分层。这种方式的关键就是在日常互动中研究性别社会建构的方式。我们通过强化传统男女角色做性别研究。例如,一位男士通过为女友开门表现绅士风度,女士则通过赞赏他的帮助表现她的淑女风范。显然,社会性别建构超越了相对平常的仪式。互动理论家也意识到人们可能正在挑战传统性别角色。一个用男士高尔夫球座的女人和一个喜欢在工作时安排午宴的男人正在重新扮演着性别角色。(Deutsch 2007;West & Zimmerman 1987)

一个正在进行的研究主题就是交叉性别对话中的性别角色问题(有时也被称为"相声"),尤其在谈话中男性打断女性的频率高于女性打断男性的频率。有趣的是,经验主义者的调查并没有很明确地支持这一观点。事实上,男人比女人更可

表 7-1 关于性别的社会学视角

理论视角	观点
功能论者	性别差异有利于社会稳定
冲突论者	性别不平等是男女权力关系的根源
女性主义者	女性受歧视存在于社会和社会结构的整体中
互动论者	性别区分和按性别区别对待反映在人们的日常行为中

能成为有地位的权威人士,也正是这一因素,促使男人在交流中占据支配地位。然而,这并不一定表示女人的观点完全不能被听到。未来的调查结果可能会强调这个建议,即在这样的情景结构中女性必须大胆地表达观点,打破男性占支配地位的局面。(Cameron 2007;Hyde 2005;Tannen 1990)

表 7-1 概述了主要社会学家关于性别的大体观点。

7.3 女性:受压迫的大多数

包括男人和女人在内的许多人都发现很难想象女人是作为从属的、被压迫的群体生活的。然而,看看美国的政治结构,很明显,女人仍然没有被充分代表。例如:到 2008 年 10 月为止,50 多个州中只有 8 个州有一位女性政府官员(阿拉斯加、亚利桑那、康涅狄克、特拉华、夏威夷、密歇根和华盛顿)。

在某些政治领域,女人已经缓慢但稳定地进步了。1981 年,国会 535 位议员中只有 21 位女性,19 位在众议院,2 位在参议院。2008 年,在国会这个掌握权力的政府机关中,有 87 位女性成员,71 位在白宫,16 位在参议院,然而,国会的成员资格仍然势不可挡地以男人为主。

性别主义与性别歧视

就像非裔美国人受到种族歧视的迫害一样,妇女在我们这个社会中也遭受性别歧视。**性别主义**(sexism)是一种认为某种性别比另一种性别优越的意识形态。这个词通常指男性对女性的偏见和不平等对待。第 6 章中,我们已指出黑人可能遭受个体行为的种族歧视和制度歧视。制度歧视是由于正常的社会运转而形成的对个体或集体的机会和平等权利的否认。同理,女人同时遭受个体行为的性别主义(例如歧视者宣扬的言论或暴力行为)和制度上的性别主义。

在美国不仅个别男人在对待女人问题上有偏见,所有重要的社会组织——政府、军队、大型团体、媒体、大学和医疗机构——是被男士控制的。在他们的正常工作中,对女性的歧视无处不在,这使得性别主义总是存在。例如,如果一家全国性银行总部制定了一项政策(政策指出在没有考虑到她们的收入和投资时,单身女性是一个很有风险的贷款对象),在一般情况下银行会有差别地对待女士。事实也会是这样,即使在这种贷款负责人没有个人偏见的机构里,也只是"跟着常规走"。

我们的社会主要是被男人支配的机构起着作用,然而,随着权力向男性的转移,责任和压力也随之而来。据报道,与女士相比,男士患某种脑类疾病的几率更高,并且有更大的可能性死于心脏病或中风。在这个工作竞争尤为激烈的世界上,男士所承担的成功的压力和维持成功的压力会特别大。这并不表明性别分层对男性的损害和对女性是一样的,但是男人享有的权力和特权并没有得到很好的保证。

性骚扰

美国法庭认可两种性骚扰行为。从法律上来说,**性骚扰**(sexual harassment)一种是指想通过性恩惠(作为一种交换物)来获得工作上的利益的行为,另一种是因为接触、猥琐语言、淫秽行为等在工作场所形成敌对环境的行为。1998年最高法院规定,性骚扰不仅适用于异性,也同样适用于同性。法院很容易鉴定交换性性骚扰。但是,无论在法院还是日常生活中,性骚扰形成的敌对环境已经成为激烈争论的话题。(Greenhouse 1998;Lewin 1998)

性骚扰是在长期对妇女的偏见和歧视的背景下逐渐形成的。无论在联邦政府机关、商界,还是大学中,性骚扰在那些以白人男性为权力控制者,女人的工作价值低于男人的组织中显现出来。一项私人机构的调查显示,一个非裔美国女人经历性骚扰的可能性是一个白人女性的3倍。从冲突论视角来讲,这没什么奇怪的,尤其对于有色人种妇女来说,更可能成为性骚扰的受害者。就工作安全性而言,这些群体是组织中典型的最易受侵害的受雇者。(J. Jones 1988)

全世界妇女的地位

2000年,美国公布了一个关于全世界妇女地位的详细报告。报告表明,女人和男人生活在不同的世界里,获得教育、工作机会和在健康、安全和人权上的机会是不同的。例如,在印度的印度教文化里,寡妇的生活尤为艰难。当一个印度教女性结婚了,她就成为夫家的一员。如果她丈夫死了,她(寡妇)将沦为那个家庭的所有财产。在很多情况下,她将以一个不领报酬的女佣人的身份终其一生。另外一些情况是,寡妇被抛弃,身无分文地离开。古代印度教经文中将寡妇描述为"不祥的凶兆",并建议"一个有智慧的人应该远离她像毒蛇一样的祷告"。(Burns 1998:10)这样的观念正在大多数印度人生活的村落中慢慢地消失。

然而,无论哪个国家,每个地方的妇女都遭受次等的待遇。据估计,妇女种植世界上一半的食物,但她们仅拥有很少的土地。她们占世界三分之一的有偿劳动力,但是基本都是支付最低工资的工作。单亲家庭主要由妇女维持,这种现象似乎在许多国家都呈上升趋势,最为典型的最贫穷的地区。贫穷女性化已经成为一个全球现象。就像在美国,全世界妇女在政治上是未被充分代表的。

尽管存在这些挑战,妇女并不是消极的回应,她们正以个体或集体的名义行动起来。然而,鉴于政府机关和国家立法机构中妇女代表严重不足,这项任务变得十分艰巨。

在工业化国家中,妇女的不平等地位可以在家务分担和她们所从事的工作和给付报酬上体现出来。社会学家玛吉柯·弗瓦(Makiko Fuwa 2004)运用来自国际社会调查项目的数据分析了22个工业化国家的性别不平等现象。弗瓦首先观察到的是夫妇如何分配她们的家务,然后比较了有妇女参与的地位高的职位的范围及男人工资和她们工资关系的数据。她发现,权力的性别差异在不同国家是不同的,男女平等极其少见。

7.4 美国的职业女性

30多年前,美国民权委员会(the Commission on Civil Rights 1976:1)声称,独立宣言所说的"人人生而平等",很久以来都只是字面上的,尤其在寻找工作机会时。这一部分,我们可以看到性别偏见如何限制妇女走出家门寻找工作的机会,同时也迫使她们在家庭劳动中承担不相称的工作。

劳动力参与

20—21世纪,美国妇女参与有偿劳动的比例稳步增长(见图7-2)。今天,数

想一想

20世纪60年代,已婚妇女在劳动中的参与率已经上升到单身女性的程度。同时,单身女性的参与程度有轻微的下降——为什么?

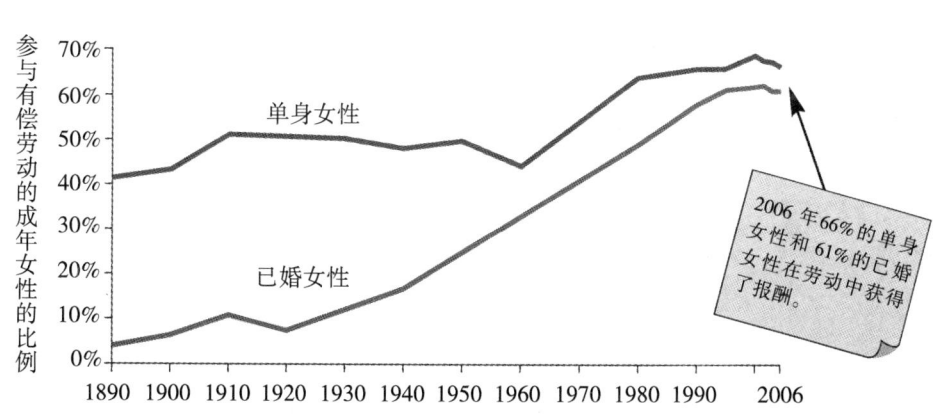

图7-2
美国女性参与有偿劳动比例的趋势,1890—2006年

资料来源:Bureau of the Census 1975;2007a:Table 578.

百万已婚或单身、有或没有孩子、怀孕或最近已经生完小孩的女性已在工作。总体来看，2006年有57%的成年女性处于工作状态，1970年这一比例是41%。（与此形成对比的是男性在2006年和1970年的比例分别是70%和76%。）目前，57%的女性怀着她们的第一个孩子工作，20世纪60年代早期还不到40%。2006年，41%的已婚妈妈有不满6岁的孩子并工作着，1979年的比例为41%。（Bureau of the Census 2007 a：Table 571，580；T. Johnson 2008）

妇女在进入劳动力市场寻找工作时受到许多因素的限制。影响最大的是职业隔离，或者有性别限制的"女性的工作"。比如，2006年，99%的牙科保健医生和84%的图书管理员都是女性。在这些有性别倾向的工作岗位上，妇女扮演着类似她们传统性别的角色——作为一个家庭主妇为她们的丈夫"服务"。

历史上，女性一直被认为不能取代定义为"男性的工作"，这些工作和女性的工作相比往往有更高的收入和更高的声望。例如，2006年，在美国有劳动报酬的工作者中，女性的比例接近45%，但是她们中只有12%是政府工程师、23%为牙医、32%为计算机系统分析师和内科医生。（见表7-2）

这样的职业隔离并不只是在美国存在，在所有工业国家都非常典型。例如英国，只有29%的计算机系统分析师是女人，然而，女性在收银员和护士上的比例却占81%和90%。（Cross and Bagilhole 2002）

所有女性和少数男性，有时会遭遇那些阻止他们完全发挥潜力的看法和组织

表7-2 关于妇女的职业选择，2006年：妇女在所有工作者中的比例（%）

人数不足		过多	
飞行员	2	高中教师	56
消防员	4	收银员	75
土木工程师	12	档案管理员	79
警官	13	小学教师	82
神职人员	13	社会工作者	83
摄影师	16	图书管理员	84
牙科医生	23	出纳员	85
厨师和厨师长	24	注册护士	91
计算机系统分析师	32	打字员	91
物理学家	32	接待员	93
律师	33	保姆	94
邮递员	36	牙科卫生师	99

注：妇女占总劳动力的45%。
资料来源：Data for 2006 reported in Bureau of the Census 2007a：Table 598.

上的偏见。正如我们在第 6 章所看到的,**玻璃天花板**(glass ceiling)指的是一个有能力的个体因其性别、种族或族群等原因而阻碍其职位提升的隐性障碍。一项关于美国前 500 名企业的研究表明,2007 年,不到 15% 的董事和委员会的职位是由女性担任的。只有 11 个公司有女经理,与此相对,有 489 个公司是男性身居高位。(Catalyst 2007;Guerrera & Ward 2007)

在世界范围内,妇女担任不足 1% 的公司经理职位。由于妇女的上层领导职位未被认可,在挪威,立法机关只给女性很少配额的领导职位。正如这个计划的设计者所说,"给受雇者提供机会是为了让他们证明他们可以做什么,而不是假设他们不可以做什么。"这个计划对妇女来说是不完全平等的,但是 2008 年妇女的比例达到了 40%。现在占 36%,比欧洲的平均值 9% 要高得多。约六分之一的挪威大公司在达到分配额度时遭遇困难,然而,一小部分公司的委员会仍然没有妇女。(Center for Corporate Diversity 2008;Fouché 2008;Goering 2008)

女性就业的社会后果

今天,许多女性要面对工作和家庭所带来的挑战,这会产生很多社会影响。一方面,它会给照顾孩子的机构、日常照料的公共支出,甚至提供以前由女性自己准备的三餐的快餐业造成压力。另一方面,它带来关于男性劳动者在家庭中承担什么责任的问题。

当妇女也要赚钱时,家务劳动由谁来做?研究表明,在家务劳动中有很明显的

> **使用你的社会学的想象力**
>
> 在你看来，夫妻共同负担家务有多么重要呢？

性别差异，尽管差异正在减少。无论是在工作日或休息日，女性比男性做更多的家务，花更多的时间照顾孩子。总体来说，无论是在工作日还是非工作日，妇女比男人工作的时间都要更长。（Sayer et al. 2004）

社会学家阿里·豪奇斯查尔德（Arlie Hochschild 1989, 1990, 2005）运用**第二班**（second shift）一词描述由于外出工作和带孩子做家务给女人带来的双重负担，许多妇女要承担这些而几乎没有男人会平等地分担。在对 52 对夫妻长达 8 年的观察和访问后，豪奇斯查尔德指出，妻子（而不是她们的丈夫）下班时边开车边考虑家庭计划及和孩子的出游约定——然后开始她们的第二班。依据全国范围内的研究，她得出结论：妇女要比她们的丈夫每周少享受 15 小时的闲暇时间，在一年之中，由于"第二班"，这些女人额外工作了一个月（每天 24 小时）；12 年后，她们多工作一年（每天 24 小时）。豪奇斯查尔德发现她研究的妇女正处在烦躁的边缘，她们的职业和婚姻也是如此。因为这类报告，女性主义者更加提倡政府和公司对孩子照顾的支持，更灵活的家事假政策，还有其他为缓解本家庭负担的改革。（Moen & Roehling 2005）

女人如果花很多时间在照顾孩子上，较少时间在家务活上，在职业追求上就会有损失。2005 年发表在《哈佛商业评论》（*Harvard Business Review*）上的一项调查显示，40% 的女性会自愿离开工作几个月或几年照料家庭，而只有 24% 的男性会这么做。正如图 7-3 显示的一样，妇女比男人更可能为家庭花很多时间。

尽管美国妇女在追求家务平等中还有很长的路要走，但她们还是在做一些努力，比大多数包括工业国家在内的国家的妇女要做得更好。比如，美国家庭中 30% 的夫妻分担着大部分家务，相比而言，日本只有 4%、英国 25%、瑞士 27%、加拿大 32%。（Geist 2005）

图 7-3 为什么辞职？

注：*（未标数据）表示不在 5 大原因之列；基于 Harris 对"高素质"职员的调查，其中包括有学士学位、专业学位、硕士学位的职员。

资料来源：Figure adapted from Sylvia Ann Hewlett and Carolyn Burk Luce, 2005. "Off-Ramps and On-Ramps: Keeping Talented Women on the Road to Success," Harvard Business Review, March 2005. Copyright © 2005 by the Harvard Business School Publishing Corporation, all rights reserved. Reprinted by permission of Harvard Business Review.

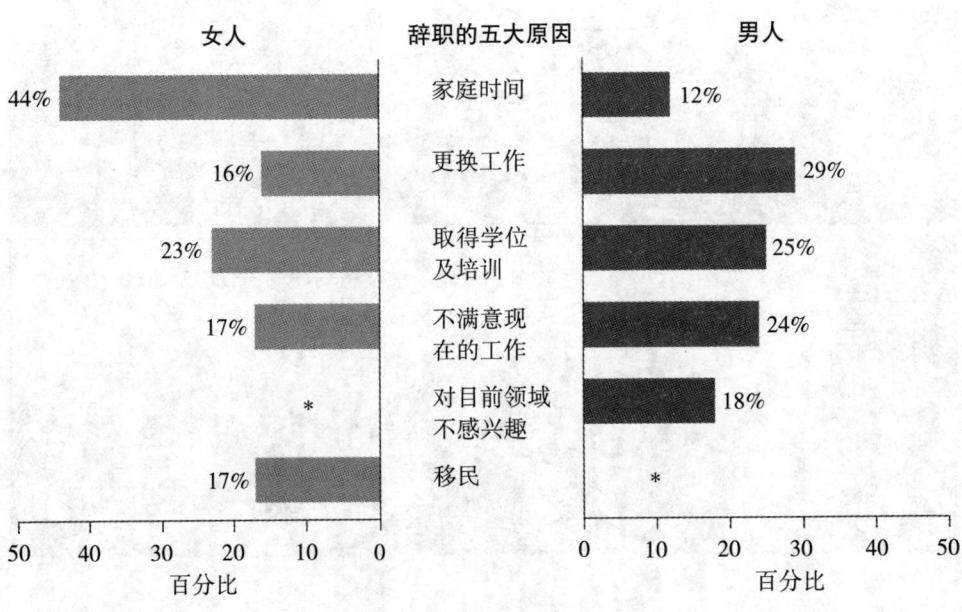

社会学要义

社会学之所以重要是因为它解释了我们怎样形成女性气质和男性气概。

- 孩提时代的你认为和你同性别的人举止应该是怎样的?你从哪里学到这些的?你曾经觉得你受性别角色的限制吗?
- 你曾经想过你的性别角色会随时间而改变吗?如果有,谁或是什么影响你改变你的想法和行为?你的孩子会像你一样学习到同样的性别角色吗?为什么?

社会学之所以重要是因为它提升了我们对男女平等的认识。

- 你和你的朋友曾经被不同的对待过吗,因为你们一个是男的一个是女的?如果有,你愤恨这种不公平的对待吗?你能想办法改变它吗?
- 你相信男女会变得平等吗?为什么?
- 社会学之所以重要是因为它关注许多影响男性和女性生活的社会地位的差异。
- 你已经开始更关注性别、社会阶级,甚至公民地位对人们生活的影响了吗?
- 在你最亲近的人中,哪些身份或地位最具影响力?

章节摘要

和种族、民族一样,性别在人们的生活中具有巨大的影响。本章中,我们解释了性别产生的文化基础,考察了性别定义人们社会角色的方式。我们讨论了四个关于性别的理论视角并研究了由于对妇女的偏见和歧视所造成的经济和社会影响。

1. 像种族一样,性别所归结的地位也是社会建构的。**性别角色**通过我们的工作和行为及我们对他人的反应展现出来。纵观历史,这些角色限制妇女要比男人更多。
2. 在美国,**同性恋恐惧症**——对同性恋的恐惧和偏见导致了刻板性别角色的社会化,家庭、同龄人、媒体强化了两性性别角色的固有模式。
3. 尽管男性可能表现出许多不同类型的性别角色——**多重男子气质**,但是社会强化了他们支配妇女的传统角色。
4. 人类学研究指出了文化调适在定义男女社会角色过程中的重要性。
5. 功能论者主张明确界定的性别角色有利于社会的稳定,他们强调男性角色中的**工具性**,注重任务;而女性角色中的**表达性**,注重和谐。
6. 冲突论者强调男人对女人的支配,他们看到因为男人对女人的征服而使妇女的收入、财富、威信、权力呈现很大的不平等性。
7. 和冲突论者一样,女性主义者强调两性之间的权力斗争。甚于冲突论者,他们更倾向于将妇女的不平等看做资本主义社会内在剥削的一部分。
8. 互动论者强调性别是在日常互动中建构出来的。人们通过强化传统的男性和女性行为来"建构性别"。
9. 妇女会受到性别歧视,由于制度性歧视,她们只能得到较低的收入、受限制的机会,以及在学校和工作中遭受**性骚扰**。
10. 从全球看来,妇女的受教育水平低、工资报酬低但却要做过量的工作。在美国,职业妇女受**玻璃天花板**效应的限制,阻断了她们升职、取得更高报酬的机会。这些妇女回家后还要面对**第二班**。

Social Institutions: Family and Religion
社会制度：家庭与宗教

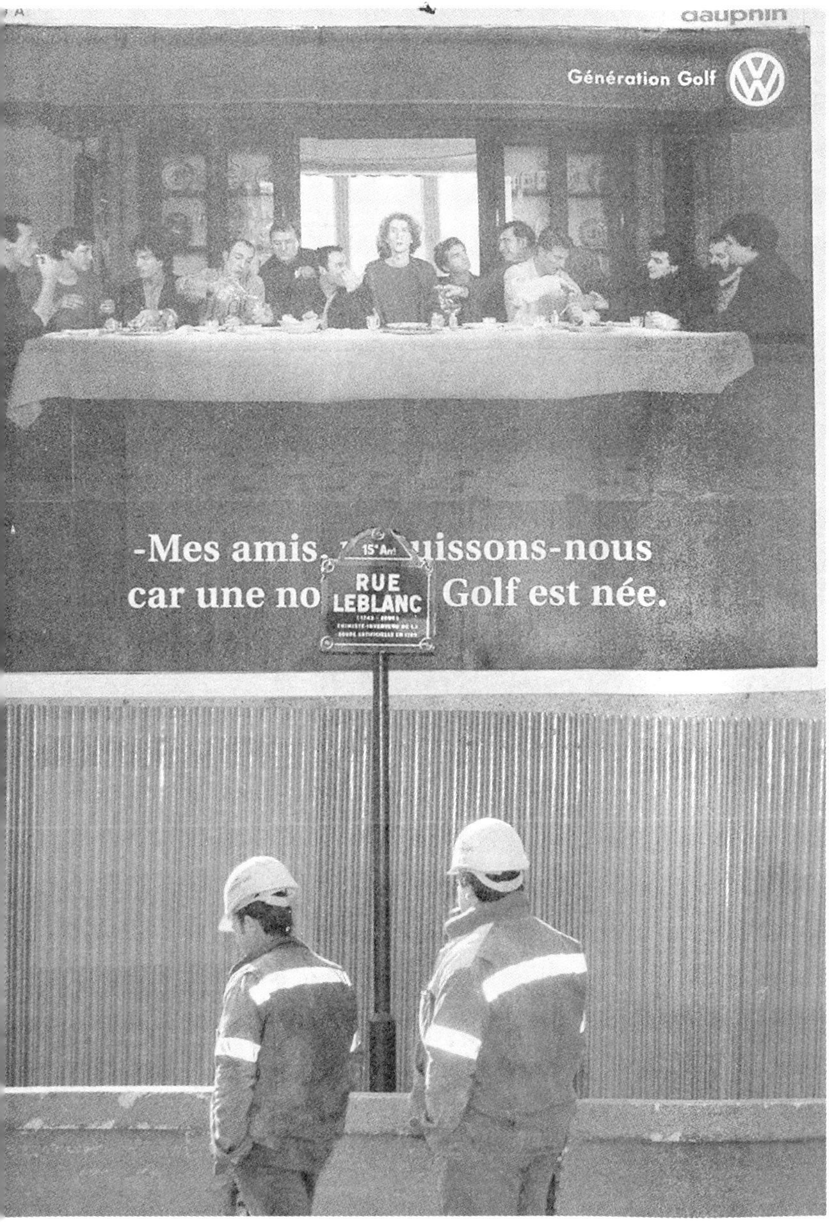

8.1 有关社会制度的社会学观点
8.2 家庭：一种全球观
8.3 有关家庭的社会学观点
8.4 作为一项社会制度的宗教
8.5 宗教的构成

大众汽车公司在告示板上刊登这么一幅图，耶稣基督在最后的晚餐对门徒说："我的朋友，当欢欣鼓舞，因为新一代的车种（Golf）已经诞生。"对基督徒而言，耶稣基督是神圣的，在此作为汽车广告被世俗化地运用。

过去，西藏和尼泊尔的宁巴人（Nyinba）中，一个女人可以同时嫁给几个男人，而且这些男子通常是兄弟关系。这项制度使男孩能够共享他们所继承的有限的好土地。马达加斯加的贝齐寮人（Betsileo）中，一个男人可以娶多个妻子，每一个他种有水稻的村子里住着一个妻子，而住在种有最优水稻的村子里的那个妻子，则被认为是他的第一位或者地位最高的妻子。巴西和委内瑞拉的雅诺马马人（Yanomami）中，与异性堂兄妹发生性关系（如果他们是你母亲兄弟的或者你父亲姐妹的孩子）是被认可的。但如果与母亲姐妹或者父亲兄弟的孩子发生性关系，则被认为是乱伦。我们能够从如此多样化的家庭生活模式中学到什么呢？尽管它们看起来有悖常理。但是，社会学家已经发现，在令人眼花缭乱的家庭差异背后，它们在社会功能方面的一致性。

类似的观察结果也出现在世界范围内的宗教多样性中。我们若在美国提起宗教，也许会在脑子里涌现出许多画面。我们或许会设想一个严肃的牧师在新英格兰小镇（New England town）上做礼拜；一场热情的奋兴布道会在南部诸州（Deep South）举行，或者一个印度教克利须那派教徒（Hare Krishna）团体在旧金山大街上唱赞美诗。如果我们思考世界范围内的宗教仪式，便会想到一位穆斯林到麦加的清真寺去朝觐；正统犹太教徒在耶路撒冷的哭墙祷告，或者一个非洲部落通过仪式标记一个孩子的出生。环顾世界的宗教，我们发现了惊人的差异。当然，社会学家则强调所有宗教所共同拥有的社会功能。

宗教和家庭都是**社会制度**（social institutions）——基于满足社会基本需求的信仰和行为的组织模式，例如，人员的替换（家庭）和维持秩序（政府）。所有社会都有其社会制度，或许这会被认为是文化的

普遍性（cultural universals）——所有文化中的惯例。例如：运动、食物的准备、丧葬仪式（见第2章）。事实上，所有社会存在文化普遍性并不奇怪，因为它们能满足我们对食物、衣服、居所、帮助与安慰、职业培训，以及社会秩序的需求。本章中，我们将通过三个主要的社会学观点（功能论、冲突论、互动论），来谈论社会制度。然后，我们将把这三种观点应用到两个重要的社会制度上：家庭和宗教。在第9章中，我们会拓展分析另外三种社会制度：教育、政府和经济。（Murdock 1945）

8.1 有关社会制度的社会学观点

尽管社会制度对于任何一个社会的良性发展都是至关重要的，但是并不是每个社会学家都以同样的方式来看待它们。正如我们所看到的一样，功能论者强调社会制度满足基本的社会需求。而冲突论者则对家庭和宗教这样的社会制度抱有复杂的感情——作为不平等和压迫根源，同时也是培养和再保障的来源。互动论观点则强调社会制度有助于限定个人的社会角色和地位。

功能论者的观点

研究社会制度的一种方法是考察它们如何实现最基本的社会功能。任何社会或者相对固定的群体如果要继续存在，必须能完成以下五项功能，或称做功能要件（见表8-1）。

1. 人员的替换　在任何团体或社会中，有成员死亡、离开或伤残时，该团体或社会都必须有人能够接替。这种接替可以通过移民、吞并邻近群体、购买奴隶或生育。以美国震颤派（Shakers）教徒为例，他们是1774年到达美国的宗教团体，他们在人员的替换上就很失败。他们的宗教信仰的特色是教友必须过独身生活；为了让这个教派得以延续，他们必须招募新的教友。开始时约在19世纪40年代，震颤派还相当成功，在美国约有6,000名教友。然而，到了2008年，全美国的震颤派社区只剩下缅因州的一个农庄共4名教友——1位男性和3位女性。（Sabbathday Lake 2008）

2. 教导新进成员　假如一个团体中许多成员反对团体所规定的行为模式和义务，该团体就无法存续。所以，光是招募或培养新成员还是不够的，团体应该鼓励新进成员学习，并接受其价值观与习俗。学习的过程可以在学校里正式地进行（这时，学习是一种显性功能），也可以较不正式地通过与同辈团体互动的方式进行（这时，学习则是一种隐性功能）。

3. 生产与分配财货及服务　每一个相对较稳定的团体或社会，都必须能够提供和分配成员们所需的财货与服务。每个社会对于财务与各种资源的配置，都有一套既定的规则。团体必须至少能满足大多数人的基本需求，否则，就可能造成成员不满而最终失序的局面。

4. 维持秩序　全世界的本土人和土著人都曾为自己不受外来入侵者的影响而斗争，结果也取得了不同程度的成功。而无法维持秩序并防御外来征服的结果就是：一个民族和一种文化的消亡。

表 8-1　制度的五个主要功能

功能要件	相关社会制度
人员的替换	家庭
	政府(移民)
教导新进成员	家庭(基本技能)
	经济(职业)
	教育(学校)
	大众传媒
	宗教(神圣教义)
生产与分配财货及服务	家庭(食品准备)
	经济
	政府(有关劳动和商业的法规)
维持秩序	家庭(抚养儿童、规范性行为)
	政府
	宗教(道德)
提供并维持生活的目的	政府(爱国主义)
	宗教

5. 提供并维持生活的目的　人们必须有动机继续成为某个社会的成员,这个社会才有可能实践以上四个要件。2001年9月11日世贸中心的恐怖袭击事件发生后,美国各地的追思礼拜区及社区集会让美国人团结起来,使他们因恐怖袭击所造成的心理创伤得以愈合。爱国主义协助一部分人建立并维持生活的目的;对其他人来说,或许部落认同、宗教价值或个人的道德更重要。不论这些生活目的差异有多大,有一个真理是不变的,那就是假如一个人没有生活目标,就不太可能为该社会的生存而奋斗。

这些功能要件并没有详述一个社会及其社会制度是如何处理每一项挑战的。比如,有的社会面对外来攻击时,可能会积聚大量的军火来反击;但是,有的社会也许会尽可能在国际政治舞台上保持中立,并与邻近国家结盟以自保。但是,不论策略为何,每一个想要长治久安的社会或团体,都必须满足以上五个功能要件才能得以存续。即使只有一个功能无法满足,该社会都可能会面临灭绝的危险。(Aberle et al. 1950;Mack & Bradford 1979)

冲突论观点

冲突理论家并不接受功能论对社会制度的解释。虽然这两个观点一致认为社会制度的组成是为了满足社会的基本需求,但是,冲突理论家并不认为这些现存的制度是有效且必要的。

从冲突论的角度看,社会制度与组织的存在并不是一种巧合。主要的社会制度,比如,教育是为了保障社会上某些团体的特权,并导致其他人处于弱势地位。举例来说,美国公立学校的经费主要来自地方的财税,这使得富有地区的学校设备与师资都比低收入社区的学校要好。因此,从富有社区出来的学童,将来在学术上的竞争力就远高于来自穷困社区的学童。国家的教育制度竟然允许甚至鼓励这种对学童的不公平待遇。

冲突理论家认为,像教育这类社会制度,本质上就倾向于保守主义。毫无疑问,想要实施机会平等的教育改革困难重重,不论是双语教学还是打破学校的种族隔离,以及把残疾学童纳入正规班级的诉求,都遭遇到非常多的阻碍。从功能论的角度看,社会变迁往往是反功能的,因为它会造成社会的不稳定。但是,我们从冲突论的角度看,假如一个社会结构不公平且具有歧视性,那么我们为什么还要维持现有社会结构的稳定呢?

如同冲突理论家、女性主义者及互动论者所指出的,社会制度是在性别和种族歧视的环境下运作的。在学校、办公室及政府机关里,一个人被预期要扮演的角色,往往反映出整个社会中性别与种族歧视的事实。举例来说,许多人认为,女性无法做重大的决策——这种错误的假设在公司最高管理层一直很普遍。很多人都假设,能进入顶尖大学就读的黑人学生,大概都是通过优惠性特别待遇才得以入学的。性别、经济情况、种族及族群的不平等,在社会中非常普遍,这样的歧视现象也可以延伸到年龄、残障和性别取向等议题上。这种不平等与歧视的事实,在刊登招聘广告、提供或者撤销附加福利(比如,儿童托育和育婴假)的决策上,常常可以看到。

互动论观点

社会制度会影响我们的日常行为,甚至对小到开车或等待结账的习惯,都会有所影响。社会学家米切尔·丹尼尔(Mitchell Duneier 1994a, 1994b)曾经到芝加哥一家大型律师事务所的服务中心,实际了解其内部的女性文书工作者的社会行为模式。丹尼尔对于在这种工作环境中所形成的非正式规范及女性职员所建立的丰富的社会网络很感兴趣。

这个网络中心恰如其名,在这栋七层楼高的律师事务所中,只占有一间连窗户都没有的小房间。这个中心内的文书职员采用两班轮班制,第一班的工作时间是下午4点到午夜,另一班则是午夜到早上8点。每个文书职员的空间只够放她们的键盘、屏幕、打印机和电话。她们的任务就是依照标准程序完成预定的工作。

乍看之下,我们可能会认为,这些女性职员除了有限的休息时间和在与督导

> **使用你的社会学的想象力**
>
> 你认为,社会网络对一个在加利福尼亚的民工来说,比对一个有政治和社会影响力的人来说更重要吗?为什么呢?

偶尔的互动之外,很少互相接触。然而,以互动论学家的观点看,丹尼尔发现,这些女性文书工作者虽然处理大量的公司工作,他们仍旧会找到一些私人的时间闲聊(通常是在大厅或洗手间外),她们在一起评论事务所的律师及日班的秘书。事实上,这些文书处理员常常会说,她们的工作应该由那些日班"懒惰"的秘书来完成。丹尼尔提到,有一位文书处理员,她非常厌恶律师们的傲慢态度,对于那些不称呼她名字的律师,她连看都不看他们一眼,而且不和他们说话。(Duneier 1994b)

互动理论家强调,我们的社会行为受限于我们所接受的角色与身份、所归属的团体及所处的社会制度。举例来说,法官的社会角色处在更大范畴的司法体系中。"法官"及与之相关的比如律师、原告、被告、目击证人及政府制度,都保持高度的关联。只要法院与监狱的象征意涵还是令人敬畏的,那么司法体系在人们的角色互动中,依旧会保持其重要性。(Berger & Luckmann 1966)

8.2 家庭:一种全球观

就像我们在本章开始所看到的,一种文化和另一种文化的"家庭"具有很大的差别。但家庭这个社会机制存在于每一种文化中,除此之外,某些家庭的一般法则,比如,家庭的组成、亲属形态及权威形态,在各种文化中也具有相当高的共通性。

家庭构成:什么是家庭?

可以把**家庭**(family)定义为一群拥有血缘、姻亲(或其他得到认可的关系),或领养关系的人,共同承担生育和照顾家庭成员的基本责任。假如我们想要通过电视内容了解什么是家庭,我们所看到的可能是一些很奇怪的景象。媒体所提供的家庭概念有时候是很不真实的。除此之外,许多人只赋予家庭很狭窄的意涵,就是一对已婚男女和未婚的小孩住在一起。然而,这样的家庭只不过是许多家庭形态中的一种,社会学家将之称为**核心家庭**(nuclear family)。核心家庭这个名称取得很好,因为这种家庭就像核心一样,其他更大型的家庭模式都是以它为基础而建立的。

多数美国人认为,核心家庭是理想的家庭模式。但在2000年,美国只有三分之一的家户符合这一模式。在过去的30年中,美国核心家庭的比例呈逐年下降的趋势,可以预见的是,未来这种情况仍将持续。同时,我们发现单亲家庭呈逐年增加的趋势(见图8-1)。类似的趋势在其他工业化国家也很明显,如加拿大、英国和日本。

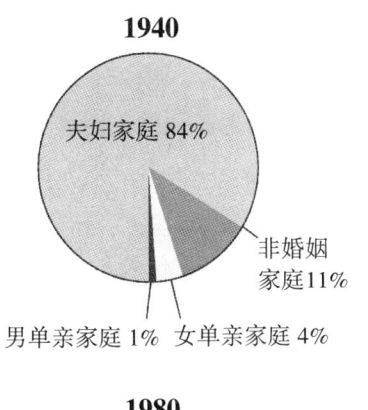
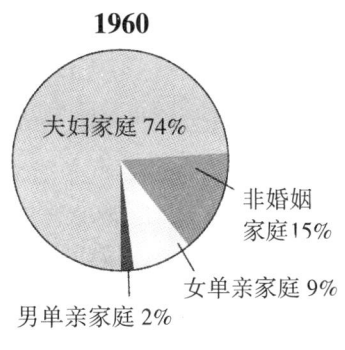
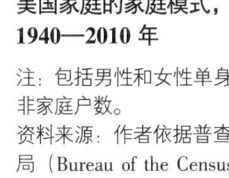
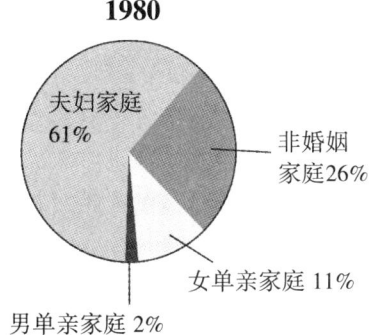
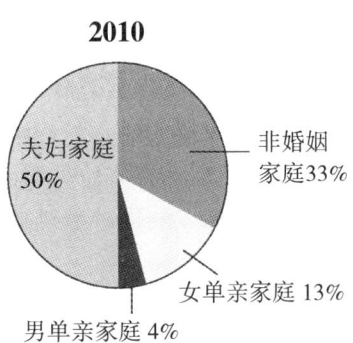

图8-1
美国家庭的家庭模式，1940—2010 年

注：包括男性和女性单身非家庭户数。
资料来源：作者依据普查局（Bureau of the Census 1996）；Jason Fields（2004）的估算。亦可参阅 McFalls（2003:23）。

家庭中包括其他亲属，如祖父母、阿姨（舅妈）或叔伯与父母及其子女同住的，称做**扩大家庭**（extended family）。虽然扩大家庭并不普遍，但是在美国仍旧有这样的家庭模式。与核心家庭比起来，扩大家庭的家庭结构有它的优点。当遇到死亡、离婚或疾病等危机时，扩大家庭中成员的压力会比较小，因为大家庭里有较多的亲人可以提供协助与情感的支持。此外，与核心家庭相比，扩大家庭构成了一个较大的经济单位。如果一个扩大家庭的所有成员共同经营一个家族企业，不论是农场还是小型企业，每个家庭成员都可能是该企业成败的关键。

当我们讨论这些家庭模式时，其实只是将我们自己局限在美国普遍的婚姻形态来讨论——也就是单偶婚。**单偶婚**（monogamy）指的是一个男性和一个女性结婚，并且只有对方一个配偶的婚姻模式。一些观察者发现美国的离婚率很高，所以，他们主张用"连续单偶婚"来描述美国单偶婚的婚姻模式更为贴切。在**连续单偶婚**（serial monogamy）下，一个人终其一生可以有好几个配偶，但同一时间一个人只能有一个配偶。

由于更高的离婚率和接受程度，相比于一个世纪以前，现今连续单偶婚无疑显得更加普遍。在美国和许多其他国家，离婚率在 20 世纪 60 年代末开始增加但是之后便有所下降；自 20 世纪 80 年代末以来，离婚率已经降低了 30%。这一趋势在一定程度上是因为生育高峰期出生人口年龄的增长及处于结婚年龄人口比

例的相应缩减。然而，这同时也暗示了最近几年婚姻稳定性的增长。(Coontz 2006)

有些文化允许一个人同时有多位丈夫或妻子，这种婚姻模式称为**多偶婚**(polygamy)。事实上，在世界上的许多社会中，不论是过去还是现在，相比单偶婚，大都偏好多偶婚。人类学家乔治·默多克(George Murdock 1949, 1957)曾经采样565个社会，发现超过80%的社会都偏好某种类型的多偶婚。虽然，在20世纪及进入21世纪后，多偶婚在渐渐退烧，但在19个非洲国家中，仍然至少有20%的女性生活在多偶婚的婚姻中。(Seager 2003)

多偶婚有两种基本模式。据默多克的观察，在他所抽样的多数社会中，比较普遍的是**一夫多妻制**(polygyny)，即一个男性同时和多个女性有婚姻关系。这些妻子通常是姐妹，她们通常被要求有相似的价值观和共同居住在一个家庭的经验。在一夫多妻制的社会里，其实只有相对少数的男性有多个配偶，大多数人还是生活在单偶婚的家庭里；而有多位配偶则被认为是社会地位的象征。

多偶婚的另外一种重要模式是**一妻多夫制**(polyandry)。在这样的制度下，一个女性可以同时有好几个丈夫。在本章开篇提到，过去西藏的情况就是如此。然而，一妻多夫制在当今世界可以说是极其罕见的。这样的婚姻状态通常是被那些极度贫穷，且通常有杀害女婴习俗故只有相对较少女性的社会所接受。与其他社会一样，一妻多夫的文化依旧是对女性社会价值的贬低。

亲属形态：我们和谁有亲属关系？

许多人可以从族谱或家庭中年长者口中知道他们以前的生活、先人的生活方式和家族的渊源。然而，一个人的家谱不仅仅反映他个人的历史，也反映支配世系的社会形态。在各种文化中，儿童都必须对亲属表现出亲近的态度。这种人们之间相互关联的情况，就被称为**亲属关系**(kinship)。亲属关系是通过文化习得的，不完全由血缘或姻亲关系来决定。举例来说，领养也可以创造出亲属关系，这不仅合法，而且也被社会所接受。

家庭和亲属不一定完全相同。家庭是一种家户单位，但是亲属则不一定总是住在一起，日常生活也不一定一起行动。亲属团体包括姨妈、婶婶、舅妈、叔叔、伯伯、舅舅、表兄弟、表姐妹、堂兄弟、堂姐妹及姻亲等。在类似美国这样的社会里，亲戚们除了在婚礼或葬礼上见面外，通常很少聚在一起。然而，亲属关系常常代表义务和责任。一般，我们认为帮助亲属是天经地义的事，所以当我们需要协助时，比如，借钱或照顾孩子，我们很自然地就会向亲属提出要求。

亲属关系如何被认定？世系的原则是根据他人和父母的关系，决定他人和我们的亲属关系。决定世系的方法主要有三种。美国主要是依照**双系继嗣**(bilateral

---

使用你的社会学的想象力

在使家庭成员福利最大化的社会中，夫妇离婚会很容易吗？如果是结婚呢？

descent），意指男女双方的家族被视为同样重要。举例来说，父亲兄弟的价值在双系继嗣的体系下，并不会高于母系兄弟的价值。

根据默多克的观察，大多数社会（约有64%）都属于单系继嗣。**父系继嗣**（patrilineal descent，patrilineal 从拉丁文 pater 而来，意指"父亲"）指的是从财产、继承及情感交流上来说，只有父系亲属才是重要的；相反，**母系继嗣**（matrilineal descent，matrilineal 从拉丁文 mater 而来，意指"母亲"）则认为母系亲属更重要。

生殖技术的新发展迫使我们必须采用新的角度来看待亲属关系。今天，生物上和社会过程的结合也可以"创造"出一个家庭成员，这种发展趋势使我们必须对亲属关系的定位重新做出调整。

> **使用你的社会学的想象力**
> 在你自己的家庭中，哪些人和你有重要的亲属关系？你几乎不见的有谁？

权威形态：谁当家？

想象你现在刚刚结婚，必须为你家庭的未来做打算。你和你的配偶将会面对许多有待解决的问题。你们住在哪里？房子如何装修？该由谁负责煮饭、购物及家庭卫生？要邀请谁的朋友来家里吃晚饭？每当要做决定时，问题就产生了：谁有权做决定？简言之，就是谁当家？冲突理论家从传统的性别分层角度看待这个问题，认为男性处于支配女性的位置上。

不同的社会，家庭权力的分配也不尽相同。如果一个社会期望男性主导家庭决策，这样的社会就被称做**父权制**（patriarchy）。在伊朗这样的父权制社会中，尽管年长的女性也会获得尊重与善待，但通常是年长的男性最有权力。一个伊朗女性的地位通常是借由她和男性亲属的关系来定义的，通常是作为妻子或女儿。在许多父权制的社会中，与男性相比，女性想要离婚会更困难。相对地，在**母权制**（matriarchy）社会中，女性则主导着家庭决策。母权制非常少见；这样的制度兴起于北美原住民部落社会和那些因男性成员为战争或采集食物而长期外出的地方。（Farr 1999）

第三种权威形态称做**平权家庭**（egalitarian family）。在这样的家庭中，配偶双方的权力被视为平等。但这并不表示每个决策都由两个人共同决定。妻子和丈夫在不同的领域互相拥有决策权。许多社会学家认为，在美国，平权家庭作为一种社会规范已经逐渐取代了父权制。

很明显，世界各地的家庭构成、亲属模式和权威形态之间存在着巨大的差异。然而，就像我们所看到的，家庭确实发挥了某种普遍意义上的社会功能。在下一部分，我们将从三种不同的社会学视角来考察这些功能。

8.3 有关家庭的社会学观点

我们真的需要家庭吗？一个世纪前，卡尔·马克思的挚友弗里德里希·恩格斯（Friedrich Engels 1959[1884]）指出，家庭是社会不平等的最终根源，因为家庭扮演协助权力、财富及特权转移的角色。最近，冲突理论家主张，家庭导致社会不公、限制女性的机会、过度保障男性，并限制性自主权，以及选择配偶的自由。相对地，功能论者强调家庭能够满足家庭成员的需求，并维持社会稳定。互动论者则从亲密、面对面的家庭关系来分析家庭。而女性主义者的方法则是考察妻子和母亲的角色，尤其是在缺乏成年男性的情况下。

功能论者的观点

早在75年前，社会学家威廉·奥格本（William F. Ogburn）就提出了家庭的六大功能（Ogburn & Tibbits 1934）：

1. 生殖：一个社会要持续存在，就必须能够替补死去的成员。从这个角度来看，家庭通过生殖功能来维持人类的存续。

2. 保护：与其他物种不同，人类的新生儿需要经常的照顾和经济保障。在所有文化中，都是家庭在担负最终保护与抚养孩子的责任。

3. 社会化：父母及其他亲属负责监督小孩的行为，并且传递他们文化中的规范、价值观和语言。

4. 规范性行为：尽管性行为的规范会因时（如约会的习俗古今不同）因地（严格的沙特阿拉伯和自由放纵的丹麦相比较）皆有所不同。然而，在一个社会里，不论是哪个时期与哪种文化价值观，家庭都会为合宜的性行为下清楚的定义。

5. 情感交流：理想中，家庭能够提供家人温暖且亲密的关系，帮助家人使之感到满足与安全。当然，一个家庭成员也可以从他处获得情感的交流，比如同辈、学校或职场，甚至会觉得家庭是个不快乐或被虐待的地方。然而，我们会期望亲人的了解与照顾，当我们需要他们时，他们总能在身边陪伴。

6. 提供社会地位：我们从家庭背景、父母和兄弟姐妹的声誉中继承一个社会地位。家庭提供新生儿基于种族和族群的先赋地位，决定了这名新生儿在社会分层体系中的位置。除此之外，家庭的资源也会影响儿童未来追求某些机会的能力，比如，高等教育与专业的课程等。

从传统上来说，家庭还可以满足很多其他功能，包括宗教训练、教育，以及休闲娱乐。但是，奥格本认为，其他的社会制度渐渐也能提供这些功能。以前教育在家里的炉边进行，但是现在教育小孩的责任则落到了各级学校和大学教师身上。甚至连家庭的休闲娱乐功能也转移到了其他团体，比如，小联盟、运动俱乐部，以及网络聊天室。

冲突论观点

冲突理论家并不认为家庭对社会有稳定的功能，他们反倒认为，家庭反映的是整个社会财富与权力的不平等。女性主义与冲突理论家传统上都主张，家庭维持并合理化了男性的主导与支配权。纵观人类历史（涵盖绝大多数的社会），丈夫在家庭中都享有绝对的权力与威望。直到 19 世纪中期，美国当代"第一波"女性主义运动兴起，妻子和孩子作为丈夫合法财产的历史地位才受到挑战。

虽然平权家庭在美国近几十年来越来越普遍（在一定程度上归功于 20 世纪 60 年代晚期和 20 世纪 70 年代早期兴起的女性主义运动），但是，男性在家中的支配地位仍旧没有消失。社会学家发现，尽管已婚男性正在增加他们参与孩子照管的时间，但是妻子仍旧承担着不成比例的照顾孩子的工作。除此之外，每有一个顾家爸爸就有 38 个顾家妈妈（Jason Fields 2004:11—12;Sayer et al. 2004）。更不幸的是，许多丈夫会使用家庭暴力来强化他们对妻子和孩子的控制权。

冲突理论家也认为，家庭是助长社会不公平的经济单位。家庭是代间转移权力、财富及特权的地方。尽管美国被广泛地认为是"机会之地"，但是社会流动仍旧受到很大的局限。小孩"继承"了双亲（有些情况下是前几代）拥有的特权（或没有特权）的社会与经济地位。如同冲突理论家所指出的，双亲的社会阶级显著地影响了孩子社会化的经验及他们所获得的保障。这意味着孩子家庭的社会经济地位对他的营养、健康照顾、居住条件、教育机会及长大后的生活机遇，都有很明显的影响。

互动论观点

互动论者关注的是家庭的个体层面及其他的亲密关系。不论互动论学者研究的对象是同居伴侣还是结婚很久的夫妻，他们都对这些人在家庭里互动的方式感兴趣。举例来说，一个针对黑人与白人双亲家庭的研究指出，当父亲比较关心孩子时（比如，陪孩子读书、讨论功课、限制孩子看电视的时间等），孩子较少有行为上的问题；孩子和别人相处较和睦，而且比较有责任心。（Mosley & Thomson 1995）

互动论者想探讨的另一个主题是继父母的角色。单亲父母再婚人数的增加，使得互动论者对那些帮助他人抚养小孩的继父母角色深感兴趣。研究发现，当和孩子关系不好时，继母会比较自责；反观继父，他们比较不能接受关系不好是自己的责任。互动论者认为,继父(和大多数父亲一样)在孩子母亲不在家时,比较不习惯和孩子有直接的互动。(Bray & Kelly 1999;Furstenberg & Cherlin 1991)

女性主义观点

因为传统上女性的"工作"重心是家庭生活,所以女性主义者对于家庭作为一个社会机制的角色很感兴趣。就像我们在第7章看到的,关于在儿童照顾和家务劳动方面的性别角色的研究已有很多。社会学家特别关注女性在家庭以外的就业,会如何影响她们的儿童照顾以及家务劳动——阿莉·霍克希尔顿(Arlie Hochschild 1989,1990)所谓**第二班**(second shift)的责任。今天,研究者认识到对于许多女性来说,第二班还包括照顾年迈的老人。

女性主义者要求社会科学家和社会机构重新思考为什么没有男人的家庭就应该被关注或被视为是失功能的。他们花费大量精力,针对单身女性、单亲家庭及女同性恋家庭做研究。在单亲妈妈的案例研究中,研究人员将研究重点置于这些家庭如何在经济极为窘迫的条件下,依旧展现出无比的韧性。根据佐治亚大学的威欧玛·麦克布莱德·摩瑞(Velma McBride Murray)及其同事的研究(2001)发现,在非裔美国人中,单亲妈妈非常依赖亲属们提供物质、养育咨询及社会支持的协助。在分析了女性主义者对于家庭的研究后,一位研究者得出结论,认为家庭是"女性获得支持力量的来源"。(V. Taylor et al. 2007)

最后,女性主义者强调,有必要针对家庭议题中许多被人忽略的部分进行研究。比如,在双薪家庭中,少部分家庭的女性收入高于男性。研究者估计,约有11%的婚姻中,女性的收入至少占家庭收入的60%。但是,除个别案例研究外,很少有研究探讨这些家庭与其他以丈夫为家计主要承担者的家庭有何不同之处。(Wills and Risman 2006)

表8-2总结了四个主要理论视角对家庭的看法。

表8-2 关于家庭的社会学视角

理论观点	强调
功能论者	家庭对维护社会稳定有贡献 家庭成员的角色
冲突论者	家庭助长社会的不平等 贫穷与财富在代间转移
互动论者	家庭成员间的关系
女性主义者	家庭强化了性别角色 女性户主的家庭

8.4 作为一项社会制度的宗教

在爱弥尔·涂尔干(Émile Durkheim 2001[1912])看来,**宗教**(religion)是一个与神圣事物相关的信念与行动的整合体系。从文化普世性的角度看,宗教扮演的一个基本角色中就包含了显性和隐性两种功能。就显性的一面(开放与已被陈述的)说,宗教界定了属灵的世界,并且赋予神一种意义。宗教对难以理解的事情提出解释,例如死后的世界。相反,宗教的隐性功能通常是非计划中的、掩饰的或隐藏的。尽管外显的宗教行为,如教会崇拜,提供了宗教集会功能,同时也隐含了提供未婚者碰面的机会。

在这一章,我们将考察社会学家在他们关于宗教研究中所强调的四项功能。我们会看到,宗教有助于社会整合并能及时提供给人们社会支持。我们也将探讨马克斯·韦伯把宗教看做社会变革源泉的观点。最后,我们会查验冲突论者关于宗教作为一种社会控制手段的观点。必须注意的是,最好从宏观视角看待宗教产生的影响,因为它的对象是整个社会。不过,社会支持功能是个例外,它着重于个人层面,所以宜由微观视角探讨。

表 8-3 世界的主要宗教

宗教	现有信徒,百万(以及占世界人口的比重)	现有信徒的主要分布地	创始人(及大致的出生日期)	重要文本(和圣地)
佛教	379(5.9%)	东南亚 蒙古、西藏	乔达摩·释迦摩尼(公元前563年)	三藏经(尼泊尔地区)
基督教	2,133(33.1%)	欧洲 北美 南美	耶稣(公元前6世纪)	圣经(耶路撒冷,罗马)
印度教	860(13.3%)	印度,分布在海外的印度团体	没有特定的创始人(公元前1500年)	斯茹提(Sruti)和斯母茹提(Smrti)文本(包括Vavansi在内的七个圣城)
伊斯兰教	1,309(20.3%)	中东 中亚 北非 印度尼西亚	穆罕穆德(公元570年)	古兰经(麦加、麦地那、耶路撒冷)
犹太教	15(0.2%)	以色列 美国 法国 俄罗斯	亚伯拉罕(公元前2000年)	摩西五经、塔木德经(耶路撒冷)

资料来源:Author based on Barrett et al. 2006; Swatos 1998.

宗教的整合功能

涂尔干认为,宗教对人类社会具有整合的力量——今天,这反映了功能论的观点。涂尔干想要解决一个复杂的问题:"具有差异性的个体和不同的社会团体的社会如何凝聚在一起?"在他看来,宗教具有超越个人和社群的力量。涂尔干了解到,不仅宗教有整合的力量,国家主义或爱国主义也提供类似的功能。

宗教如何成为"社会的黏合剂"?不管是佛教、伊斯兰教、基督教还是犹太教(见表8-3),都提供给人们关于生命意义的答案。宗教提供人类生命的终极价值。尽管这些价值是主观的,并且不一定被全盘接受,但这些价值观有助于社会整合。举例来说,丧礼、婚礼或犹太教律例等,会让人们整合成为一个社群团体,共同分享关于人生终极问题的价值观与信念。

在人们遭遇危机与困惑时,宗教发挥了将人们紧密连结的功能。在2001年纽约及华盛顿遭到恐怖袭击后,参加宗教礼拜的人数急剧增加。伊斯兰教、犹太教及基督教的神职人员一同出席来向死者致敬,并且劝导美国公民不要报复那些和我们看起来不同、穿着不同及腔调不同的人。宗教的整合力量可以从教会、犹太会堂、清真寺等看出来,并且这些机构也对美国外来移民产生影响。举例来说,信仰罗马天主教的移民可能定居在教区教堂附近,以他们的母语崇拜,如波兰文或西班牙文。同样,韩国移民可能会参加韩裔美国人的长老教会,接受与韩国类似的崇拜方式。像其他宗教组织一样,前述罗马天主教与长老教会都帮助移民们适应新地方的生活。

但就像社会学家詹姆斯·戴维斯·亨特(James Davision Hunter 1991)所指出的,宗教冲突在美国亦很明显。基督教基本教义派、保守天主教与犹太东正教信徒在许多社区中结合力量,为的是对抗自由的世俗文化。争论的议题范围是我们所熟悉的社会性话题,如多元化主义、儿童照顾、堕胎、在家教育、同性恋者权利与国家对艺术工作的资金赞助等。

宗教与社会支持

绝大部分人对生命中的重大事件都难以接受,比如所爱的人死去、遭受重伤、破产、离婚,等等。如果事情是在毫无预警的状况下发生,更令人难以接受。我们怎么能相信一位优秀且未满20岁的大学生,会突然罹患绝症而死?

宗教借由强调神性、超越自然,帮助我们面对不幸的事件。在某些信仰中,信徒向神献祭、祈祷,相信这样的行为可以改变他们在世的情境。就更基本的层面而言,信仰鼓励我们从更宽广的人类历史角度看待个人所遭遇的不幸,甚或将此视为一种尚未显明的神旨。前面提到的死去的大学生,他的亲友可能会把他的死亡视为"神的旨意",有着我们无法理解的最高意愿。这样的解释降低了人类对死亡的恐惧,特别是突如其来的死亡;并且,神并不会回答为什么有些人长寿而有些人短命的问题。

宗教与社会变迁

当某人投入工作并有很好的成效时,我们经常会把它归因于具备新教工作伦理(the Protestant work ethic)。这个名词来自马克斯·韦伯,他仔细检视信仰忠诚度与资本主义发展之间的关联。他的研究发现载于《新教伦理与资本主义精神》(*The Protestant Ethic and the Spirit of Capitalism*, 2009[1904])一书。

韦伯发现,在欧洲的新教徒和天主教徒里,商业领袖、资本家或资深专业工作者中的新教徒在数量上具有压倒性优势。在他看来,这并不是一种巧合。韦伯指出,约翰·加尔文(John Calvin, 1509—1564)是新教改革运动的领导者。他的追随者十分强调工作伦理、对今生的关注及生活的理性取向,被称为**新教伦理**(Protestant ethic)。新教伦理的副产物之一是储蓄的积累,以便为将来的投资做准备。套用韦伯的话,这种"资本主义精神"与当时的适度工作时间、休闲式的工作习惯及缺乏事业心是相对的。(Winter 1977; Yinger 1974)

少数宗教社会学书籍对韦伯的研究提出看法与批评。韦伯的研究曾被认为具有理论上的重要性,并且是宏观分析的模范。和涂尔干一样,韦伯认为宗教不只是个人信念而已,他强调宗教的集体性本质,对社会有一定的影响力。

韦伯对欧洲资本主义的兴起,提出了一个具有说服力的描述。这种经济体系在世界许多地方被非加尔文主义者所接受。美国的现代研究并未显示,罗马天主教与新教在成就取向上有什么不同。很明显,"资本主义精神"已经变成一般化的文化特质,而非特定的宗教教条。(Greeley 1989)

冲突理论者对韦伯的理论提出警告,即使它被接受,也不应成为分析成熟资本主义的工具,因为世界正在走向多元化。马克思和韦伯不同的地方在于对资本主义未来的看法,而非资本主义的起源。与马克思不同,韦伯相信,资本主义者能够忍受经济系统的不确定性。韦伯还补充,宗教在社会上的式微,为社会工作者提供了更多表达意见的可能。(Collins 1980)

宗教与社会控制:一种冲突观

卡尔·马克思认为,宗教阻碍了社会变革,因为宗教鼓励人们专注于来世的问题,而非自身当前的贫穷或所受的剥削。马克思把宗教描述成对受压迫者极其有

使用你的社会学的想象力

你所在的社区中,由宗教团体提供的社会支持忽然被撤回了,你或其他人的生活会有什么变化呢?如果宗教团体停止推进社会变迁,将会发生什么呢?

害的"鸦片"。他体察到,宗教让大多数人妥协屈服在严酷的生活中,盼望死后获得救赎。举例来说,在美国的黑奴时期,白人主人禁止黑奴信仰非洲宗教,并鼓励他们信仰基督教。基督教教导奴隶,服从会带来救赎,并且有永生的喜乐。从冲突论的观点视之,基督教可能因此让某些奴隶顺服,并且平息他们的愤怒与不满,减少了反抗的可能。

马克思承认宗教在社会结构的维持上有着重要的作用。如前所述,宗教的价值观有助于强化其他社会制度及维持社会秩序。然而,马克思认为,宗教增进了社会的稳定度,但却因此促使社会持续的不平等。根据马克思的想法,主导的宗教强化了掌权者的利益。

举例来说,我们可以思考印度传统的种姓制度。种姓制度定义了那个社会的社会结构,至少在印度教主体中如此。这一种姓制度基本上是神职人员的杰作,但是现在,它通过赋予社会不平等现象以宗教合理性,来服务印度的政治统治者。

和印度教类似,现今的基督教加强了传统的行为模式,使得权力较小者落于从属地位。女性在教会中的角色是教会权力分配不均的例子。性别角色的认定,让女性在教会或家中处于从属地位。事实上,女性在教会中要居于领导位置是很困难的。与马克思的看法一样,冲突论者认为,无论宗教如何影响社会行为,它都强化了现有的支配与不平等的模式。

由马克思主义者的角度来看,宗教有"去政治化"(J. Wilson 1978)的功能。简单地说,信仰让人避免用政治的角度来看待他们的生活和社会状况。举例来说,它模糊了冲突的经济利益的意义。马克思主义者认为,宗教借由让弱势者产生"虚假意识",因而减少了可能结束资本家压迫和社会改革的集体政治行动。

许多理论家对宗教的功能抱有不同的看法,但宗教并不是唯一有争议的社会制度。我们在第 9 章将会看到,冲突理论家同样也指责学校,因为它们优待有权势的人而抵制弱势者。

关于宗教的女性主义视角

研究者和理论家借用女性主义者的观点,强调女性在宗教社会化过程中的关键角色。许多人在儿童时期便发展了自己对于特定信仰的忠诚,而在这一过程中,母亲扮演了至关重要的角色。值得注意地是,不敬虔的母亲更有可能影响她们的孩子,使之对有组织的宗教抱以高度怀疑的态度。

另一方面,女性通常在宗教治理中处于从属地位。实际上,多数信仰都带有只有男性才可担任属灵领袖的传统。另外,由于多数宗教都是父权制的,所以他们更倾向于在世俗和属灵事务上强化男性的支配地位。女性在宗教事务中的确充当了

表 8-4 宗教的社会学视角

理论视角	强调
功能论者	宗教是社会整合和社会一致的来源 宗教为个人提供社会支持
冲突论者	宗教是社会结构变迁的潜在阻碍
互动论者	个体通过信仰、仪式和经验表达宗教
女性主义者	除了她们在宗教社会化中所扮演的角色以外,宗教是表现妇女从属地位的工具

至关重要的角色:志愿者、工作人员及宗教服侍者,但即使在今天,重大的宗教决定和领导任务仍旧落在男性的肩上。尽管有像震颤派(Shakers)、箴言报(Christian Scientist)及印度教保留的女神传统这样的例外存在,但这些毕竟是少数。(Schaefer & Zellner 2007)

在全国范围内,尽管有51%的女学生报考神学院,但全美神职人员中仅有12.8%为女性。并且,女神职人员的就职生涯通常短于男神职人员,且所从事的领域不会涉及教会的领导事务,而仅是一些咨询工作。尽管一些信仰的领导位置仅限于男性,但是女性仍会从事非正式的工作。例如,约有4%的罗马天主教教会是由未被授予牧师职位的女性所领导——由于教会中缺乏男牧师。(Adams 2007; Banerjee 2006; Bureau of the Census 2007a:Table 598)

8.5 宗教的构成

所有宗教都有一定的共同成分,然而在不同的信仰中,它们以不同的方式表现出来。宗教行为的模式和其他行为模式一样,引起了社会学家的兴趣,因为它们陈述了宗教与社会的关系。

宗教信仰、宗教仪式与宗教体验,帮助我们了解何谓宗教、何谓神圣。接下来,我们将从互动论者的角度查验宗教行为的三个不同面向。

信　仰

有些人相信死后会有永生,至高者无限的能力或超自然的力量。**宗教信仰**(religious beliefs)是特定宗教成员信奉不渝的信念。不同宗教的信念可能有很大的差别。

20世纪60年代末期,在美国的宗教信仰表达中,发生了一些不寻常的事。那些对宗教经典持有相对自由解释的宗派信徒正在减少,如长老会、循道宗和路德会,而那些忠于更加保守解释的信徒人数却在增加。此外,大多数信仰中,那些对经文持有严谨观点的信徒变得更加直言坦率,并且会质疑那些对(经文)的各种新解释持开放态度的信徒。**原教旨主义**(fundamentalism)意指一种对基本宗教教条持有的严格信奉。通常,原教旨主义伴随着把经文的字面含义或历史信仰应用到现今世界的情况。

"宗教原教旨主义"一词最早指的是美国的新教徒对《圣经》做出的字面上的解释,但是原教旨主义在全世界各大宗教团体中都可见到,包括罗马天主教、伊斯兰教和犹太教。原教旨主义在不同宗教信仰行为中的表现千差万别。一些教派强调严格持守他们的个人信仰却不关心更广泛的社会议题。其他一些则对那些他们认为违背原教旨主义的社会行为极为关注,比如政府的政策。

《旧约·创世记》里亚当与夏娃的故事,是宗教信仰的一个例子。许多美国人坚信《圣经》对创造的描述,甚至坚持公立学校应该教导这种观念。这些人被称为创造论者,他们担心社会的世俗化,并反对任何直接或间接质疑《圣经》经文的教育。

整体来说,和发展中国家比起来,工业化国家中精神层面的活动较不活跃。美国是这个世俗取向趋势的一个例外,或许是因为美国政府通过允许宗教团体取得慈善事业的身份,甚至让他们获得联邦政府对活动的补助(如教育服务),来鼓励宗教的表达(虽然没有公然地支持)。除此之外,虽然在前共产主义国家中,对上帝的信仰相对较弱,但调查显示,在过去的十年中,精神层面的活动有显著的增长。(Norris & Inglehart 2004)

仪 式

宗教仪式(religious rituals)对信徒而言是必需的。仪式通常是对神圣能力的尊崇,同时,也是提醒信徒他们所担负的义务与责任。仪式与信念可以是相互依存的,仪式通常包含对信念的肯定,例如,公开或私下承认自己的罪。如同其他社会制度,宗教有一套独特的规范来构建信徒的行为。甚至,宗教仪式也包含一套认可的赏罚制度,判定得赏(例如,在教会学校表现优异可得徽章)或受罚(如违反规范则被驱离宗教组织)。

在美国,宗教仪式可以十分简单,可能是饭前祷告,或者在丧礼中对死者的默哀;然而,某些仪式就比较复杂,如封某人为圣徒。我们文化中的仪式大部分注重对神的崇拜。参加宗教崇拜、保持安静、祈祷、唱诗等是常见的群体宗教仪式。从互动论者的角度看来,这些宗教仪式有助于人们对所信奉的宗教更加坚定。

对伊斯兰教信徒而言,朝圣(hajj)是一个非常重要的仪式,教徒到沙特阿拉伯的麦加清真寺朝圣是必须的。每一位伊斯兰教徒在体力和经济条件允许的情况

> **使用你的社会学的想象力**
>
> 选择一个和你的信仰不同的宗教的传统,如果在那种传统下成长,你的宗教信仰、仪式、经验和现在会有什么不同呢?

下,至少要到麦加朝圣一次。每一年,约有200万伊斯兰教徒依照伊斯兰月历,在某一特定星期里到麦加朝圣。在美国,有些旅行团就是为了朝圣而特别安排的。

近几十年,大多数国家宗教仪式的参与人数基本保持稳定或者在下降。

图8-2显示了1981—2001年,一些特定国家的宗教仪式参与情况的变化。

体 验

在宗教社会学研究中,**宗教体验**(religious experience)一词意指与终极事实相接触的感觉或认知,例如,与神的接触或沉浸在宗教情绪中。宗教体验的感受可能很微弱,例如,聆听亨德尔"哈利路亚"合唱所获得的特殊感动。但是,许多宗教体验的意义十分深远,如伊斯兰教徒的朝圣。非裔美国人、行动主义者马尔科姆·X(Malsolm X 1964:338)在他的自传中,描述了他麦加朝圣历程的感受,以及他与不同种族的人朝圣时所激起的感动。对马尔科姆·X而言,伊斯兰教打破种族藩篱"证明了独一真神的力量"。

另一个意义深远的宗教体验是"重生",亦即一个人在承认耶稣基督时,生命转变的当下。根据2006年的全国调查,有43%的美国人声称,他们在生命的某一时刻曾经历基督徒的重生。一个较早的研究显示,浸信会信徒(75%)宣告重生的比例最高;相对地,只有21%的天主教徒与24%的美国圣公会教徒认为他们有重生的经验。涂尔干所强调的宗教整体性,印证了这个统计数据。一个特定宗教的仪式或信念,可能决定宗教体验的气氛是友善的还是怀有敌意的。因此,浸信会信徒

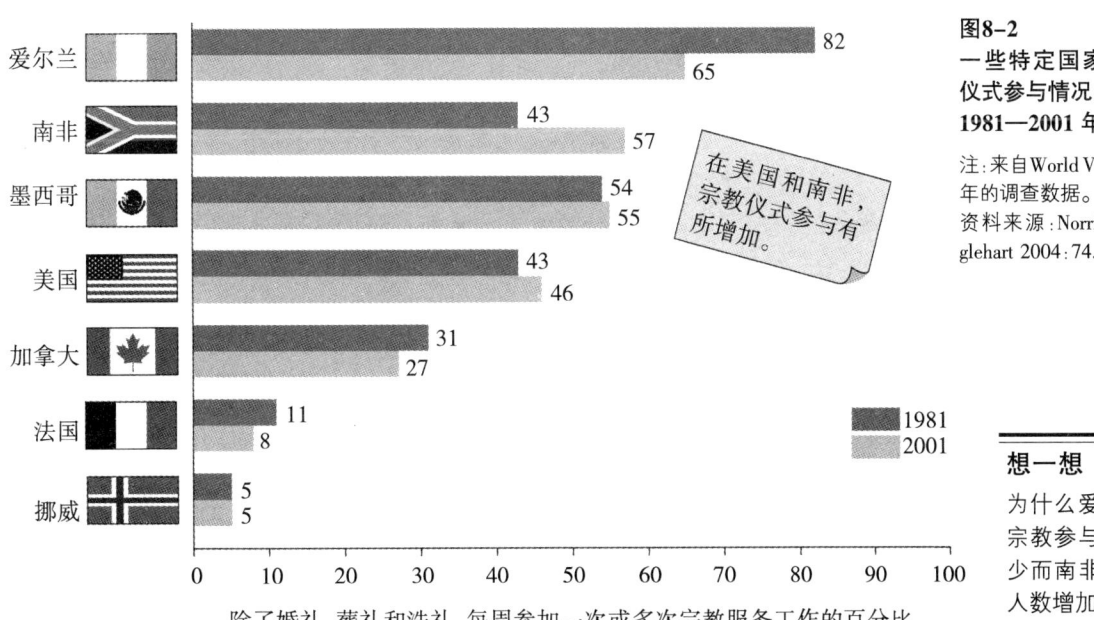

图8-2
一些特定国家的宗教仪式参与情况的变化,1981—2001年

注:来自World Values 2001年的调查数据。
资料来源:Norris and Inglehart 2004:74.

想一想
为什么爱尔兰的宗教参与人数减少而南非的参与人数增加了?

可能较被鼓励分享这类经验,而英国国教信徒则在分享重生经验时得到较少的支持。(Gallup 2008c;Gallup Opinion Index 1978)

表 8-5 总结了宗教行为的三个基本要素。

表 8-5　宗教行为的基本要素

要素	定义	例子
信仰	特定宗教成员信奉不渝的信念	创世论 神圣的角色或人物
仪式	信徒必须或被期待实行的习惯	崇拜 祈祷 唱诗歌
体验	与终极事实相接触的感觉或认知 (如与神的接触或沉浸在宗教情绪中)	重生的经历 与圣灵的联合

社会学要义

社会学之所以重要,是因为它解释了我们最基本的社会制度的目的和功能。

- 阅读本章后,现在你对家庭和宗教这两项制度有了不一样的看法吗?你学到的东西让你惊讶吗?
- 家庭和宗教是 20 世纪开始权威性已经下降的两种社会制度。你为什么觉得这两种社会制度丧失了某些重要性?你认为我们的社会会因此变得衰弱还是强大?

社会学之所以重要,是因为它有助于我们从不同的视角看待相似的社会制度。

- 在关于家庭的四个主要观点中,你觉得哪一个观点最有意义并使你感到震撼?为什么?
- 四个主要观点中哪一个观点对你研究宗教最有帮助?

章节摘要

家庭和**宗教**这两项**社会制度**是在所有人类文化中都能找到各种形式的文化的普遍性。功能论者强调社会制度担负的根本任务,但冲突论者指责社会制度以牺牲弱势群体为代价来加强有权势的人的地位。这一章检视了世界上的**亲属关系**和家庭;社会学关于家庭的四个观点;宗教的社会功能;还有宗教的三个构成要素。

1. 为了生存,一个社会必须有五个基本功能:它必须进行人员替换,教导新进成员,生产与分配财货及服务,维持秩序,提供并维持生活的目的。**社会制度**则执行着这些基本功能。
2. 过去很常见的**扩大家庭**拥有一些现今**核心家庭**所没有的优势。一些社会学家认为,在美国,**平权家庭**已经代替了过去的父权家庭而成为社会常规。
3. 所有文化通过以下三个方式中的一个方式来确定亲属关系:通过继承双亲的方法,叫做**双系继嗣**;只继承父方,叫做**父系继嗣**;或者只继承母方,叫做**母系继嗣**。
4. 威廉·F·奥格本总结出**家庭**六项基本功能:生殖、保护、社会化、规范性行为、情感交流,以及提供社会地位。
5. 冲突论者指责家庭助长了社会的不公平及男性与女性之间机会的不平等。与女性主义者一样,家庭在儿童社会化中所扮演的角色助长了性别歧视。
6. 涂尔干强调宗教所产生的社会冲击,并尝试由较大的社会主体了解个体的宗教行为。
7. **宗教**有助于整合繁杂的社会且会在有需要的时候提供社会支持。它可以成为社会变革的来源和社会控制的手段。
8. 马克斯·韦伯观察到宗教忠诚度与资本主义行为间的关系,他以**新教伦理**来解释。
9. 卡尔·马克思指出,宗教会强化当权派的社会控制力。它防止可能终结资本主义压迫的集体政治行动。
10. 宗教行为通过**信念**、**仪式**和**体验**得以表达。宗教的这三个构成有助于定义神圣,并且将神圣与世俗区分开来。

Social Institutions: Education, Government, and the Economy

社会制度：教育、政府与经济

9

9.1　有关教育的社会学观点
9.2　教育：学校作为正式组织
9.3　政府：权威与权力
9.4　经济系统
9.5　变化中的经济

美国政府于1994年解除对越南的经济制裁后，可口可乐和百事可乐很快地出现在越南的街头巷尾。图中为可口可乐在河内歌剧院的醒目象征。

今天的美国,将近有60%年龄在3—34岁之间的人在学校接受教育。有70%的成年人在工作,其中有27万人为政府工作,而这些人年收入的总和超过1,610亿美元。可见,教育、政府和经济这三种社会制度对我们的日常生活有着深远的影响。且这三种社会制度之间相互作用。比如,2008年政府公布的数据显示,相对于一个高中毕业生获得的28,000美元左右的年收入,一个典型的大学毕业生一年能赚51,000美元以上。可见,所受教育越高,获得的经济收益越显著。(Bureau of the Census 2007a:142,322,373,387,DeNavas-Walt et al. 2008)

在第8章,我们了解到社会制度是针对以基本社会需求为核心的信仰与行为所组织起来的形式。我们接触了两种社会制度:家庭和宗教,分别满足人们获得支持和目的感的需要。在这一章,我们将关注致力于满足人们学习,保障社会秩序并获得商品和服务以维持生活的三种社会制度:教育、政府和经济。我们将以关于教育的四种社会学观点的讨论开始本章的叙述,接着,思考并认识作为合法组织的学校;然后考察作为合法权力来源的政府。我们将看到美国存在三种不同的权力结构模型。接着,比较两种主要的经济系统:资本主义经济和社会主义经济。最后,将以一个关于美国和那些发展中国家正在实行的经济变革的讨论结束本章的内容。

9.1 有关教育的社会学观点

教育(education)是一种由一些有意识的教导者与相应的学习者这种社会角色的人组成的正规的学习过程。教育不仅在美国是重要产业,它也是使我们社会中的成员正式社会化的社会制度。在过去几十年中,越来越高比例的人拥有高中、大学及其他专业课程的学位。举例来说,1960年25岁以上(含25岁)的人中,拥有高中学历的仅41%,而到了2006年,这一比例超过了86%。同一时期,拥有大学学历的人则从8%增至28%。对于教育这个日趋重要的社会制度,功能论、冲突论及互动论都提出了非常独特的观点。(Bureau of the Census 2007a:1450)

功能论观点

和其他社会制度一样,教育既有显性(公开、陈明)也有隐性(隐藏)功能。教育最基本的显性功能就是知识的传递。学校教导学生许多东西,比如,怎样读书,怎样说外语,以及怎样修理汽车等。教育的另一个显性功能是授予社会地位。由于许多人相信,教育并不是以公平的方式执行这项功能的,所以,我们会在关于教育的冲突论观点的部分中探讨这个问题。

除了这些显性功能外,学校也执行一些隐性功能,比如,传播文化、促进社会及政治的融合、维持社会控制,以及作为社会变迁的媒介等。

传播文化 作为一种社会制度,教育有着相当保守的功能——传播主流文化。学校将社会既存的信仰、规范及价值观传递给一代代的年轻人。在我们的社会中,我们学习对社会控制及既存制度表示尊敬,比如宗教、家庭、职位等。当然,在其他许多文化中,教育也扮演类似的角色。当美国学童听到乔治·华盛顿与亚伯拉罕·林肯的丰功伟业时,英国的学童学习的则是女皇伊丽莎白一世和温斯顿·丘吉尔对英国的贡献。

促进社会与政治的融合 许多大学要求大一与大二的学生住校,目的是让这些来自不同背景的人互相交流。教育通过将来自不同种族、族群及宗教背景的学生融合成一定程度上有一致认同的一个群体,以达成促进社会与政治融合的隐性功能。历史上,美国的学校始终扮演着使移民儿童通过接受学校社会化而接受主流文化的规范、价值观及信仰的重要角色。从功能论的角度看,教育有助于社会认同及融合的形成,所以,对社会的稳定和共识有许多贡献。(Touraine 1974)

在过去,教育通过强调提倡单一的官方语言,来达成教育的融合功能,因此,

使用你的社会学的想象力

回顾一下,你是如何看待高中所学的美国历史的?

移民的小孩必须学习英语。有时候,学校甚至禁止他们在学校里说母语。近来,提倡双语教育的人主张,双语教育比较有教育价值,而且能够鼓励文化的多样性;然而,反对双语教育的人则认为,双语教育会戕害(由教育所推动的)社会与政治的融合。

维持社会控制　　学校在行使传播知识的显性功能时,所做的远不止教导阅读、写作及数学这些技巧。与家庭和宗教这样的社会制度一样,学校通过教导年轻人社会规范、价值观及奖惩,让年轻人为未来成为一个对社会有贡献、守秩序的成年公民做好准备。通过社会控制的行使,学校教导学生许多未来职场上用得到的技巧和价值观。他们学习守时、纪律、安排时间及负责等观念与技巧,并且学习如何在层层官僚体系中通过协商的方式完成工作。作为一种社会制度,学校契合了家庭和经济体系这两项社会制度的利益。为了他们未来的工作,学校教导学生实用技巧,不论是装配线上的劳工还是医生。实际上,学校扮演的是社会控制的中介——介于家庭和未来职场的雇主。(Bowles & Gintis 1976;Cole 1988)

作为社会变迁的媒介　　到目前为止,我们所谈论的都是教育的保守功能——传递现存的文化、促进社会与政治的融合,以及维持社会控制等。然而,教育也会刺激或带来社会变迁。为了应对未成年少女怀孕率逐年升高的现象,性教育课程被引入公立学校。提供给女性以及少数族群入学的优惠性特别待遇,主要是用来补偿种族歧视及性别歧视。提前就学方案,一个每年服务于超过 808,000 名儿童的幼教方案,则是用来弥补低收入家庭儿童在学前教育上所面临的劣势。(National Center for Education Statistics 2007:Table 370)

教育也可以促成社会变迁,因为它提供一个各种不同信仰与传统得以交流的场所。2006—2007 年,美国校园接纳了超过 582,000 名外国学生,其中有 72%来自发展中国家。这些外国学生和美国本国学生经过文化的交流,双方的视野都更为开阔。同样,那些去欧洲、拉丁美洲、非洲及远东读书的美国学生也享有这样的文化交流。

冲突论观点

功能论者认为,教育是精英阶级维持其支配地位的工具。他们指出,在不同的种族和族群中,获得教育机会的权利是极其不平等的。2004 年是布朗诉教育局案(Brown v. Board of Education),这个由最高法院作出的具有判例性质的决议颁布的 50 周年纪念,其中声明了公立学校中的种族隔离行为违宪。然而,今天美国的学校仍然以种族孤立为特征。就全国范围而言,白人学生是最受孤立的;2005—2006 学年里,仅有 23%的同学来自少数民族团体。相比而言,黑人和拉丁美洲学

生却拥有更多来自不同种族和民族背景的同学，不过一般不包括白人学生。（Orfield & Lee 2007）

冲突理论家还主张，教育体制教导的价值观是掌控权力阶级的价值观，而且学校常借由维持秩序的名义，抑制个人主义和创造力；此外，由学校教育所促成的变迁相对地并不显著。从冲突论来看，教育的抑制效应在"潜藏课程"及地位授予的差别情形上最为明显。

潜藏课程 学校是高度官僚化的组织（接下来我们会慢慢了解），大多数教师都仰赖校规来维持秩序。很遗憾，学校有时过度强调控制和纪律需求，其重要性可能超过学习本身；有时候，教师甚至把服从当做一个学生学习的目标。若发生这种情况，学生和教师就有可能成为菲利普·杰克逊（Philip Jackson 1968）所谓潜藏课程的受害者了。

潜藏课程（hidden curriculum）一词指的是，那些在学校潜移默化的教育过程中，刻意教导社会认为适当的行为标准。在这样的课程中，上课时教师没有点到学生发言，学生就不应该讲话；而且，学生的作息必须依照学校的时间安排。除此之外，学生被要求专心于自己的课业，而不必帮助那些进度落后的同学。潜藏课程在全世界每个国家的学校中都很显著。举例来说，日本的学校在午餐时间都会提供辅导课，在这个时段中，学校教学生群体观念和卫生习惯。实际上，这个辅导时段的目的，是要向学生灌输日本职场上非常强调的自律和团队合作价值观。（Okano & Tsuchiya 1999）

文凭主义 50年前，美国的劳务人员要找工作，高中学历是最低要求。今天，显然至少需要大学学历。这一变化反应了**文凭主义现象**（credentialism）——该词说明进入一个领域的最低教育水平要求在不断揭高、演变的过程。

近几十年来，被认为具有高度专业性职业的数量呈现上升趋势，而"文凭主义现象"乃是该趋势的一大征兆。尤其雇主和职业协会都辩称，这类变化是现在许多工作的复杂性不断增强的一个合乎常理的结果。不过，多数情况下，雇主之所以提高招聘职位的学历要求，仅仅是因为所有应聘者都已经达到了现存的最低学历要求。（Brown 2001; Hurn 1985）

冲突论学者注意到，"文凭主义现象"可能会加剧社会的不平等。随着应聘条件的提高，首当其冲的是那些家境贫寒或出身低微的应聘者，理由是他们缺少必要的财力支持以获得一个又一个的学位。此外，提高学历要求其实是服务于最需要对该趋势负责的两大特殊群体的利益。既然"文凭主义现象"可以提高职业的地位，从而使当事人有立场索要更高的报酬，教育机构就可以通过增加人们为达到职位要求所需投入的时间和资金而从中获取利益。早在1916年，马克斯·韦伯就

> **使用你的社会学的想象力**
>
> 如果你已有的或计划获取的工作忽然要求更高的学历，你会作何反应？如果要求忽然降低了呢？

已经预见这种现象发生的可能,他断言说:"全球范围内各行业要求确立教育文凭的呼声必将催生商业领域和政府机关内的一个特权分层。"(Gerth & Mills 1958:240-241)

地位的授予　　冲突论学者对教育在授予地位时所呈现的差别情形,持有高度批判态度。他们强调,学校是根据学生的社会阶级背景来筛选学生的。虽然学校体系的确能够帮助一些出身贫寒的学生得以脱贫致富,但是大多数劣势学童都无法和来自富裕家庭的学童一样,享有同等的教育机会。因此,教育倾向于将前一世代社会阶级的不平等,继续传承给新的世代。(Giroux 1988;Pinkerton 2003)

就单独一所学校来说,也可以通过能力分流的方式强化阶级的差异。**能力分流**(tracking)一词指的是学校借由考试成绩或其他标准,将不同课程分配给程度不同的学生。这种能力分流可能从小学一年级读书分组时就已开始了。这样的能力分流可能会使贫穷学生的劣势情况更甚,因为他们在入学之前,家里没有能力提供适当的教育设施,比如图书和计算机设备。如果忽视能力分流和学生的种族及社会分层之间的关系,就会从根本上误解学校是如何维持现存社会结构的。

情理之中的是,最近大多数关于能力分流的研究对它的有效性提出了质疑,尤其是针对低能力的学生。在一项关于加州低收入群体就读学校的研究中,研究者发现被分流和未被分流的学生之间存在巨大差异。在学校里,不仅学校管理层挑选的学生,所有有兴趣的学生都被允许参加高级课程(AP)。在这些自由选择参加课程的学生中有一半取得了够资格上大学的高分,这是一个比只有17%的大学升学率的选择性分流教育高很多的比例。因此,能力分流项目未必能识别出有成功潜质的学生。(Ellison 2008;Sacks 2007)

女性主义观点

美国的教育体系,就像许多其他社会制度一样,已长期以歧视女性为特征。1833年,(在第一所男子大学成立近200年之后)奥伯林学院(Oberlin)成为第一个接收女学生的高等教育组织。但是,奥伯林管理层认为,女性应该以成为妻子和母亲为自己的抱负,而不是律师或学者。除了上课以外,女生还要为男生洗衣服,打扫他们的房间并为他们准备饭食。19世纪40年代,露西·斯通(Lucy Stone),那时奥伯林的一个本科生,即后来全美最直言的女权主义领袖之一,拒绝替一个男同学撰写毕业典礼演讲稿。

20世纪,教育方面的性别歧视表现在许多方面——教科书中关于女性的消极刻板形象,辅导员施加给女学生的关于准备做"妇女工作"的压力及关于男女生体育项目的不平等资金。但是,也许任何方面的教育歧视,都不如"雇佣教师"这一事件明显。像大学教授和大学管理者,这些在美国拥有相对较高地位的职位,通常由男性承担。而领取微薄工资的公立学校的教师,则大多是女性。

然而,女性在某一领域已经取得了巨大的进步,即女性接受继续教育的比例。1972年禁止在教育上歧视女性的《教育法》(Education Act)颁布后的几十年间,美国女性获得接受硕士教育和医学、牙医学及法学教育的机会明显增加了。

许多女孩和成年女性在很多方面取得了出色的学术成就。今天,研究者正着手研究女性在学校里表现相对积极的原因,换句话说,即为何男生表现得没有生气。一些研究表明,男性的进取心,以及即使接受较少的学校教育也能在工作方面表现优秀的事实,使得他们倾向于低估高等教育的重要性。当"男生缺席"成为许多大学校园的头条新闻时,它同时也制造了一种公共谈论的虚假危机。很少有学生认识到,只有通过正规教育及其他一些因素(如志向和个人天赋)才能真正使人成功。还有许多学生,包括低收入和移民学生,与所谓的性别隔阂相比,他们在教育上面临更大的挑战。(Kimmel 2006; R. Wilson 2007)

在一些仍将传统的性别角色作为其社会规则的文化中,女性教育遭遇重重困难。自2001年"9·11事件"之后,塔利班对阿富汗妇女的镇压所激起的日益提高的警惕,使得许多发展中国家在教育方面的性别差异得以戏剧化。研究表明,女性对于经济发展和良好的政治有着重要的作用,而教育则有助于她们为扮演这样的角色而做出准备。教育女性,尤其是年轻女性,通过更好的管理来降低出生率并提高农业生产,会带来很高的社会回报。(Coleman 2004)

互动论观点

标签理论表明,假如我们用某一特定的方式对待人的话,他们会设法实现我们对他们的预期。被他人认为是"麻烦制造者"的青少年,到后来也会自认为是问题少年;主流族群对少数族群的刻板印象,也可能会限制少数族群脱离该刻板印象的机会。

标签理论在学校班级里也说得通吗?心理学家罗伯特·罗森塔尔与校长莉诺·雅各布森(Robert Rosenthal & Lenore Jacobson 1968)记录了他们所谓的**教师期望效应**(teacher-expectancy effect)——也就是教师对学生的期望会影响学生实际的表现。这在低年级的班上(一直到三年级)尤为显著。

在他们的实验中,研究人员对旧金山地区的小学生做了一项语言与理解力的测验。罗森塔尔与雅各布森随机选取20%的样本,并特定他们是"受激励者"——那些教师预期表现会很好的学生。结果,在后来的语言与理解力的测验中,受激励者的成绩比之前高出很多。除此之外,教师还认为,这些学生比其他同学有更高的

表 9–1　关于教育的社会学观点

理论观点	强调
功能论	传播主流文化 促进社会与政治的融合 维持社会秩序 促进可取的社会变迁
冲突论	精英阶级通过不平等地获得教育享用权来维持支配力 潜藏课程 文凭主义 地位授予的差别
互动论	教师期望效应
女性主义	对待女性学生的方式 女性教育在经济发展中扮演的角色

使用你的社会学的想象力

学校权威给学生贴了怎样的标签？这些标签有什么后果？

求知欲，更强的好奇心，适应力也更佳。这个研究结果很重要，很明显，教师对学生表现的期望，的确会影响学生的实际表现。

美国的研究显示，当教师在课堂上抽问学生问题时，教师会给那些成绩较好的学生较长的时间来回答；而且如果答错了，也倾向于再给他们一次机会。在一项实验中，教师对学生的期望甚至对学生的体育表现产生影响。那些受到教师期望的学生，在仰卧起坐和俯卧撑的项目里，都获得了较好的成绩。(Babad & Taylor 1992)

9.2　教育：学校作为正式组织

在我们迈向 21 世纪时，20 世纪中期的教育学家可能会对目前美国学校的普遍性大吃一惊。例如，加州公立学校体系（全国最大）的注册学生人数，与美国 1950 年时整个国家的中学学生数目一样。(Bureau of the Census 1975：368；2003a)

从正式组织的观点来看，今日的学校和工厂、医院及公司在许多方面都很相似。与这些组织一样，学校不是以自主的方式在运作，它们受到准学生市场的影响。私立学校尤其如此，但是，假如接受担保人计划及其他的择校方案增加，影响可能会更大。当我们检视学校的官僚本质、教育作为一种职业角色及学生亚文化时，学校和其他正式组织形式之间的共同点就更加明显了。(Daugherty & Hammack 1992)

学校的官僚化

单靠一位教师来向一群年龄不同、以后将投入不同行业的儿童传输文化和技术是不可能的。由于单个学校或学校系统所教育的学生人数的增加,以及科技发达时代专业化程度的提高,促使学校成为官僚化的机制。

韦伯指出官僚化的五种基本特征,所有这五项特征在绝大多数的学校里都很明显,不论是小学、初中,甚至大学。

1. **劳动分工**　由专家教授特定年龄的学生及特别的科目。例如,公立小学和中学现在聘有特殊教育教师,他们唯一的责任是教导有学习障碍或行动不便的孩子。在大学的社会学系里,一个教授也许专门教宗教社会学,另一个教婚姻和家庭,而第三个则教工业社会学。

2. **权威等级**　每一个学校的雇员对另一位职位更高的人负责。教师必须向校长或助理校长报告,也可能受系主任督导。校长对学校的监管人负责,而监管人又是由教育委员会任命或解雇。甚至学生也是依照年级来区分阶级,在社团和组织里也依次区分。

3. **成文法规**　在履行责任时,教师和行政人员必须遵守众多的规则和条例。这个官僚特征可能反功能化,如用来填写表格的时间,本来是可以花在准备课程或是和学生沟通上的。

4. **非人性化**　大学已经被描述成一个对个体的独特性关注甚少的无个性的巨大官僚机构。随着学校和大学班级人数的增加,教师越来越难给学生个别的关照。事实上,官僚规范可能正好鼓励教师一视同仁地对待每个学生,纵然各个学生都有其特殊的性格及学习需要。

5. **因才任用**　至少在理论上,学校教师和大学教授的聘用是依据职业能力及专业。升迁通常是由书面人事规定来决定,表现出色的人可以通过终身合约获得终生工作保障。在一定程度上,教师们所获得的这些保障应归因于工会的谈判权力。

功能论学者以大致正面的态度看待教育的官僚化。当教师不再被期望涵括范围较广的教学,他们便可以专心发展应付特殊学生所需要的技术。学校里命令的环节很清楚,学生也因统一的规定而受到相对公平的对待。而职务的稳定能保障教师不会受到不公平的解聘。整体来说,功能论学者认为,教育的官僚化增加了学生、教师和行政人员受到公平待遇的可能性,而这是基于理性和公平的条件的。

相对地,冲突理论家声称,越来越朝向集中化的教育潮流,会给缺乏优势者造成有害的后果。教育课程的标准化(包括教科书),一般反映了我们社会上最有势力者的价值观、喜好及生活而有可能忽视少数种族和族群。此外,缺乏优势者通常会发现,想要了解繁琐的教育官僚化是很困难的一件事。因此,冲突理论学家认为,低收入和少数族群家长对整个城市或整个州的教育执行者,比起对当地学校官员的影响力要小得多。(Bowles & Gintis 1976; M. Katz 1971)

使用你的社会学的想象力

你会如何使你的学校少一些官僚主义呢?具体做法是什么?

最后,有些学校似乎过度官僚化了,反倒会压抑而不是提高学生的智力和好奇心。对这个问题的关注,已经导致许多家长和政策制定者奋力争取选择学校的方案——允许家长选择适合他们孩子需要的学校,并迫使学校争取他们的"生源"。

教师:员工与指导者

不论他们担任的是学龄前幼儿教师还是研究生导师,教师们都是有着官僚结构的正式组织的员工。作为一个官僚体系里的专业人士,教师们有着内在的冲突。组织遵照分级原则,并期待组织内的员工遵循规则,同时,专业又要求专业人士的个人责任。对教师而言,这一冲突是非常真实的,他们见证了所有在官僚体系内工作的正面和负面结果。

每位教师每天都会承受许多莫名其妙的压力。虽然教师们的学术责任变得越来越专业,他们对时间的要求却还是很多样化且相互冲突。在一个学区内同时担任教师、训导员和员工,本身便存在着冲突。在许多学校,训导就意味着处理暴力。面对这些压力的结果就是筋疲力尽:有四分之一到三分之一的新教师在他们开始任教的三年内辞职,而有近一半的教师在他们开始任教的五年内离开贫乏的城区学校。

鉴于这些困难,教育在美国仍然是一项吸引人的职业吗?2007年,4.7%的大学一年级新生表示他们有兴趣成为小学教师,4.7%的人有兴趣当中学教师。这些数字相比于1966年拥有这些职业抱负的11%的大一男生和37%的大一女生明

想一想

为什么浅灰色的州的工资收入高,而深灰色州的低呢?

图9-1
教师的平均工资

美国教师的平均工资从最低的南达科他州(South Dakota)的34,039美元到最高的马萨诸塞州(Massachusetts)的57,760美元之间浮动。
资料来源:美国教师联盟(2007)。

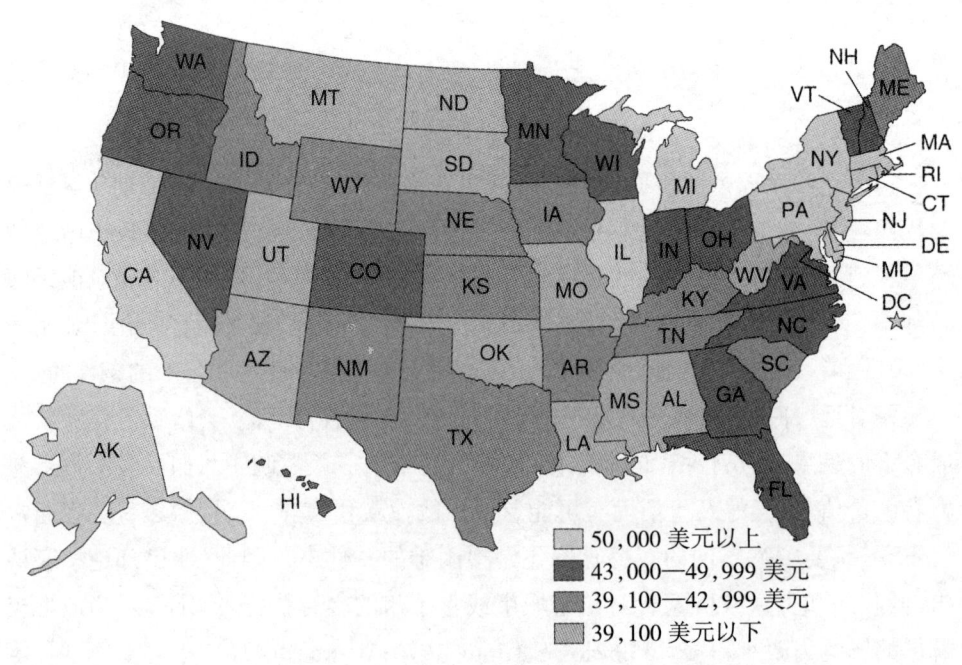

50,000美元以上
43,000—49,999美元
39,100—42,999美元
39,100美元以下

显偏低。(Pryor et al. 2007a：122, 76；2007b：33)

毋庸置疑，经济考虑会影响学生对教书吸引力的感受。据报道，2007年，美国所有公立小学和中学教师的平均薪水是46,600美元，这个薪水将教师置于接近全国所有受薪人群的平均位置。在其他大多数工业化国家中，与一般的生活水准相比，教师的薪水还是比较高的。当然，教师的薪水在州与州，甚至学区与学区之间差异还是很大的（见图9-1）。然而，相比其他一些职业选择，如一个大公司的CEO一天赚到的钱和一般教师一年赚的钱相比，这点经济回报对于教书来说是十分微薄的。(American Federation of Teachers 2007；Herring 2006)

任何工作地位都反映许多因素，包括所需要的教育程度、经济报偿及社会对该职业的尊重程度。教育职业在这三方面都面临压力：首先，教师所需要的正式教育水平仍旧很高，而且现在舆论也要求对教师进行新的能力测试；其次，以上所引用的数据证明，教师的薪水比很多其他专业人员和技术工人的薪水明显低了许多；最后，在最近10年间，教育职业的整体影响力有所降低。许多教师变得失望且有挫败感，因此，离开教育界而转向其他职业。

学生的亚文化

教育的一个潜在功能和学生的生活直接相关：学校提供学生社交及休闲的需要。教育帮助幼儿和年轻小孩发展青少年和成年生活中非常重要的人际技巧。在中学和大专生活中，学生可能和未来的丈夫或妻子结识，也可能建立维持一辈子的友情。

当人们从外面观察学校、社区大学或综合大学时，学生似乎组成一个严密的、团结一致的团体。然而，事实上，学生亚文化更复杂与多元化。一些小集团与社会团体会基于种族、社会分层、外貌吸引力、成绩、运动能力、在学校和社区的领导角色在中学形成。在奥古斯特·B·霍林斯黑德（August B. Hollingshead 1975）对古典社区"阿尔姆城"（Elmtown）的研究中，他在一所高中就发现259个不同的小集团。这些小集团的平均成员是5个，集中在学校内、课外活动及宗教和社区团体中。

处于这些紧密联系且严格区分的小集团之间，男同性恋和女同性恋学生特别容易受到伤害。在这个年龄阶段，同辈间被要求服从的压力很大。对于青少年来说，说出自己的性别取向很困难，但如果性别取向不符合社会预期，可能会十分危险。教师和学校行政人员对这些议题越来越敏感。

或许更重要的是，许多学校里组成了同性恋—异性恋联盟，这是一个由学校赞助的组织，把同性恋和同情同性恋的同学拉到同一阵线。1984年这个组织在洛杉矶发起，到2005年这些项目数在全国接近3000，主要是在1998年同性恋学生马修·谢泼德（Matthew Shepard）被谋杀后成立的。在一些地区，家长会反对这个组织的设立，但是，大法官解释这不仅保障了保守的《圣经》读经团有集会的自由，同时也保障了同性恋—异性恋联盟（GSAs）的利益。2003年，纽约市公立学校针对同性恋、双性恋和变性学生所开设的课程全部集中在一所学校时，同性恋—异性恋联盟运动发展到一个新的阶段。这所学校叫做哈维·米尔克中学（Harvey Milk High School），是为纪念1978年被刺杀的旧金山第一个公开承认自己是同性恋的区长。（Gay, Lesbian & Straight Education Network 2008）

在大专院校的分层中，我们也可以发现类似的多样化。伯顿·克拉克（Burton Clark）、马丁·特罗（Martin Trow）和近期的海伦·莱夫科维茨·霍洛维茨（Helen Lefkowitz Horowitz）指出了存在于大学生中的独特亚文化。以下是他们通过分析发现的四种理想的亚文化：

1. 社团亚文化的注意力在玩乐与社交上。这些学生定义怎样才算是"合理的"学业分量（及多少才算是"过量"，而导致被贴上"用功的学生"的标签）。社团亚文化的成员对学术追求没有什么兴趣。

2. 学术亚文化认同师资的学识兴趣，并重视知识本身的价值。

3. 职业亚文化主要是对事业前景有兴趣，并视大学为获得对升迁很重要的学位的一种手段。

4. 非遵从者亚文化敌视大专院校环境，并寻求和学业有关或无关的想法。它可能从校园出版或议题导向的群体中找到发泄的途径。

每个大学生都会置身于相互竞争的亚文化中，并必须决定哪个最符合他们的感觉和兴趣。

这些研究者所使用的类型学提醒我们，学校是个复杂的社会组织，几乎像个有着不同邻居的社区。当然，这四种类型并非美国大专院校里唯一的亚文化。例如，我们可能会在社区大学或四年制通勤学校里，发现"越战"退伍军人或前全职家庭主妇的亚文化。

社会学家乔·R·费金（Joe R. Feagin）研究了一种独特的大学亚文化：在白人占主体的大学里的黑人学生。这些学生必须在黑人教师或黑人行政人员不多（黑人学生受到校园警卫骚扰司空见惯）且很少强调黑人贡献的大学环境里，表现他们的学业和社会生活。费金（Feagin 1979：11）表示："对于少数族群的学生来说，生活在一个主要是白人的大专院校或是大学里，意味着长期和'无所不在的白'相对抗。"在费金看来，非裔美籍学生在这样的学校里经受着公开且微妙的种族歧视，这种歧视会严重打击学生的自信心，并产生累积性影响。（亦可参阅 Feagin et al. 1996）必须再次强调，冲突理论家会指出，高等教育作为一项社会制度，会以牺牲

使用你的社会学的想象力

在你的学校中，你可以辨认出哪些独特的亚文化？

弱势者为代价来强化统治阶级的权力。在下一部分,我们将会学习另一项社会制度政府是如何运行权力的。

9.3 政府:权威与权力

一个社会并不会存在于一种封闭状态之中。一些人或团体,无论是一个部落首领、一个议会还是一个独裁者,都会针对如何利用资源及分配物资作出重要的决策。然而,对于所有社会而言,一个文化上普遍接受的常识是权威与权力的实行。在争取权威和权力的过程中会不可避免地牵涉**政治**(politics),政治科学家哈罗德·拉斯韦尔(Harold Lasswell)言简意赅地将其定义为"谁得到什么、什么时候、怎样得到"。在社会学家关于政治和政府的研究中,他们关注的是个人和团体之间的社会互动及其对更大范围的政治经济秩序的影响。

权力是一个政治系统的核心。根据马克斯·韦伯的观点,**权力**(power)是一种在别人身上实行自己意愿的能力。换句话说,谁控制了别人的行为,谁就在实施权力。权力关系可能会牵涉强大组织、小团体甚至亲密伙伴关系中的人。

所有的政治系统都有三种最基本的权力来源——武力、影响力和权威。**武力**(force)是把一个人的意志强加给他人的实际的或威胁使用的强制力。当领导人把政见不合的人关进监狱或者驱逐出境时,他们就在实施武力;所以,同样地,当恐怖主义者占领或轰炸一个大使馆或者暗杀一名政治领袖时,他们也是在实施武力。

进入21世纪后,武力具有了新的含义:国家对于人们使用因特网反对中央政府或主张言论自由、人权及发表少数族群或宗教观点的限制。比如,2006年9月泰国发生的军事政变推翻了民主选举的政府,(泰国)公民便失去了利用网站对继任者提出批评的权利。到2008年为止,有18个国家对网络的内容实行了政治控制。对网络内容的审查就像一种类似停办报纸或者逮捕政见不合者的武力使用。(Deibert et al. 2008;OpenNet Initiative 2008;Zittrain & Palfrey 2008)

影响力(influence),换句话说,就是通过劝说来实施权力。一个公民也许会因为一篇报刊评论,一个政法院校的教务长在参议院司法部委员会前做的专业证明,或一个政治活动家因在群众集会上发表了一场激动人心的演说而改变他/她对一个联邦法院提名人的立场。在各种情况下,社会学家都会把这样一种说服人们的努力看做是影响力的例子。现在,我们再来看看第三种权力权威的来源。

权威的类型

权威(authority)这一术语指的是被制度化并被受权威管制的人们所认可的权

力。社会学家通常把这个术语和那些通过选举或公众认可的地位而获得合法权力的人联系起来。一个人的权威会受一个特定的社会位置的约束而有所限制。因此，一个裁判虽然有权在一场足球比赛中决定什么时候进行罚球，却没有决定这场比赛票价的权力。

马克斯·韦伯（Max Weber 1947[1913]）发展的区分权威类型的体系已经成为早期社会学最有用且最常被引用的文献之一。韦伯确定了三种理想的权威类型：传统型、法理型和卡里斯玛型。他并不认为一个特定的社会或者组织只以一种权威类型为特征。所有权威类型都会在一个社会中存在，尽管它们的相对重要性有所不同。社会学家已经发现，韦伯的分类方法在理解不同合法权力的表现形式上很有价值。

传统型权威　直到 20 世纪中期，日本仍然被一个备受尊敬的君主统治着，而且君主的绝对权力将会代代相传。在一个以**传统型权威**（traditional authority）为基础的政治体系中，合法权力是通过习俗或者公认的惯例获得的。一个国王或女王被承认是一个国家的统治者仅仅是因为他们继承了王冠；一个部落首领能够维持统治因为那是公认的惯例。这样的统治者也许会被爱戴或者憎恶，也许很有能力，也可能毫无建树；但若提到合法性，便无关宏旨了。因为对于传统的统治者，权威在于习俗，而不是个人的特性、技术上的竞争力或者成文法。人们接受这样的权威，是因为"一直以来就是这么做的"。当统治者有能力决定一个社会的法律和政策时，传统型的权威就是绝对的。

法理型权威　美国宪法赋予国会和总统创制和实施法律的权力。通过依法实施的规章条令而得到合法化的权力就是所谓的**法理型权威**（legal-rational authority）。通常，建立在法理型权威基础上的社会，其领导人被认为具有某一特殊领域的能力和权威，但不会像那些有着传统型权威的社会那样认为领导人具有某种神圣的神灵感应。

卡里斯玛型权威　圣女贞德只是中世纪法国的一个普通的农村女孩，然而，她却能召集法国人并领导他们与英国殖民者作战。但这怎么可能呢？正如韦伯所观察的，权力可以被一个人的领袖气质通过合法化而得到。**卡里斯玛型权威**（charismatic authority），这个术语指的是一位领袖通过他/她对其追随者在个人或情感上独有的吸引力而被合法化的权力。领袖气质能使一个人不需要依靠已有的规则或传统便能领导或鼓舞群众。事实上，卡里斯玛型权威更多的是从追随者的信仰中得到的，而不是领导人实际的品质。只要人们能感知到一位领袖具有他/她区别于普通公民的品质，那么这位领袖的权威将会十分稳固而不会受到质疑。

与传统的统治者不同的是,有魅力的领导人往往通过打破已确定的制度并主张对社会结构和经济体系进行戏剧性改变而成名。他们对其追随者强大的吸引力使之能发起挑战社会主流标准和价值观的反抗运动。因此,像耶稣、圣女贞德、圣雄甘地、马尔科姆·艾克斯和马丁·路德·金那样有魅力的领导人,都是利用他们的才智促成了一些公认的社会行为的改变。但像阿尔道夫·希特勒,则用他那充满魅力的感召力使纳粹德国的人民最终走向暴力和毁灭性的结局。

从一个互动论者的角度来看,社会学家卡尔·库奇(Carl Couch 1996)指出,电子媒体的发展使得卡里斯玛型权威的发展更加便利。20世纪30—40年代,美国各州、英国和德国的领导人都使用无线电广播对公民发出直接的呼吁。在最近的几十年间,电视使领导人"拜访"人们的家并与他们交流。但同时,萨达姆·侯赛因则利用精明的电视形象召集了伊拉克人民。1996年,在中国台湾和韩国,当不安的政治领导人面临重新选举的运动时,他们高频率地对听众发表讲话,并且夸大对各自邻国的军事威胁。2004年,总统乔治·布什在他成功竞选连任期间,他在所有媒体工作者面前从海军一号直升机上着陆,大大强化了他作为总司令官的形象。

尽管韦伯区分了传统型、法理型和卡里斯玛型权威,但实际上,个体领导者和政治系统会通常结合两种或更多的形式。富兰克林·罗斯福、约翰·肯尼迪和罗纳德·里根总统更多的是通过法理型权威来行使权力。但同时,他们也是非凡的具领袖气质的领导人,赢得了大量公民的个人忠诚。

谁统治美国?

谁在美国真正掌握实权?到底是"我们人民"通过选举代表使这个国家运行,还是一小部分幕后精英同时掌控着我们的政府和经济体系?在美国这样一个复杂的社会里决定权力的归属是很困难的。为了探讨这个重大问题,社会科学家已经发展出两套关于美国国家权力结构的基本观点:权力精英模式和多元论者模式。

权力精英模式 卡尔·马克思认为,19世纪发展的代议制民主实质上是个假象。他争论说,工业社会是被少数拥有工厂且掌控自然资源的人所支配的。在马克思看来,政府官员和军事领导人只是资产阶级的仆人,并遵从他们的意愿。因此,任何由政治家制定的关键决议都不可避免地反映资产阶级的利益。和其他支持权力关系的**精英模式**(elite model)的人一样,马克思认为,社会是被一小部分享有共同政治和经济利益的人统治的。

米尔斯的模式 社会学家怀特·米尔斯(C. Wright Mills)在他的新作《权力精

使用你的社会学的想象力

如果基于传统型权威而不是法理型权威,我们的政府会是怎样的呢?对普通市民来说会有什么不同吗?

图 9-2　权力精英模型

资料来源:a: 作者基于米尔斯(1956)的研究(2000b);b:多姆霍夫的研究(2006:105)。

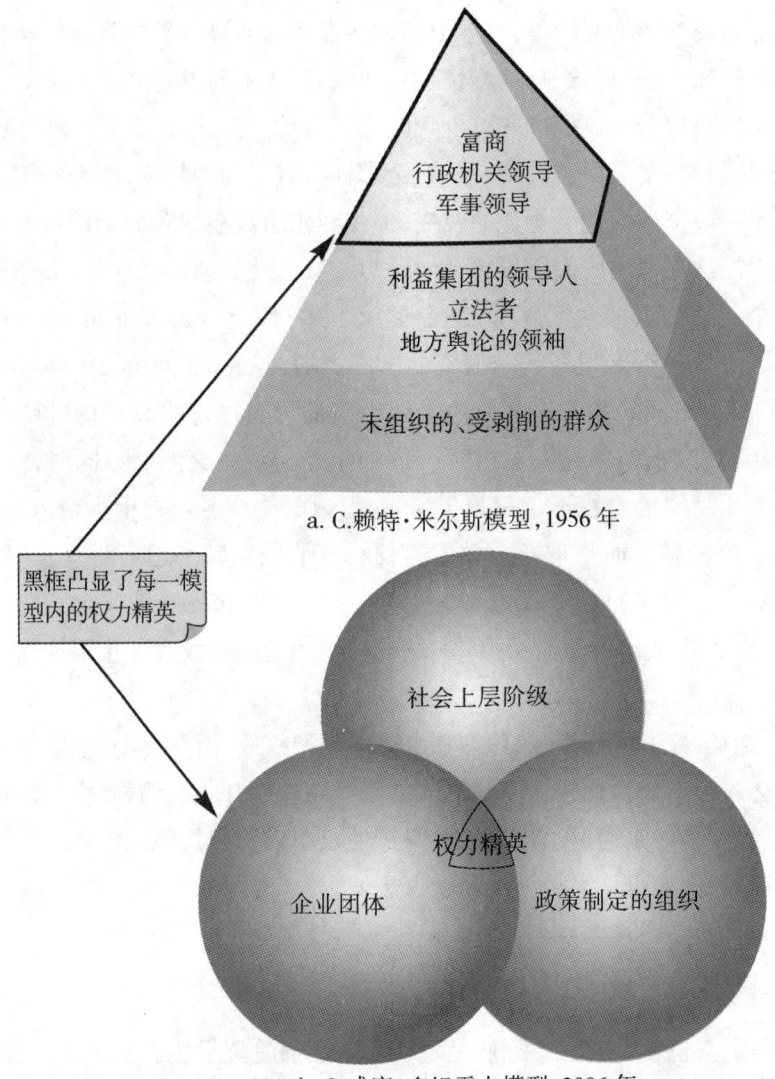

英》(*The Power Elite*, 2006a[1956])里进一步发展了这一模式。米尔斯描述,一个在军事、工业和政府领域的领导所组成的小团体控制着美国的命运。权力落在一小部分政府内部或外部的人手中,(这些人)就被称为**权力精英**(power elite)。

一个金字塔状的图阐明了米尔斯模式中的美国权力结构(见图 9-2a)。金字塔的顶端由富商、行政管理的领导以及军事领导(米尔斯称为"军阀式首脑")组成。这些人就是所谓的权力精英。顶端的下方则是地方性舆论领袖、政府立法部门成员和特殊利益集团的领导。米尔斯认为这些个人和团体基本上会遵从主导权力精英的意愿。而在金字塔的底部,则是未组织的、受剥削的民众。

这个权力精英模式和马克思著作的许多方面有相似之处。但其中最大的区别在于,米尔斯认为经济上有地位的人会协调他们的策略以适应军事和政治制度,从而服务于他们的共同利益。然而，作为马克思的追忆者，米尔斯认为，企业富商也许是权力精英中最有权势的一部分（所谓"平等"中的首位者）。当然，米尔斯精英模式底部大量无权无势的民众则契合了马克思所勾勒的被压迫的工人形象，即那些"除了枷锁，再也没有什么可以失去"的人。

米尔斯命题的基本要素是，权力精英作为一个自觉的、团结的单位在运作。尽管他们未必凶暴或冷酷，但这些精英基本是由一些经常互动且享有共同政治经济利益的相似类型的人所组成的。米尔斯的权力精英并不是一个阴谋集团，而是利益与情操相似的小部分有影响力的人所组成的团体。（Hacker 1964）

诚然，米尔斯未能解释什么时候精英会阻挡异议，什么时候又会宽容异议；并且他也没有提出一个具体的案例研究来证明权力精英成员间的相互关系。不过，他这个具有挑战性的理论，促使更多学者对于美国的民主政治体系给予更加评判性的关注。

多姆霍夫模式 最近，社会学家 G·威廉·多姆霍夫（G. William Domhoff）也赞同米尔斯提出的权力精英主导美国的理论。在他与理查德·茨威格哈夫特（Richard L. Zweigenhaft 2006）合著的《权力精英的多样性》（*Diversity in the Power Elite*）一书中提出，现在的美国社会仍旧是大部分的白人、男性及上层阶级在主导。但是多姆霍夫强调，这个角色同时由企业团体的精英和政策制定组织的领袖（如商会和工会）共同承担。这两个团体中的许多人都属于社会的上层阶级。同时，他还指出，在一些关键职位上由少数女性及少数族群的男性所组成的团体是被排除在米尔斯的精英分层之外的，并且至今未取得代表权。

当这些团体相互交叉时（见图 9-2b），他们之间并不一定会在特定政策上达成共识。多姆霍夫指出，在竞选过程中，不同的两个联盟会施展不同的影响力。保守派—企业联盟（corporate-conservative coalition）在政治党派和通过发送邮件呼吁支持特定候选人方面扮演了重要角色。而建立在工会、地方性环保组织、少数族群团体社区部门、自由主义教会及大学和艺术社团基础上的自由派—劳工联盟（liberal-labor coalition）则反对保守派—企业联盟。（Zweigenhaft & Domhoff 2006）

多元论者模式 一些社会科学家强调，在美国，权力是分散的，而不像精英模式所叙述的那样。在他们看来，多元论者模式更加准确地描述了美国的政治体系。根据**多元论者模式**（pluralist model），一个社区中许多相互竞争的团体都有机会成为政府职员，所以没有一个单独的团体是占主导地位的。

多元记者模式说明，许多团体在决策制定的过程中都扮演了重要角色。一般来说，多元论者会利用基于观察研究的深入案例或社区研究（资料）。其中最有名的案例——一项对康涅狄格州纽黑文市决策制定的调查——记录在罗伯特·达尔

（Robert Dahl）所写的《谁在统治？》（Who Governs?，1961）一书中。达尔发现，尽管参与重要决策制定的人数相对较少，但团体的权力却仍然在扩散。几乎没有政治参与者可以拥有对所有议题的决策权。个人或团体也许在城市改造的争论问题上有话语权，但对于教育方面的政策却没有任何影响力。还有一些关于地方政治（如芝加哥、奥伯林和俄亥俄社区）的研究，进一步说明在地方政治中缺少大一统权力结构的事实。

然而，多元论者模式仍然摆脱不了严重的质疑。多姆霍夫（Domhoff 1978，2006）重新检视了达尔关于纽黑文市决策制定的研究；并且认为达尔和其他多元论者未能指出，地方决策制定中突出的精英其实属于全国性统治阶级的一部分。此外，像达尔关于纽黑文市等的团体权力的研究，也只能说明那些上升为政治日程的部分议题的决策制定。但他们未能指出，那些完全不在政治辩论范围内的事务会受到精英权力的控制，以防止威胁他们的主导地位。

戴安娜·平德夫基斯（Dianne Pinderhughes 1978）也批判了多元模式，因其未能解释非裔美国人被排除在政治进程之外的现象。根据对芝加哥政治的研究，平德夫基斯指出，针对黑人在住宅与职业上的种族隔离政策及长期以来剥夺黑人的公民权利的现象违背了多元主义的逻辑，因为多元主义认为基本上少数团体对于社区决策制定总是具有影响力。这一评论可以用于解释美国许多城市中其他种族与族群团体相对弱势的状态，如亚裔美国人、波多黎各人，以及墨西哥裔美国人。

从历史角度来看，多元论者已经指出，如今大多数公民可以参与或者影响政府的决策制定。随着互联网等新型沟通技术的发展，越来越多的人可以发表自己的言论，不仅在美国这样的国家，世界上其他的发展中国家亦是如此。然而，关于精英模式和多元模式观点的一个共同点在于：在美国的政治体系中，权力的分配是不平等的。虽然理论上所有公民都是平等的，但那些处于国家权力机构上层的人却享受"更多平等"。而新型沟通技术的发展是否能改变这种权力的分配格局，尚不能下定论。

不管社会科学家用何种模式来分析，在政府和政治之下发生的权力斗争与一个社会的经济资源分配都有着千丝万缕的联系。本章的下一节中，我们将探讨经济，包括理论上和实践中所牵涉的劳动力的问题。

9.4 经济系统

经济履行了最基本的生产和分配货物与服务的社会功能（见表8-1）。但这个看似不规则的社会制度又是如何组织起来的呢？一个社会的**经济系统**（economic system），即货物和服务通过它被制造、分配和消费，这取决于社会的发展水平和政治观念。这一章,我们将考察与当前工业社会联系密切的两种基本经济系统:资本主义与社会主义。在理论上,这两种经济系统与对应的理想型一致,例如私有制或公有制。然而,实际上很少有经济系统完全符合理想型的要求。今天大多数经济系统都在一定程度上融合了资本主义和社会主义的一些元素。

资本主义

在前工业化社会中,土地几乎可以被看做所有财富的源泉。工业革命改变了一切,它需要一些确定的团体和个人愿意冒很大风险资助新发明、机械和商业活动。最后,银行家、工业家及其他握有巨大财富的人,取代地主成为最主要的经济力量。这些人投入他们的资金,希望获得更多财富,他们也因此成为房地产和企业的拥有者。

随着资本主义制度的兴起,经济形态转型为拥有私有企业,**资本主义**(capitalism)是指生产方式大多被私人掌握,而经济活动的主要动机是积累财富的一种经济体系。实际上,资本主义制度因政府控制私有企业及经济活动的程度而有所差异。(Rosenberg 1991)

紧接着工业革命而来的一种普遍的资本主义形式是所谓的**自由放任**(laissez-faire,"任由它们去")。正如英国经济学家亚当·斯密(Adam Smith,1723—1790)所鼓吹的,在自由放任制度的原则下,人们可以在政府最低限度干涉经济的情况下自由竞争。企业保留了自我规范的权力,私人企业基本上是在不惧怕政府的控制下运作的。(Smelser 1963)

两个世纪以后,资本主义演变成另一种形式。私有制和财富膨胀仍然是资本主义经济制度最主要的特色,然而,和自由放任时期相比,今天的资本主义呈现出政府对经济关系的广泛控制。如果没有限制,企业会为了追求最大的财富而误导消费者、危害工人安全,甚至欺骗公司的投资者。这就是资本主义国家政府往往监视物品的价格、规定工业安全标准、规范工会,并和管理部门集体协商的原因。然而,在理想型的资本主义下,政府很少接收整个产业的拥有权。

现代资本主义和自由放任制度在一个重要的层面上存在差别:资本主义会通融垄断手段。**垄断**(monopoly)的存在意味着一家单一公司控制整个市场。主控整个产业,使这家企业能够通过价格制定、品质标准及供给规律来控制商品。购买者除了向此单一公司低头外,并没有太多的选择,因为消费者没有别的地方可以买到同样的商品或服务。垄断行为破坏了亚当·斯密和其他自由放任资本主义支持者所珍惜的自由竞争理想。

有些资本主义国家,例如美国,依据反托拉斯法将垄断视为非法。这样的法律防止任何一家公司在一个行业中取得所有的竞争力从而控制整个市场。美国联邦政府只有在一些例外的情况下，例如能源和交通工业，才允许有垄断的情形。即便如此，规范管制的单位会监督这些法律上被允许的垄断公司的行为，以保护大众的权益。和微软持续不断的法律抗争正好标示了资本主义国家中政府和私人垄断企业间的紧张关系。

冲突理论家指出，纯垄断并不是美国经济的基本元素，其实竞争在一种被称为自由投资的系统（free enterprise system）中受到了更大的限制。在许多产业里，少数公司主控了整个领域，并阻止新投资者进入这个市场。

社会主义

社会主义理论在马克思和恩格斯的著作中得以改善。这些欧洲激进者对于工人阶级在工业革命时期被剥削的事情感到非常困扰。在他们看来，资本主义迫使许多人用他们的劳力换取微薄的薪资。一个企业的拥有者从工人付出的劳力中获利，主要是因为他们给工人付的工资比其生产产品的价值要低。

基于一个理想模式，社会主义经济制度试图消弭这种经济剥削。在**社会主义**（socialisim）下，一个社会的生产和分配方法是由集体而不是私人拥有。这个经济制度的基本目的是符合人民的需求，而不是追求最大利益。社会主义者摒弃了放任政策的自由竞争会造福大众的那套哲学。相反地，他们相信代表全民的中央政府应该做出基本的经济决策。因此，中央政府是所有主要产业的拥有者——包括钢铁生产、汽车制造和农业，这是社会主义作为一个理想模式的主要特征。

从实际操作上来看，社会主义经济制度依照政府对私有企业的通融程度而有所差别。例如，英国这个同时包含一些社会主义和资本主义经济层面的国家，主要的航空服务业是由政府拥有的"英国航空公司"集中控制，然而民用的航空公司也被准予与之竞争。

社会主义社会对社会服务的投入和资本主义国家不同。例如，美国政府通过"医疗保障"（Medicare）和"医疗补助"（Medicaid）两种方案为老年人和贫穷者提供健康保障和健康保险；相对地，社会主义国家通常提供政府补助的医疗保健给所有的民众。理论上，民众集体的财富用来为个人和家庭提供医疗保健、住宅、教育和其他重要的服务。

马克思相信，每个社会主义国家终将"枯萎"，并演变为共产主义社会。作为一种理想模式，**共产主义**（communism）指的是一种经济制度，其下所有财产都是公有的，社会不因个人的生产能力加以区分。最近几十年，苏联、中国、越南、古巴和东欧等国家都普遍被认为是共产主义经济制度的例子。然而，这是不正确地使用

表 9-2 三种主要经济系统的特征

经济系统	特征	当代的例子
资本主义	生产资料私有制 积累利润是主要的激励方式	加拿大 墨西哥 美国
社会主义	生产资料集体所有 以满足人们的需要为基本目标	德国 俄国 瑞典
共产主义	财产公有 社会不因个人的生产能力加以区分	古巴 朝鲜 越南

注:第三栏中列出的国家是这三种经济系统的范例,但并非完全吻合。事实上,大多数国家的经济系统混合了这三种经济系统的不同元素。

一个带有敏感政治意味的词。所有这些都被认为是实施共产主义的国家,其实都和理想模式相去甚远。

20世纪90年代早期,东欧国家的共产党已经不再掌权。对共产政权第一次最大的挑战发生在1980年,当时波兰的机械团结运动向社会的不公正提出质疑,由莱什·瓦文萨(Lech Walesa)带领并获得许多工人的支持。虽然戒严法一开始便迫使机械团结运动转入地下,但最终在1989年促成共产党统治的结束。接下来的两年中,苏联和整个东欧主导的共产党在大规模的反动下纷纷被推翻。苏联、捷克和南斯拉夫被分裂,不同族群、语言和宗教都共存于这些地区。

直到2007年,中国、古巴、老挝、朝鲜和越南仍旧被认为是由共产党执政的社会主义国家。即使在这些国家,资本主义也得到了发展。2007年,中国国民生产总值中有25%由私营经济创造。当然,2001年,在中国共产党成立80周年的庆典上,中国国家主席江泽民要求党正式欢迎私营经济企业主成为党的一分子。

如我们现在所看到的,社会主义和资本主义是两种不同的理想经济制度。事实上,每一个工业化社会的经济(包括美国、欧盟和日本)都同时包含资本主义和社会主义的某些成分(见表9-2)。不论差别如何,不管他们比较符合资本主义还是比较符合社会主义的理想模式,所有工业化社会都主要依赖产品生产和服务的机械化。所有经济,不管是资本主义还是社会主义,会随着社会和技术的进步而改变。在下一章中,我们会检视一些在21世纪初改变美国和世界的经济趋势。

> **使用你的社会学的想象力**
>
> 美国的经济已经演变成由社会主义占主导而不是资本主义占主导。作为一名工人,你会比以前多得到什么呢?你会失去什么呢?

9.5 变化中的经济

正如权力精英模式所鼓吹的,资本主义社会的潮流趋向是所有权集中在大财团手里,特别是跨国企业。美国经济在很多重要的方面发生了改变,一部分是因为美国的经济和全球经济愈来愈紧密结合并相互依赖。在下面的章节,我们将检验这种趋势在美国的两种结果:去工业化和劳动力面貌的改变;并研究一种逆趋势,即在发展中国家小额贷款的增加。所有这些趋势表明,任何经济上的改变都蕴含着社会和政治的含意。

小额信贷

在某些方面,小额信贷能为一个大问题提供一个小的解决方案。**小额信贷**(microfinancing)能给穷人提供少量贷款以帮助他们走出贫困。借贷者利用这些钱来经营一些小本生意,例如购买工具、设备和竹子来制作凳子;采购纱线用于织成衣物;或是购买奶牛来产奶。而他们生产的产品会在当地商店里出售。一般情况下,小额贷款不会超过100美元,通常是12美元左右。而接受小额贷款的人一般没有能力够资格获得银行服务。

小额信贷有时被称为"向非银行用户提供银行服务"(banking the unbanked),这是孟加拉经济学家穆罕默德·尤努斯(Muhammad Yunus)的设想。1976年,正值孟加拉大饥荒之时,尤努斯建立了格莱珉(Grameen,意为"乡村")银行。当有村民向他借27美元以渡过难关时,建立这样一个银行的想法便产生了。通过在市政厅和会议场所的工作,格莱珉银行现在已经扩展到拥有700万客户的规模。这个想法亦得到推广,并已经得到像国际货币基金组织这样的跨国企业和类似花旗银行这样的商业银行的支持。估计到2007年,全球会有6000万人接受小额信贷。

小额信贷在一些遭受经济萧条的国家特别适用。2002年初,经历了几十年的冲突与军事占领,阿富汗连一个能运作的银行都没有。5年后,在世界银行和其他资助者的帮助下,阿富汗人民能在全国34个省中的22个省内获得小额贷款和其他一些金融服务。这些小额贷款人是阿富汗这么多年来首次获得一个正式金融部门的见证。他们的基金帮助了许多人创业,并使农民从种植鸦片转为种植其他作物。

由于接受小额贷款的人约有90%是女性,女性主义理论家对于小额信贷的增长问题特别关注。女性的经济地位对于孩子的健康成长至关重要,并且也是形成健康的家庭环境的关键。在发展中国家,女性通常被区别对待,所以获得贷款对她们会特别有利。为了认可小额信贷对社会和经济的贡献,美国把2005年称为"国际小额贷款年"。(Dugger 2006;Flynn 2007;World Bank 2006c)

劳动力面貌的转变

美国的劳动力一直在变化。第二次世界大战时,当男性被动员到海外参加战

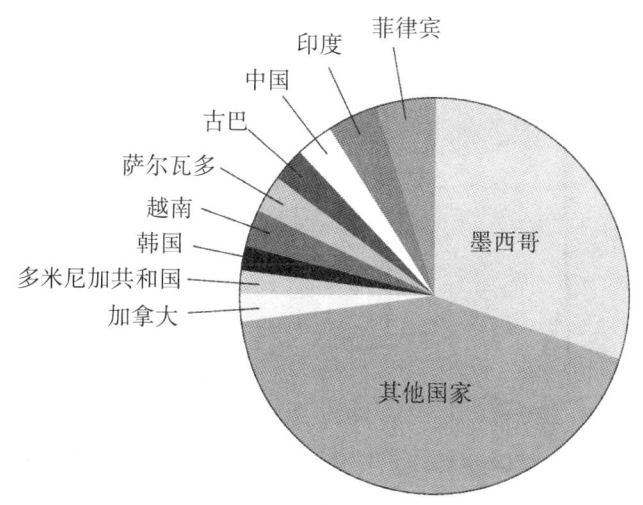

图9-3
美国（生于国外）处于工作年龄人口的分布区域

资料来源：2004 Bureau of Labor Statistics data in Mosisa 2006：48.

争时，数量庞大的女性加入到劳动力大军。随着公民权运动的兴起，少数族群发现有许多工作机会向他们开放。积极聘用妇女和少数族群加入工作场所的优惠性特别待遇，已经帮助少数族群攀登职业的阶梯。近几年，美国劳动力中移民的数量已显著增加。

虽然预测不一定准确，社会学家和劳工专家预见了一种由愈来愈多的妇女和少数族群组成的劳动力。今天，与白人工人数相比，黑人、拉丁裔和亚裔美国人的工人数目以更高的比率增长。并且，现今大部分的移民来自亚洲和拉丁美洲而非北欧，并成为美国主导文化的源头。（见图9-3）当少数族群加入劳动力市场，移民和他们的孩子从非正式经济的边缘工作和职业进入能见度和责任更高的职业时，劳动力市场越来越能反映人口的多样化。

这个劳动力变化所带来的冲击绝对不只在数据上。越来越多样的劳动力意味着劳工彼此之间的关系更有可能超越性别、种族和族群界限。互动论者指出，人们将会发现他们督导和自己很不相同的人或是被他们督导。为了反映这些变化，2000年，有75%的企业已经发起一些文化多元的训练课目。（Melia 2000）

去工业化

当一个公司因营利因素决定将其经营运作从存在已久的社区转移到国内其他地方，甚至移往其他国家时，会出现什么情况？人们失去工作，商店失去顾客，地方政府的税收降低因而缩减服务。这个凄惨的过程在过去10年左右不断发生。

去工业化（deindustrialization）一词指有系统地、全面性地将工厂、车间等生产基本层面的投资撤销。当大企业去工业化的时候，并不表示它们拒绝新的经济机会投资。相反，投资的目标和地点会有所改变。首先，工厂也许会从国内的大城市

> **使用你的社会学的想象力**
> 你的家乡有没有去工业化或组织精简的迹象？

中心转移至郊区;其次,则可能从东北和中西部郊区移到法律对工会限制较多的南部各州。最后,企业可能会干脆被移往美国以外工资较低的国家。例如,通用汽车公司决定在西班牙建造一座价值数亿美元的工厂,而不是在堪萨斯州。(Lynn 2003)

虽说去工业化常常牵涉迁移,有时候企业会以重组的形式变迁,比如企业寻求在愈来愈激烈的国际竞争中降低生产成本。当这种重组发生时,它会给原来组织里的权力结构带来很大的冲击。一个大财团有可能卖掉或放弃整个生产力较低的分部,并且去除一些不必要的经理分层。工资和薪水可能被冻结,而一些附加福利也可能被撤销———一切措施都是为了"重组"(restructuring)。对自动化的逐渐依赖还代表我们向来所熟悉的工作形态和工作性质的结束。

组织精简(downsizing)一词 1987 年被发明,用来形容一个公司劳动力的减少。从冲突论的角度来看,20 世纪 90 年代对裁员议题前所未有的关心,反映了美国社会阶级的重要性。冲突论者发现,失业对工厂工人影响特别大,也一直是工业化的一个特征。但是,一旦大量的中产阶级经理和其他收入优渥的白领也遭到裁减的时候,突然之间媒体便关心起"组织精简"这个现象了。(Safire 1996;R.

Samuelson 1996a,1996b）

关于组织精简最新的一种说法是,美国企业的服务型工作外包给其他国家的工人。美国公司外包某些类型的工作已经做了好几代。比如,中等规模的企业如家具店和商用洗衣机店长期以来都把递送服务包给国内的快递公司。新的"离岸"（海外建厂）趋势则把以上做法更加推进一步,即把工作转给外国的合同商。现在,即使大公司也找海外的企业,其中很多是发展中国家的。离岸(海外建厂)已经变成用降低费用来增加利润这一企业老战略的最新战术。

起初,企业把制造业工作转移到工资率很低的外国工厂。但现在从一个国家转移到另一个国家的工作已不再局限于制造业。由于通讯技术的发展及工资相对较低的发展中国家里能说英语且有技能的劳工人数的增加,（企业）办事处和一些专业性工作也在输出。这个趋势甚至也包括了那些要求大量培训的工作,例如会计和财务分析、电脑编程、理赔、电话销售,以及酒店和航班预订培训。今天,如果你拨打客服电话,接听电话的人很有可能不是在美国。

去工业化和组织精简的社会代价是无法减至最低的。工厂倒闭在社区内造成大量的失业人口,这可能同时在微观和宏观上带来负面的冲击。从微观上来看,失业者和他的家庭必须适应突然丧失的消费能力。粉刷房子、购置新房、买健康保险或为退休储蓄,甚至再生一个孩子的计划都得先放在一边。夫妻幸福和家庭的和谐都有可能因此受到影响。虽然许多被遣散的员工后来都能再度投入劳动生产,但他们常常必须接受不太喜欢的职务和较低的薪资。（Depalma 2002）失业和屈就,与很多社会问题是密不可分的,其中包括照顾孩子的需要、与福利有关的争议和移民问题。

社会学要义

社会学之所以重要,是因为它提示我们要批判性地看待塑造我们生活的社会制度。

- 你所上小学和中学的潜藏课程是什么？学生按能力分流吗？你认为教师的期望对学生的学业成绩有影响吗？
- 你是否认识这些人,他们失业是因为工厂倒闭,办公室组织精简,或者他们的工作被转移到国外了。当劳动力转移到国外时,美国消费者所节省的消费是否能弥补美国工人的损失？

社会学之所以重要,是因为它突出了强者和弱者之间的斗争。

- 从强势和权威的角度分析你的学校或者工作场所。谁来管理这个机构？是通过什么样的权威来管理的？哪种模型(权力精英或者多元化)更适合这个机构的权力结构？
- 你认为美国的权力与权威部门公平合理吗？如果不是公平合理的,你认为哪种社会制度是最需要改革的？你将怎样改变它？

章节摘要

与家庭和宗教一样,**教育**、政府和经济的社会制度都是文化的普遍性,并且在所有人类文化中形式各异。本章检视了三个社会学看待教育的视角；将学校视为正式组织；政府里**权威**和**权力**的形式；两个基本的**经济系统**；还有几个正在改变美国和全球经济的趋势。

1. 功能论者强调学校有显性功能也有隐形功能。学校的隐性功能包括文化传承、促进社会与政治整合、维系社会控制、作为社会变迁的媒介。
2. 冲突论者指出,学校有一个支持常规社会标准的**潜藏课程**。他们指责学校根据学生的社会阶级来**分流**学生,还延续了对妇女的不公平对待。
3. 互动论者记录了**教师期望效果**,即教师对学生的期望,可能会影响学生的学业成绩。
4. 今天,多数美国学校是官僚体系组织。韦伯的五项官僚组织特色在学校中均可发现。
5. 学校是一个复杂的社会组织。教师经受着角色冲突的压力——既是一位教育者,也是一位训导员——这是他们的职业所固有的。根据学生的兴趣、阅历、性别、种族、年龄和**性别取向**,学生会被划分到不同的亚文化里。
6. 每个政治制度的**权力**来源有三个:**武力**、**影响力**和**权威**。马克斯·韦伯鉴定出三种权威的理想型:**传统型**、**法理型**和**卡里斯玛型**。
7. 国家权力结构的精英模型的拥护者把美国看做由一小群叫做**权力精英**的个人来管治,这些权力精英在政治和经济上有着共同的利益。**多元论者模型**的拥护者认为,权力是由冲突群体更广泛地拥有的。
8. 尽管资本主义**经济系统**的差异在于政府控制经济活动的程度,但都是强调两个基本的**资本主义**原则:私有权和利润动机。
9. 相反,社会主义经济系统的基本目的是消灭经济剥削,并通过政府规定供应人民的需要,甚至是所有权。马克思相信**共产主义**将很自然地从**社会主义**阶段演变出来。
10. 全球经济在改变,不管是在美国还是在国外。在发展中国家,**小额信贷**正在改善成百上千万的穷人的生活。在美国,工人在应付**去工业化**,而雇主则在训练日益多样化的劳动力。

Population, Community, Health, and the Environment
人口、社区、健康与环境

10.1 人口学:人口的研究
10.2 社区是如何起源的?
10.3 城市化及其后果
10.4 健康与疾病:社会学观点
10.5 社会流行病学
10.6 环境:世界环境与我们的居所

在印度,污染已经成为一个充满争议的政治议题。这个看板以图像来说明污染对公众健康的伤害。

想象一下，2000年1月1日，探险家在太平洋中发现了一块面积接近加利福尼亚州的小型大陆，暂且把它称为巴布兰迪雅（Populandia），我们可以在这块虚构出来的大陆上模拟世界人口的增长过程。考虑这样一个问题，从1月1日起，把新生儿数量大于死亡人数这一现代人口的增长模式引入巴布兰迪雅，将会发生什么呢？

根据最理想的估计，每次至少能载280名新生儿的大型喷气式飞机以每2分钟一班的频率降落在巴布兰迪雅国际机场，一天后（2000年1月1日），204,224人将会抵达巴布兰迪雅，这个数量相当于现在美国阿拉巴马州莫比亚市的总人口数。9年后，也就是2009年初，巴布兰迪雅将会以6.85亿的总人口数赶超美国和印度尼西亚，成为世界第三大人口大国。（Intercom 1978；Bureau of the Census 2008b）

在巴布兰迪雅这块假想陆地中，人口的爆炸式增长说明了正发生在地球上的人口自然增长的压力。人口的增长对于农村和城市社区里人们的生活质量有着直接的影响。它会威胁我们的健康，并且使环境难以承受。任何一个关心这些议题的人都必须关注人口增长。本章中，我们以关于人口过剩的威胁（一个自18世纪以来就备受世界各地学者关注的话题）的辩论开篇。为了更好地理解这一辩论，我们将会学习一些研究人员在进行人口研究过程中发展出的基本概念。然后，从社会学的观点——关注社区、健康和环境，指出它们之间相互依存的关系及与人口议题之间的联系。

10.1 人口学:人口的研究

人口议题的研究引起自然及社会科学家的关注。生物学家研究繁殖的本质并揭示影响**生育力**(fertility,生育期女性的繁殖能力)的因素。病理学家检视并分析死亡原因的趋势。地理学家、历史学家和心理学家则在帮助我们对人口有所认识上做出了他们独特的贡献。然而,社会学家比其他这些学者更专注于影响人口增长率和增长趋势的社会因素。

在社会学家对人口议题的研究中,他们知道人口的几个要素——例如生育力、死亡率(mortality,死亡的数量)都深受一个社会的习俗、价值观及社会形式的影响。生育力受到人们开始发生性关系的年龄及避孕的影响——两者都反映了一个特定社会的社会与宗教价值观。死亡率是由一个国家的营养、防疫、卫生设备的状况及对健康医疗与健康教育投入的程度来决定的。

人口学(demography)是针对人口进行研究的一门科学。它通过大小、组成及地域分布这些人口要素,了解人口对社会造成的影响。人口统计学家研究地理差异与历史趋势以便做人口预测。他们也分析人口的结构——其成员的年龄、性别、种族、族群等。这种研究方式的一个重要人物是托马斯·马尔萨斯。

马尔萨斯的理论与马克思的回应

托马斯·罗伯特·马尔萨斯(Thomas Robert Malthus,1766—1834)牧师受教于英国剑桥大学,并穷其一生教授历史和政治经济学。他极力批评他那个年代的两大主要体制——教会制度和奴隶制度。他给当代学者留下的最重要的遗产则是1798年出版,现在仍然被议论纷纷的《人口论》(*Essays on the Principle of Population*)。

基本上,马尔萨斯认为,世界人口增长的速度远远大于食物供给的增长速度。马尔萨斯论说食物供给是以等差级数增长的(1、2、3、4,等等),而人口扩张则是以几何级数增长的(1、2、4、8,等等)。根据他的分析,食物供应和人口增长之间的差距会持续加剧。虽然食物供应会增加,但是食物增加的速度无法满足膨胀的世界人口的需求。

马尔萨斯提议应通过人口控制来缩小人口增长和食物供应不足之间的差距,但他却毫不隐讳地抨击人工避孕方法,因为这种方法不被教会支持。对马尔萨斯来说,合适的人口控制方式是延迟婚姻。他认为,夫妇必须为他们所要生养的子女人数负责;如果没有这种约束,世界将有可能面对饥荒、贫穷及苦难。(Malthus et al. 1960 [1824];Petersen 1979)

马克思严厉批评马尔萨斯的人口论观点。马克思视欧洲工业化社会的经济关系本质为问题的核心。他无法接受马尔萨斯的观点,认为世界人口增长的概念才是社会的症结,而不是资本主义。依马克思来看,世界人口数和资源供应(包括食物)之间并没有特别的关联。如果一个社会组织良好,人口增加应该会带来更大的财富而不是饥荒和苦痛才对。

当然,马克思并不相信资本主义可以在理想情况下运作。他认为资本主义运用它的资源来资助建筑及工具,而不是用在公平分配食物、住房和其他生活的必需品上。对于人口研究,马克思的著作很重要,因为他将人口过度和资源分配放在一起探讨。马克思对马尔萨斯著作的关注也证实了人口对政治和经济事务的重要性。

马尔萨斯和马克思对人口议题的洞见已被合称为新马尔萨斯观(neo-Malthusian view)。以《人口炸弹》一书作者保罗·埃利希(Paul Ehrlich 1968; Ehrlich & Ehrlich 1990)的作品为代表,新马尔萨斯学说论者同意,世界人口的增长正在消耗自然资源。然而,和这位英国理论家相反,新马尔萨斯学说论者坚持,需要以一些控制出生率的方法来稳定人口增长。他们对那些有低出生率但却不成比例地大量享有世界资源的发达国家的抨击,则带有马克思主义者的味道。纵使对未来采取怀疑态度,这些理论家仍然强调:控制出生率并理性地使用资源,是应付持续上升的世界人口的主要对策。(Tierney 1990; Weeks 2008)

研究当今的人口

出生与死亡数相对平衡的议题,在今天和在马尔萨斯与马克思的年代一样重要。马尔萨斯所说的那些苦难,对当今世界许多饥饿和贫穷的人来说,仍然是个事实。在发展中国家,营养不良是持续造成儿童生病与死亡的最大原因。在这些国家,几乎18%的儿童会在5岁以前死亡——是发达国家的11倍还要多。战争和大量移民使人口与食物供应的矛盾进一步加剧。例如,波西尼亚、伊拉克及苏丹的战争已经造成食物供应的极度不均衡,引发区域营养不良和饥荒的发生。对抗世界饥荒也许需要降低出生率、大量增加世界的食物供应,或者两者同时进行。(World Bank 2000:277)

在美国和大多数其他国家,**人口普查**(census)是搜集人口资料最主要的工具。人口普查是人口的统计或计算。美国宪法规定每10年需要进行一次全国人口普查以便决定国会代表的席位。这项定期调查还有**人口统计**(vital statistics)作为补充;这些出生、死亡、结婚及离婚等记录数是从政府部门管理的系统登记中搜集而来的。此外,其他一些政府问卷调查也提供了商业发展、教育趋势、工业发展、农业行为,以及像儿童、老年人、少数种族、单亲父母这些团体状况的最新资料。

在执行一项全国性的普查和进行其他研究时,人口统计学家应用了许多在第一章已提到的技术与方法,其中包括问卷、面谈和抽样。人口预测的精确依赖人口统计学者所采用的一连串估计的准确性。首先,他们必须确定过去的人口趋势,并且确定一个预测起始之日的人口基准。接下来,他们必须确定出生率和死亡率,以及未来的变动。既然有可能会有一大群人进入或离开一个国家,在进行一个国家的人口变化趋势的预测时,人口统计学者还必须将移民考虑进去。

人口学的要素

人口学家以一套由人类生活基本要素所发展出来的语言来传达一些人口现状——出生和死亡。**出生率**(birthrate)(或者更明确地说,粗出生率)是特定一年中每1,000人中新生儿的存活数。例如2008年,美国每1,000人中就有14个新生儿。出生率为考察一个社会的繁殖模式提供了资料。

为了能对一个社会的未来成长做出预测,人口统计学就必须用到**总生育率**(total fertility rate,TFR)这一概念。总生育率是所有妇女所生下的存活婴儿的平均人数——假设依循目前的生育率。和尼日利亚等国的发展中国家平均每1名妇女超过7.1活产次相比,美国2008年的总生育率为平均每1名妇女生产2.1个新生儿。

像生育率一样,死亡率也是以许多不同的方式来衡量的。**死亡率**(death rate,也称粗死亡率)是特定一年中每1,000人中的死亡数。2008年美国的死亡率是1,000人中有8人死亡。**婴儿死亡率**(infant mortality rate)则是指在一个特定年份,每1,000个活产儿中,一岁以下的婴儿死亡数。这项测量是衡量一个社会健康医疗水平的重要指标,它反映了产前营养、生产过程及婴儿的检查措施。由于存活的婴儿长大以后也将促成未来人口的增加,婴儿死亡率对未来人口成长来说也是一个有用的指标。图10-1比较了特定国家之间的婴儿死亡率。

人口学家把**预期寿命**(life expectancy)作为一般的健康衡量——在目前的死亡率情况下个人预期能活的平均年数。通常称这个数字为出生时预期寿命。目前,日本的出生时预期寿命是82岁,比美国的78岁高一些。相对地,在包括冈比亚的许多发展中国家,出生时平均预期寿命还不到45岁。

增长率(growth rate)是一个社会中每1,000人中出生数和死亡数之间的差异,再加上移入民(迁到另一个国家定居的人)和移出民(永久迁离一个国家的人)之间的差异。以全世界范围来看,因为全球的移入民和移出民总人数必然相等,增长率只是每1,000人中出生数及死亡数的不同。美国2008年的增长率是0.6%,为全球估计比率的一半。(Haub & Kent 2008)

这些增长率对于世界的将来暗示了什么?当马尔萨斯写到世界人口的增长会

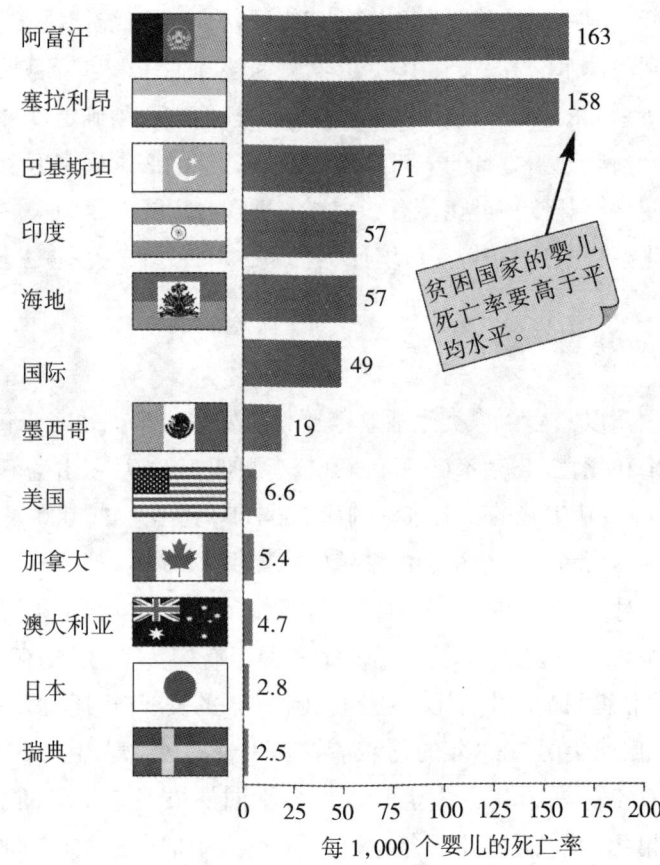

图10-1
特定国家的婴儿死亡率

资料来源：Haub and Kent 2008.

不可避免地超过我们养活自己的能力时,他的观点是正确的吗?在我们试图给出这些问题的答案之前,先来看看农业生产是如何随着时间而变化的。在下一节,我们将对社区的历史做一个简要介绍,包括他们从早期文明到现代文明的生产方式。

10.2 社区是如何起源的?

早期社区

社区(community)指给人一种归属感的社会组织的一个空间或政治单位。这个社会安排是如何应运而生的呢?对于多数人类历史而言,人们使用非常基本的工具和知识来生存。他们通过打猎、采集水果或蔬菜、捕鱼、放牧满足他们对于充足的食物供应的需要。在与后来的工业社会的比较中,早期文明更依赖于物理环境,且缺乏改变自然使之服务于人类的能力。也许这就是为什么早期人们团结在一起的游牧群体,是我们所知的第一种社区。

初级农耕社会的出现——人们不仅依赖采集食物维生,而且懂得播种与收获——导致人类社会组织的巨大变迁。人们不再需要为了寻找食物而不断迁移。由于人们需要留在特定地区种植农作物，所以更稳定持久的社区开始形成。随着农业技术变得越来越复杂，包括家庭成员和其他社会成员在内的合作性劳动分工开始发展。人们逐渐能够为自己生产出比他们实际需要更多的粮食。也许，作为交换的一部分，他们可以给其他从事非农业劳动的人提供粮食。

从温饱过渡到食物过剩是城市得以出现的关键一步。最终，人们生产足够的商品，以满足他们自己和那些从事非农劳动的人的需要。一开始，盈余只限于农产品，但是它逐渐发展到包括商品和服务的所有类型。一个城市的居民开始依赖（那些从事）提供工艺品和运输方式，以及收集信息等工作的社区成员。（Nolan & Lenski 2009）

这些社会变迁带来了一个更加复杂的劳动分工及人们获得不同回报和特权的机会。只要每个人都在从事相同的工作，分层就仅限于性别、年龄或者完成任务的能力（一个熟练的猎人可以从社区中赢得不寻常的尊重）等因素。然而，盈余使得货物和服务贸易扩大，从而导致了更大的分化，这表现在职业等级制度和社会不平等上。因此，盈余不仅是城市形成，也是社区成员的社会分层划分的先决条件（参见第5章）。为其他社区生产产品的能力标志着人类社会组织的根本性转变。

前工业化城市

考古学家估计约在公元前 10,000 年，摆脱对种植业依赖的永久性定居点就出现了。按照今天的标准，这些早期社区仅仅达到了作为城市的资格。乌尔的美索不达米亚城市的 10,000 人仅生活在约 220 英亩的土地上，包括运河、寺庙和港口。顾名思义，**前工业化城市**（preindustrial city）一般只有几千居民。该社会的特点是相对封闭的阶级制度和有限的社会流动。在这些早期城市，地位通常是由家庭背景这样的先赋地位决定的，教育则仅限于上层社会的成员。所有居民都依靠大概 10 万农民及他们自己的业余农耕活动来提供他们所需要的农产品。

为什么早期城市会这么小，且数量相对较少？这里有几个限制城市化的关键因素：

- 依靠动物的力量（包括人力与畜力）作为经济生产的能量来源。依赖肌肉的力量，它限制了人类利用并改变环境的能力。
- 农业部门生产的剩余农作物数量适中。一个城市居民的生活可能要依赖 50—90 个农民的劳作。（K. Davis 1995 [1949]）
- 运输、贮存食物及其他物品的问题。由于这方面的难题，即使一种优等作物也很容易流失。

- 迁移到城市的艰辛。对许多农民来说,迁移实际上是不可能的。缺乏贮存食物的先进技术,几个星期的旅行就成为了一个难题。
- 城市生活的危险。将一个社会的人口集中在小范围内,让它暴露在外界的攻击下,也更容易受到瘟疫和火灾等极端灾害的破坏。

吉迪恩·舍贝里(Gideon Sjoberg 1960)查验了中世纪欧洲、印度、中国早期的城市住区的现有资料;并提出了三个城市生活的先决条件:农业和非农业领域的先进技术、一个良好的物质环境和一个发达的社会组织。对于舍贝里来说,定义一个"良好的"物理环境的标准是多变的。靠近煤和铁仅对一个懂得如何利用这些资源的社区才有所裨益。同样,只有当一种文化懂得有效地灌溉农田的方法并满足城市的消费时,临近河流才会对其有利。因为城市以新的方式,通过货物和服务的交换把人们聚集在一起,所以专门的社会角色是至关重要的。一个发达的社会组织能够确保这些关系对于所有人都是明确且可以接受的。

工业化与后工业化城市

设想如何利用空气、水和其他自然资源中的能源,才能改变我们的社会。正如农业科技的进步导致了社会生活的巨大变迁,工业革命亦是如此。18世纪中叶开始的工业革命,特别关注非畜力的能源在劳动工作中的应用。工业化对于人们的生活方式和社区结构有着深远的影响。新兴的城市居住区不仅成为工业中心,也成为银行、金融和工业管理的中心。

工业革命期间发展的工厂制度,导致了比前工业化城市更加精细的劳动分工。反过来,它创造的许多新兴就业机会又使工人之间的关系更加复杂。因此,与前工业化城市相比,**工业化城市**(industrial city)不仅有更多的人口;同时它也建立在社会组织的许多不同原则的基础之上。舍贝里概述了前工业化城市和工业化城市之间的对比(参见表10-1)。

与前工业化城市相比,工业化城市持有一个更开放的阶级制度和流动性。在妇女团体、工会和其他政治活动分子的积极倡议下,穷人和工薪阶层家庭的孩子逐渐获得了接受正规教育的机会。尽管性别、种族和族群等先赋地位仍旧有一定的影响,但相比过去,今天,一个有才能或技术熟练的人仍有更多的机会提高他/她的社会地位。

20世纪后期,一种新型的城市社区出现了。**后工业化城市**(postindustrial city)是一种金融全球化和电子信息主导经济的城市。生产是分散的,并且经常放在市中心以外;然而,其中的控制权却是集中的,通常掌握在势力超出城市甚至国界的跨国企业手中。社会变迁是后工业化城市的一个恒定特征。如果不是更频繁的话,

表 10-1　城市类型的比较

前工业化城市 （直到 18 世纪）	工业化城市 （18—20 世纪中叶）	后工业化城市 （开始于 20 世纪晚期）
封闭的阶级体系——影响人们一生的社会阶级	开放的阶级体系——流动性建立在自致地位之上	财富建立在获得并使用信息的能力上
行会和少数家族控制着经济领域	相对公开的竞争	企业权力占主导地位
生产货物领域开始有劳动分工	制造业领域的分工更加专业化	地域感消失，跨国界的网络出现
宗教对于社会规范有着广泛的影响	由于社会变得更加世俗化，宗教的影响仅限于特定区域	宗教变得更加碎片化 对新宗教信仰的开放态度
几乎没有价格、重量和测量的标准化	通过习俗和法律来贯彻标准化	各种标准之间相互冲突的观点
大多数人口未受过教育人们通过口耳相传	通过海报、期刊和报纸的交流方式出现	广泛的电子网络的出现
学校仅限于精英且服务于保持他们的特权地位	正式学校对大众开放，且被视为提升社会秩序的手段	专业的、科学的、有技术的人员变得越来越重要

资料来源：依据 E. Phillips(1996:132–135)；Sjoberg(1960:323–328)。

几乎每 10 年会发生一次经济和空间上的重组。在后工业化世界里，城市间为了争夺经济发展机会而不断相互竞争，而这却加深了城市贫民的生活困境。（E. Phillips 1996；D.Smith & Timberlake 1993）

社会学家路易斯·维尔斯(Louis Wirth 1928,1938)认为，一个相对较大并且永久性的居所，导致了社会行为模式的千差万别，他将之称为**城市化**(urbanism)。他提出了三个有助于城市化的关键因素：人口规模、人口密度和人口的多样性（多元化）。根据维尔斯的观点，城市化的一个常见结果，是居民对他们周围的事件变得漠不关心，且只关注与他们有感情联系的主要团体。

今天，在世界的大部分地区，人口越来越集中在城市。城市化对于聚集在城市里的人们的影响是什么？下一节，我们将看到，城市化如何塑造有/没有美国人居住的临近地区及发展中国家人们的经济福祉。

10.3　城市化及其后果

1990 年的人口普查说明，在 100 万或更多居民中有超过一半的美国人口居

使用你的社会学的想象力

未来的理想城市是怎样的呢？描述一下它的建筑风格、公共交通、街邻社区、学校和工作区域。哪类人会在那里居住和工作呢？

住在城市地区。美国仅有四个州（缅因州、密西西比州、佛蒙特州和西弗吉尼亚州），超过一半的人口居住在农村地区。显然，城市化已经成为美国生活的一个主要面貌。（Bureau of the Census 2007a:31）

城市化也发生在世界的其他地方。1900年，全世界只有10%的人口居住在城市地区，但到了2005年，这个比例就超过了50%。到2025年，城市居住者的人数将会达到50亿。（Koolhaas et al. 2001:3；United Nations Population Division 2004）

19世纪至20世纪初，欧洲和北美最早出现了快速发展的城市化。然而，"二战"后，城市化"浪潮"也席卷了世界上的发展中国家。"寮屋聚落"（极度贫困者居住的远离中心的地区）数量的激增正是快速城市化进程的证明。

城市化的趋势如此重要，一些社会学家已经投注了他们毕生的精力来研究城市化的影响。在接下来的部分里，我们将查验两种关于城市化截然不同的观点：一个是功能论者所称的城市生态学，另一个则是冲突论者所称的新城市社会学。

功能论者的观点：城市生态学

人文生态学（human ecology）是一个研究人们与其空间与物理环境之间互动关系的学术领域。长期以来，人文生态学家对于物理环境如何塑造人们的生活（例如河流可以作为居住区扩展的界限）及反过来人们如何影响其周边环境（例如空调技术加速了美国西南部主要大都市的发展）十分感兴趣。**城市生态学**（urban ecology）关注的则是出现在城市地区的这些关系。尽管城市生态学研究方法检视发生在城市中的社会变迁，但这只是功能论者的态度，因为它强调城市地区有益于社会稳定的不同要素。

早期的城市生态学家，如罗伯特·帕克（Robert Park 1916,1936）和恩斯特·伯吉斯（Ernest Burgess 1925），通过生态学家研究植物和动物社区的方法关注城市生活。除了少数例外，现今的城市生态学家基本追寻伯吉斯在20世纪20年代提出的**同心圆理论**（concentric-zone theory）（见图10-2a）。伯吉斯以芝加哥为例，提出了一个描述工业城市土地利用的理论。在一个城市的中心或核心是中心商业区。大型商场、酒店、剧院和金融机构占据了这些黄金宝地。城市中心周围以及别的一些区域则包含其他类型的土地使用。根据这个理论，一个城市在一段时间内，会通过从中心向外扩展得以壮大。

需要注意的是，这些区域的产生是一个社会过程，而非自然的结果。家庭和公司为了黄金宝地而相互竞争，而那些拥有最多财富和权力的人往往是最后的赢家。因此，同心圆理论是一个城市发展的动态模型。随着城市的发展，每个区域都会逐渐远离中心商业区。然而，尽管这个理论承认城市的外向型发展；但它并没有

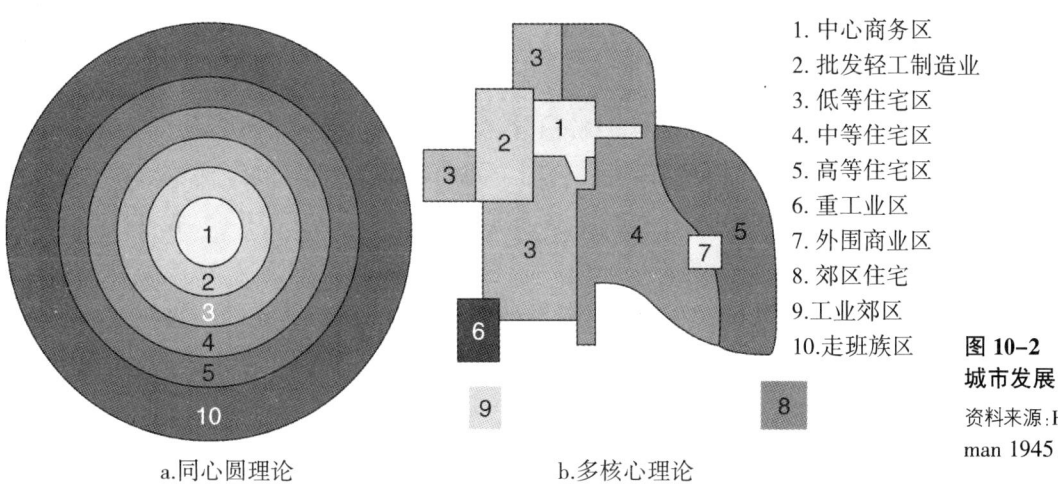

图10-2
城市发展的生态理论

资料来源：Harris and Ullman 1945:13.

解释，当衰落的中心商业区让位于郊区更有吸引力的商业和技术中心时所进行的重建。在这种情况下，同心圆理论假设（城市有）一个比现实更大的稳定程度。

鉴于功能论者的定位和他们对稳定的强调，同心圆理论倾向于不陈述或忽略发生在大都市的一些紧张局势。例如，城市生态学家不加批判地看待越来越多的富人占用城市边缘地区的土地问题。其中有一些甚至把20世纪30年代非裔美国人入住白街区的现象称为"侵略"或"接替"。此外，城市生态学家对于性别不平等也不予关注，比如，在城市公园中设立适于男性的垒球场和高尔夫俱乐部而不考虑任何女性项目。于是，城市生态学方法由于未能正视性别、种族和阶级议题而受到了批评。

到20世纪中期，城市人口已经远远超过了传统城市的极限。由于大量城市居民放弃城市而迁居到郊区，城市生态学家不能再仅仅关注中心城市的扩张了。为了应对大都市里多中心的出现，昌西·哈里斯（Chauncy D. Harris）和爱德华·乌尔曼（Edward Ullman 1945）提出了**多核心理论**（multiple-nuclei theory）（见图10-2b）。在他们看来，并不是每个城市都遵循从中心商务区向外辐射发展的模式。相反，一个大都市可能有多个中心的发展，而每个中心都反映了一个特定的城市需求或活动。因此，一个城市也许会有一个金融中心、一个制造业中心、一个码头中心、一个休闲娱乐中心，等等。各种公司和住宅区则成簇地集中于各个核心的周围。(Squires 2002)

郊区购物商场的发展是大都市地区多核心现象的最鲜明的例子。起初，所有主要的零售业都落户在中心商业区。每个居民区都有各自的食物杂货店、糕点店和肉店，但人们需要乘车去市中心才能购买大宗商品。然而，随着大都市区域的扩展以及郊区地区人口变得稠密，越来越多的人选择在自家附近购物。今天的美国，郊区购物商场是一个重要的零售与社交中心。

在对多核心理论的精炼过程中,当前的城市生态学家开始研究乔尔·加略尔(Joel Garreau 1991)记者提出的"边缘城市"(edge cities)的概念。这些在主要大都市地区的郊区发展起来的作为经济和社交中心的社区,有着各自的身份。根据一些衡量指标——建筑物的高度、公司空间的容量、当前的医疗、娱乐设施及人口——边缘城市达到了独立城市的标准而并非仅仅是大郊区。(R. Lang & LeFurgy 2007)

不管大都市地区中存在边缘城市还是多核心,(可以肯定的是)越来越多的大都市以分散式扩展以及不受约束的发展为特征。近几年,拉斯维加斯成为最明显的例子。到2007年,这个城市的面积已发展到1950年的9倍,总人口也从过去小于25,000人猛增到现在的600,000人左右。如此快速增长的社会结果也同样是戏剧性的:过去的廉价住房和独立食物储藏室短缺,而现在却是水资源供应紧张、健康保健服务缺乏,以及交通拥堵不堪。与一千年以前的前工业化城市相比,今天的城市真是千差万别。(Las Vegas 2006)

> **使用你的社会学的想象力**
> 用城市生态学的观点来思考你日常生活中的空间布局。人造建筑物和障碍物是怎样影响你的交通模式的呢?

冲突论观点:新城市社会学

当今的社会学家并不认同纯粹的生态学解释,即大都市的发展受限于水路或者铁路。从冲突论的观点看,社区是反映人们需求、选择和决定并由人类创造的,即使其中一些人比其他人对于这些决定有更大的影响力。利用冲突理论,被称为**新城市社会学**(new urban sociology)的研究方法应运而生,它关注地区的、国家的乃至全球范围内影响力的相互关系,以及它们对地区空间的作用,其中尤其强调全球经济活动的影响。(Gottdiener & Hutchison 2006)

新城市社会学家指出,城市生态学家往往回避检视那些指导城市发展的社会力量(实际上大部分是经济方面的)。例如,中心商务区是升级还是衰落,取决于城市政策制定者是否同意免除开发商的巨额税金。而"二战"后美国郊区的繁荣发展,正是由于联邦住房政策把投资资金引到独立家庭住房的开发建设上,而不是(开发)城市中的廉租房。类似地,当观察者宣称美国"阳光地带"的发展得益于那里的"黄金投资气候"时,新城市社会学家则反对,认为这一词汇是对可观的州与地方政府津贴以及反工会政策的委婉说法。(Gottdiener & Feagin 1988;M. Smith 1988)

新城市社会学家基本上运用冲突论的观点,并进一步发展了社会学家伊曼纽尔·沃勒斯坦(Immanuel Wallerstein)的**世界体系分析**(world-system analysis)(参见第5章)。沃勒斯坦认为,一些工业化国家(包括美国、日本和德国)在全球经济体系的核心中占据一个主导地位。而亚洲、非洲和拉丁美洲的发展中国家则处于全球经济的边缘地位,且受到核心工业化国家的控制和剥削。通过世界体系分析,新城市社会学家从一个全球化的视角来考察城市化。他们并不把城市看做独立的自治实体,而是受社会主导阶级的决策制定过程领导或影响的产物。新城市社会学家注意到,发展中国家城市的快速发展最初受殖民主义的影响,之后又受到由核心国家与跨国企业支配的全球经济的影响。(Gottdiener & Feagin 1988;D. Smith 1995)

20世纪20—30年代的城市生态学家并没有忽视宏观经济在城市化进程中的角色,但他们的理论却更加关注地区的影响,而淡化全国性或全球性力量的影响。相比之下,新城市社会学家通过一个更加广阔、全球化的视角看待社会不平等和社会冲突,并关注下层阶级的存在、跨国公司的权力、去工业化、流浪者,以及住宅区的种族隔离等话题。他们认为,开发商、建筑商和银行投资家对于在城市发展进程中为中产阶级或下层阶级提供住房并不感兴趣。这一兴趣的缺乏的确可以归因于流浪者的问题。城市精英并不认为全国住房短缺和流浪者的困境是他们的错误,并坚持他们没有用于这方面住房建设或投资的资金。但是,富人们对于资本的增加却十分感兴趣,并且能通过某种方式获得资金,用于建设新的商业中心、写字楼和球场。但是,新城市社会学家会问,为什么他们不能把资金用于廉价房的投资呢?

部分是由于开发商、银行家和其他有权势的房地产商看待住房的角度与房客和大多数私房屋主看待住房的视角截然不同。从一个房客的角度看,一套公寓意味着庇护所、房子和一个家。但是,对于开发商和投资者来说(其中许多拥有大公司或跨国企业),一套公寓只是一项住房投资。这些金融家和物主最关心的是利润最大化,而不是解决社会问题。(Feagin 1983;Gottdiener & Hutchison 2006)

总揽全书,我们发现在研究任何一项议题时,如越轨行为、种族和族群等,没有一种单独的理论方法必然能够提供唯一有价值的视角。正如表10–2所显示的,城市生态学和新城市社会学对于城市化的议题都提出了各自的建设性观点,

表10–2 关于城市化的社会学视角

	城市生态学	新城市社会学
理论视角	功能论	冲突论
主要关注点	城市地区的空间区位与物理环境之间的关系	城市地区与全球的、全国的及地区影响力之间的关系
变迁的关键原因	技术创新,如新型交通工具	经济的竞争与权力的垄断
行为的发起者	个人、邻居、社区	房地产开发商、银行家和其他金融机构、跨国企业
相关学科	地理学、建筑学	政治科学、经济学

两者都丰富了我们对于这个复杂现象的理解。然而，有一点是显而易见的，即城市化的确影响着生活在城市中的人们的福祉，其中包括他们的健康和生活质量。在接下来的两节中，我们将从社会学的观点探讨健康和疾病这两个概念，以及健康保健的分配和不同社会团体的相对健康。

10.4　健康和疾病：社会学观点

世界卫生组织在1946年成立时，其章程序文中界定**健康**（health）是一种"身体、心灵及社会交往的健全和谐的状态，而不仅仅是没有罹患身体或精神疾病"。（Leavell & Clark 1965：14）我们可以想象一个连续体，一端是健康，另一端是死亡。根据这个定义，连续体上健康那一端，代表的不是一种明确或确定的状态，而是一种理想状态。参照这个连续体，人们根据每个个体、亲属、朋友、同事及医护人员所建立的基本标准，界定自己"健康"或"罹病"。因此，健康是相对的，我们可以依社会情况观察并考虑在不同情况或文化中健康观念的多样化。

为何你会认为自己生病了或是健康的？谁来给所谓的健康和罹病下定义？结果又是如何？在此我们利用四种社会学的理论：功能论、冲突论、互动论及标签理论，深度探究社会对于健康与疾病的定义及治疗的影响。

功能论者的研究

疾病让个人在工作与生活双方面暂时失序，从功能论学派的角度来看，疾病必须得到控制，才不致影响许多个人必须担负的社会责任。功能理论学者认为，过于宽泛地定义疾病会干扰社会运作。

"疾病"要求个人必须扮演一个社会角色，即使那是暂时性的。**病人角色**（sick role）意指对于一个被视为生病的人，社会期待他所具有的态度和行为。社会学家塔尔科特·帕森斯（Talcott Parsons 1951，1975）以建构功能理论闻名于世，他点出了"病人"被认可的行为。他们免除了平时的责任，而不会遭人非议。他们有寻求治愈的义务，包括寻求足够的专业照顾的义务。这一义务源于"疾病是反功能的"这一共识，因为它会损害社会稳定。在全世界的发展中国家，寻求疾病的治疗尤其重要。现代工业社会能够忍受较大程度的疾病或失调，但在农耕社会时，可用劳动力的多寡对当时的社会有重要的影响。（Conrad 2005）

根据帕森斯的理论，医生对于病人角色的功能如同守门员一样，医生判定病人是生病了还是已经痊愈。病人会依赖医生，是因为医生能控制有价的奖赏（不仅有对于疾病的控制，还有对于免除工作与学业义务的控制）。帕森斯认为，医生与

> **使用你的社会学的想象力**
> 描述一下你所见的一些情形中，对"病人角色"不同定义的解释。

病人的关系有如亲子关系一般：医生协助病人作为一个完好健全的人回到社会。（Weitz 2007）

对于病人角色观念的批评有好几种：第一，病人自身对于健康的判断，可能与他们的性别、年龄、社会分层及种族团体等有关。例如，年轻人不太容易觉察到一种危险疾病的征兆，而老年人对于一些轻微的生理症状却过于敏感；第二，病人角色理论，更适用于短期病人，胜于罹患慢性疾病的长期病人。最后，即使是最简单的因素，譬如个人的受雇与否，似乎也会影响病人角色的意愿，而社会化的冲击对于某种特定职业或活动亦然。譬如，从儿童期开始，运动员便学习界定某些病症是所谓的运动伤害，因此，他们不认为运动伤害是一种疾病。尽管有不同的批评，社会学家仍坚持信赖帕森斯对于疾病和社会对疾病的期望关系的功能理论分析。（Curry 1993）

冲突论者的研究

冲突理论家注意到专业的医学已塑造了一种无所不在的重要性，远非让学生有借口不上学、雇员有理由不上班那样简单。社会学家埃利奥特·弗里德森（Eliot Freidson 1970：5）将今日医学的地位比拟成过去宗教的地位——具有界定健康、疾病及如何治疗的独特权力。冲突理论家惯用"社会医疗化"这一名词，指医学逐渐成为扮演社会控制的主要制度角色。（Conrad 2007；McKinlay & McKinlay 1977；Zola 1972，1983）

社会医疗化 社会控制包括限制行动的技巧与策略，目的在于强调个别文化的独特规范和价值。一般来说，我们能意识到的非正式的社会控制，都是存在于家庭及同辈团体之间的，正式的社会控制则由经过授权的代理人来执行，譬如警察、法官、学校主任及雇主。然而，从冲突论学派的角度来看，医学不仅单纯是"专业的治疗"，同时也是一种管理的机制。

医学如何显示其社会控制力？首先，过去数十年来，医学的专业领域已扩大了许多。医师现在研究许多广泛的主题，譬如性（包括同性恋）、老年、焦虑、肥胖、儿童发育、酗酒、药物成瘾等问题。社会默许这种医学界限的扩大，是因为在医学专家控制某些传染病以后，我们希望他们能为复杂的人类问题带来新的"奇迹疗法"。

医学化的社会意义在于，一旦将问题作为医学范例看待，医学专家对于公共政策的提出与评价就会愈来愈具有影响力，普通民众参与讨论和影响政策决定就会变得愈加困难。同时要考察这些议题所受到的社会、文化或心理因素影响，也会更加困难，因为专注点被引向身体或医学因素的问题。（Caplan 1989；Conrad 2007；Starr 1982）

第二，医学被视为一种社会控制的机构,借着保有针对健康保险程序的绝对管辖权,甚至试图为了护卫其管辖权,医学将健康保障的专家,如脊椎整骨医师及助产士,排除在其所接受的领域之外。无视助产士是最先将专业引进生产过程的事实,美国和墨西哥医学界将助产士描绘成侵犯合法妇产科领域的人。助产士认为取得执照是获得专业尊重的方式,但医师却持续施加压力,以确保助产士仍是一项低等的职业。(Scharnberg 2007)

医疗保障中的不平等 当冲突理论家在评定健康保障机构的作用时,社会医疗化是他们关注的议题之一。如我们在本书中所见的,当分析任何问题时,冲突理论家寻求的是:决定谁是受益者,谁是受害者,谁牺牲了他人的利益以获得主控权。从冲突论者的角度来看,美国的健康保障施行有明显的不公平之处。举例来说,在贫困及乡下地区普遍缺乏医疗保障,这是因为医疗保障重点在于人口较多或较富有的地方。

同样,从世界范围看,医疗保障的施行很明显极不平等。现在,美国每1,000人分配到约30名医生,而非洲和亚洲国家每1,000人却分不到1名医生。**人才的外流**(brain drain)使情况更为糟糕:移民到美国及其他工业化国家的技工、专家及技术人员,在自己的国家中也被极度地需要。作为人才外流的一部分,医师、护士及其他健康专家,从印度、巴基斯坦及许多非洲国家这样的发展中国家移民到美国。冲突理论家将第三世界的移民潮,视为世界核心工业化国家不惜牺牲发展中国家,以提高自我生活品质的一种方法。发展中国家遭遇的其中一项就是较低的预期寿命。非洲、拉丁美洲和亚洲的大部分地区的预期寿命都远远低于工业化国家的(预期寿命)。(Bureau of the Census 2007a;Table 154;World Bank 2007:92-94)

冲突论者强调,健康保障资源的不平等和生死的结果存在明显的关联。从冲突论的角度看,全世界婴儿死亡率会出现戏剧性的差异(见图10-1),这反映在许多地区与国家,健康保障资源的不平等分配是基于其富有或贫穷程度而定的。这一比例是一个社会健康保障水平的重要指标,它反映了(该社会的)产前营养、分娩程序,以及婴儿检测措施的(水准)。

尽管美国很富裕,但仍有至少46个国家的婴儿死亡率低于美国,包括加拿大、英国和日本。冲突理论家指出,与美国不同的是,这些国家所有公民享有某种由政府资助的健康保障,这些国家产前保障的功能与作用都比美国有所提升。(Haub & Kent 2008)

互动论者的研究

从互动论者的角度看,病人并不是消极的;相反,他们常常表现出有寻求诊治的强烈意愿。在检视健康、疾病及医学作为社会制度的过程中,互动理论者通常着重于健康保障中专家与病人角色扮演的细部研究。互动论者对医生如何学会扮演他们职业角色这一问题特别感兴趣。根据布伦达·比庚(Brenda L. Beagan 2001)的观点,医学院学生学习的专业术语已经成为新手医生遵循的范本基础。人们熟悉的白大褂是他们的服饰——一个帮助他们提升自信和专业化,同时也作为被病人和其他医院工作人员所认可的标志。比庚认为,医学院的学生努力使自己呈现出他们认为医生角色所要求的竞争力的样子。

有时,病人会因为未遵照医师的嘱咐,而在健康保障中扮演一种积极的角色。举例来说,病人提早停止服药、故意服用错误的剂量,甚至未依处方买药。部分可能是因为社会自我治疗盛行,许多人习惯于自我诊断与治疗。另一方面,病人积极介入健康保障,有时可以产生非常正面的效果。某些病人看到了关于自我治疗技巧的书籍,他们会尝试维持健康和营养的饮食,注意药物的副作用,并在了解副作用的情况下,判断药物的剂量。最终,医师也许会应病人的要求而改变他们的治疗方法。

标签理论的研究

标签理论有助于我们了解为什么有些人会被视为不正常、"坏小孩"或者罪犯,而其他有类似行为的人却能幸免。标签理论家同时指出健康与疾病的名称一般涉及其他人所下的社会定义。与警官、法官和其他社会控制机构的管理者,有权界定某种人为罪犯一样,医疗保障人员(特别是医师)有权界定某人生病。此外,就像不顺从或有罪的标签一样,与疾病有关的标签,通常是受到他人如何治疗我们与我们如何看待自己的影响而形成的。我们的社会把"生理和精神的缺陷"的标签与"严重后果"联系起来。(Becker 1963;C. Clark 1983;H. Schwartz 1987)

历史上的例子说明有些疾病是用来界定社会行为的最终极端。19世纪,美国黑人奴役制度不断受到攻击,医疗权威对此压迫行为提出了新的合理化解释。知名医师所发表的文章指出,非洲黑人的肤色不同于"健康"白人的肤色,是因为非洲黑人罹患了一种先天性的麻风病。此外,非洲黑人持续逃离白种主人的行为,更被列为一种被称为逃脱狂的"疾病"(或"逃脱狂热症")。著名的《新奥尔良医学》与《外科期刊》建议,治疗此种病症的唯一方法,就是将黑奴看成小孩对待。很明显,这些医学权威不愿意接受脱逃与加入奴隶反抗是一种健康且合理的行为。(Szasz 1971)

20世纪80年代末期,"艾滋病人"成了强有力的标签。这种标签通常作为一个主要身份而掩盖了一个人生命的其他方面。一旦有人得知他的人类免疫缺陷病毒检验呈现阳性反应,而这种病毒与艾滋病有关时,这个人便要被迫面对紧张且

表 10-3 有关健康与疾病的社会学视角

	功能论者	冲突论者	互动论者	标签理论
重点强调	"病人"数量的控制	社会医疗化，医疗保障的严重不平等	医生与病人的关系 医护人员之间的互动	疾病与健康的定义
控制因素	作为把关人的医师	医学界 社会不平等	医学界	医学界
代表人物	塔尔科特·帕森斯	鲍尔·斯特 托马斯·斯则尔兹 艾尔文·左拉	多格·梅纳德	托马斯·斯则尔兹

困难的问题：我是否应该告知我的家人、性伴侣、朋友、同事、老板？这些人会如何反应？人们对于此种疾病的强烈恐惧，已经导致对于罹患（或怀疑罹患）艾滋病的人的偏见与歧视甚至社会排斥的产生。因此，感染艾滋病的病人不仅要面对这种严重疾病的后果，还要为艾滋病标签所带来的社会后果而苦恼。

就标签理论派的看法而言，许多生活体验也可以被视为一种疾病。近来，经期综合症、创伤后失调、好动等，都在医学上被标签为一种失调。此外，医学界对于是否将慢性疲乏综合症视为一种疾病也争论已久。

也许，目前最显著的标签医学实例就是同性恋。多年来，精神医师将男同性恋或女同性恋当成一种精神失调来治疗，而不认为这是一种生活方式。这个由精神医师所做出的正式核实，是美国日渐成长的同性恋权利运动早期的反对目标。1974年，美国精神医师协会投票同意，将同性恋从心理疾病标准手册中移除。（Conrad 2007）

表10-3，总结上述四种关于健康与疾病的研究。它们具有一些共同的主题。首先，健康与疾病不仅是生理上的状态，因为它还受限于他人的解释。文化、家庭、朋友及专业医疗人员的影响，都使健康和疾病不再是单纯的生理事件，而是社会事件。其次，既然社会成员（特别是工业化社会）共同享有相同的健康保障体系，健康自然成为群体及社会性的事务。虽然健康可以定义为个人整体性的健康，但我们在下一节会看到，（健康）也是个人在其社会环境下所产生的结果。（Cockerham 2007）

10.5 社会流行病学

社会流行病学（social epidemiology）是研究一群人的疾病分布、危害和一般健康医疗状况的学科。最开始的社会流行病学者关注流行病的科学研究以及疾病的产生和传染方式。而现代社会流行病学关注的范围更广泛。不仅重视流行病,还注意非流行病、意外伤害、吸毒、酗酒、自杀、精神疾病等。社会流行病学依据科学家和研究人员广泛而多样的工作。其中包括医生、社会学家、公共医疗人员、生物学家、兽医、人口统计学家、人类学家、心理学家和气象学家。最近,社会流行病学者在联邦政府疾病控制中心承担了追踪生物恐怖主义的新角色。2001年,他们动员追踪调查炭疽病的产生、蔓延,以及被恐怖主义利用的天花和其他能引发流行病的致命微生物。

社会流行病学者通常使用两个概念:发病率和流行率。**发病率**(incidence)表示在特定时间,一般是一年,既定人群内发生特殊疾病的新增案例的数量。例如,2005年美国艾滋病的发病率是40,608例。相比之下,**流行率**(prevalence)是指在特定时期内发生特殊疾病的案例总数。2006年美国艾滋病的流行率大约100万例。(Centers for Disease Control & Prevention 2007)

当发病率数目以比率呈现或每10万人内疾病报告的数量呈现时,就被称为**疾病率**(morbidity rate)(而**死亡率**[mortality rate]一词是指在特定人群里死亡的发生率)。社会学家发现,疾病率非常有用,是因为它们能显示一种疾病在某一群体中比另一群体中的发生率更高。如我们所见,社会阶级、种族、民族、性别和年龄都能影响人群的疾病率。

社会阶级

很明显,社会阶级与疾病率和死亡率的差异有关。美国和一些国家的研究一致认为,处于低阶级的人比其他人死亡率更高、残疾可能更大。

为什么阶级与健康相关?拥挤的生活条件、恶劣的居所环境、低质量的饮食和压力都会影响美国许多低收入群体的健康状况。在某些事例中,低质量的教育也可能导致人们缺乏采取必要措施保持健康身体的意识。与富人相比,财政压力确实是引发不太富裕的人的健康问题的一个重要因素。

分层与健康相关的另一个因素是,穷人——他们很多是少数种族与族群——与其他民族相比,有较低能力支付高质量的医疗保健。如图10-3所示,富人比穷人更有可能享受医疗保险,这可能因为富人有能力支付保险或者他们的工作提供保险。随着时间的推移,这种情况逐渐在恶化,因为2000—2007年雇主提供保险的覆盖面(最普通的健康保险方式)一直在下降。(DeNavas-Walt et al. 2008:20; E. Gould 2006)

缺乏医疗保险的最终结果就是死亡。没有保险但患有乳腺癌的妇女比有保险的妇女疾病诊断出的时间晚,治疗效果相对就低了。没有保险但患有高血压的男性

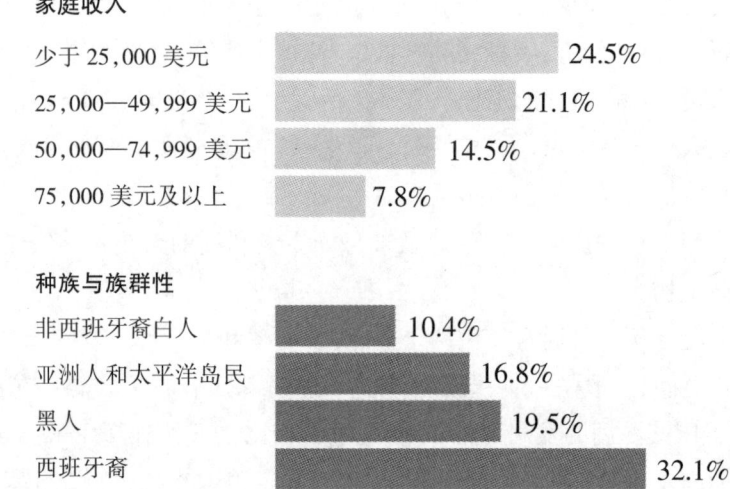

图10–3
没有健康保险的人口百分比，2007年

资料来源：De-Navas-Walt et al. 2008:22.

想一想
你知道没有医疗保险的人吗？如果有，那么缺乏保险是如何影响他们做出健康医疗的决定的？

比其他男性更有可能放弃筛查和药物治疗，这个决定会危害他们的健康。在2006年没有购买保险的人中，可避免的死亡人数估计最高为22,000人。（Dorn 2008）

健康与社会阶级相关的另一消极面是健康与经济流动性相联系。特别是，不好的健康状况明显会阻碍向上流动。从而形成一个恶性循环，低收入人群和没有保险的人群健康状况最差，这反过来会限制他们摆脱贫困的能力，甚至限制他们购买健康保险的能力。（Kronstadt 2008）

最后，从马克思和现代冲突理论学者的角度来看，资本主义社会（比如美国）关心其得到的最大利益超过关心产业员工的健康和安全。结果，政府机构并未采取强有力的措施整顿工作场所的现状，使工人蒙受了一些本可预防的与工作相关的意外与疾病。还有研究表明，面对环境污染，较低分层的人比富人更脆弱，不久我们会看到这一现象。

种族与族群

许多种族与少数族群的健康档案，反映了美国明显的社会不平等现象。研究显示，面对环境污染，较低分层群体与少数种族和族群成员比富裕公民更脆弱。阶级是一个因素，但种族差异是更残酷的因素：尽管向上流动的白人通常可以远离污染中心，但一些富裕的黑人在住宅流动上也受到限制。经济条件和环境条件恶劣的族群，比如非裔美国人、拉丁美洲裔美国人、美洲原住民，显示出高疾病率和高死亡率。虽然有些疾病确实属于遗传性疾病，譬如黑人的镰状细胞贫血症，但在大多数情况下，环境因素是造成疾病率和死亡率差异的主因。

在许多方面，非裔美国人的死亡率令人担忧。与白人相比，黑人因心脏病、肺

使用你的社会学的想象力
医疗保健的费用会影响你接受医疗服务的方式吗？

炎、糖尿病及癌症死亡的几率高于白人。非裔美国人中，因中风死亡的几率则比其他人高出 2 倍。这些社会流行病学的发现反映了一个事实，美国低阶层人口中，黑人为数较多。美国健康统计中心的资料显示，白人预期寿命达 77.7 岁。相应地，黑人的预期寿命只有 72.3 岁。（Arias 2004）

先前提到过，婴儿死亡率被视为健康保障的基本指标。美国的非裔美国人同白人的婴儿死亡率存在极大的差别。一般来说，黑人的婴儿死亡率高出白人 2 倍。的确，非裔美国人的婴儿数占全国出生婴儿的 15%，但死亡率却是 29%。波多黎各人和美洲原住民的婴儿死亡率比非裔美国人低，但却高于白人。（MacDorman et al. 2005）

医疗机构也无法避免种族主义。不幸的是，媒体往往关注种族主义的明显形式，比如厌恶犯罪，而忽略如医疗机构那样的社会机构中阴险狡诈的形式。少数群体即使有保险也只是接受劣等的医疗保健。尽管可以享受医疗保健，但由于种族偏见和各种保健计划中标准的差异，黑人、拉丁美洲人和美洲印第安人仍受到不公平待遇。而且，国际临床研究表明，即使允许收入和保险覆盖面有差异，对比其他群体，很多情况下少数种族和族群更少能同时接受高水平的保健服务和拯救生命的治疗，例如艾滋病毒感染。（Dressler et al. 2005；A. Green et al. 2007）

从冲突理论的角度来看，社会学家霍华德·维茨金（Howard Waitzkin 1986）认为，种族矛盾导致黑人的医疗问题。依照他的观点，因种族偏见与歧视而导致的压力，能够解释非裔美国人（及拉丁美洲裔美国人）与白人相比罹患高血压几率较高的原因。黑人罹患高血压的几率是白人的 2 倍，这也是黑人因心脏病、肾脏病及中风死亡几率甚高的原因。（Morehouse Medical Treatment Effectiveness Center 1999）

一些墨西哥裔美国人与许多其他拉丁美洲人一样依附于他们的文化信仰，这些信仰使他们很少利用建立好的医疗系统。大部分拉丁美洲裔美国人会向民间医生或者"土医生"求医，数量虽不多但也有 20% 依靠家庭治疗。他们也许会根据传统拉丁美洲民间习俗解释他们的疾病，或者叫做**土方**(curanderismo)，这是一种整体的医疗保健和康复方法。民间土方影响一个人接受保健的方式，甚至界定疾病的方式。有些疾病是根据民间信仰定义的，比如 susto（恐惧病）和 atague（战斗攻击）。因为这些疾病通常有生物基础，细心的医生必须仔细处理，准确诊断并治疗。（Council on Scientific Affairs 1999；Durden & Hummer 2006；Trotter & Chavira 1997）

性　别

一个大型研究报告指出，与男性相比较，虽然女性的预期寿命较长，但女性患多种疾病的几率较高。男女两性有许多不同，譬如，男性较容易感染寄生虫病，女性则较易罹患糖尿病。但就总体而言，男性显然比女性健康。女性较不健康但寿命较长，这两者之间出现了需要解释的矛盾，因而研究人员提出了一个理论：因为女性吸烟的几率较低（降低了罹患心脏病、肺癌及肺气肿的风险），酗酒的几率较低（降低了车祸及肝硬化的风险），及受雇于危险行业的几率较低，这都是女性较男性长寿的原因。此外，有些临床研究指出，女性与男性在疾病率上的真正差异，也许比资料所显示的复杂：研究人员认为女性更多寻求医师诊治，因此在流行病学家调查中诊断罹患疾病的数字更多地反映在女性疾病的资料上。

从冲突理论的角度来看，女性特别容易受到医疗化社会的影响，从生产到美容的一切都成为医疗内容的一部分，这种医疗化的结果可能导致女性的疾病率高于男性。具有讽刺意味的是当女性受到医疗化社会影响时，医学研究人员却常将女性排除在临床研究之外。女性医师及研究人员控诉这些都是性别歧视在作祟，并坚持迫切需要研究女性的相关议题（Rieker & Bird 2000）。

老　年

健康是老年人最优先考虑的事。据报道，美国大部分的老年人至少罹患一种慢性疾病，但只有少数情况是有生命威胁或者需要就医的。同时，健康问题也大大影响了老年人的生活品质。美国几乎有一半的老年人罹患关节炎，许多人则有视觉或听觉受损的情况，这些问题都妨碍了日常生活。

老年人也特别容易罹患某些特定的智力疾病。阿兹海默症是美国痴呆症的主要病因，困扰着约 400 万的老年人，有些阿兹海默症的患者只有轻微的症状。这种疾病的严重性在于疾病的发生与年龄有关：年龄 65 岁或以上的老年人中，罹患阿兹海默症的只有 10%，但 85 岁及以上罹患阿兹海默症的人数却高达 48%。（Alzheimer's Association 2008）

并不奇怪的是，美国老年人（75 岁以上）比年轻人（15—24 岁）寻求健康医疗服务的可能性高出 5 倍。美国老年人不成比例地使用健康照顾体系的事实，是讨论健康照顾成本及改革健康照顾体系时，必须考虑的重要因素。（Bureau of the Census 2007a：Table 157）

总之，为了更多的人能够就医和减少健康医疗不平等现象，联邦卫生官员必须克服不仅深植在年龄中，而且深植在社会分层、种族与少数族群、性别中的不平等。如果这么做还不够，他们还必须解决健康保障资源在地域分配上的悬殊比例。可供利用的医师、医院及疗养院，在州与州之间、都市与乡村之间也存在巨大的差距。

在美国及全球范围内，各个地方存在的健康资源的差异，只是环境影响我们生活的其中一种方式。无论在市区、郊区，还是乡村地区，我们的生活质量都与环境密切相关。在这篇文章的最后部分，我们会看到新兴的居群水平和消费方式是如何给我们的自然环境和全社区的健康带来消极影响的。

10.6 环境：世界环境与我们的居所

城市扩张已经侵占了美国城市周边的田地与森林，以住宅开发和购物商场取而代之。这一新的结构扰乱了野生动植物，威胁了水资源，还有市民们每天驾车上班导致高速公路堵塞，并引起空气污染和全球变暖。

近年来，公众注意力已经逐渐转向了不断加剧的全球变暖。在过去的半个世纪里，已有记录的行星变暖是由人类活动通过改变大气的化学成分以及二氧化碳、甲烷、一氧化氮等温室气体的积聚导致的。虽然环境问题可能很容易被科学地识别，然而，设计社会和政治可接受的方案却是很困难的。在接下来的章节中，我们将就此审视一些可识别的环境问题并观察社会学家将就此说些什么。（Easterbrook 2006；Gore 2006）

环境问题概况

很不幸，无节制的发展引起的环境问题已经严重影响了很多地方。目击者穆罕默德·阿里（Muhammad Ali），一个孟加拉国人，在过去十年中不得不五次躲避洪水。科学家们相信，全球变暖是罪魁祸首，它不仅使季风恶化，还导致贾木纳河水域泛滥（喜马拉雅山脉异常的冰川融化而引起的涨水）。每一次洪水来的时候，阿里就会拆掉他用锡铁和竹子做的房子，移到更高一点的地方。但是，他可以去的地方正在慢慢减少。"我们正站着的地方，在五天内就会不见，"他说，"我们的想法是如果不对这个问题引起重视的话，我们将会被冲走。"（Goering 2007）

人们正越来越意识到必须重视这些对环境所造成的挑战。但是在美国，被调查者并不将环境问题视为最紧迫的问题，并且他们经常回避提议方案。2006年，三分之二的美国人对环境持悲观态度。2008年，只有49%的人说应该率先保护环境，42%的人说即使环境被破坏，但是政府应该追求经济增长。另一方面，63%的人同意全球变暖的影响已经有所表现，或是会在五年之内发生。（Gallup 2008d；Jacobe 2008）

我们会在之后的章节中讨论全球变暖带来的巨大挑战。首先，我们将讨论被认为引起全球变暖的空气污染和水污染，并以讨论全球化的影响来结束这一部分。

空气污染 地球上大约有10亿人暴露于可能对人体有害的空气污染中。很不幸的是,世界各城市的居民把烟雾与污染的空气都视为"正常"现象。市郊地区的空气污染主要是因为汽车排放的废气,还有就是由电器发电场和重工业所引起的污染。市郊的烟雾不但妨碍视线,还有可能导致严重的健康问题。轻者导致眼睛不舒服,重者如肺症,这些问题在发展中国家特别严重。世界健康组织估计,假如污染能被减低到安全程度,有可能因此而避免每年高达70万的夭折人数。(Carty 1999;World Resources Institute 1998)

人们有能力改变自己的行为,但是他们也不愿意这样的行为改变是永久的。例如,1984年,洛杉矶举办奥运会时,当地居民被要求汽车共乘和错时上下班以改善空气质量与环境。这些改变导致臭氧度降低到令人惊异的12%,然而,当奥林匹克运动员离开后,人们又回复原本的行为方式,而臭氧指数也跟着回升了。类似地,2008年奥运会,中国政府采取了一系列措施以确保北京的最高空气污染指数不会影响比赛。城市的建筑工程被迫停止,有污染的工厂和耗能的工厂被关闭,路面每天被打扫和清洗几次。但是,这些暂时性的措施并没有解决中国现行的环境问题。(The Economist 2008)

水污染 全美国的小溪、河流和湖泊都被工业与地方政府丢弃的废弃物所污染,结果,许多水源都变得不适合饮用、垂钓或游泳。在全球各地,海洋的污染也越来越受关注。污染源自不断被丢弃的废物,而航行船只泄漏的燃油和偶尔发生的原油泄漏事件使得污染更加严重。在1989年发生的一起戏剧性的事件中,埃克森·瓦尔德斯(Exxon Valdez)油轮在阿拉斯加的威廉王子海湾航行,油轮里1,100万加仑的原油外漏到海湾并被冲上岸边,污染了长达1,285英里的海岸线,导致耗资20亿美元,大约11,000人参与到清理工作中。从全球来看,油料泄漏时有发生。2002年,威望号油轮(Prestige)溢出的油是瓦尔德斯油轮溢出的2倍,严重破坏了西班牙和法国沿海地区的环境。(ITOPF 2006)

虽然没有大规模事故或灾难那样有戏剧性,但在世界许多地方更为普遍的问题是基本的水资源供应情况。全球范围内,超过11亿的人缺乏安全的、足够的饮用水。还有26亿人没有合格的卫生设施,这严重威胁着供应水的质量,而因为不健康的水而花费的医疗代价则是巨大的。(United Nations Development Programme 2006)

像许多其他有价值的资源一样,在世界的许多地方,水是人们相互争夺的一种商品。在美国,水资源的竞争十分激烈,尤其是在急速发展的拉斯维加斯和西南部地区。在中东,种族和宗教冲突引起的巨大政治挑战,经常因为水资源的争夺而变得复杂。在这些地方,相互竞争的民族会因为彼此对现有水资源供应的不公平

使用而控告对方，而水箱就像一个军事力量和恐怖势力瞄准的靶子。（Carmichael 2007）

全球变暖 主要基于复杂的计算机模型，科学家已对全球变暖进行了数百次的预测。**全球变暖**（global warming）一词是指当二氧化碳等工业化气体把地球大气层变成一个实质上的温室时，使得地球的表面温度显著增加。即使是在全球的平均温度下额外上升一度就有引起森林火灾，河流、湖泊的收缩，沙漠的扩张以及大雨和暴雨，包括台风和飓风的可能性。科学家们现在在世界各地跟踪和记录二氧化碳排放量。（Lynas 2008）

虽然对于全球变暖的科学关注已经升温，但是在决策者的清单上对于气候改变的关注仍然较少。问题看似抽象，在许多国家，官员们认为他们可能采取的措施产生的真正影响由其他国家所采取的确切行动所决定。《京都议定书》旨在减少可导致全球变暖和气候变化的全球热导气体的排放量。到目前为止，169个国家签署了协议，但是美国，这个二氧化碳排放量占全球排放总量24%的国家却已拒绝批准该文件。美国这个生产世界上24%的二氧化碳的国家，没有批准该公约。该公约的反对者狡辩说，这样做会使国家在全球市场上处于不利地位。另外35个发达国家已经同意减少5%的温室气体排放——这是他们必须在2012年达到的目标。但事实上美国温室气体的排放量却在增加。（Landler 2005；United Nations Development Programme 2007:59）

在写到关于全球环境的时候,活动家经常宣称"我们是一致的"。虽然我们是一致的,但事实上,就全球而言,最受害的国家也就是那些最贫穷的国家。发展中国家比其他国家更可能将经济发展建立在有限资源或少量的农作物上,而他们因为旱灾、洪灾和在全球范围内的需求波动而变得脆弱。(Revkin 2007)

我们可以从世界体系分析的观点中观察全球变暖。从历史上看,核心国家已经成为温室气体的主要排放地。当今,制造业已经转移到周边国家,导致这些国家的温室气体排放量正逐步增加。具有讽刺意义的是,现在许多号召减少人类活动以缓解全球变暖的力量都来自对这个问题贡献不成比例的核心国家。我们想要我们的汉堡包,但是我们谴责毁坏热带雨林去创造牧场的行为。我们想要廉价的衣服和玩具,但是我们谴责发展中国家将煤炭这种估计到 2030 年将增长 46%的燃料作为能源。全球变暖的挑战与全球发展的不平等紧密地联系在一起。(M. Jenkins 2008;J. Robert et al. 2003)

什么是造成全球环境危机的原因呢?一些观察家,比如保罗·埃利希(Paul Ehrlich)和安妮·埃利希(Anne Ehrlich)就将世界人口增长的压力视为环境变化的主要因素。他们主张控制人口是阻止普遍的饥饿和环境恶化的本质所在。(表 10-4 显示在过去两个世纪巨大的人口增长。)生物学家巴里·康芒纳(Barry Commoner)还击说,环境问题的产生主要是因为越来越多地使用一些破坏环境的技术创新,这其中包括塑料、清洁剂、合成纤维、杀虫剂、除草剂和化肥。冲突理论家通过世界体系分析的视角看到了人类对环境的掠夺。(Commoner 1971,1990,2007;Ehrlich 1968;Ehrlich & Ehrlich 1990;Ehrlich & Ellison 2002)

全球化的影响 对于环境而言,全球化是一把双刃剑。不利的一面在于它会

> **使用你的社会学的想象力**
>
> 当你思考我们社会面临的所有问题时,会常常想起全球变暖吗?你的朋友会常常对此问题做细致的思考吗?

表 10-4 世界人口每增长 10 亿大概所需时间

人口水平	达到新的人口水平所花时间	达到的年份
10 亿	1800 年以前的人类历史	1804
20 亿	123 年	1927
30 亿	32 年	1959
40 亿	15 年	1974
50 亿	13 年	1987
60 亿	12 年	1999
70 亿	13 年	2012
80 亿	14 年	2026
90 亿	17 年	2043

资料来源:Bureau of the Census 2008b.

导致恶性竞争,因为排污大户总会把企业转移到对环境要求较低的国家。同样,全球化允许跨国公司获得发展中国家的资源以获得短期利润。从墨西哥到中国,工业化通常伴随着全球化,带来更多的各种类型的污染。

同时,全球化也有积极的一面:当国家间的商品、服务和人员流通之间的障碍消失,跨国公司便会主动去仔细考虑自然资源的花费。特别是当他们面临损耗危机的时候,过度使用或浪费资源变得没有意义。(Kwong 2005)。

全球化和环境相互影响的一个反映就是出现了所谓的环境难民(environmental refugees)。特别是在欧洲已经可以看到这种来自发展中国家移民的流入。据欧盟报道,全球变暖可以被视为"恐怖的乘数",它加剧了旱灾和可耕地的短缺,以及随之而来的贫穷问题、健康状况欠佳问题和恶劣的生活条件。从世界体系分析的角度看,周边国家可能因为环境问题变得负担过重。突降到工业国家的移民和冲突会造成大量人口流离失所。据报道:"欧洲会面临环境难民带来的不断上升的的迁移压力。"(Traynor 2008)

人文生态学

之前,我们认识到人文生态学是研究人类和环境之间的互动关系的一门学科。巴里·康芒纳(Barry Commoner 1971:39)曾经说过:"事事环环相扣。"人文生态学家专注于研究实体环境对于塑造人们生活的影响,以及人们是如何影响他们周围的环境的。

应用人文生态学家的观点,社会学家赖利·邓拉普(Riley Dunlap)认为,自然环境为人类提供三种功能,就像它对其他许多动物一样(Dunlap 1993;Dunlap & Catton 1983):

1. 环境为生命提供了必需的资源。这些资源包括空气、水和用来制造住所、交通以及其他必需品的材料。如果人类社会用尽了这些资源——例如通过污染水源或者砍伐雨林,凄惨的结果可以想象得到。

2. 环境权充废物储藏室。人类相比其他生物产生的废弃物数量和种类更多,只以几种来说,瓶子、盒子、纸张、废水、垃圾等。因为人类制造出的废弃物已经超过了环境所能吸收的范围,污染变得越来越多,并且更加普遍。

3. 环境供我们居住其间。这是我们的家,我们生活的空间,一个我们居住、工作和娱乐的地方。有时候,我们将它认为是理所当然的,但是一旦每天的生活变得糟糕时,情况就不一样了。如果我们的空气是"沉重"的,如果我们的自来水变黄了,如果有毒的化学物质渗透到我们的住家附近,我们就会认识到为什么住在一个健康的环境中是这么重要了。

这里不乏人类和他们所居住的环境之间相互关联的例证。例如，科学研究已经把自然环境中的污染物质与人类的健康和行为联系起来。哮喘病的流行导致了中毒，并且癌症的快速发展已经被视为由环境引起的人类变异。类似地，黑素瘤（皮肤癌）确诊的增加也被认为与全球变暖有关。还有早期的肥胖和糖尿病也被认为与我们的食品和日常饮食的改变有关。

鉴于"事物之间相互联系"的观点，人文生态学强调每一项决定的内在取舍都会改变环境。面对21世纪的环境挑战，当我们要保护的环境既作为资源索取的源头、废物储藏地，又作为我们的家园时，政府决策者和环境学家必须决定他们将如何满足人类对于食品、衣物和住所的迫切需求。

环境议题的冲突论观点

在第5章中，我们通过全球系统分析说明发展中国家的人力和自然资源是如何被重新分配到核心工业化国家的，这个过程加剧了对世界贫穷地区自然资源的破坏。从冲突论的角度来看，较不富裕的国家被迫发掘他们的矿产、森林和渔产，以便支付他们的债务。贫穷让他们转向唯一的求生办法：挖掘山坡地、在热带森林里烧地并且过度放牧。（Livernash & Rodenburg 1998）

巴西是经济困难和环境破坏互相影响的范例。每年超过570万英亩的森林因为发展农作物和家畜而被砍掉。热带雨林的减少对世界范围内的气候产生了显著影响，并加剧了全球变暖。这些导致不良环境后果的社会经济模式，显然不仅存在于拉丁美洲，在非洲和亚洲的许多地区也存在。

虽然砍伐热带雨林的问题早已被关注，但只是在最近几年，政策制定者才开始倾听居住在这些地区的土著人的呼声。2008年，巴西、刚果和印尼的土著民族齐聚，呼吁建立法案，要求富裕国家为他们保护热带雨林的付出给予补偿。保护热带雨林或许对全球来说是有意义的，但对于许多当地人而言，这也限制了他们耕种农作物或发展畜牧业。（Barrionuevo 2008）

冲突理论家充分意识到第三世界国家的土地使用政策背后的环境含义，但他们认为把焦点放在发展中国家暗指了一种种族主义。他们会问，是谁最应该对环境恶化负责任：是世界上饱受贫困困扰且遭遇"饥荒"的人们，还是那些"不断索取能源"的工业化国家？这些理论家指出，北美和欧洲等工业化国家的人口仅占世界的12%，却消耗着世界60%的能源。这些居民每年花在海洋巡航上的钱可以为地球上的每一个人提供干净的饮用水。而在欧洲，仅仅是购买冰淇淋的开销，就足以为世界上每一个小孩接种疫苗。因此,冲突理论家指责说,对于环境的严重威胁正是来自全球的消费分层。(Gardner et al. 2004)

艾伦·许奈伯格(Allan Schnaiberg 1994)进一步修正了这个分析,他批评将富裕的消费者视为环境问题始作俑者的说法。在他看来,资本主义制度因为有着不断扩大利益的内在需要,它像是一个"生产跑步机"。这个跑步机创造出对产品的不断需求,它以最低的代价获得自然资源,并尽可能用最快的速度和最便宜的方式制造产品——不论这样的方法会对环境产生什么后果。

环境正义

1982年秋,近500名非裔美国人参如了一场长达6周的抗议活动,反对在北卡罗莱纳州处理(或填埋,视实际情况而定)有害废物。他们的抗议和反对危险致癌化学物的合法行动并没有停止,直到2002年开始对受污染地区进行净化。这20年的战争可视为又一个"别在我后院放垃圾"(NIMBY)的事件。但是今天,沃伦县(Warren County)的奋斗被视为当代环境主义运动中一个具有变革性的时刻,标志着环境正义运动的开始。(Bullard 1993;McGurty 2000;North Carolina Department of Enviroment and Natural Resources 2008)

环境正义(environmental justice)作为一种合法战略,其基本主张是少数民族和下层社会正更大程度地遭受环境危害的影响。一些观察家已宣称环境正义为"21世纪的新民权"(Kokmen 2008:42)。自环境正义运动开始以来,活动家和学者已经发现,在种族和社会分层之间环境影响的其他不平等现象。一般而言,穷人和有色人种比其他人更有可能受到我们所建造之环境的日常排放物(如高速公路和垃圾焚化炉的空气污染)的侵害。

在环境保护局和其他组织记录了具有歧视性的有害废弃物掩埋场的选择之后,克林顿总统在1994年下达了一项行政命令,要求联邦各部门确保低收入户与少数族群社区能够获得他们所居住环境的更详尽资料,并且有机会参与可能影响到他们的社区健康品质的政府政策的拟定过程。当这项政策开始执行时,遭到了广泛的反抗,原因在于它对设立新工业区的进度有所拖延。有些观察家对这个会延迟经济发展、延缓将就业机会带入有迫切需要的地区的这项命令的"智能"十分怀疑。从另一方面来说,也有其他人认为,这些就业机会只会雇佣一些没有技术或缺乏技术的工人,并给当地人带来一个更不适宜居住的环境。(Stretesky 2006;D. Taylor 2000)

社会学要义

社会学之所以重要是因为它解释了人口模式和你所居住的社区之间的联系。

- 你居住在何种社区中?城市、郊区,还是农村?你的社区是在扩大还是人口在缩减?什么该对你的社区的增长或是缩减负责呢?
- 从一个城市社会学家的观点来审视离你最近的城市。它的经济是工业化的还是后工业化的?哪种理论更好地解释它的发展呢?是同心圆理论,还是多核心理论?这个城市有任何的全球经济纽带吗?

社会学之所以重要是因为它强调了你的种族、族群及社会阶级与你的生活质量之间的关系。

- 评估一下你所在社区的人们的健康:你认为它是处于平均水平之上,还是平均水平,抑或处于平均水平之下?你的社区中有多少人拥有低收入?或者有多少人是少数群体的成员?有多少人缺少健康保障或健康保险?
- 描述你的社区的环境。它呈现了一些健康危害吗?如果是的话,你所在社区的一些健康问题可以和那些危害联系起来吗?

章节摘要

全球人口的数量、组成和分布,对我们的**社区**、**健康**和环境有重要的影响。本章介绍了科学研究人口的**人口学**。我们跟进了社区从史前到现在的发展,同时运用功能论和冲突论的观点研究城市化。我们还研究了人们的健康、他们的地理分布和他们所属的社会群体之间的关系。我们还认知到人类健康和人类所居住环境之间的关系。

1. 马尔萨斯认为,世界人口增长的速度比可用食物的供给增长速度还快,而经年累月下来,这个差距会越来越大。但是,马克思视资本主义,而不是增长的世界人口为社会的病源。
2. 在美国和大部分其他国家,得到**人口统计**的主要机制为**人口普查**。
3. 人类进入农业社会时,稳定的**社区**首次得到发展,而且他们的剩余产品足够让其他人在**前工业化城市**里生活。几千年以后,机器化生产迎来了由工厂主导的巨大人口中心——**工业化城市**的时代。20世纪,全球化和电子信息流产生了**后工业化城市**,后工业化城市是以企业办公室而不是工厂为特征的。
4. **城市生态学**是一个城市化的功能论者的观点,这个观点关注城市居住者和他们周围的环境之间的相互关系。城市生态学家提出了两个城市发展的理论,**同心圆理论**和**多核心理论**。
5. **新城市社会学**是一个城市化的冲突论观点,这个观点关注本地、国家和全球经济力量的相互作用和在全世界范围内对城市的影响。这个思想流派应用了伊曼纽尔·沃勒斯坦的**世界体系分析**方法。

6. 功能论者、冲突论者和标签理论者均把医学看做一种社会定义和社会控制的制度。功能论者把医生看做**病人角色**的守门人;冲突论者把医生看做医疗化社会的倡议者。
7. **社会流行病学**是一门研究大众疾病分布、残疾及一般**健康**状况的学科。流行病学研究已经表明较低分层民众的**死亡率**和残疾比例比较高分层民众的高。相似地,少数族群的疾病率和死亡率比白人的高。
8. 根据**人文生态学**的观点,自然环境有三种基本功能:提供基本资源,作为废物储藏室,为我们"提供住所"。所以,空气污染和水污染,还有全球变暖,都威胁着我们的健康和福祉。
9. 冲突论者认为对环境最大的威胁来自西方的工业国家,因为这些西方工业国消费了不相称数量的世界资源。
10. 少数族群和较低分层民众可能经受比其他群体更多的环境风险,这种社会格局已经提示,社会需要**环境正义**。

Social Movements, Social Change, and Technology
社会运动、社会变迁与科技

11

11.1 社会运动
11.2 社会变迁的理论
11.3 抵制社会变迁
11.4 科技与未来

法国社会运动对堕胎的两种看法：上图为赞成选择权运动的成员走上街头。其中一个标语写着"我决定什么时候要孩子。"下图中一个支持生命运动的成员穿着的汗衫上写着"堕胎就是杀人。"

在纽约市第八大街上，一个显示屏正在播放即将放映的电视预告片。当你看这个大屏幕时，它也在观察你。一台微型摄像机拍下你的照片，一台计算机在判断你的性别，估算你的年龄，衡量你的注意力。这是科幻么？不，这种情况是真实的。近几个月，在欧洲和北美，数百万人已经被这灵敏的广告牌"抓住"了。商店中同样有相似的装置观察顾客的行为。

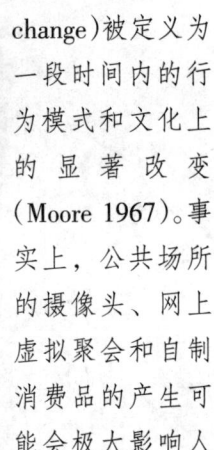

虚拟现实技术同样也进入千家万户。忘记"过了这座山，穿过这树丛，我们就能到祖母家去"的说法吧。如今，虚拟的家庭聚会开始取代传统的团聚。由于旅途中的疲劳和高消费等不利因素，人们开始利用网络视频和在线聚会网站达到团聚目的。难道这些新技术仅仅适合那些永不能相见且相隔万里的人们吗？或者说它能否取代短途旅程？也许你不想社会上其他人共享你的家庭聚会，一些专门网站已经解决了这个问题，安排家庭成员进行私人聚会。

如何用一个类似于喷墨打印机的装置打印出最新设计的鞋？这也许很快就变成现实。如今，大多数工厂正在用喷洒泡沫状塑料和金属薄层的3-D打印机来生产样本。如果这项新技术被广泛运用——或者广泛运用成为可能——生产者和消费者的界限将会开始消失。一旦产品被数字化以至人们在家就能生产，那么，像人们现在下载盗版音乐一样，可以非法下载最新设计品还需要多久呢？(Clifford 2008; Kershaw 2007; Mason 2008; Quividi 2008)

这是三个因新技术的应用推广而引起社会变迁的例子。**社会变迁**（social change）被定义为一段时间内的行为模式和文化上的显著改变（Moore 1967）。事实上，公共场所的摄像头、网上虚拟聚会和自制消费品的产生可能会极大影响人们的行为方式。本章中，我们将分析社会变迁的过程，特别强调科技进步的冲击。我们将从社会运动开始，因为它经常是社会变迁的矛头。然后，我们将考虑关于社会变迁的不同,社会学观点，我们会看到既得利益者如何阻挠对他们有威胁的社会变迁。最后，我们将从网络和对于审查和基因工程的反响的服务工作角度来看技术如何扮演推动社会变迁这一角色。

11.1 社会运动

社会运动是导致社会变迁最大的因素。虽然周围环境、人口、科技和社会不平等这些因素也可以成为造成社会变化的因素,然而最终还是由"集体"的个人努力的运动导致了变迁的产生。

社会学家用**社会运动**(Social movements)这个术语来指利用有组织的集体活动来造成或阻挡现有团体或社会的基本变迁(Benford 1992)。赫伯特·布卢默(Herbert Blumer 1955:19)在将社会运动定义为"集体努力建立生活的新规律"时,便意识到了社会运动的特殊重要性。

包括美国在内的许多国家,社会运动对历史和社会结构的演变有着重大的冲击。想想那些废除奴隶制度者、提倡选举参政权、公民权和反越战的运动者,每个社会运动的成员都在改变社会,他们挣脱传统社会的束缚,并在公共政策方面发挥显著的影响力。东欧是许多观察家认为对社会变化"免疫"的国家,然而,结果是同样的集体努力以和平的方式颠覆了共产政权。(Ramet 1991)

社会运动暗示着冲突的存在,但我们仍能从功能论的角度来分析他们的活动。即使社会运动不成功,它也有助于形成舆论。最初,玛格丽特·山额夫人(Margaret Sanger)和其他一些早期支持者主张生育控制时,人们觉得这个想法很偏激,但现在避孕药在全美各地都非常普遍。功能论者甚至视社会运动为政治领袖的训练地,如古巴的菲德尔·卡斯特罗和南非的纳尔逊·曼德拉等国家领袖,他们都是领导革命运动后得到权力的人。波兰的莱希·瓦文萨、俄罗斯的博雷斯·叶利钦和捷克的瓦茨拉夫·哈维尔因领导了反共产主义的运动,后来变成了各自国家政权的领导人。

社会运动为什么会发生?又是如何发生的?很明显,人们对一些现状并不满意。然而,是什么因素让他们在特定时间内组织起来,以集体的方式为改革努力的?在这一节,我们将用两种不同的观点解释人们为什么会行动:相对剥夺法和资源动员法。我们还将分析一些在社会运动中经常被忽视的性别角色,并研究社会运动特点的新变化。

相对剥夺

对自己的社会和经济状况感到挫折和失意的社会成员,并非一定是客观上的贫穷。社会学家早就认识到最重要的是人们如何看待他们的状况本身的情况。卡尔·马克思指出虽然劳工的苦难可以反映他们受压迫的情况,但也反映出他们和

使用你的社会学的想象力

哪些社会运动在你的学校里是最常见的?在你居住的社区中呢?

资本统治阶级相对的地位。(Marx & Engels 1955〔1847〕)

相对剥夺感(relative deprivation)一词被定义为对于合理期待与现实状况之间的负面差异的有意识感觉。(Wilson 1973)换句话说,事情并不是你所希望的那么好。这种状况可能是"不足",而不是完全缺少必需品。(正如我们在第5章中讨论的绝对贫困和相对贫困之间的区别)。一个相对贫困的人感到不满足是因为他或她和其他相应的群体相比之下觉得被践踏或受到抑制。因此,一个有着两座房子和一块草坪的蓝领工人——他虽然称不上是处在经济阶梯的最底层,然而和住在豪华高级别墅的企业经理和专业人士比起来,他可能感觉自己受到剥夺。

除了相对贫困的感觉外,还要加上两种因素,人们心中有不满才会导致社会运动的发生。第一,人们一定感觉到他们有获得他们的目标的权利,他们值得拥有比现在更好的事物。牛津大学的社会学家收集了来自31个国家的404份激进分子的资料。在这些人中,研究人员发现,即使许多受过高等教育的人,包括工程师和另外一些高水平的成功人士,这些相对富裕的人,由于腐败与误入歧途的政府,仍然对他们所得到的感到失望。第二,这些没有得到好处的人意识到通过谈判的方式不能达到他们的目标。不管哪一种情况,这些团体拥有只有通过集体行动才能结束相对剥夺的生活意识时,就会自动加入社会运动。(*The Atlantic* 2008; Gambetta & Hertog 2007)

评论家注意到人们发起运动并不一定需要有被剥夺的感觉。此外,这种剥夺不能解释为什么有一些被剥夺的感受会演变成社会运动,而在其他类似的情况中,却没有产生集体行动来改造社会。因此,最近几年,社会学家越来越将注意力放在造成社会运动背后的必要动力上面。(Alain 1985; Finkel & Rule 1987; Orum 1989)

资源动员的研究

发动社会运动光靠冲动是不够的,金钱、政治影响、使用媒体的渠道和工作人员对运动都会有所帮助。**资源动员**(resource mobilization)一词指的是一个社会运用这些资源的方式。一个改造运动的成功与否,主要视它的资源和资源能多有效地被运用而定。(亦可参阅 Gamson 1989; S. Jenkins 2004)

社会学家安东尼·奥博萧(Anthony Oberschall 1973:199)指出,为了维持社会抗议或抵抗的存在,运动必须要有"组织基础与一贯的领导"。当人们成为社会运动的一部分时,指导他们行动的规范也会随之产生。运动的成员也许就得定期参加不同组织的集会、支付会员费、招募新人、抵制"敌人"的产品,或推举演讲者。一个新兴的社会运动也许会带来特别的语言,或是新词语成为众所周知的术语:如黑人(Blacks)和非裔美国人(African Americans,通常代替 Negroes)、老年公民

(senior citizens，通常代替 old folks)、同性恋(gays，通常代替 homesexuals)，以及行动不便者(people with disabilities，通常代替 the handicapped)。

动员对社会不满的人进行社会运动，领导人物是核心因素。运动经常是由一个有魅力的人物来领导，如马丁·路德·金(Dr. Matin Luther King Jr.)。正如马克思·韦伯在1904年描绘的那样，魅力是将自己和其他平凡人区分开的一种特质。当然，魅力可能突然消失，这也是一些社会运动脆弱的原因。(Morris 2000)

但是，许多社会运动持续了很长一段时间，因为他们的领导阶层常常组织完善，并不断进行运作。具有讽刺意味的是，正如罗伯特·米歇尔斯(Robert Michels, 1905)所指出的，为了改变社会而进行的政治运动最终会运用组织的官僚形式，即领导者通常不征求追随者的意见便主导整个决策过程。然而，社会运动中的官僚主义并非一定出现。很多主张在社会中进行主要机构变化和接受大众行为的激进运动并不是专制的或者说官僚的。(Fitzgerald & Rodgers 2000)

为什么有些特定的人会加入社会运动？而在类似状况下的其他人却不会？有些人是被招揽加入的。马克思在呼吁工人要察觉他们被压迫的地位并发展出阶级意识的时候，就认识到了招募的重要性。和现代资源动员学说一致，马克思认为社会运动(确切地说，是无产阶级的造反)需要一些领袖来强化受压迫者的知觉。为了组织一场革命运动，领导者必须帮助工人克服**虚假意识**(false consciousness)，或是不能反映工人客观地位的心态。同样，在20世纪60年代末期和20世纪70年代初期的妇女解放运动中，领导者所面临的挑战之一便是如何说服妇女，让她们意识到自身的权利与重要的社会资源被剥夺了。

与相对剥夺方法不同，资源动员观点聚焦在面对社会运动时的决策困难。而且，任何根本变化的运动，几乎都会引起反对。有效的动员部分依靠运动如何处理好它所面临的反抗。

如今，通过全球信息和因特网，社会活动家花费很少努力和钱财，就能及时地在全世界找到一大批人。因特网上的招募服务和聊天室——一种新的社会网络——使社会运动组织者不需要面对面地接触就能招募到有意向的人，甚至不需要同一时间的互动。(Calhoun 1998)

性别与社会运动

社会学家指出，对社会运动发展来说，性别是一个很重要的因素。在我们这个由男性统治的社会里，妇女在社会运动中获得领导地位很难。然而，妇女在这些运动中不成比例地担任志愿者时，她们的工作往往不被认可，她们的声音也不如男人那样被容易听到。而且，性别偏见确实造成了妇女影响力的严重被忽视。传统的社会政治制度的检视通常集中在男性主导的权力核心，例如立法机构与企业董事会，而忽略了女性主导的一些场所，例如家庭、以社区为基础的团体，或以信仰为基础的联络网。然而，女性在影响家庭价值、养育小孩、维系家长和社会关系，以及精神价值的努力上，对一个文化与社会来说是同样重要的。（Ferree & Merrill 2000；Noonan 1995）

现在，研究社会运动的学者已经了解到，性别可以影响我们如何看待造成或抗拒改变的有组织的努力。例如，强调用理性和客观的逻辑来达到目标，通常模糊了一个成功的社会运动中热情和感情的重要性。呼吁对感情做严肃的研究通常只针对妇女运动，因为传统上感情一直被视为是阴柔的部分。然而，从劳工抗争到选举权，再到动物权，我们发现，感情确实是建立共识动力的一部分。（Ferree & Merrill 2000；Taylor 1999，2004）

新社会运动

从20世纪60年代晚期开始，欧洲社会科学家便观察到新型社会运动的组成和目标两方面都起了变化。早先的传统社会运动专注于经济议题，运动常常被从事相同职业的人或工会领导。但是最近几十年来，十分活跃的社会运动（包括当代妇女运动、和平运动和环境运动）并没有百年前欧洲和美国劳工抗议的社会阶级属性。（Tilly 1993，2004）

新社会运动（new social movements）指的是为了促进自主性和自决及改善生活品质的一种有组织的集体活动，这些运动可能牵涉发展群体认同，它们有超越单一议题的复杂目标，并常常跨越国界。受过教育的中产阶级在这类新社会运动中所占的比例极高，例如妇女运动和男女同性恋人权运动。位处社会边缘的人也涉足新社会运动，其中一个例子就是一些游民组成了接受废弃房屋并对抗想要驱逐它们的团体。

新社会运动者通常不会将政府视为他们努力改善社会的伙伴。虽然他们通常不是要颠覆政府，但他们可能会批评、抗议或骚扰官员们。研究者发现，新社会运动的成员极少表现出支持既定权威的倾向，甚至包括科学与科技权威。这在环境与反核运动中最常见，运动支持者推出他们自己的专家来和政府与商界抗衡。（Garner 1996；Polletta Jasper 2001；A. Scott 1990）

环境社会运动是引起全球瞩目的诸多新社会运动中的一个。在他们降低空气与水污染、阻止全球变暖和保护濒临绝种生物的努力中，环境运动者发现，单靠一个国家采取强制的法令是不够的。同样，如果一个跨国企业能将工厂迁移到另一个工资更低的国家，工会领袖和人权鼓吹者再怎么揭发发展中国家血汗工厂的实

使用你的社会学的想象力

试想一个没有任何社会运动的社会。在什么情况下会存在这样一个社会？你想生活在其中吗？

表 11-1 社会运动理论的贡献

方法	强调
相对剥夺法	当越来越高的期望感到沮丧时,社会运动就极有可能发生。
资源动员法	社会运动的成功依赖于哪种资源可以利用和如何有效地利用它们。
新社会运动理论	当人们被价值问题和社会身份问题激励时,社会运动就产生了。

况也无力改变现状,当社会运动传统的观念习惯将注意力集中在当地的资源动员时,新社会运动理论为社会和政治行动主义者提供了一个更开阔的全球视角。

表11-1总结了对社会运动理论有贡献的三种社会学方法。每种方法都深化了我们对社会运动发展的理解。但是在一个大范围内,什么引起社会变迁?在下一节中,我们将会看到社会学家如何运用主要理论观点来分析解释社会变迁的过程。

11.2 社会变迁的理论

千禧年提供了一个思考社会变迁的机会,一个我们认为关于行为模式和文化模式的有意义的改变。社会变迁发生得如此之慢以至对它的影响几乎无从考查。但是它却能在瞬间发生。如表 11-2 所示,在过去的一个半世纪中发生在美国社会中的变化,一些相当慢,相当轻微,另一些却如此快,如此迅猛。

今天,在我们所处的复杂多样的世界中,解释社会变迁显然是一个挑战。纵然如此,来自各个不同学派的理论家已经试图分析社会变迁。在一些实例中,他们检验了历史事件从而更好地解释当前的变化。我们回顾三种引起变迁的理论方法——进化论、功能论和冲突论——然后看一下全球的变化。

进化论

查尔斯·达尔文(Charles Darwin,1809—1882)在生物进化中的先驱工作对19世纪的社会变迁理论助益良多。达尔文的方法强调一个生命形式的持续性过程。比如,相对于爬行类,人类是进化的更后期,呈现一种更复杂的生命形式。社会理论家类推了这种生物模式而产生了**进化论**(evolutionary theory)。这种理论认为社会朝一个既定的方向前进。早期的进化论理论家都同意社会不可避免地向一个更高的形式发展。正如他们所预想的,这就是一种种族中心主义的体现,认为自己的行为和文化比那些古老文明更为进步。

表 11-2 美国：一个变化的国家

人口	1850	1940	1960	2010
总数（百万）	23.2	132.1	180.7	308.9
15 岁以下人口比重	41%	25%	31%	20%
教育	**1850**	**1940**	**1960**	**2005**
未完成高中学业的比重	88%	18%	13%	15%
19—24 岁中接受高等教育的比重	低于 1%	8%	40%	46%
劳动参与	**1850**	**1940**	**1960**	**2005**
二十几岁时劳动的男人	94%	88%	86%	86%
二十几岁时劳动的妇女	22%	39%	74%	72%
健康	**1850**	**1940**	**1960**	**2010**
每 10 万人中的医生	176	133	150	265
出生时预期寿命（年）	38	63	70	78.5
技术	**1850**	**1940**	**1960**	**2005**
著作数量	5,600	176,997	243,926	157,700
专利数量	12,127	42,238	47,170	121,600
家庭	**1850**	**1940**	**1960**	**2004**
中年首婚				
男	26	24	23	24
女	22	22	20	22
每个家庭出生的孩子数量	3.25	2.7	3.65	2.04

注：数据具有可比性，尽管定义有所不同。这些定义是关于美国从 1850—1940 年与 1940—1960 年的变化的。每个家庭的儿童出生的最早资料是 1905 年的。

资料来源：作者根据在美国联邦人口普查局的数据收集 2006a:8,13,66,75,110,140,143,376,507；Kreider 2005:8；Sutch 和 Carter:1–28/29,391,401–402,440,541,685,697,709,2–441/425, and 3–424/425,427/428。

想一想

这表中显示的哪一项社会变迁让你最吃惊？

在这接下来的 20 年中，你认为哪一项将会变化？

　　奥古斯特·孔德（Auguste Comte，1798—1857），是社会学的创立者，也是社会变迁的进化理论家。他把人类社会看做向前发展的，人们的观念从神学演进为科学方法。相似地，涂尔干（Émile Durkheim 1933 [1893]）认为，社会发展是从简单到复杂组织的演进过程。

　　如今，进化论大范围地影响着社会学家。比如，它鼓励社会生物学家调查人类和其他动物的行为联系，它也影响了人类生态学，如社区和社区环境的互动研究。（Maryanski 2004）

功能论者的理论

功能论者关心的是：是什么在维持一个制度，而不是什么改变了它。看起来，功能论者好像在研究社会变迁上并不能提供什么帮助，然而，正如社会学家塔尔科特·帕森斯的研究所显示的，功能论者在社会研究的这个范畴内有着卓越的贡献。

帕森斯（Parsons，1902—1979），功能论者中的翘楚，他认为社会处于一种自然的均衡状态。他的均衡是指社会达到一种稳定或是平衡的状态，帕森斯甚至将长期的劳工罢工或平民暴动视为现实中的暂时干扰，而不是社会结构的严重改变。因此，根据他的**均衡模型**（equilibrium model），社会中的一部分发生变化，其他部分必然会有所调整，假如调整没有发生的话，社会均衡将会受到威胁，而压力也将产生。

在考虑进化论方法时，帕森斯认为四种社会变迁过程是无可避免的，他所提出的第一种过程是区分，意指社会组织越来越复杂。在健康领域中，从"医疗人员"转变到医生、护士和药剂师就是一种区分的证明。伴随这个过程的是调试升级，借此社会组织变得更加专业化。医生的工作又细分成妇产科医生、内科医生、外科医生等，这都是调试升级的例子。

帕森斯所提出的第三种过程是接纳那些因为性别、种族和社会阶级背景因素而在先前为社会所排斥的团体。医学院通过增加女性及非裔美国人入学的方式来接纳他们。最后，帕森斯认为社会会经历价值普遍化，发展出包容更多元活动的新价值观。对于预防医疗和另类疗法的接纳便是价值普遍化的例子，我们的社会已经拓展了它的健康医疗观点。帕森斯提出的四种过程都强调共识——对社会组织和价值观本质的社会共识。（Johnson 1975；Wallace & Wolf 1980）

帕森斯的方法运用的是进化论持续发展的观念。然而，他的模式中的主题是平衡与稳定。社会也许会改变，但是通过新的组合形式仍然可以维持稳定。例如，法律、司法程序及新的价值观和信念系统取代了过去提供社会凝聚力的亲属关系。

功能学说者假设，除非社会组织能对社会整体有所贡献，否则社会组织将无法持续存在。这个观点导致功能学说者认为，改变组织将会威胁到社会的均衡状态。批评者则指出，功能学说的方法并未考虑到有权势者使用强制的方式维持稳定、结构良好的社会假象。（Gouldner 1960）

冲突理论

功能论者的视角贬低了变迁的意义，它强调社会生活的持续不变，把变迁看成维护社会平稳（或平衡）的一种手段。相对地，冲突理论观主张社会组织及其实践的存在是由于权力群体有能力维护现状。变革有极其重要的意义,因为需要它改变社会的不正义和不平等。

马克思接受了社会沿着特定的途经发展这一革命论。然而,不像孔德和斯宾塞,他不把每个成功的时代看做一个明显基础上的必然改善。根据马克思的说法,社会通过一系列的时代而前进,而每一个时代都在剥削某一个阶级的人民。古代社会剥削奴隶,等级制或封建社会剥削奴隶,现代资本家剥削工人阶级。最后,通过无产阶级领导的社会革命,人类社会将向前进入发展的最后阶段:一个无产阶级的共产主义社会,或者说"自由个体的共同体"。正如马克思于1876年在《资本论》(*Das Kapital*)中所描述的那样。(参阅 Bottomore & Rubel 1956:250)

正如我们所见,马克思对社会学的发展有重要影响,他的思想包涵了对经济、家庭、宗教和政府等社会制度的内在研究。马克思主义者把社会变化看做受人欢迎的,因为在不可避免的循环或者物质文化的变化中它并没有将人局限为一种被动的角色。而且,马克思主义理论给那些想获取对历史进程的控制和从不公平中获得自由的人们提供了一种工具。不同于功能论强调稳定,马克思说冲突是社会变迁中的一个正常且必需的方面。事实上,作为一种消除社会不平等的手段,变革必须受到鼓励。(Lauer 1982)

冲突论社会学家拉夫·达伦多夫(Ralf Dahrendorf 1959)已经注意到,功能论强调稳定,而冲突论聚焦变迁,二者的差异反映了社会的矛盾本质,人类社会是稳定且长期持续的,但是它也经历着严重的冲突。达伦多夫发现功能论与冲突论观点终究是共存的,尽管它们在许多方面存在分歧。的确,帕森斯也谈到了源自社会变迁的新功能,而马克思也意识到,变迁可以让社会更平稳运作的必要性。

表11-3总结了三种主要的社会变迁理论的不同。

全球社会变迁

我们正处于历史中一段很特殊的时期,社会在这段时间内发生了许多重大变迁。莫林·哈利南(Maureen Hallinan 1997)在给美国社会学协会会长信中,要求那些在场者考虑一些最近的政治事件:共产主义运动低潮、恐怖主义袭击(包括美国

表11-3 关于社会变迁的社会学视角

进化论	社会变迁使社会朝一个明确方向前进,从简单到复杂
功能论	社会变迁必须有助于社会稳定,为了适应社会变迁,适度调整是必须的
冲突论	社会变迁能改变社会的不正义和不平等

在内的世界许多地区、美国福利系统崩溃、非洲和东欧的革命和饥荒、艾滋病的传播和计算机革命。就在她指出后的几个月，出现了第一个复杂动物克隆品：多利羊，验证了另一项社会变迁。

在这个社会、政治和经济发生巨大变迁的时代，能预言变化吗？一些科技的变化是显而易见的，但是 20 世纪 90 年代早期的前苏联和东欧共产主义政权的解体却令人惊讶。然而，在苏联解体前，冲突理论家兰德尔·柯林斯（Randall Collins 1986,1995）注意到了许多观察者所忽视的一系列重要事件。早在 1980 年的研讨会，和 1986 年出版的一本书中，柯林斯就指出苏联的扩张政策引发了资源的过度消耗，包括不合理地使用武力。这样的过度扩张将会破坏政治稳定。而且，地缘政治学理论表明，如苏联这种处在地理区域中间的国家，往往会随着时间的流逝而分裂成更小的单位。柯林斯预测，那些同时发生在许多边境的冲突将会引起苏联的解体。

事实确实如此。1979 年伊朗革命的成功推动了邻近阿富汗的伊斯兰运动的高涨，苏联国内的大量穆斯林人口也存在一样的状况。同时，对共产主义统治的排斥也在加剧，东欧和苏联本身就有。柯林斯推测，苏联内部持不同共产主义政见观念的上升也许会加速政权的崩溃。20 世纪 50 年代晚期开始，米哈伊尔·戈尔巴乔夫选择不用武力和其他高压手段来粉碎东欧国家的不同政见者。戈尔巴乔夫提出了民主化和苏联社会改革的计划，似乎想把苏联变成一个由自治地区组成的松散的邦联。但是 1991 年，西部边界的六个共和国宣布独立，几个月内，苏联正式分裂成俄罗斯和数个独立国家。

哈利南（Hallinan 1997）在她的演讲中提出警告，我们需脱离社会变迁的限制模式——进化论的线性观和功能论关于平衡的假设。她和另外一些社会学家已转向研究由数学家提出的"混沌原理"，考虑将不规则事件看做变迁的一部分。哈利男提出，剧变和大规模的混乱变迁确实会发生，而且社会学家必须学会预测它们的发生，如柯林斯所做的关于苏联崩溃情况的预测那样。不难想象，由信息和生物科技创新必将带来戏剧性的非线性社会变迁，这个话题我们将在本章后面部分讨论。

11.3 抵制社会变迁

在努力推动社会变迁时很可能会遇到一些抵制。在科学技术快速发展的同时，许多人变得害怕这不断变化的社会所带来的压力。而且，某些个人和群体在维持现状时也存在利害关系。

社会经济学家索尔斯坦·凡勃伦（Thorstein Veblen, 1857—1929）创造**既得利**

益者(vested interests)一词来指那些在社会变迁中遭受损失的人和群体。举例说，美国医药协会（AMA）就采取强力手段反对全国性的健康保险和助产士的专业化。全国健康保险功能导致医生收入受到限制，而助产士地位的提升也可能威胁长久以来身为国家婴儿接生者的医生的地位。普遍说来，那些拥有大部分社会财富、地位和权力的人，例如美国医药协会的成员，都是社会在保持不变状态下的既得利益者。（Starr 1982；Veblen 1919）

经济与文化因素

经济因素在抵抗社会变迁上扮演了一个重要角色。例如，提升产品的安全性和工人的安全标准会让生产者花上一笔不小的费用。冲突理论家认为，在资本主义的经济制度里，许多公司并不想为符合严格的标准而多花钱，他们可能会利用裁减工厂，或向政府施压要求放宽规定来抵制社会变迁。

社会群体也保护他们的既得利益，常常是以"保护产权价值观"为名。经常会听到人们喊"不要在我家后院"来抗议掩埋场、监狱、核能设备，甚至心智障碍机构在社区中的落脚。这些社区并不一定反对这些设备，它只是坚持要将这类设施机构移往他处。"不要在我家后院"的态度非常普遍，政策制定者已经不可能找到愿意接受危险废弃物掩埋场的地点了。（Jasper 1997）

如同经济因素，文化因素也常常导致对变迁的抗拒。威廉·奥格朋（William F. Ogburn 1922）区分了文化中物质与非物质两个层面。**物质文化**（material culture）包括发明、文物与科技；**非物质文化**（nonmaterial culture）总括了想法、准则、沟通传播与社会组织。在音乐中，录制的音乐家的乐器演奏和CD是物质文化的内容；他们的演奏类型，例如说唱（rap），还有定音和韵律，都是非物质文化的内容。奥格朋指出，在一种新技术产生之前，我们无法设计出控制并利用新科技的方法，因此，非物质文化通常要顺应物质文化的变迁。奥格朋发明了**文化滞后**（culture lag）一词指出调整混乱的时期。在此期间，非物质文化仍然在适应新的物质环境。网络便是一个例子。网络迅速且不受控制的成长引发了有关是否要对它进行控制的问题，如果需要规范，又该规范到什么程度。

在一些情况下，物质文化的变化会为社会团体之间的关系带来压力。例如，最近几十年来新的避孕方法陆续被研发出来。就经济而言，大家庭已经不再盛行，也不再受社会规范所支持。但是，一些宗教信仰，其中包括天主教，仍然坚持宣扬大家庭制，并反对避孕和堕胎这些控制家庭大小的方法。这个现象代表了物质文化（科技）和非物质文化（宗教信仰）层面的失调。冲突可能在宗教和其他社会机制（例如政府和教育制度）之间产生，这些团体对生育控制和家庭计划的看法便有所不同。（Riley et al. 1994a，1994b）

抵制科技

物质文化的改变常常会遭遇抵抗,科技发明就是一个例子。工业革命主要发生在1760—1830年的英国,它是一个将非动物力量的能源运用到劳动工作上的科学革命。随着这个革命的进行,社会开始依赖推动农业和工业生产的新发明,例如蒸汽等新能源。在一些工业中,动力发动的机器降低了对工厂人数的要求,并使降低工资变得更加容易。

有些国家对工业革命有强烈的抵抗。在英国,蒙面的手工业者自1811年起发起极端的行动:他们在午夜袭击工厂并捣毁一些新机器。政府逮捕了这些被称为**路德提斯暴民**(Luddites)的反抗者,最后将其中一些人驱逐,并吊死部分反抗民众。在法国也发生了类似的抵制,一些气愤的工人将他们的木鞋丢进工厂的机器中,破坏机器运转,因此产生了破坏(sabots)一词。路德提斯暴民和法国

表11-4 沟通概况

杂食者:8%的美国成年人构成了大多数积极参与信息社会的群体,他们提供消费信息和高效率的服务,并且用论坛参与和进行自我解释。

有联系的群体:7%的成年人用科技来武装自己,有时把它作为数码产品与他人保持联系。他们积极使用移动设备参与网络生活。

缺乏活力的群体:8%的美国成年人成立了一个组织,这个组织并不对他们的现代ICTs是否充足表示充分热情。很少有人喜欢使用侵抗小工具来增加他们的生活乐趣,并且很少人看到ICTs可以增加他们的个人产值。

提高生产力者:9%的美国成年人,在家里或上班时用信息技术来做许多事情。

移动中心主义者:一般人口的10%,强烈依赖他们的手机并且充分利用其移动功能。

有联系的但富有激情的人:9%美国成年人属于这一群体,他们已经在科技上投入大量精力,但是联系对他们仍然是富有激情的。

无经历的实践者:成年人的8%比其他人有更少的可用的ICT,在应对科技时他们是有能力的。但假如他们有更多机会的话可能做得更多。

明智的但是满意的人:15%的成年人有关于信息技术的基本认知,但不经常使用它,也不把它作为生活的一个重要部分。

相同观点的人:11%的成年人对可用的科技有一个公正的合计,但它并不扮演他们日常生活的中心角色。

剩余部分:人口的15%,主要是美国老年人,远离现代信息网络。

注:Pew网站和美国生活计划在2006年实施的调查。
资料来源:Horrigan,2007.

想一想
你认为自己属于其中的哪一个类别?

工人的抵抗，虽然短暂且往往以失败收场，但它们却成为两个世纪以来抵制科技的象征。

我们现在是不是身处于第二次工业革命，有现代的路德提斯暴民抵制科技？许多社会学家相信，我们现在是生活在一个后工业化社会（postindustrial society）里。我们很难确切地指出这个时代是从什么时候开始的。一般说来，是在20世纪50年代间，当时工业化社会里首次有大多数的劳动者是在从事服务业，而不是在实际生产商品。（Bell 1999；Fiala 1992）

正如路德提斯暴民抗拒工业革命一样，许多国家的人也抵抗后工业科技带来的社会变化。新路德提斯暴民（neo-Luddites）指的是那些惧怕科技发明，对不断持续扩张的工业化持质疑态度，对于逐渐被破坏的自然界和农业世界及现代资本主义"一用就丢"的行为造成的环境污染感到忧心的那些人。新路德提斯暴民坚持，不论工业和后工业科技有多少假设的好处，这种科技有它独特的社会成本，并且可能对人类和我们这个星球的未来意味着一种危机。（Bauerlein 1996；Rifkin 1995b；Sale 1996；Snyder 1996）

甚至在今天，许多人想抵制一种新技术；或许因为他们发现它很难使用，或许他们怀疑它将使生活更加复杂化：这种异议对于新信息和媒体技术都是特别正当的。不管它是TiVo、iPhone，甚至最新的微波炉、数码相机，许多消费者对这些所谓"一定要拥有的"东西是不信任的。

2007年，博夫研究中心（Pew Research Center）公布了一项报告，根据他们对信息和交流技术的使用，把美国居民划分为十种类型（见表11-4）。根据报告，大约成年人的31%进入了前四类，从对什么都感兴趣，他们使用这些装置作为一种自我表述的方式，到生产力的提高，他们失去工作。中间部分的使用者，占人口的20%，充分利用新技术但并不乐于使用它们。他们从"移动中心主义"强烈地喜欢他们的手机，到"有联系的但富有激情的"。接近一半以上的人很少使用这些，假如他们有任何技术设备，或者他们做事时，他们从不坚持使用他们。更典型的是，年轻人拥护技术的改变高于老年人。老年人倾向于要么不关心新技术，要么认为他们是惹人恼的。

接下来，我们要检视未来科技的一些层面，以及他们可能对社会变迁产生的影响。

使用你的社会学的想象力
哪种变迁你觉得是最难接受的？最容易接受的呢？

11.4 科技与未来

科技（Technology）是关于如何运用环境中的物质资源来满足人类需求和欲望的文化信息。科技发明如飞机、汽车、电视、原子弹以及最近的计算机、传真机和移动电话等,已经为我们的文化、社会化模式、社会制度、我们每天的社会互动,带来了很显著的变化。科技改良事实上是以惊人的速度在发生和被人接受。接下来,我们将检视未来科技,并考虑它们对社会变迁的整体影响,包括他们将带来的压力。我们将特别关注近来计算机科技和生物科技的进展。

计算机技术

十年来,美国及全世界目睹了计算机科技的爆炸性发展。它的影响特别是关于互联网(世界最大的计算机网络)部分特别值得注意。比起1996年的5,000万,在2008年互联网拥有13亿使用者。(Internet World Stats 2008)

互联网实际上是由美国国防部在1962年研发,目的是为了让学者和军事研究员在国家一部分通讯遭核武器攻击摧毁的情况下仍然能继续为政府工作而架设的计算机系统。直到最近,互联网的使用才变得普遍起来,以前除非是在大学或者政府研究实验室任职,要不然很难有机会使用互联网。然而现在,几乎所有人都能通过一条电话线、一台计算机和一个调制解调器使用网络。并且网络上能买卖车辆、交易货物、拍卖、投票、寻找新药或找寻久已失去联络的朋友,而这只是上千种网络用途的几个例子。(Reddick & King 2000)

不幸的是,不是每个人都能快速获得信息,特别是那些不富裕阶层,而且全球的不均等模式导致了这一结果。伊曼纽尔·沃勒斯坦所描述的核心国家在这种世界体系分析中处于信息技术的实际垄断地位。亚洲的一些边缘国家、非洲和拉丁美洲依靠核心国家,既受它的技术又受它提供的信息的制约。而北美洲、欧洲和和少数工业国家在其他领域拥有了几乎全世界的互联网自主权(Internet hosts)——计算机被直接连接到万维网络。

然而最近,一些发展中国家已经开始从这些信息,特别是商业信息在全世界瞬间传递的过程中受益。像印度这样的半边缘国家,会说英语、精通计算机的劳动力正在增长,跨国公司已经成立了新的办公室,提供优质的服务和教授职位以拉动当地经济的发展。这种商业接触并不是新型的;美国商号已经为下一代人外购了某些类型的工作。例如一定规模的商业,像家具商店和洗衣店,长期依赖外面的交易商号使得货物传到主顾手里,**境外生产**(offshoring)的新走向使这种实践更进一步,现在,甚至大公司都面向海外设立分公司,许多就位于发展中国家。

全球的境外生产 在家里,通过减少开支来获取利润的过时的商业策略已经成为全球境外生产的最新手段。2007年的一个报告显示,世界上2,000个大公司有75%都致力于境外生产。(Weier 2007)

由于境外生产,像一般意义的外购,倾向于提升商业操作的效率,它对社会是有功能的。境外生产也增加了货物生产与服务经济的相互联系。这其中既包括位于很远地方的小城镇的公司,又包括在全球范围内的公司。

冲突论把它归咎于全球化导致的进一步的社会不均等。然而,将高科技工作迁移到印度对于降低公司的花费并没有帮助,它对那些被错置的技术和服务工人的冲击明显是毁灭性的。毫无疑问,工业国家的中产阶级工人被此趋势所惊吓,尽管经济学家同意给予因境外生产而被错置的工人一些帮助,他们仍然反对为打破惯例所作的宽泛的基础性努力。

对外国人来说境外生产也有不利的方面。尽管外购是印度中产阶级的重要就职来源,数以百万计的印度人几乎没有受到其积极影响,大部分的印度家庭并不拥有任何高科技物品:仅十分之一的人有电话,仅千分之三的人有电脑。新的商业中心不是提高这些人的生活水平,而是使水和电远离了最需要他们的人群。甚至高科技工人也体验了这种消极的后果。许多人承受了混乱带来的压力,像胃部问题和睡眠障碍;超过一半的人在年末放弃了他们的工作。另一方面,新的呼叫中心给印度的基础设施带来了重大的进步,特别是远程通讯和发电机设备方面。境外生产对印度和其他发展中国家的长期影响是很难预料的。(Waldman 2004a, 2004b, 2004c)

地球村中的隐私权和审查制度 正如本章开头描述的广告牌所显示的那样,近来计算机科技的发展已经使商业公司、政府机构甚至罪犯重新获得并且储存相关事物的信息变得越来越容易,这些信息包括从我们的购买习惯到上网冲浪的方式。在公共场合、工作场所及因特网上,监视设备关注着我们的一举一动,甚至一个击键的动作或是在 ATM 机上取款这样一个小行为。同时,这些创新已经使其他人更便利地监视我们的行为,这就引发了人们害怕出于非民主的目的而使用它们。简而言之,新技术威胁了我们的审查制度中的隐私权和自由权。(O'Harrow Jr. 2005)

近几年,由于一些大型数据库的意外丢失,对个人信息滥用的关注开始被强调。举例来说,2006 年,一个"退伍军人管理局"职员家中的手提电脑偷窃事件,致使姓名、社会保险数目和多达 2,650 万老兵的数据外泄。不幸的是,科技使信息共享变得更容易,但也引发了新的犯罪类型。

从社会学观点来看,隐私权和审查制度的复杂问题被认为是文化滞后的实例。像往常一样,物质文化(科技)比非物质文化(控制技术使用的规范)变化得更快,结果往往是我们利用新技术的异想天开的方法。

法律涉及的电子交流的监视并不总是重视市民的隐私权。1986 年联邦政府通过了《电子交流隐私权法案》,该法案禁止监听电话,除非得到美国代理人和联

尽管《美国爱国者法案》旨在保护市民免受恐怖袭击，但在实施中，人们担忧此法案涉及对隐私权的潜在侵害。

邦判决的许可。然而，电报、传真和电子邮件不能得到相同程度的保护。2001年，"9·11"恐怖袭击发生一个月后，国会通过了《美国爱国者法案》，放宽了现存由法律实施者实行的对监督的监控。联邦机构现在可以自由地进行电子化采集数据，包括信用卡和银行记录。（Eckenwiler 1995）

社会学家们根据各自的理论视角，对新技术的使用与滥用的看法有所不同。功能论对网络持有积极的观点，指出网络在促进沟通上所显现的功能。从他们的视角来看，网络用少量的资源表现潜在的授权功能来和整体交流，从讨厌它的团体到特殊的兴趣组织。相反地，冲突论强调社会中最强势的团体会利用科技进步来侵犯相对弱势群体的隐私权的危险。公民自由拥护者提醒我们，如果公民不警惕保护他们的隐私权，滥用也会发生在美国。（Magnier 2004）

然而，看起来今天的人们比信息时代之前更加不警惕维护他们的隐私权。在浏览网页中成长的年轻一代似乎接受了在上网冲浪时偶然发现的"碎片（cookies）"和"间谍软件（spyware）"的存在。他们已经习惯了在网络聊天室会话中的人为监督。许多人没有意识到向网络上的陌生人提供个人信息的风险。因此，大学教授发现他们的学生并不重视隐私权的政治意义也就不足为奇了。（Turkle 2004）

使用你的社会学的想象力
你对电子通讯技术中涉及的隐私问题有什么看法吗？如果你的安全正受到威胁，你愿意牺牲你的隐私吗？

生物科技与基因工程

已经取得重大进展，并且鼓舞了全球社会变迁的另一科技领域是生物科技。胎儿的性别选择、基因活体工程、牛羊克隆——这些都是最近几年在生物科技领域里很重要但充满争议的科学进展。乔治·瑞泽尔的麦当劳化概念亦可适用于生物科技的范畴。就像快餐概念已渗透整个社会一样，还没有一个生命阶段可以从治疗的或医学的介入中幸免。事实上,社会学家视生物科技的诸多方面为社会医疗化趋势的一种扩展,这已经在第十章中讨论过。通过基因操控,医学行业正在朝着更深层次的范围不断延伸。(Clarke et al.2003)

尽管生物科技标榜对人类的生命百利而无一害,但是它还是需要监督并进行必要的调整。我们将看到,生物科技的进步已经引发许多棘手的道德和政治问题,包括完善基因库的期望,它可能将以一种不可期望和想象的方式改变我们的环境。(Weinstein & Weinstein 1999)

生物科技的一个惊人进展是通过基因工程改变人类行为的可能性。鱼和植物的基因已经被混合创造出了一种抗霜冻的土豆和西红柿。而且近来,人类的基因已经被植入猪体为器官移植提供一种类似人类肾脏的替代品。

基因工程的最新发展是基因治疗。研究老鼠胎儿的基因学家已经成功地遏止老鼠胎儿体内缺陷基因的成长,并移入健康的基因来取代他们有缺陷的基因,这样的进展提高了改变动物和人类生命形式的惊人可能性。但是基因治疗仍然处在高度实验性的阶段,需要长时间的训练和评估。(Kolata 1999)

基因工程的争议在1997年时愈演愈烈,当时苏格兰的科学家宣布他们已经成功克隆了一只绵羊。经过许多次的失败尝试,科学家终于成功地将一只绵羊卵的基因换成另一只成年绵羊的DNA,借此创造了一只由成年绵羊克隆而成的小羊。第二年,日本的研究员成功地克隆了牛。这些进展让复制人类在不久的将来成为可能。

70年前威廉·奥格朋写下文化滞后时,他不可能预测会有这样的科学发展。然而,克隆羊的成功再次证明,物质文化的变化有多快,而非物质文化在吸收这样的变化过程中进展得多慢。

当克隆的话题受到全球瞩目时,转基因食物却受到越来越多的争议。这个问题源于欧洲,但是已经传遍世界的其他角落,包括美国。这一科技背后的逻辑是增加食物产量并使农业生产更经济化。但批评家用转基因食品(有毁灭创造者自己之物的意思)一词来指一些食物,从基因工程谷物制造的早餐麦片到"新鲜"西红柿。反生物科技运动的成员们反对干预自然,并关注转基因食物的潜在健康影响。转基因食物的支持者不仅包括生物科技公司,还包括那些视这项科技为解决非洲及亚洲膨胀人口这一难题的方法的人们。(Golden 1999;Schurman 2004)

有着潜在的大范围影响的生物科技的另一种形式是人类基因组计划。这一努力使世界各地的科学家小组潜心于排列和绘制所有现存的30,000—40,000个人类基因,即被公认的人类基因组。支持者说这些知识能够彻底变革医生治疗甚至预防疾病的能力。但是社会学家们则担忧此类研究的道德牵连。

> **使用你的社会学的想象力**
>
> 试想从现在开始的100年间的世界。总的来说,科技会造福还是威胁人们的生存?以何种方式?

第十一章 社会运动、社会变迁与科技

― 社会学要义 ―

社会学之所以重要是因为它帮助你理解你遭遇到的社会变迁。

- 你是否有在社会运动中工作的经验?如果有,你希望支持什么样的社会变迁?社会运动尝试动员何种资源?那些反对社会运动的人中谁是既得利益者?
- 你亲身经历过文化滞后吗?或是你有观察别人经历过吗?如果是,是什么变迁引起滞后?是一种新科技?还是别的类型的变迁?你注意到不同代人对社会变迁作出回应的方式的差异了吗?你看到过任何的公开反抗吗?
- 新科技对你有过重大帮助吗?如果有,是怎样帮助你的?总而言之,你视新科技为社会的福利还是威胁?试做解释。

― 章节摘要 ―

社会运动是有组织的集体运动,它是用来促进**社会变迁**的,或是历年来在行为模式与文化上的重大改变。本章检视社会运动、社会变迁的社会学理论,对社会变迁的抵抗以及**科技**对社会变迁的影响。

1. 群体不太可能会被动员参加一种**社会运动**,除非他们有一种只有通过集体行动才能结束**相对剥夺感**的共同认知。
2. 成功的社会运动,绝大部分决定于**资源动员**。社会运动正越来越多地使用**科技**(包括互联网),动员它的资源。
3. 早期社会变迁**进化论**的倡导者相信,社会无可避免且稳定地朝着更高的状态前进。
4. 功能理论倡导者之一的塔科特·帕森斯,认为**社会变迁**总会使社会处于一种均衡或是平衡的自然状态中。冲突理论家视变迁具有关键性的意义,因为我们需要它来更正社会不正义与不平衡。
5. 大体来说,那些分享大部分社会财富、地位及权力的人,被称做**既得利益者**,会抵抗变迁并试图维持其现有现有地位。
6. 当非物质文化仍然处于适应新物质状况所产生的失调的那段时期,我们称为**文化滞后**。
7. 互联网,世界最大的计算机网络,已经在全世界范围内改变了交流与商业活动。
8. 尽管典型的发展中国家无法获得新科技,但是一些半边缘国家已经从境外服务和专业工作中获益,原本这些是在核心国家中才有的。
9. 新的计算机和录像科技已经侵害了我们的隐私权,并便利了政府审查机构。
10. 生物科技的进步已经引发了有关胎儿性别选择与基因工程等棘手道德问题。

Careers in Sociology
社会学职业

附录

20世纪90年代日本的裁员引起社会一阵骚动,因为日本人已习惯于一个公司的"终生职业"观念。1999年在日产总公司前的抗议活动中,劳工运动者抗议自动工厂的关闭和40%的劳工缩减。巴士上的布条写着:"你们怎么可以将大最裁员称为复兴呢?停止关闭日产—雷诺大型重组下的五个工厂。"

最近20年来，美国大学生中获得社会学学位的人数在稳步增长（见表A-1）。在这个附录里，我们将讨论这些学生毕业后的职业走向。

社会学学士学位不仅能给从事社会学工作的人提供好的准备，还能为从事其他行业奠定强有力的行业基础，如初级商务、社会服务、基础事物、团体组织、非盈利组织、法律实施和许多政府工作等。许多领域——包括市场、公共关系和文化传播——现在要求职业者具备调查技能，并且能对涉及不同种族的组织和政府有一个通彻的了解。而且，社会学学位要求在口头与书写交流、人际交往、解决问题和批判性思考等方面掌握较强的能力。所有的工作技能可能会使社会学专业的毕业生比技术专业的毕业生更有优势。尽管几乎没有职位要求一定要具备社会学学士学历，但是这种学术训练无疑是进入职场的砝码。（American Sociological Association 2006a）表A-2概括了社会学文学学士（BA）或社会学理学学士（BS）的职业走向。它显示社会服务领域、行政领域、管理领域和销售领域是社会学毕业生就职的主要领域。了解自己职业兴趣的大学生被建议学一些与兴趣相关的社会学课程。例如，想成为健康计划人员的学生可以学医药社会学；想成为社会科学研究助理的学生可

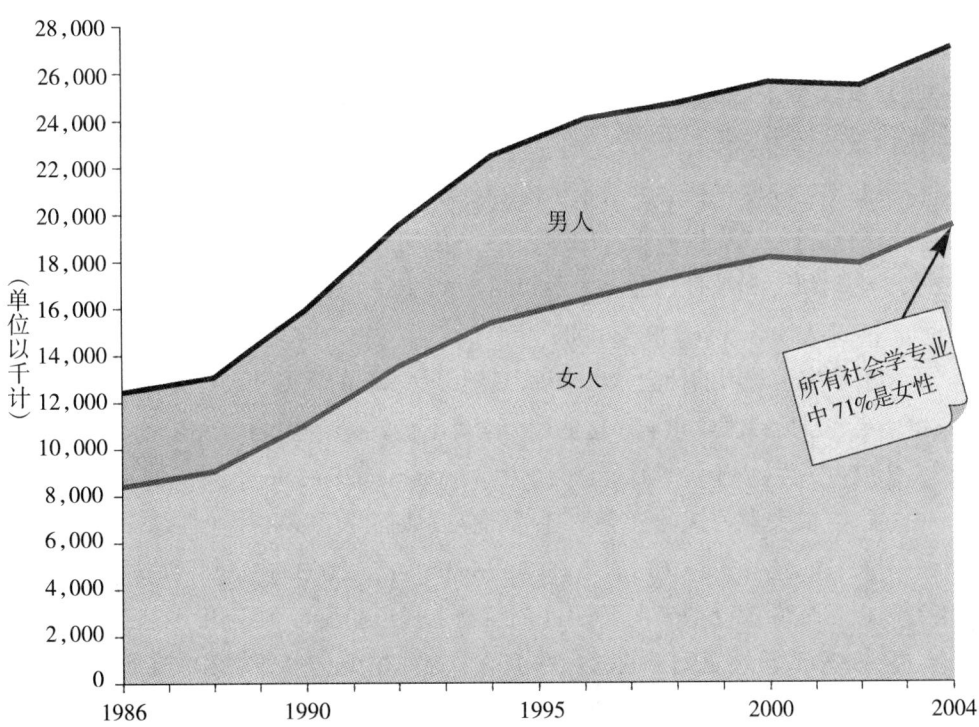

表A-1 美国社会学学士的性别差异

资料来源：Department of Education 2006.

表A–2 社会学专业毕业生就职状况

注：基于2007年初针对全国1800名2005年毕业学生的就职去向所做的调查。

资料来源：Table 1 in Spalter-Roth and Van Vooren 2008a.

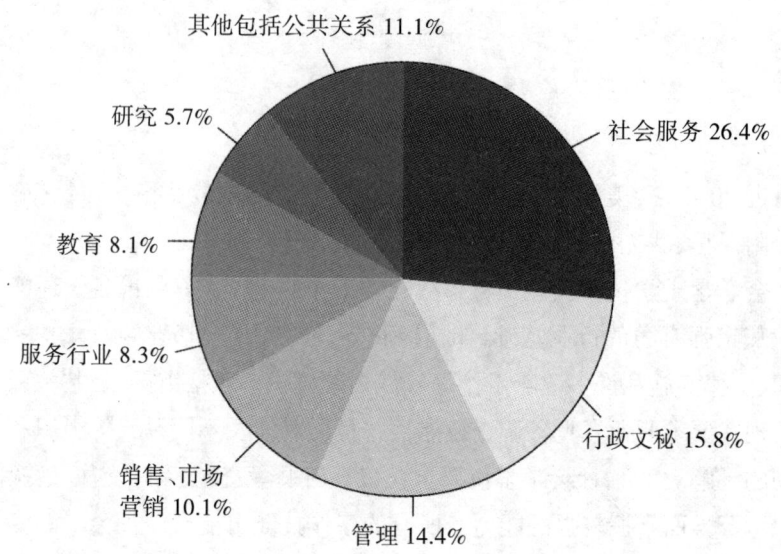

以关注社会学统计及研究方法。城市规划机构和调查研究组织也为即将进入职场的社会学学生提供了实习岗位。研究表明，相比于没有实习经验的，有实习经验的学生在求职过程中更少地遇到麻烦，更能找到好工作并且他们的工作满意度也较高。(American Sociological Association 2006a；Salem and Grabarek 1986)

很多社会学学生认为社会工作和社会学最相关。按照惯例，有过本科社会学训练的社会工作者会从事诸如心理分析师和咨询师的工作。有一些实践经历后，他们会去读社会工作研究生(MSW)，以便获得管理或行政上的职位。然而今天，有些学生在本科阶段就读了社会学工作专业，使得毕业生可以直接从事诸如个体或团体服务者的工作。

很多学生在取得社会学学士学历后会继续接受社会学的训练。250多所美国大学已经具备可以提供博士和/或研究生学历的规划。这些规划在专业特点、学科要求、学费、研究和教育机会上大不相同。大约61%的毕业生是女性。(American Sociological Association 2005，2008)

对有研究生学历的社会学者来说，高学历是求职的重要砝码。大约83%的社会学博士会在学院或大学求职。这些社会学者不仅教授旨在做社会学工作的学生，也教授想成为医生、护士、律师、警官的学生。(American Sociological Association 2005)

在学院或大学授课的社会学者可能会以他们的学识和专业训练影响公共政策。例如，社会学家安德鲁·切尔林(Andrew Cherlin 2003)在联邦政府是否应该动用专款以促成专款受益者的婚姻这个问题上提出质疑。他引用了自己的研究结论，提到这项政策在巩固低收入家庭上的潜在作用力。由于很多单亲妈妈会选择别人而不是自己孩子的父亲去结婚——或许理由是好的——她们的孩子就会成长在有继父的家庭。切尔林的研究表明,在这种家庭中成长的孩子并不比成长在单亲家庭中的孩子生活富足。他认为政府在促成婚姻、强化传统价值观上的努力已经越来越多地呈现出多样性的结果。

对那些对学术感兴趣的社会学硕士而言,攻读博士是个艰苦而漫长的过程。博士学历要求有独创性的研究能力;每个学生还需完成像一本书那样的博士论文。一般来说,社会学博士需要从事4—7年高强度的工作,包括完成论文的时间。然而,即使这样的努力也无法保证取得社会学教授这样的职位。

值得庆幸的是,在下一个十年,出生于婴儿潮时代的大学职员将会退休,同时,美国大学的学生数量预计也会缓慢但稳步地增长,因此大学讲师的需求会增加。不过,任何想在学术领域有所作为的人都必须为大学就职市场的相对不确定性和竞争性做准备。(American Sociological Association 2006;Huber 1985)

当然,并不是所有社会学者都会从事教学工作或拥有博士学历。以政府为例,人口普查局依靠具有社会学素养的人员,为其他政府机构及公共部门解释数据。实质上每个机构都依赖调查研究——这个领域正是社会学学生可以涉猎的——以此来评估社区所需要的机构人员的道德规范。另外,受过社会学训练的人可以把他们的专业知识应用于假设检验、健康科学、社区发展及娱乐服务。有些在政府或私人企业就职的人持有社会学硕士学历;有些持有社会学学士学历。

当前,约15%的美国社会学协会成员把他们的社会学技能运用到学术之外的领域:社会服务机构或公司销售领域。越来越多有硕士学历的社会学者在公司、企业、医院、非盈利组织就职。研究显示,很多社会学专业研究生改变了职业取向,从社会服务领域转向商业贸易领域。而作为本科专业,社会学为在商业领域就职提供了极好的准备。(Spalter-Roth and Van Vooren 2008b)

不论你学习了社会学的一些课程还是真正获得了一个学历,你都会从这种提高批判性思考技能的训练中获益。社会学者强调分析和解释的价值及各种工作场域的功能——这些是投身职场的宝贵财富。更重要的是,由于飞速的变迁和不断扩张的全球经济,我们需要接受实质意义上的社会变迁,这种变迁甚至已经发生在我们自己的职业中。社会学提供了一个充盈的概念性框架,这个框架使职业发展变得易于变通,有助于你把握好新的就业机会。(American Sociological Association 2006)

重要词汇

A

Absolute poverty 绝对贫穷 贫穷的标准之一，是一个家庭最低限度的生活水准。

Achieved status 自致地位 主要通过个人的努力而取得的社会位置。

Affirmative action 优惠性特别待遇 指提供从属群体成员和妇女参与职业、晋升和受教育机会的积极性努力。

Agrarian society 农耕社会 是前工业化社会中科技最先进的社会。农耕社会成员的主要任务就是食物的生产。然而，新科技如犁的发明，使得农业产值大为增加。

Anomie 失范 涂尔干的术语，用以描述当社会控制个人行为无效时，社会所经历的失序感。

Anomie theory of deviance 越轨失范理论 罗伯特·默顿发展的理论，解释越轨行为是对于社会规定的目标、允许的手段，或两者的适应。

Anticipatory socialization 预先社会化 一个人事先"演练"未来的社会地位、职业与社会化关系的社会化过程。

Applied sociology 应用社会学 将社会学的知识实际运用到人类行为或组织上的学科。

Argot 隐语 一个亚文化成员所使用的专属语言。

Ascribed status 先赋地位 社会"分派"给个人的社会位置，并不把个人独特的天分或者特征考虑进去。

Authority 权威 被制度化并受权威管制的人们所认可的权力。

Avatar 化身 一个三维模型、二维图标，或是由某互联网站为用户构造出一个人物。

B

Basic sociology 基础社会学 通过追求社会现象基本层面深奥知识的社会学的探索。或称为"纯社会学"。

Bilateral descent 双系继嗣 将父母双方的家族都视为一样重要的亲属体系。

Birthrate 出生率 任何一年中每1,000人中的活产儿数目，也成为"粗出生率"。

Bourgeoisie 资产阶级 马克思使用的意指资产拥有阶级，或是生产工具拥有者的术语。

Brain drain 人才的外流 移民到美国及其他工业化国家的技工、专家及技术人员，而这些正是他们本国急需的人才。

Bureaucracy 官僚制 正式组织的一个组成部分，运用规则与阶级制度来达到行事效率。

C

Capitalism 资本主义 生产资料大多掌握在私人手里，而经济活动最重要的动机就是要累积财富的一种经济制度。

Caste 种姓制度 一套由宗教主导、世袭传承不变的阶级体系。

Causal logic 因果逻辑 一个条件或变量与其结果之间所存在的关系；其中一边是因，一边是果。

Census 人口普查 对人口的统计或计算。

Charismatic authority 卡里斯玛型权威 韦伯的术语，指的是一个领导者通过他或她对其跟随者在个人或情感上独有的吸引力而被合法化的权力。

Class 阶级 马克斯·韦伯使用的意指具有相似水平的财富或收入的社会群体的术语。

Class consciousness 阶级意识 根据马克思的观点，就是一个阶级成员的主体意识觉察到共同既得利益，以及以集体政治行动带动社会变迁的需要。

Class system 阶级体系 一套主要根据经济地位而建立的社会分级制度，其自我成就的特色影响了社会流动。

Classical theory 古典理论 一种研究正式组织的方法，视劳工几乎完全为金钱所驱动。

Clinical sociology 临床社会学 将社会学的知识应用于改变社会关系及促进社会变迁的学科。

Closed system 封闭体系 一种社会体系，其中少有或根本没有个人流动的机会。

Code of ethics 伦理规约 针对某一专业领域的成员所发展出的一套可接受的行为准则。

Cognitive theory of development 发展认知理论 让·皮亚杰的理论，解释儿童思想发展的过程分为四个阶段。

Colonialism 殖民主义 一国政治、社会、经济与文化势力长期控制另一国人民的行为。

Color-blind racism 无种族歧视的种族主义 利用种族中立原则为种族不平等现状辩护。

Communism 共产主义 一种理想模式的经济制度，其下所有的财产都是公有的，而不因个人生产的能力做社会区分。

Community 社区 给人们一种归属感的社会组织的一个空间或政治单位。

Concentric-zone theory 同心圆理论 恩斯特·伯吉斯提出的关于城市发展的理论，认为城市是从中心商务区向外辐射出一系列环形地区发展起来的。

Conflict perspective 冲突论观点 一种社会学研究的观点，认为社会行为必须用竞争团体间冲突与紧张的角度来分析。

Conformity 从众 和同辈的同样行为，同辈则是指没有特别的权力指导另一个人行为的个人。

Contact hypothesis 接触假设 互动论者的观点，认为在一个需要合作的任务之中，地位平等的不同人之间的接触会减少他们各自的偏见。

Content analysis 内容分析 采用有系统的编码与客观的资料记录技术，并佐以基本推理原则的研究方法。

Control group 控制组 指实验中不会被分派到自变量的受试者。

Control variable 控制变量 为了测验自变量的影响，而保持恒定的某个因素。

Correlation 相关 两个变量之间的关系，其中一个变量的改变，会引起另一个变量同时改变。

Counterculture 反文化 很明显且刻意地反抗主流文化某些层面的一种亚文化。

Credentialism 文凭主义现象 进入一个领域的最低教育水平要求在不断提高的现象。

Crime 犯罪 一种违反刑法的行为，为此有一些政府机构采用正式的处罚。

Cultural relativism 文化相对主义 用他人文化的观点来看待他人的行为。

Cultural transmission 文化传递 一个犯罪学的学派，认为犯罪行为是通过社会互动而学习来的。

Cultural universal 文化的普遍性 各种文化中共通的习惯。

Culture 文化 我们所知通过社会传播的习俗、知识、有形物质及行为模式的总称。

Culture industry 文化产业 使消费者需求的货物和服务标准化的世界范围的媒体产业。

Cultural lag 文化滞后 威廉·奥格本提出的术语，指非物质文化对其所处的物质环境尚未完全适应的滞后期间。

Cultural shock 文化震撼 指当人们目睹异于自己文化的文化实践时，所产生的惊讶的、失去方向的感觉。

Cultural war 文化战争 一个社会中对于有争议的文化要素的两极分化。

curanderismo 土方 传统拉丁美洲民间一种整体保健和治疗的习俗。

D

Death rate 死亡率 任何一年中每1,000人中的死亡人数，也称为"粗死亡率"。

Degradation ceremony 贬降仪式 人们在全控机构中丧失个人尊严的再社会化过程的一方面。

Deindustrialization 去工业化 有系统地、全面性地将工厂、车间等生产基本层面的投资撤销。

Demography 人口学 研究人口的学科。

Dependency theory 依附理论 一种认为工业化国家持续剥削发展中国家以求利益的研究观点。

Dependent variable 因变量 在一项因果关系中对另一个变量的影响有"反应"的变量。

Deviance 越轨行为 破坏规范或违反群体及社会期望的行为。

Differential association 差别结合 由埃德温·萨瑟兰主张的越轨行为理论，认为违反规范是由于接触了接受犯罪行为的态度。

Diffusion 扩散 一个文化项目从一个群体传播到另一个群体，或是由一个社会传播到另一个社会的过程。

Discovery 发现 指将存在实体的某个层面公布于世的过程。

discrimination 歧视 因为某些武断的偏见而否决个体和群体享有平等的权利和机会。

Dominant ideology 支配意识形态 一套协助维持特权阶级社会、经济及政治利益的文化信仰与运行方式。

Downsizing 组织精简 一个公司劳动力的减缩，是去工业化的一部分。

Dramaturgical approach 拟剧法 一种由欧文·戈夫曼推广的社会互动研究的方法，把人们视为剧中的演员。

Dysfunction 反功能 一个扰乱社会体系或

降低社会稳定性的社会元素或过程。

E

Economic system 经济制度 一种社会制度，通过它货物和服务被生产、分配和消费。

Education 教育 一种形式化的学习，一些人有意识地教导，另一些人则承担学习者的社会角色。

Egalitarian family 平权家庭 在这样的家庭权威形态中，配偶双方的权力被视为平等。

Elite model 精英模式 一种认为社会被一小部分享有共同政治和经济利益的人统治的观点。

Environmental justice 环境正义 以宣称少数种族受到不成比例环境伤害为依据的一种法律策略。

Equilibrium model 均衡模型 帕森斯视社会为朝向稳定或是平衡状态发展的功能论观点。

Estate system 庄园制度 一种阶层化的制度，佃农必须为租赁土地给他们的贵族工作，以换取军事的保护及其他的服务；又称封建制度。

Esteem 评价 个人在职场上所建立的口碑。

Ethnic group 族群 一个群体主要因其民族起源或独特的文化模式而与其他群体相区分。

Ethnocentrism 族群中心主义 认为自己的文化与生活方式代表了规范，并认为自己的文化优于其他文化的倾向。

Ethnography 民族志 通过深入且有系统的观察，以描述整个社会环境的方法。

Evolutionary theory 进化论 认为社会朝着一个固定方向移动的社会变迁理论。

Experiment 实验 一个允许研究人员操纵变量的人为环境。

Experimental group 实验组 指实验中的受试者，被分配到的是研究人员所采用的自变量。

Exploitation theory 剥削理论 马克思的理论，认为美国种族从属的存在是资本主义制度中阶级体系固有的表现。

Expressiveness 表达性 一种对维持家庭和睦和内在情感事件的关注。

Extended family 扩大家庭 指家庭中包括其他亲属(祖父母、阿姨、舅妈或叔伯)与父母及其子女同住的家庭形态。

F

False consciousness 虚假意识 马克思的用语，用以形容阶级成员无法正确反映他们的客观地位的态度。

Family 家庭 一群有血缘、姻亲(或其他自愿形成的关系)，或领养关系的人，共同分担生育及照顾社会成员的责任。

Feminist perspective 女性主义视角 一种社会学的观点，视性别的不平等为所有人类行为及组织的核心要素。

Feminization of poverty 贫穷女性主义化 指美国贫困人口中女性比例逐渐上升的一种趋势。

Fertility 生育率 社会生育年龄妇女的生育量。

Folkway 民俗 指导我们日常生活行为的规范，通常，违反民俗比较不会引起大的争议。

Force 武力 把一个人的意志强加给他人的实际的或威胁使用的强制力。

Formal norm 正式规范 指通常用文字记载，并且对违反者有严格的处罚规定的规范形式。

Formal organization 正式组织 有特殊目的的团体，设计与成立以便达到最大的效益。

Formal social control 正式社会控制 由具有权力的单位执行的社会控制，比如警察、医生、学校行政人员、雇主、军官和电影院的经理。

Functionalist perspective 功能论视角 一种社会学研究的观点，强调社会的每个部门都是为了维持社会的稳定而建构的。

Fundamentalism 原教旨主义 意指一种对基本宗教教条持有的严格信奉，伴随着把经文的字面含义或历史信仰应用到现今世界的情况。

G

Gemeinschaft 礼俗社群 一个由费迪南德·滕尼斯提出的术语，用以描述紧密联系在一起的小社区。这样的社区通常处于乡村地区，社区成员通过牢固的个人关系团结在一起。

Gender role 性别角色 对男性与女性的适当行为、态度及活动的期望。

Generalized other 概化的他人 乔治·赫伯特·米德使用的术语，意指儿童将社会整体的态度、观点及期望，纳入自己的行为考虑。

Gesellschaft 法理社群 由费迪南德·滕尼斯提出的术语，用以描述都市中大而冷漠的社区，通常缺乏对团体的承诺或价值观的共识。

Glass ceiling 玻璃天花板 指一个有能力的个体因其性别、种族或族群等原因而阻碍其职位提升的隐性障碍。

Global warming 全球变暖 二氧化碳等工业化气体把地球大气层变成一个实质上的温室而使地球表面温度显著增加。

Globalization 全球化 指通过贸易与观念的交流，达到政府政策、文化、社会运动，以及金融市场世界性互动的过程。

Goal displacement 目标置换 过度热切地配合官僚体系内的正式规章。

Group 团体 任意人数，拥有类似规范、价值和期待而彼此互动的人群。

Growth rate 增长率 每1,000人中，出生人口数和死亡人口数之间的差异，加上每1,000人中移入民和移出民之间的差异。

H

Hate crime 憎恶犯罪 指的是因为人种、宗教、种群、国籍或性别取向等方面的偏见所引发的犯罪。

Hawthorne effect 霍桑效应 观察者或实验者对研究对象造成的非预期的后果。

Health 健康 世界卫生组织定义为一种身体、心灵及社会交往的健全和谐的状态，而不只是没有罹患恶疾及精神疾病。

Hidden curriculum 潜藏课程 社会认定的标准行为，并由学校教导。

Homophobia 同性恋恐惧症 对同性恋的惧怕和歧视。

Horizontal mobility 水平流动 个人由一个社会位置移动到另一个同等级社会位置的活动。

Horticultural society 初期农耕社会 指一种前工业化社会的形态，人们不只依赖采集食物维生,他们已经知道播种与收获。

Human ecology 人文生态学 一个研究人们与其空间和物理环境之间互动关系的学术领域。

Human relations approach 人际关系研究法 一种研究正式组织的方法,强调人的角色、沟通及组织的参与,并趋向研究组织内的非正式结构。

Hunting-and-gathering society 狩猎采集社会 指一种前工业化社会的形态,人类生计的维持仅仅依赖那些他们能够采集到的食物与物品。

Hypothesis 假设 一项针对两个或两个以上的变量之间存在的关系所做的推断性论述。

I

Ideal type 理想型 一个架构或模型,使得真实案例得以作为衡量标准。

Impression management 印象管理 欧文·戈夫曼使用的一个术语,指为了表现良好以及满足某些人的期望,而调整自我的表现。

Incidence 发病率 意指在一段时间内,通常是一年,在特定人数中,发生特定疾病的新增案例数目。

Income 收入 薪水与工资。

Independent variable 自变量 在一项因果关系中,当自身发生改动,会导致或引起另一个变量也发生变化的变量。

Industrial city 工业化城市 具有相对较大面积、公开竞争、开放的阶级体系及货物生产具有专业化分工等特征的城市。

Industrial society 工业化社会 指一个财货与劳务都依赖机械化生产的社会。

Infant mortality rate 婴儿死亡率 任何一年中每1,000个活产儿中1岁以下的婴儿死亡数量。

Influence 影响力 通过劝说来实施权力。

Informal norm 非正式规范 没有明文记载,却为社会大多数人所接受的规范。

Informal social control 非正式社会控制 为了实施社会规范而由一般人执行的社会控制。

In-group 内群体 人们有认同归属感的任何团体或类别。

Innovation 创新 通过发现或发明,将新的想法或物品引进一种文化的过程。

Institutional discrimination 制度上的歧视 指由于一个社会正常的运行机制而对个体和群体的机会及平等权利的否决。

Instrumentality 工具性 指对任务的强调,关注更长远的目标,更在意其家庭与社会机构的外部关系。

Interactionist perspective 互动论观点 一种社会学研究的观点,主要关注人们基本或日常的互动形态。

Intergenerational mobility 代间流动 孩子相对于父母亲社会地位的变迁。

Interview 访谈 为了获得相关信息而对受访者所做的面对面或电话访问。

Intragenerational mobility 代内流动 个人成年生活中的社会地位变迁。

Invention 发明 利用现存的文化项目组成一个从未存在过的形式。

K

Kinship 亲属关系 指人与人之间互有关联

的一种状态。

L

Labeling theory 标签理论 试图解释为什么特定的人会被视为越轨者的理论。

Laissez-faire 自由放任制度 允许人们在政府最低程度干预经济下自由竞争的一种资本主义形式。

Language 语言 反映文化各个层面文字意义与象征意涵的抽象系统，包括手势以及其他非语言沟通的表现方式。

Latent function 隐性功能 指不自觉且非刻意显现的功能；隐藏的目的。

Law 法律 政府的社会控制。

Legal-rational authority 法理型权威 韦伯的术语，指通过法律得以合法化的权力。

Life chances 生活际遇 韦伯的用语，指个人能自给自足、创造良好生活环境与经验的机会。

Life expectancy 预期寿命 在目前的死亡率情况下，预期一个人可以达到的平均岁数。

Life-course approach 生命历程方法 社会学家和社会科学家的一种研究取向，密切关注那些影响人们从出生到死亡整个过程的社会因素。

Looking-glass self 镜中自我 查尔斯·霍顿·库利使用的概念，强调自我是和他人社会互动下的产物。

Luddites 路德提斯暴民 19世纪英国反叛的手工业工人，他们把捣毁工厂的新机器设备作为其抵抗工业革命的方式。

M

Manifest function 显性功能 一个机构或机制公开陈述且刻意显现的功能。

Master status 主要身份 指比其他身份更重要，且对一个人整体的社会位置具有决定性影响力的身份。

Material culture 物质文化 指我们日常生活中物质与科技的层面。

Matriarchy 母权制 由女性主导家庭决策的社会。

Matrilineal descent 母系继嗣 只有母亲的亲属才重要的亲属体系。

Matrix of domination 支配的范型 由于种族、性别、阶级、宗教、性别取向、残障及年龄等因素招致的压迫的长期影响。

McDonaldization 麦当劳化 快餐厅的经营原则逐渐掌控美国社会某些层面及全世界的过程。

Mechanical solidarity 机械团结 强调群体团结的一种集体意识，当一个社会没有劳动分工时，就会呈现这一特征。

Microfinancing 小额信贷 给穷人提供少量贷款以帮助他们摆脱贫困。

Modernization 现代化 落后国家由传统或发展中的组织形态跃升到发达社会组织形态的过程。

Modernization theory 现代化理论 一个功能学派的观点，主张现代化与发展会逐渐改善发展中国家人民的生活。

Monogamy 单偶婚 指夫与妻都只有一个配偶的婚姻状态。

Monopoly 垄断 一个单一公司控制了整个或多个市场。

Morbidity rate 疾病率 特定人数中的疾病发生数目。

Mores 民德 指与一个社会的福祉息息相关的规范。

Multinational corporation 跨国企业 总部设在一国而在世界各地进行商业活动的组织。

Multiple masculinities 多重男子气质 表明除了传统的女性主导角色外，男性还可以扮演各种各样的角色，包括护理员、具有女子气的同性伴侣。

Multiple-nuclei theory 多核心理论 昌西·哈里斯和爱德华·乌尔曼提出的城市发展理论，认为城市是从多个中心发展起来的，每个中心都反映了一个特定的城市需求或活动。

N

Natural science 自然科学 研究自然界的物理特征和这些特征间的互动及其改变的学科。

Neocolonialism 新殖民主义 前殖民地继续依赖外国的行为。

New social movement 新社会运动 为了促进自主性与自觉和改善生活品质的一种有组织性的集体活动。

New urban sociology 新城市社会学 研究城市化的一种方法，关注地区的、国家的及全球范围内影响力的相互关系，以及它们对地区空间的作用，其中尤其强调全球经济活动的影响。

Nonmaterial culture 非物质文化 指使用物质的方法与习俗、信仰、哲学、政府、沟通的形态等。

Nonverbal communication 非语言沟通 指通过姿势、面部表情及手势来传达信息的方式。

Norm 规范 社会所维持的行为标准。

Nuclear family 核心家庭 由已婚夫妻与其未婚子女同住的家庭形态。

O

Obedience 服从 对阶级结构中具有较高权威者的依从。

Objective method 客观方法 一种测量社会阶级的方法，根据个人的职业、教育、收入及居住地，将其分配至不同的社会阶级。

Observation 观察 一种研究方法，研究人员通过对所研究的群体或社区，进行直接的参与及（或）近距离观察，以搜集所需的信息。

Offshoring 境外生产 把生产工作转移给境外承包商。

Open system 开放体系 个人的社会位置受其自致地位影响的社会体系。

Operational definition 操作定义 一个针对抽象概念所做的解释，这个解释必须足够详细以至能让研究人员衡量该概念。

Organic solidarity 有机团结 依靠相互依赖的集体意识，当社会有较复杂的劳动分工时，就会呈现这样的特征。

Organized crime 组织型犯罪 在各种非法活动中规范不同犯罪集团的工作群体。

Out-group 外群体 人们没有认同归属感的任何团体或类别。

P

Patriarchy 父权制 由男性主导家庭决策的社会。

Patrilineal descent 父系继嗣 指只有父亲的家属才重要的亲属体系。

Personality 人格 个人区别于他人的特征、态度、需要及行为。

Peter Principle 彼得原理 一项由劳伦斯·彼得提出的组织生活的原则；根据此原则，在阶级体制内的人会一层层爬到他力有未逮的地步。

Pluralist model 多元论者模式 认为一个社区中许多相互竞争的团体都有机会成为公务员，故没有一个单独的团体会占主导地位的观点。

Politics 政治 用哈罗德·拉斯韦尔的话说，就是"谁得到什么、什么时候、怎样得到"。

Polyandry 一妻多夫制 一个女性可以同时有好几个丈夫的多偶婚形态。

Polygamy 多偶婚 允许一个人同时有许多丈夫或妻子的婚姻形态。

Polygyny 一夫多妻制 男性可以同时与多个女性结婚的多偶婚形态。

Postindustrial city 后工业化城市 金融全球化和电子信息主导经济的城市。

Postindustrial society 后工业化社会 经济体系主要从事信息的处理与掌控的社会形态。

Postmodern society 后现代社会 一种科技复杂的社会，充斥着消费品与媒体消费。

Power 权力 将个人意志加诸其他人的能力。

Power elite 权力精英 米尔斯使用的一个术语，指的是一个在军事、工业和政府领域的领导所组成的小团体控制着美国的命运。

Preindustrial city 前工业化城市 一般只有几千居民，以相对封闭的阶级制度和有限的社会流动为特征的城市。

Prejudice 偏见 对整个某一类型的群体持有消极态度的表现，通常针对一个人种或一个族群。

Prestige 声望 一种职业在社会上所受到的尊崇。

Prevalence 流行率 意指在某段时间内，特定疾病的发病总数。

Primary group 初级团体 一种小型的团体，以亲密、当面联系、合作为特色。

Professional criminal 专业型犯罪 个人从事犯罪就好像从事日常职业。

Proletariat 无产阶级 马克思形容资本主义社会中的劳工阶级。

Protestant ethic 新教伦理 韦伯使用的术语，指的是约翰·加尔文与其跟随者所强调的工作伦理、对今生的关注及生活的理性取向。

Q

Qualitative research 定性研究 更多仰赖田野与自然场景的观察而非统计资料的研究。

Quantitative research 定量研究 搜集并呈现数字形式资料的研究。

Questionnaire 问卷 为了获得受访者信息所做的书面研究工具。

R

Racial formation 种族构成 种族类别被创

造、抑制、转换和摧毁的社会历史过程。

Racial group 种族群体 因为明显的生理差异而和其他群体区分开来的群体。

Racial profiling 种族定性 任何基于种族、民族、国籍而不是个人行为的当权者所发起的专断行为。

Racism 种族主义 一种认为某个种族至高无上，其他种族天生就低一等的信仰。

Random sample 随机样本 从一个每个成员都有相同被选中的几率的母体中取出样本。

Reference group 参照团体 任何可供人衡量自身及行为标准的团体。

Relative deprivation 相对剥夺 对于合理期待与现实状况之间的负面差异的有意识感觉。

Relative poverty 相对贫穷 是一个浮动的标准，在这个与全国整体比较的标准之下，处于底层社会的人们，不管其生活形态为何，总是被视为弱势群体。

Reliability 信度 指一项设计能提供一致性结果的程度。

Religion 宗教 根据爱弥尔·涂尔干的观点，（宗教）是一种统一的信念体系，与神圣事务相关。

Religious belief 宗教信仰 信仰成员坚信的主张。

Religious experience 宗教体验 意指与终极事实相接触的感觉或认知，例如，与神的接触或沉浸在宗教情绪中。

Religious ritual 宗教仪式 对信仰者行为的要求或期待。

Research design 研究设计 一个以符合科学标准来搜集资料的详细计划或方法。

Resocialization 再社会化 放弃先前的行为模式，并接受新的模式，作为生命中转型的过程。

Resource mobilization 资源动员 社会运动运用金钱、政治影响、使用媒体的渠道和工作人员这些资源的方式。

Rite of passage 过渡仪式 从一个社会地位转变到另一个社会地位的象征仪式。

Role conflict 角色冲突 当同一个人有两个以上的社会位置，而且这些角色的预期互不兼容时所产生的问题。

Role strain 角色紧张 描述因为社会上对同一个社会位置有不同的需求与预期所造成的困境。

Role taking 角色选取 通过大脑想象成为他人的过程，使之能从想象的观点中有所反应。

S

Sample 样本 从母体中选出的具有母体统计代表性的部分。

Sanction 奖惩 为了实施社会规范而建立的处罚和奖励机制。

Science 科学 利用系统化的观察方法而获知的知识本体。

Scientific management approach 科学管理研究法 正式组织中古典理论的另一名称。

Scientific method 科学方法 一套有系统、有组织的研究步骤，目的是要尽可能确保研究的客观性与一致性。

Second shift 第二班 许多女性承担却少有男性平等分担的双重负担（外出工作和在家带孩子做家务）。

Secondary analysis 次级分析　一系列利用过去搜集的及可公开取得的信息与资料进行研究的方法。

Secondary group 次级团体　一种正式的、非个人化的团体，其中缺乏社会亲密性或相互了解。

Self 自我　根据乔治·赫伯特·米德的观点，自我是一个将我们和他人明确区分的身份。

Serial monogamy 连续单偶婚　一个人终其一生可以有好几个配偶，但同一时间一个人只能有一个配偶的制度。

Sexism 性别主义　一种认为某一性别比另一性别优越的意识形态。

Sexual harassment 性骚扰　指通过性恩惠（作为一种交换物）来获得工作上的利益的行为。

Sick role 病人角色　对于一个被视为生病之人，社会期盼他具有的态度及行为。

Significant other 重要他人　乔治·赫伯特·米德使用的术语，指对个人的自我发展具有重要性的人物，例如父母、朋友及老师。

Slavery 奴隶制　一种强迫奴役的体系，被奴役的人为其他人所合法拥有。

Social change 社会变迁　历年来在行为模式和文化上的重大改变。

Social control 社会控制　在任何社会里，预防越轨行为的技巧与策略。

Social disorganization theory 社会解体理论　认为犯罪和越轨行为的增加可以归结于像家庭、学校、教会和地方政府等公共关系和社会制度的消失或解体的理论。

Social epidemiology 社会流行病学　研究大众疾病分布、损害及一般健康情况的学科。

Social inequality 社会不平等　社会中，不同的社会成员拥有不等量的财富、声望与权力的状况。

Social institution 社会制度　针对以基本社会需求为核心的信仰与行为所组织起来的形式。

Social interaction 社会互动　人与人彼此响应的方式。

Social mobility 社会流动　个人或团体由一个社会阶层到另一个社会阶层的运动。

Social movement 社会运动　为了促进或抵抗现有团体或社会的基础变迁而进行组织化的集体活动。

Social network 社会网络　一系列社会关系，将一个人和他人直接建立关联，并通过这些人，间接地建立更多的关系。

Social role 社会角色　社会对拥有某种社会位置或身份的人所抱有的一系列期望。

Social science 社会科学　关于人类社会各个面向的研究。

Social structure 社会结构　将社会组织成某些可预期关系的方式。

Socialism 社会主义　一种经济制度，其下生产和分配的方法是由集体而不是私人拥有。

Socialization 社会化　指人们为了成为某种文化的成员，而学习其生活态度、价值观以及适当行为的过程。

Social-reaction theory 社会反应论　标签理论的另一叫法。

Society 社会　当一大群人居住在同一区域，和该区域外的人们过着相对独立的生活，并拥有一个共同的文化，我们就说这群人组成一个社会。

Sociobiology 社会生物学　针对生物学是如

何影响人类行为做系统研究的一门科学。

Sociocultural evolution 社会文化演进 指人类社会中变迁与发展的过程，这个过程源于文化信息的不断积累。

Socioeconomic status 社会经济地位 一种建立在收入、教育和职位基础上的测量社会阶级的方法。

Sociological imagination 社会学的想象力 一种对当前和过去的个人与社会之间所存在关系的灵敏观察能力。

Sociology 社会学 科学系统地研究社会行为与人类群体的学科。

Status 身份 社会学家用来代表在较大群体或社会中整组由社会定义的位置。

Status group 身份团体 韦伯使用的术语，指独立于人们的阶级位置而有相同声望或生活形态的人群。

Stereotype 刻板印象 没有意识到群体内部的个体差异而对所有群体成员不正确的概括。

Stigma 污名 用来贬低一定社会团体价值的标签。

Stratification 阶层化 一个将社会上所有群体体系分级的系统，而各阶层之间不平等的经济报酬与权力关系永远保持不变。

Subculture 亚文化 社会的某一区块，他们有着与社会不同的民德、民俗及价值观。

Survey 调查 一项通常以问卷或访谈形式呈现的研究，能将受访者的想法与行为提供给研究者。

Symbol 符号 形成人类之间最基本沟通的手势、事物及语言。

Symbolic ethnicity 象征性的族群性 强调关注民族的食物或政治事件，而不重视和自己民族遗产间的深层关系。

T

Teacher-expectancy effect 教师期望效果 教师对学生表现的期待，可能会影响学生实际的表现。

Technology 科技 关于如何运用自然资源来满足人类需求与欲望的文化信息。

Theory 理论 在社会学中试图解释问题、行动与行为的一套叙述。

Total fertility rate（TFR）总生育力 任何一位妇女依循目前的生育率所生产的存活婴儿的均值数字。

Total institution 全控机构 一个由欧文·戈夫曼创造的术语，指通过某个权威体制来限制一个人所有的日常生活，例如监狱、军营、精神病院及修道院。

Tracking 能力分流 依据学生的测试成绩或其他标准将学生置于特定的课程团体中。

Traditional authority 传统型权威 通过习俗或者公认的惯例获得的合法权力。

Trained incapacity 专业盲点 一种在官僚体制下的趋势，让劳工变得太专业化，使得他们产生盲点，因而对某些明显的问题视而不见。

Transnational crime 跨国犯罪 发生在多国边境的犯罪。

U

Urban ecology 城市生态学 一个关注城市

居民与其周围环境互动关系的学术领域。

Urbanism 城市化 路易斯·维尔斯使用的术语，描述城市居民中千差万别的社会行为模式。

V

Validity 效度 一份测量或量表，反映研究现象的真实程度。

Value 价值观 一种文化中共同的概念，认为什么是对的、可取的及合适的，也包括什么是错的、不可取的及不合适的。

Variable 变量 一种在某些条件下会改变、并且可以衡量的特点或特征。

Verstehen 理解 这个词在德语中的意思是"了解"或"洞察"。韦伯用这个词来强调社会学家在进行研究时，必须考虑人们行为背后的主观因素。

Vertical mobility 垂直流动 从一个社会位置到另一个不同等级社会位置的运动。

Vested interests 既得利益者 会因为社会变迁而遭到损失的个人或团体，维持现状对他们有利。

Victimization survey 受害调查 对普通人而非警官进行的调查，为了解他们是否受害于犯罪。

Victimless crime 无受害者犯罪 描述成人间出于自愿，交换彼此期望，但属非法的商品和服务。

Vital statistics 人口统计 由政府单位所管理的一套登记系统中搜集而来的出生、死亡、结婚和离婚等记录。

W

Wealth 财富 一个涵盖了一个人所有的物资，包括土地、有价证券，以及其他形式财产的概括名词。

White-collar crime 白领犯罪 在商业活动的过程中产生的犯罪。

World system analysis 世界体系分析 伊纽曼·沃勒斯坦将全球经济体系区分为控制财富的工业化国家，以及被掌控与剥削的发展中国家。

译后记

2009年的夏天，我接到出版社的约稿，希望由我来主持翻译美国社会学家理查德·谢弗（Richard T. Schaefer）的《社会学与生活》的简写本。由于教学的需要，给学生提供一个简明扼要的社会学要义是非常有必要的，因为之前曾经为这家出版社译校过《社会学与生活》这本美国流行的教科书的第9版，并与我的研究生在翻译其新出的第十版，故欣然接受了这份邀请。我把这本英文很流畅，且不是很难读的《社会学与生活》精要插图第11版列为我秋季主讲的《社会学概论》这门课的课程作业，选修此门课的学生都要翻译十几页，这些翻译质量参差不齐的课程作业就成为本书的最初译稿。

具体说来，本书的初稿是由中国农业大学社会学系零九级的学生集体完成的，在这里有必要列出他们的名字，即甘永琪、王毅、史晓晰、梁爽、辛希晨、杨宇、郭俏君、王诗如、刘然、杨雄丁、黄子芮、王斯博、王进波、李娜、杨姜楠、邹亚婷、丁宁、郭宝慧、郭明浩、肖荣攀、谢佳俊、胡佳音、郁世平、姚桢、梁梦雪、梁小璐、胡鹏辉、高继波、高梓睿、张也等。他们都是专门听我在农大社会学系讲授《社会学概论》这门课的学生，作为期末作业，他们用课余时间查阅资料，体会中文的确切表达，并参照我们之前译校的《社会学与生活》一书翻译出一份初稿。之后，我又请胡佳音同学把这些散乱的译稿进行统合，细致校对，有些部分几乎是重新翻译，后来参与校译的还有社会学系的李晨璐、郭晓旭、李娜等同学。

最后，我又利用今年整个暑假的时间对译稿进行细致的译校，纠正了很多错误，并补译上确实的文字。同时请李晨璐、胡佳音、李娜、郭晓旭补充了文中的图表。现在，呈现的就是这样一份由大家共同努力而完成的译稿，当然，其中难免会有错误，恳请方家指正。在书的前面，我将自己课时用的一份开场白讲义作为代译序，算是对于这门学科在中国发展的一个引导语，也希望各位同行能够有所批评，以期未来能够进一步把这门课程开设好，同时也能够为社会学这门学科在中国的发展做出一些我们自己应有的贡献。

赵旭东
2009年10月19日于北京

出版后记

2006年，美国德保罗大学社会学教授理查德·谢弗先生所著《社会学与生活》中文双色版面世了。这部教材的英文版自1983年初版以来，二十余年来不断地再版更新，现已出至第10版，足见其读者之众，以及读者对于此书的喜爱程度。中文双色版出版5年来，同样也得到了读者的亲睐和支持。继此之后，我们又于2009出版了普及版，2010年出版了双语版，即将出版的本书为《社会学与生活》精要版，此后还将出版《社会学与生活》完整版，至此我们将为读者搭建一个社会学网络架构，以满足不同层次和水平的读者的需求。

《社会学与生活》精要插图第11版中译本由中国农业大学赵旭东教授领衔翻译，并对全书进行细致地统稿，为读者奉上精湛译文。精要版仍然延续了《社会学与生活》的基本架构以及与最新研究和社会现状相结合的特点。同时，在内容编排上又进行了适当的调整，既有所保留，也有所舍弃，这样的安排，旨在为读者呈上一个有关概念与理论的简本，为读者打开快速进入社会学的方便之门。

首先，每个章节前仍保留了引人入胜的摘录，向读者展示社会学研究与生活的贴切和迷人之处，以激发社会学的想象力。但是，本书做了适当的更新，使内容更加丰富、时新。其后简短的陈述本章的重点，这样的布局更具连贯性，使读者能够比较容易地进到本章的学习中。本书还保留了"使用你的社会学的想象力"、"想一想"，每章仍设计出相应的问题，使学生在学习社会学理论的同时，将其与个人的生活与工作中的成长经历相结合，以强调学习社会学的重要意义。这一栏目的内容皆为最新且贴近日常生活的事例问题，可以更好地帮助人们适应生活与环境。

其次，出于篇幅的考虑，本书舍弃了专栏部分；同时，做了诸多图表，使读者能够更直观地看到同一主题不同理论的观点，作出这样的归纳总结，更有利于教学和学习。本书还增扩了一些新的议题，如"女权主义的教育观"、"环境问题及其对人们健康的影响"，以及一些重要词汇，如"小额信贷"、"全球变暖"等，为学习者提供最近几年来社会学重要议题的最新研究成果。

最后，本书名为"社会学要义"，除在内容选取和结构调整上有所反映外，更重要的是每章后皆有一"社会学要义"专栏，这一部分主要是针对每章的重要概念，提出一系列问题，以启发并提供一种观察你身边事物的新视角，包括你自己的生活甚至更广阔的社会。

这些问题正体现了本书的旨趣,以一种全球的文化关怀,而不是只站在文化观念的转变上。在此基础上,作者更关注文化差异、由此而产生的生活方式的差异,以及这些差异在真实生活中的体现。

一定意义上,本书是以概念与理论为线索,但是大凡这样的教材,都会因概念无法真正囊括所有同类的社会现象,而只能提醒我们这些现象在某个向度上的相似性而已。无可否认,仅依据概念的解释一定存在其自身的限度,任何现实的不一致都可能推翻甚至颠覆这一概念之下的任何一个观点的可能性。在此意义上,以概念为基础的理论是有其局限性的,在面对现实时,理论总是要经受检验,只要有新的事实被发现,原来的理论也就无法涵盖其全部。而本书的高明之处就在于它完全避免了空洞理论可能带来的枯燥感,而代之以一种轻松、简洁之感。

可以说,谢弗的这本《社会学与生活》(精要插图第11版)完成了它的华丽转身。学习本书,读者不但不会感到理论的枯燥,而且还会为其吸纳和融汇既有研究成果,归纳和指示未来的研究取向所震撼。可以说,这是一本真正意义上的最高标准的优秀教材。

欢迎采用本书做教材的老师与我们联系,以便得到为您提供的教师手册和章节摘要等相关教学资料和相关服务。也可以访问《社会学与生活》(精要插图第11版)在线学习中心 www.mhhe.com/schaefersm4e,以获取测试题、进行复习和其他学习工具。

服务热线:133-6631-2326 188-1142-1266
服务信箱:reader@hinabook.com

后浪出版咨询(北京)有限责任公司
2010年12月

图书在版编目(CIP)数据

社会学与生活·精要插图第11版/(美)谢弗(Schaefer, R. T.)著;赵旭东等译.—北京:世界图书出版公司北京公司,2011.1
(大学堂)
ISBN 978-7-5100-3163-2

Ⅰ.①社… Ⅱ.①谢…②赵… Ⅲ.①社会学 Ⅳ.①C91

中国版本图书馆 CIP 数据核字(2010)第 261203 号

Richard T. Schaefer
Sociology Matters, 4e
ISBN: 0-07-340431-4
Copyright©2009 by McGraw-Hill Companies, Inc.

All Rights reserved. No part of this publication may be reproduced or transmitted in any form or by any means, electronic or mechanical, including without limitation photocopying, recording, taping, or any database, information or retrieval system, without the prior written permission of the publisher.

This authorized Chinese translation edition is jointly published by McGraw-Hill Education (Asia) and Beijing World Publishing Corporation. This edition is authorized for sale in the People's Republic of China only, excluding Hong Kong, Macao SAR and Taiwan.
Copyright©2011 by McGraw-Hill Education (Asia), a division of the Singapore Branch of the McGraw-Hill Companies, Inc. and Beijing World Publishing Corporation.

版权所有。未经出版人事先书面许可,对本出版物的任何部分不得以任何方式或途径复制或传播,包括但不限于复印、录制、录音,或通过任何数据库、信息或可检索的系统。
本授权中文简体字翻译版由麦格劳-希尔(亚洲)教育出版公司和世界图书出版公司合作出版。此版本经授权仅限在中华人民共和国境内(不包括香港特别行政区、澳门特别行政区和台湾)销售。
版权©2011 由麦格劳-希尔(亚洲)教育出版公司与世界图书出版公司所有。

本书封面贴有 McGraw-Hill 公司防伪标签,无标签者不得销售。
北京市版权局著作权合同登记号 图字 01-2009-3884

社会学与生活(精要插图第11版)

著　者:(美)谢弗(Richard Schaefer)	译　者:赵旭东等	丛书名:大学堂	筹划出版:银杏树下
出版统筹:吴兴元	责任编辑:马春华	营销推广:ONEBOOK	装帧制造:墨白空间

出　　版:世界图书出版公司北京公司
出 版 人:张跃明
发　　行:世界图书出版公司北京公司(北京朝内大街137号　邮编100010)
销　　售:各地新华书店
印　　刷:北京正合鼎业印刷技术有限公司(北京大兴市黄村镇太福庄东口　邮编102612)
(如存在文字不清、漏印、缺页、倒页、脱页等印装质量问题,请与承印厂联系调换。联系电话:010-61252412-8021)

开　　本:787×1092毫米 1/16
印　　张:21　插页4
字　　数:398 千
版　　次:2011年3月第1版
印　　次:2014年2月第3次印刷

读者服务:reader@hinabook.com　188-1142-1266
投稿服务:onebook@hinabook.com　133-6631-2326
购书服务:buy@hinabook.com　133-6657-3072
网上订购:www.hinabook.com(后浪官网)

ISBN 978-7-5100-3163-2/C·141　　　　　　　　　　　　　　　定价:42.00元

后浪出版咨询(北京)有限公司常年法律顾问:北京大成律师事务所　周天晖　copyright@hinabook.com

版权所有　翻印必究

社会学与生活（插图修订第 9 版）

著者：（美）理查德·谢弗（Richard T. Schaefer）　　译者：刘鹤群 房智慧

译校：马　戎　杨文山　审阅：赵旭东

（双语修订版）

ISBN 978-7-5062-8572-X/C·8

定价：68.00 元　2008 年 7 月出版

（普及版）

ISBN 978-7-5062-7661-0/C·46

定价：39.80 元　2009 年 4 月出版

（双语版）

ISBN 978-7-5100-1795-7/C·46

定价：78.00 元　2010 年 4 月出版

美国最经典的社会学教材之一，不断修订再版，被全球超过 500 所院校采用。
本书中文第 9 版出版两年多来不断重印，佳评如潮。已被北京大学、中国人民大学、武汉大学、中山大学等数十所名校采用为教材，成为中国社会学界最深入人心的教材之一。

　　本书简洁分明地定义与分析社会学基本概念和研究方法，合理并且平衡地介绍各种理论观点，强调社会学家检验与质疑人们日常生活行为的独特方法，教导读者如何运用社会学的想象力来探讨自己生活情境中的社会议题。在全球化的视野下使用跨文化的实例说明性别、年龄、种族、族群和阶级等社会区隔及其影响，并提供最近几年来社会学重要议题的最新研究成果。

这是一部当今中国最急需的社会学普及读物。　　　　　　——马戎，北京大学社会学系主任

　　★ 美国最经典的社会学教材之一，迄今出至第 9 版，被超过 500 所院校采用，在世界各地广受赞誉，堪称当下最好的社会学普及读物。

　　★ 分量适中，内容编排与组织架构简洁有力，便于教学。本次中译本取英文版之精华编为 15 章，并令各章节独自成篇，读者可从容挑选自己感兴趣的主题轻松阅读。

　　★ 译文精湛可靠，来自北京大学、中国农业大学、台北"中央"研究院、亚洲大学等两岸知名高等学府的学者经过多年打磨修订而成，译质上乘。

　　★ 取材广泛新颖，内容生动活泼。大量更加贴合时代精神的最新资料和日常社会生活案例的补充，定能激发您对社会学的兴趣，进而领悟社会学的迷人之处。

性学观止(插图第 6 版·上下册)

著　者:(美)贺兰特·A·凯查杜里安　译　者:胡颖翀等
ISBN 978-7-5062-8688-6　定价:88.00元　2009 年 12 月出版

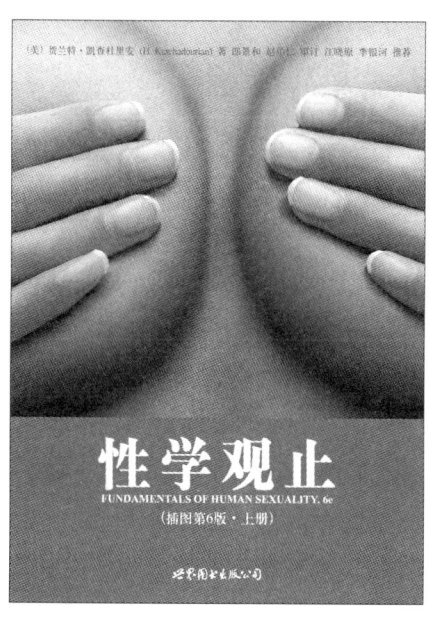 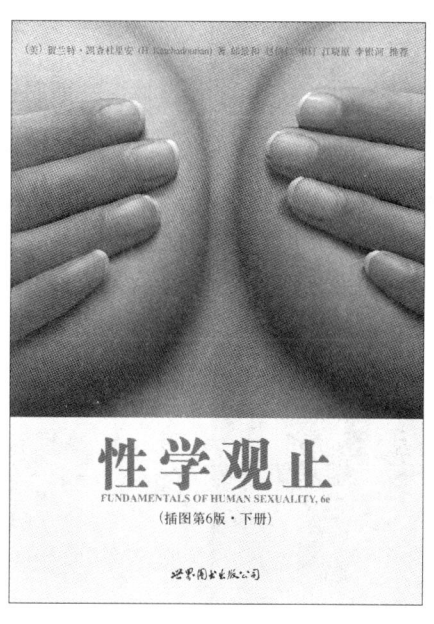

美国第一部成功的性教科书　风行全球高校三十余载的经典性学读本

　　1968 年,凯查杜里安教授在斯坦福大学开设了世界上人类性学方面首批大学课程中的一门。从那时起,无数学子深受惠益。而这部从其课堂讲义脱胎而来的《性学观止》,多年来已被译成法语、西班牙语、葡萄牙语和汉语,风行全球。在这部美国第一部成功的性学教科书中,作者不拘泥于生理学、解剖学、病理学等医学范畴,而是拓出一个更为开阔和纵深的角度,将性视为生物本能、生理驱动、精神意志、道德观念、法律习俗的多元辐射聚焦的焦点,在以科学客观的精神进行专业探索的同时,更倡导一种正视、理解、宽容、不滥用、不利用的性态度。在本书最令人称道的第六部分,作者以近二十万字的辉煌篇章,综合运用考古学、人类学跨文化比较手段,来探讨性与文化、历史、道德、法律之间千丝万缕的联系,揭示性的历史文化内涵和哲学美学意蕴,其用力之深、涵盖范围之广,举世罕见,令人叹为观止。这是一部公认的性学经典读本,被认为无论在清晰程度、说服力和材料的翔实可靠诸方面没有同类书可与之相媲美。

性学权威教科书最新第六版,作者独家授权全球首发!
特为中国读者撰写全新章节,讲述性与东方文化!

　　"性不是游戏,它是快乐之源泉,也是至悲之出处。""中国文化中性的学问和智慧可以上溯几千年,是人类文化的一笔财富。"

——贺兰特·凯查杜里安

现代人类学经典译丛 01

自由与文明

著　者：布劳尼斯娄·马林诺夫斯基
译　者：张帆
ISBN 978-7-5100-0971-6
定　价：25.00 元
2009 年 10 月出版

马林诺夫斯基遗作　中文版首次面世

"二战"战火纷飞，马林诺夫斯基以其丰富的人类学知识和深厚的人生积淀，试图在这场世界危机中挽救文明的沦陷。他言辞激昂，思想深邃，融汇了其一生漂泊的洞察。

现代人类学经典译丛 02

论社会人类学

著　者：(英)爱德华·埃文思－普里查德
译　者：冷凤彩　审校者：梁永佳
ISBN　978-7-5100-0974-7
定　价：32.00 元
2010 年 3 月出版

半个多世纪的沉淀　人类学命运的反思
一本真正意义上的人类学入门著作

埃文思－普里查德的笔锋一向明晰，从不卖弄，本书更是以此道著称。自本书出版后半个多世纪以来，英语界的同名教材层出不穷，然上乘佳作若此者，终究难得一见。

现代人类学经典译丛 03

论技术、技艺与文明

著　者：(法)马塞尔·莫斯　爱弥尔·涂尔干　亨利·于贝尔
译　者：蒙养山人
ISBN 978-7-5100-2413-9
定　价：25.00 元
2010 年 9 月出版

西方学界关于"物"与"文"关系的经典论述

本书内容几乎涉及社会学、人类学和历史学中有关技术的所有重要问题，从旧石器时代石器的制作与交换，殖民地田野点的调查，到物质文化(莫斯和他的同事都没有使用过"物质文化"一词)的社会和象征意义，读者会从中找到丰富的精神食粮。

历史与神圣性——历史人类学散论集

著　者：张亚辉
ISBN 978-7-5100-1808-4
定价：28.00元　2010年4月出版

穿透史料的屏障　去看透历史背后不可言说的东西

　　作者试图通过这一文集,将历史的概念批判的引入社会科学,以引起社会科学界对史学的重视。同时,在历史与神圣性两个距离遥远的概念之间建立某些联系,并且依此路径进行深入探讨以期恢复中国史学体验神圣性的能力。

人文田野丛书 01

微"盐"大义——云南诺邓盐业的历史人类学考察

著　者：舒　瑜
ISBN 978-7-5100-1807-7
定价：32.00元　2010年4月出版

一份关于"盐"的历史民族志　以物为视角的人类学研究个案

　　本书基于对云南大理一个盐井村落(诺邓村)的田野调查,力求呈现"盐"这样一种司空见惯的物品在特定地方所展开的历史进程和文化图景,盐在历史上如何勾连起诺邓的"内外"、"上下"关系,以及今天仪式生活中的盐如何言说历史。

人文田野丛书 02

最后的绅士——以费孝通为个案的人类学史研究

著　者：杨清媚
ISBN 978-7-5100-1798-8
定价：30.00元　2010年4月出版

在心史的延续与客观历史的断裂之间书写

　　理解费孝通的"心史",也是在理解这一代知识人所奠定的中国社会科学的思考逻辑和特征。具体来说,就是要在费孝通身上看到中国学人内在的、延续的思想观念是如何在当代中国的具体历史中表达自身的。

人文田野丛书 03

命以载史——20世纪前期德钦政治的历史民族志

著　者：刘　琪
ISBN 978-7-5100-3162-5
定价：32.00元　2011年3月出版

历史洪流中,地方与国家的碰撞,再现边陲地区的风云变幻

　　本书是以地方政治为主题的历史民族志。基于半年的田野工作,本书用地方文献、口述史、民间歌谣等材料,以两个地方"大人物"的生命史为线索,描绘了从清末民初到民国末年,在滇藏交界的小镇——德钦县中发生的故事。

人文田野丛书 04

20 世纪西方人类学主要著作指南

主　　编：王铭铭
副主编：赵丙祥　梁永佳　杨清媚
ISBN：978-7-5062-9518-5
定价：68.00 元　2008 年 10 月出版

梳理学术脉络　把握人类学思潮的流变

　　本书以改变人类学现状这一使命为编辑宏旨，对 20 世纪的著作遗产加以整理并辅以简要介绍，意在梳理学术脉络，为读者提供科学的人类学入门基本阅读的指南，从而使读者准确把握人类学思潮的流变。

　　游走于琐碎的事物与抽象的思想之间，企求在一种对常人而言略显古怪的求索中探知人的本性，人类学家采集常被其他学者视作细枝末节的资料，自己却坚信，对细枝末节的观察包含着某种关于人自身的宏大叙事。

——王铭铭，人类学家，英国皇家人类学会海外会员、北京大学教授

民族、文明与新世界——20 世纪前期的中国叙述

主　　编：王铭铭
副主编：杨清媚　张亚辉
ISBN：978-7-5100-2085-8
定价：56.00 元　2009 年 7 月出版

　　本书以人类学的关怀择选论著，清晰地聚焦于 19 世纪末至 20 世纪中叶中国社会科学萌芽阶段的关键概念及多元的学术取径。书中记述了 20 世纪前期 26 位老一辈学者的学术故事，其间，既有学者的多舛命运，同时也反映了那一时期学术发展变化的时代背景及中国学术的发展路径。

条贯通史　中西对话　返本开新
世界性的战国时代，学术追求与表达的自由游走

关于"文明中的民族"　多为民族史志著作，完全不同于后来的中国民族学、人类学"分族写志"模式，而更多地以民族通史体例出现。

关于"旧传统与新科学"　这一部分的著作具备更加明确的现代学术的问题意识，而且注重在概念体系上与传统学术的接驳。

关于"游走、描述与思考"　关于"游走、描述与思考"第三编是更加专门的人类学民族志调查报告，与前两部分相比，这一部分集中展示的是上述思想脉络最终呈现为一门具体的学科，也就是人类学的时候，将产生何种学术实践与成果。